D1663871

Gebhard KLÖTZL

Die Gemeinden Ober- und Unter St. Veit
1848 – 1891

homedia

Impressum

ISBN: 978-3-200-04246-9
Medieninhaber: Verlag homedia Josef Holzapfel, 1130 Wien
Copyright © Gebhard Klötzl
Gestaltung: Josef Holzapfel
Druck: Ferdinand Berger & Söhne GmbH, 3580 Horn
Bestellungen dieses Buches unter verlag@homedia.at
Internet: www.homedia.at

Inhalt

Alle in *normaler Kursivschrift* gesetzten Textteile sind wörtliche Zitate

Vorwort des Autors

Dieses Buch gilt dem Andenken meines mütterlichen Großvaters, Dr. Josef Kraft, Historiker und zuletzt Direktor des nö. Landesarchivs/Ständisches Archiv. 1938 wurde er von den Nazis wegen seiner Zugehörigkeit zur Vaterländischen Front zwangspensioniert. Im Ruhestand verfasste er ein Manuskript über die Geschichte Ober St. Veits. Als er, beginnend von den mittelalterlichen Anfängen, etwa im Jahr 1820 angelangt war, starb er im Mai 1945 unerwartet an einer Lungenentzündung. Seine Witwe betrieb mit tatkräftiger Unterstützung des Wiener Stadthistorikers Doz. Dr. Rudolf Till die Herausgabe des zurückgelassenen Manuskriptes, welches schließlich 1952 unter dem Titel „Aus der Vergangenheit von Ober St. Veit" als – inhaltlich unvollendetes – Buch erscheinen konnte. Ich habe mit den Nachforschungen dort weitergemacht, wo mein Großvater aufhören musste, nämlich im Vormärz, und möchte mit diesem Buch nun eine einigermaßen geschlossene Fortsetzung der Gemeindegeschichte von (Ober und Unter) St. Veit für die Zeit bis zur Eingemeindung nach Wien im Jahre 1891 präsentieren. Grundlage dafür ist die Durcharbeitung des kompletten, von den Gemeindeverwaltungen Ober und Unter St. Veit hinterlassenen Akten- und Protokollmaterials. Bei der Quellengenauigkeit und der präzisen Darstellung der Geschehnisse halte ich mich streng an wissenschaftliche Maßstäbe – wie mein Großvater. Seine allzu sehr auf den Verständnishorizont von Fachhistorikern zugeschnittene Schreibweise habe ich aber aufgegeben, schließlich soll das Buch auch den „Normalverbraucher" historisch informieren – und unterhalten. Nicht zuletzt deshalb habe ich bei der Auswahl der dargestellten Ereignisse amüsante und unterhaltsame Begebenheiten der Vergangenheit bevorzugt aus den Materialbergen hervorgeholt. Da ein Teil des Manuskriptes schon vor der Einführung der neuen Rechtschreibung fertig war, bin ich bei der alten geblieben. Dem buchtechnisch überaus versierten Redakteur des „Ober St. Veiter Blattl's", Herrn Dr. Josef Holzapfel, bin ich sehr dankbar dafür, dass er mit viel Mühe das gesamte Layout bis zur Druckreife eingerichtet hat.

I.
Zum Auftakt

Unter allen 40 Vorortegemeinden, die 1890/91 der Großstadt Wien eingemeindet wurden, besitzt Ober St. Veit den seltenen Vorzug, einen Lokalpoeten hervorgebracht zu haben – Vinzenz Jerabek alias J. Vinzenz, wie er sich mit seinem Künstlernamen nannte.

Er setzte seiner Heimatgemeinde ein hochstehendes literarisches Denkmal in Form von (leicht romantisierenden) Feuilletons[1], die seit Jahrzehnten die hiesigen Heimatfreunde erfreuen, aber auch für den Historiker von großem Interesse als Quelle der sozialen und landschaftlichen Verhältnisse St. Veits sind. Lassen wir uns in Form einiger Auszüge aus J. Vinzenz eine einleitende, natürlich unwissenschaftliche, aber sehr faktenkorrekte, etwa auf die Jahre 1885 – 1890 zu beziehende Schilderung der Verhältnisse geben:

Abb. 1: Eines der wenigen Porträts von Vinzenz Jerabek (um 1960).

Das Dorf Ober St. Veit ist zu dieser Zeit ein Idyll im Grünen gewesen. Am Rand des Wienerwaldes gelegen, besaß es eine Fülle von Wiesen, Äckern, Weingärten, eine schöne Au an der Wien, bewaldete Hügel und vor allem die ‚Edleseelackn‘, ein Gewässer unterhalb des Roten Berges. ... Wie einmal der Herr Pfarrer in der Alten-Jahrs-Predigt verkündete, besaß unser Dorf 1500 Einwohner, 118 Kühe, 73 Pferde und eine Anzahl Ziegen. Wir hatten einen Bürgermeister, einen ‚Wachter‘, einen Mesner, der zugleich Vorbeter und Totengräber war. ... Die männlichen Einwohner bauten Wein, die weiblichen erpreßten Milch von ihren Kühen. Der erste wurde im Ort getrunken, die zweite wurde den Stadtleuten zugeführt. ... Gegenüber unserem Fenster zog sich ein großer Garten hin, an dessen Ende der heilige Johannes von Nepomuk stand. Vor ihm lag ein breiter Rasenfleck, und auf dem blies in der Frühe der Halter. Darauf schwankten im langsamen Trott aus allen Haustoren die Kühe heran. Waren alle beisammen, so zogen sie mit ihrem Führer zur Au an der Wien. ... Im Nachbarort Hacking hatten sie keine Schule, so kam denn die Hackinger Jugend zum Unterricht nach St. Veit und begann mit der St. Veiter Jugend häufig ein erhebliches Gebalge. ... Dann und wann tauchte ein wilder Mann vor dem Fenster auf. Er hatte ein Gesicht von tausend Falten, einen struppigen grauen Bart und rotgeränderte

---

1 Diese edierte der Schuldirektor Josef Reitmeyer 1956 unter dem Sammeltitel „Erlebtes und Erlauschtes aus Wiens Vorstadt" im Eigenverlag in gedruckter und gebundener Form; Lebensdaten von Vinzenz Jerabek: * 22.1.1878 in Ober St. Veit, † 7.2.1963, Grabstätte auf dem Baumgartner Friedhof Gruppe U, Grab 107.

Abb. 2: Ober St. Veit 1907, Aquarell gezeichnet Bajicek. Das Bild gibt noch einen Eindruck vom bäuerlichen Ober St. Veit. Die Häuser liegen am Kirchenhügel, unten im „Veitinger Feld" liegen die Ackerflächen. Die früher auf den Wienerwaldhängen dominierenden Weingärten waren allerdings schon im 19. Jahrhundert verschwunden.

Augen, die fortwährend tropften. Es war der alte Rauch, ein Armenhäusler[2].

Soweit nur ein kleiner Eindruck aus dem fast unerschöpflichen „Vinzenz".

Ober St. Veit und das von ihm 1867/70 abgespaltene Unter St. Veit haben seither eine fast unvorstellbare Wandlung durchgemacht, wie sie nur Dörfern passieren kann, die von politisch und sozial selbständigen Orten innerhalb weniger Jahrzehnte zu infrastrukturarmen Schlafbezirken einer Großstadt umfunktioniert werden. Immerhin ist es ein „nobler" Schlafbezirk geworden, und der Ortskern von Ober St. Veit (nicht der von Unter St. Veit!) hat als konservierte Zone überlebt, die – in freilich nur sehr kulissenhafter Form – ein Stück Vergangenheit bewahrt. Die dörflich-soziale Welt des alten St. Veit, Ober- gleich wie Unter-, ist bis auf einige Relikte überhaupt untergegangen.

Bei dieser Ausgangslage ist der Versuch, die Geschichte von Ober- und Unter St. Veit in den letzten Jahrzehnten vor ihrer Eingemeindung nach Wien aufzuzeichnen, nicht ganz dasselbe, wie wenn man eine Geschichtsepoche einer heute noch bestehenden ländlichen Gemeinde aufzeichnet. Man muß sich nämlich in diese versunkene Welt erst ein wenig wieder einleben. Dann erst kann man darangehen, und das ist der Hauptzweck dieses Buches, die Jahre des Bestandes jener politisch-sozialen Kleinwelt anhand des vorhandenen Quellenmaterials möglichst präzise aufzuzeichnen.

Die zeitliche Begrenzung des Themas auf die Jahre 1848 – 1891 ergibt sich fast von selbst:

---

2   J. Vinzenz, Erlebtes und Erlauschtes aus Wiens Vorstadt (Wien 1956) 395 – 398.

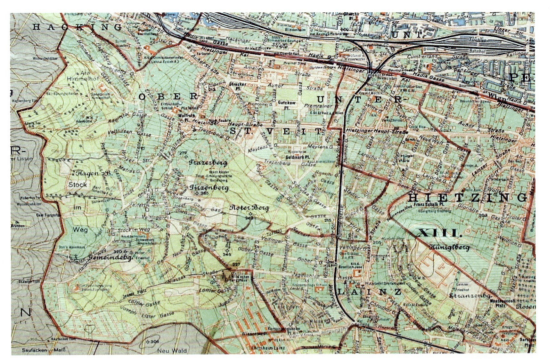

Abb. 3: Die beiden St. Veits in einem Plan des Bundesamtes für Eich- und Vermessungswesen 1948 (Plangrundlage 1938). Die früheren Grenzen der Bezirksteile (= Gemeinden) wurden nachträglich rot eingezeichnet.

- Im Sturmjahr 1848 nahmen jene Prozesse ihren Ausgang, die zur Errichtung politischer Ortsgemeinden des heute noch bestehenden Gemeindetyps führten und die die jahrhundertelange Phase der „Patrimonialgemeinde" beendeten.
- Durch niederösterreichisches Landesgesetz vom 19.12.1890[3] wurde die Eingemeindung nach Wien per 1.1.1891 verfügt, woraus sich das politische Ende ergab, dem die Auflösung der sozialen Lebenswelt allmählich folgte.

Diese Arbeit kann sich auf keine einschlägigen Vorpublikationen stützen[4] und ist größtenteils aus den Quellen erarbeitet. Neben den zahlreich erhalten gebliebenen gemeindeamtlichen Verwaltungsakten sind die Sitzungsprotokolle der Gemeindeausschußsitzungen, die für die Jahre 1850–52 und 1861–91 über nahezu alle Sitzungen erhalten geblieben sind[5], die wichtigste Quelle. Die Lücke dazwischen ergibt sich daraus, daß mit Verordnung des Ministers des Innern vom 15.1.1852[6] die Öffentlichkeit der Gemeindeausschußsitzungen abgeschafft und erst mit Verordnung des Staatsministeriums vom

---

3   LGBl. 45/1890.
4   Die einzige „Ober St. Veit-Monographie", nämlich Josef Kraft, Aus der Vergangenheit von Ober St. Veit (Wien 1952,) reicht nur von der Frühzeit bis etwa 1820. Eine aktuelle Biographie von Josef Kraft findet sich auf der Internetseite http://www.1133.at, Suchwort „Josef Kraft".
5   WStLA Gem. XIII/4, B 1/1-5 (St. Veit an der Wien und Ober St. Veit) bzw. XIII/5, B 1/1 (Unter St. Veit).
6   RGBl. 17/1852 in Abänderung der § 101 des provisorischen Gemeindegesetzes vom 17.3.1849, RGBl. 170/1849.

29.3.1861[7] wiederhergestellt wurde. Für diese Periode sind keinerlei Sitzungsprotokolle enthalten. Diese große Lücke ist umso schmerzlicher, als in dieser Zeit auch keine lokalen Presseerzeugnisse[8] feststellbar sind, die sie überbrücken könnten. Die Jahre 1852 bis Anfang 1861 fallen daher in der Darstellung dieser Arbeit unvermeidlicherweise etwas dünner aus. Für die übrigen Jahre kann man mit der Standardeinleitung von Ober St. Veits gesuchtestem Wirtshausgeschichtenerzähler, dem Brunner Schani, sagen: *Zum derzählen gabert's gnua...*[9]. Aber, muß man hinzufügen, der Platz reichte nicht für die Wiedergabe von absolut Allem, was die Quellen auch noch hergegeben hätten. Möglichst umfassend dargestellt ist die politische Strukturgeschichte der Gemeinde(n), alles Übrige ist eine – durchaus breit gestreute, aber doch nur – Auswahl.

---

7   RGBl. 38/1861.
8   wie etwa später „Der Urwähler. Organ der Vororte Wiens" (ab 1866), das „Wochenblatt für den politischen Bezirk Sechshaus" (ab 1877), die „Wiener Vorortezeitung" (ab 1874), die „Niederösterreichische Gemeinde-Revue" (ab 1879) u.ä.m.
9   J. Vinzenz, Erlebtes und Erlauschtes (Anm. 2) S. 13.

II.
Die Patrimonialgemeinden Ober- und Unter St. Veit vor 1848

1. Allgemeines

Die heute im 13. Wiener Gemeindebezirk aufgegangene Ortschaft St. Veit ist erstmals in einer Urkunde (Schenkung mit Zeugennennung nach St. Veit) aus etwa dem Jahre 1195 nachzuweisen, ihre Entstehung fällt mit der etwa gleichzeitigen Aufgabe (Wüstung) eines älteren Ortes Gottinesveld in der Gegend des heutigen Unter St. Veit zusammen[10]. Ab dem 14. Jahrhundert wird der Ort „Auf der Wien" oder „An der Wien" genannt. Das ausgedehnte Ortsgebiet reichte von den Abhängen des Lainzer Tiergartens, an denen bis ins 19. Jahrhundert Wein gebaut wurde, bis zum Wienfluß einerseits und bis etwa zur heutigen Lainzerstraße andererseits. Das heute noch baulich großteils erhaltene Ortszentrum liegt an den Ausläufern der letzten Wienerwaldberge, überragt durch die Ober St. Veiter Pfarrkirche, eine ehemalige Wehrkirche[11]. Es wird durch die beiden parallelen Straßenzüge Firmiangasse und Glasauergasse gebildet, zwischen denen der Marienbach einstmals offen floß, weshalb man die Siedlungsstruktur des Ortskernes als Längs- oder Grabenangerdorf bezeichnen kann[12]. Bis zum Ende des 18. Jahrhunderts hat man es, wenn man so will, mit einer ganz gewöhnlichen niederösterreichischen Landgemeinde zu tun, die etwa im Jahre 1780 127 Häuser und rund 850 Einwohner zählte, die sich fast alle von Viehzucht (Milchwirtschaft), Ackerbau und Weinbau ernährten[13].

Das gesamte St. Veiter Gebiet mit seiner ausgedehnten Flur stand unter der ***Grundobrigkeit*** der Herrschaft St. Veit, die seit 1365 dem Kanonikerkapitel zu St. Stephan in Wien, seit 1465 dem Bischof von Wien gehörte. Man unterschied zwischen der mehr privatrechtlichen Grundobrigkeit, die sich auf die Häuser bezog und dem Grundherren zustand und der mehr öffentlich-rechtlichen ***Dorfobrigkeit*** in bezug auf Vorkommnisse, die sich auf öffentlichem Grund abspielen und der Dorfgenossenschaft zustand. Diese Dorfobrigkeit im juristischen Sinn stand im Falle von St. Veit ebenfalls der Grundherrschaft zu[14].

---

10   Zur älteren Ortsgeschichte s. Kraft, Ober St. Veit (Anm. 4) S. 16 ff.

11   Karl Kafka, Wehrkirchen im Bereich der Stadt Wien. In: Jahrbuch für Geschichte der Stadt Wien 21/22 (1965/66) 106.

12   Adalbert Klaar, Die Siedlungsformen Wiens (=Wiener Geschichtsbücher 8, Wien 1971) 99. Kraft (Anm. 4) S. 19.

13   HLW Bd. 5 (1996) S. 394; Kraft, Ober St. Veit (Anm. 4) S. 119.

14   Die Entwicklung ging dahin, daß die Grundherren (auch) die Dorfobrigkeit erwarben, weshalb der Tractatus de iuribus incorporalibus 1679 bereits bestimmte, daß (nur) jene Dörfer, die von Alters her die Dorfobrigkeit besaßen, sie auch fernerhin behalten sollten, was offenbar schon damals zu einer historisch tradierten Besonderheit geworden war; die Kompetenzen von Ortsrichter und Geschworenen bilden eine Art „zurückbehaltene Restkompetenz": Arnold Luschin von Ebengreuth, Geschichte des älteren Gerichtswesens in Österreich ob und unter der Enns (Weimar 1879) 159 ff. und 174. Für St. Veit gibt es keinen wie immer gearteten Hinweis, daß hier Abweichendes gegolten hätte oder gar die Gemeinde „von Alters her" die Dorf-

Abb. 4: Sanct Veith an der Wienn 1680. Stich von Georg Matthäus Vischer. Diese älteste bekannte Ansicht des alten St. Veit zeigt die spätgotische, noch wehrhafte Landkirche und das 1650–54 errichtete Schloß.

Unter der Aufsicht des bischöflichen Rentamtes führte ein örtlicher Herrschaftsverwalter mit etwa 3–5 Mann Hilfspersonal die Verwaltungs- und Gerichtsgeschäfte am Ort. Seinen Sitz hatte er im bischöflichen Meierhof Ecke der (heutigen) Firmiangasse mit der Hietzinger Hauptstraße. Das mit der Herrschaft verbundene **Landgericht St. Veit** hatte die Hochgerichtsbarkeit ferner auch für den Bereich der Orte Hacking, Baumgarten, Penzing, Hietzing und Speising[15]. Seit 1834 mußte für die Gerichtsagenden auch ein geprüfter Richter angestellt werden, nachdem eine Obergerichtsvisitation dem Verwalter draufgekommen war, daß er die Kriminalstatistik nach unten geschönt hatte, um den Gehalt eines Juristen zu ersparen[16].

Über den Grundherrschaften gab es noch weiterhin die 1749 unter Kaiserin Maria Theresia gegründeten **Kreisämter**, staatliche Behörden, von denen in Niederösterreich je ein Kreisamt für jedes Landesviertel eingerichtet war. Für St. Veit a.d. Wien war das Kreis-

---

obrigkeit bewahrt hätte.

15   Kraft, Ober St. Veit (Anm. 4) S. 34 ff. Die personelle Bestückung schwankte nach Epochen und ist nicht immer lückenlos feststellbar. Standardmäßig findet man zumindest seit dem 17. Jh. als Hilfspersonal immer wieder erwähnt einen Kanzleibeamten, einen Gerichtsdiener und einen Gärtner (der offenbar auch die Funktion eines Gebäudebetreuers hatte): z.B. Diözesanarchiv Wien, Rentamt St. Veit a.d.Wien, 2. Schachtel „Bischofs- und Kapitelsachen" oder Schematismus aller im Erzherzogtum Österreich unter der Enns befindlichen Herrschaften (Wien 1818) 66. Zur Herrschaft St. Veit gehörte in der Neuzeit auch das Dorf Lainz und das Gut Rosenberg (=Gegend des h. Rosenhügels).

16   WStLA Herrschaft St. Veit A 118/20 Akt D I 12.

amt Viertel unter dem Wienerwald zuständig, das im Vormärz seinen Sitz in Traiskirchen hatte, dann aber noch vor 1848 nach Wien übersiedelt war[17].

Nachrichten über die ältere Rechts- und Verwaltungsgeschichte des Ortes St. Veit an der Wien sind äußerst spärlich. Im Gegensatz zu den Nachbarorten Baumgarten, Speising, Lainz oder Hietzing sind keine Bann- oder Bergtaidinge erhalten geblieben, obwohl die Existenz solcher Rechtsweisungen in der Form eines Banntaidingbuches auch für St. Veit bezeugt ist[18]. Auch sind Akten der Grundherrschaft und der Gemeinde St. Veit nur seit etwa 1800 erhalten.

St. Veit war jahrhundertelang eine sogenannte *Patrimonialgemeinde* mit einem Ortsrichter und Gemeingeschworenen an der Spitze. Die Dorfgemeinde („Patrimonial-gemeinde") entstand ursprünglich als Wirtschaftsgemeinschaft der Dorfgenossen, die neben der primär bestimmenden Grundherrschaft eine beschränkte Autonomie besaß, in deren Rahmen sie bis zuletzt gewisse Herrschaftsrechte selbständig ausübte: Einteilung der Nutzung des Gemeinschaftseigentums (in St. Veit konkret: Dorfanger, Gemeindewald, Hutweiden an der Wien), Ordnung und Friedenswahrung in Dorf und Flur, Erhaltung der Gemeinschaftswege und der Zäune. An der Spitze einer solchen Gemeinde stand ein Vorsteher, der seit Beginn der Neuzeit allgemein als *Richter* (Ortsrichter, Dorfrichter) bezeichnet wurde[19]. Ob die St. Veiter Ortsrichter von den Dorfgenossen gewählt und von der Herrschaft diese Wahl bloß bestätigt wurde, oder ob sie gleich von der Herrschaft ernannt wurden, ist urkundlich nicht mehr feststellbar. Die Ortsrichter waren nicht nur die Organe der dörflichen Selbstverwaltung, sondern zugleich Verwaltungsorgane der Grundherrschaft; als solche übten sie insbesondere die Polizeigewalt aus (Raufereien, Ruhestörungen, Vagabondage etc.) und hatten eine gewisse Befugnis zum Verhängen von Strafen[20].

---

17   Hellbling, ÖVV (Anm. 95) S. 291; das Kreisamt VUWW hatte seinen Sitz in Wien, Auf der Wieden 1 (lt. nö. Dominienschematismus für das Jahr 1847, S. 1). Die Kreisämter wurden mit Jahresende 1849 aufgelöst, im Jahre 1854 wiedererrichtet (für das VUWW neuerlich in Traiskirchen), mit RGBl. 225/1859 erging die kaiserliche Ermächtigung, sie wieder aufzulösen, faktisch existierten sie dann noch in relativer Bedeutungslosigkeit bis zur Errichtung der neuen Bezirkshauptmannschaften im Jahr 1868: Helmuth Feigl, Quellen zur Regional- und Lokalgeschichte im niederösterreichischen Landesarchiv. In: Heimatforschung heute (= Referate des Symposions „Neue Aspekte zur Orts- und Regionalgeschichte" vom 24. bis 26. Oktober 1987 in Horn) 23.

18   Taidinge sind Aufzeichnungen des am Ort geltenden Gewohnheitsrechtes, das in einer Versammlung aller Dorfgenossen erfragt und als geltend festgestellt wurde, ab etwa dem 17. Jahrhundert kamen sie zunehmend ab. Die Taidinge der genannten Nachbarorte sind ediert in: Niederösterreichische Weistümer, im Auftrag der kaiserlichen Akademie der Wissenschaften hgg. von Gustav Winter, Teil I Nrr. 108, 117, 118 II, 668, Teil IV Nr.109 II; Von der seinerzeitigen Existenz eines – leider verloren gegangenen – St. Veiter Banntaidingbuches wissen wir durch einen erhalten gebliebenen grundbücherlichen Querverweis auf dasselbe: WStLA Grundbücher 5/37, fol. 27 (freundlicher Hinweis von Dr. Franz Twaroch).

19   Helmut Feigl, Die niederösterreichische Grundherrschaft (St. Pölten ²1998) 232; die Bezeichnung „Richter" deutet nach Feigl auf eine ursprünglich (d.h. noch im Mittelalter) stärkere Mitwirkung der Gemeinden an der Rechtsprechung hin.

20   Vgl. zu all dem Thomas Winkelbauer, Herren und Holden. Die niederösterreichischen Adeligen und ihre Untertanen im 16. und 17. Jahrhundert. In: Adel im Wandel. Katalog der niederösterreichischen Landesausstellung auf der Rosenburg 12. Mai bis 28. Oktober 1990, S. 74. Feigl, Grundherrschaft (Anm. 19) S. 235 ff.; grundlegend zur Dorfgerichtsbarkeit: Max Weltin, Das Dorfgericht und seine Bedeutung für die Entstehung der patrimonialen Märkte in Niederösterreich. In: Mitteilungen aus dem Niederösterreichischen Landesarchiv 1978, 47 ff.

Wie der Ortsrichter seine obrigkeitliche Gewalt in der Lebenswirklichkeit durchsetzte, war ihm überlassen, und das konnte schon auch einmal schief gehen, wie die folgende köstliche Geschichte zeigt. In Ober St. Veit gab es einen arbeitsscheuen Tunichtgut, von dem nur sein Rufname Joggl überliefert ist, ein ständiges Schmerzenskind des Ortsrichters. Eines Tages hatte ihn der Richter, es muß Michael Premreiner (1839–1850) gewesen sein, wieder einmal beim Obststehlen im Weingarten erwischt und sprach seine Festnahme aus. *Eine Flucht war ausgeschlossen. Der Richter war lang und hager und stark wie ein Bär. Also trabte der Joggl gottergeben vor dem Richter her. Das Kotterl schreckte ihn nicht, aber der Gedanke an die harten, halbgekochten Bohnen, die ihm das Weib des Wächters eine Woche lang vorsetzen würde, erfüllte ihn mit Schaudern²¹.* Und so verfiel er auf eine für abgebrühte Kleinkriminelle typische Idee: Er blieb unter einem Vorwand zwei Schritte zurück und warf dem dann vor ihm gehenden Richter einige spitze Steinchen in die beiden abstehenden Stiefelröhren. Daraufhin setzte sich dieser, wie geplant, an den Wegrand nieder und ließ sich von dem Delinquenten die Stiefel ausziehen. Auf diesen Moment hatte der Joggl nur gewartet. Er riß die Stiefel an sich und lief in den Ort. Aber nicht etwa, um zu flüchten, nein, er trug die Stiefeln zur Richtersgattin, *der Herr lasse sagen, ihn drücken die Stiefel so arg, man möge ihm andere in den Weingarten bringen. Und der Herr Richter habe befohlen, man möge ihm, dem Joggl, ein Mittagsmahl verabfolgen²².* So geschah es dann auch, der Obstdieb erhielt ein köstliches Mittagessen und der Richter neue Stiefel in den Weingarten gebracht. Als der Richter schließlich heimkam und die ganze Wahrheit erfuhr, blieb ihm nichts Anderes übrig, als stumm zu nicken und zu schweigen – sonst hätte er den Spott des Dorfes gegen sich gehabt, und wahrscheinlich seine Autorität arg beschädigt.

Dem Ortsrichter zur Seite stand ein Kollegium von Männern, das ihn zu beraten hatten, die **Geschworenen**. Bedeutendere Beschlüsse durften die Gemeindevorsteher nur mit ihnen gemeinsam treffen. Das Geschworenenkollegium, eine Art archaischer Vorläufer des modernen Gemeinderates, bestand bei größeren Gemeinden aus vier bis zwölf Männern²³. Aus dem noch rudimentär erhaltenen Aktenmaterial der Patrimonialgemeinde Ober St. Veit zwischen 1820 und 1849 ersieht man, daß es hier stets vier oder sechs Geschworene gab, von denen alle ein oder zwei Jahre ein Teil wechselte. Einer von ihnen führte die Bezeichnung „Herrschaftsgeschworener", er war offensichtlich von der Grundherrschaft nominiert, die übrigen hießen „Gemeingeschworene", woraus zu schließen ist, daß sie von der Gemeinde gewählt wurden²⁴. Im übrigen kamen für das Richter- oder Geschworenenamt faktisch nur wohlhabendere Bauern und Gewerbetreibende in Betracht, weil nur sie die nötige Autorität im Dorf besaßen, um sich im Konflikt-

---

21   Die ganze Geschichte nach J. Vinzenz, Erlebtes und Erlauschtes aus Wiens Vorstadt (Wien 1956) 30 ff.
22   Ebd. S. 32.
23   Ebd. S. 233.
24   Ebd. S. 234 f. Für Ober St. Veit kann man das am besten auf den diversen Plankenrechnungen und „Specialausweisen über das Commun-Vermögen" der Jahre zwischen 1820 und 1849 nachvollziehen, die jeweils vom Ortsrichter und allen Geschworenen mit vollem Namen und Funktionszusatz unterschrieben sind: WStLA Gem. XIII/4, A 3/1 diverse Rechnungsoperate.

fall durchzusetzen; tatsächlich findet man in Ober St. Veit bei ihnen durchwegs Namen wie Föhrmann, Glasauer, Premreiner, Geiger, Puraner, wohlhabende Wirtschaftsbesitzer also[25].

Das erste („provisorische") Gemeindegesetz von 1849[26] hat die Gemeinde als Institution schon vorgefunden und nur wesentlich umgestaltet und ihre Selbstverwaltungsrechte ausgebaut. Die folgenden beiden Unterkapitel sollen daher dazu dienen, den Verwaltungszustand der Jahre vor 1848 für die Patrimonialgemeinden Ober- und Unter St. Veit in ihrer letzten Phase zu rekonstruieren, weil der Umgestaltungsprozeß der Jahre 1849/50 nur dann wirklich verständlich ist, wenn man die vorausgegangenen Verhältnisse kennt.

2. (Ober) St. Veit

Die Patrimonialgemeinde St. Veit war von alters her eine vermögensfähige juristische Person, wie man aus unzähligen Grundbuchseintragungen bis zurück ins 17. Jahrhundert leicht ersehen kann. Während natürliche Personen mit Vor- und Zunamen eingetragen wurden, lautete die Eigentümerbezeichnung hier stets „N. Richter und Gemeinde" manchmal mit, manchmal ohne Beisatz „St. Veit". Man ersieht aus dieser Formel, daß der Richter in Vermögensangelegenheiten das vertretungsbefugte Organ war, ohne oder gar gegen den die Gemeinde nicht handlungsfähig war, man findet die Richter aber im Grundbuch niemals namentlich erwähnt, weil das Amt von der Person des Inhabers ganz unabhängig war. Kraft konnte, hauptsächlich aus kirchlichen Schriftstücken, eine (natürlich nur unvollständige) Liste der St. Veiter Ortsrichter zurück bis immerhin ins Jahr 1377 zusammenstellen[27], ein beachtliches Zeugnis sozialer und verwaltungsmäßiger Kontinuität durch fast 500 Jahre.

Die alte Patrimonialgemeinde hatte darüber hinaus auch in gewissem Umfang das Recht auf Einhebung von Gemeindesteuern. Der Bereich der Vermögensverwaltung und der Steuerabrechnungen ist quellenmäßig noch am besten faßbar, weil er schriftlichen Niederschlag gefunden hat, während sich die „obrigkeitliche" Tätigkeit der Gemeinde ansonsten hauptsächlich mündlich abgespielt haben dürfte.

Die beste Zusammenstellung des erstaunlich umfangreichen Liegenschaftsvermögens der alten Gemeinde St. Veit findet sich im Parzellenprotokoll zum franziszeischen Steuerkataster[28]. Es umfaßt weit mehr als die traditionelle „Allmende" (Gemeinschaftsgründe), nämlich drei Häuser im Ort und 59 Grundstücke in acht verschiedenen Rieden (darunter

---

25   s. dazu Marianne Steinklammer, Richterliste St. Veit an der Wien 1688−1835 (unveröffentlichtes Manuskript 2003 im Besitz des Bezirksmuseums Hietzing).

26   Kaiserliches Patent vom 17.3.1849, RGBl. 170/1849.

27   Kraft, Ober St. Veit (Anm. 4) S. 29; für die Zeit von 1688−1835 hat auch Marianne Steinklammer mit Hilfe der Grundbücher eine St. Veiter Richterliste zusammengestellt (maschingeschriebenes Manuskript im Bezirksmuseum Hietzing).

28   er gibt ungefähr den Stand des Jahres 1817 wieder; benützt wurde das Exemplar des WStLA, franziszeischer Steuerkataster B 12.

ein Steinbruch, Hutweiden, Äcker, Wiesen und die „Gestätten" der drei im Gemeindegebiet gelegenen Berggipfel Trazerberg, Roter Berg, Girzenberg), ferner alle Straßen und Wege, den Wienflußmühlbach innerhalb des Gemeindegebietes und den Wienfluß bis zur Flußmitte.

Die Funktion der vier vor 1850 in Gemeindebesitz befindlichen Häuser ist recht aufschlußreich für den Aufgabenbestand der alten Gemeinde:

Abb. 5: Firmiangasse 13 (1982), der linke Giebeltrakt stammt aus dem 17. Jh. und war bis 1832 Sitz der patrimonialen Gemeindeverwaltung.

- **Haus CNr. 120** (= h. Firmiangasse 13): Dieses Haus hatte die Gemeinde mit Kaufvertrag vom 24.Jänner 1648 samt zugehörigem 1/8 Hofstatt-Weingarten von der Kartause Mauerbach erworben, im Erdgeschoß war ein Gasthauslokal, das stets verpachtet war[29]. Das Haus besteht heute noch in etwas veränderter Form. Es ist ein fränkisches Doppelgiebelhaus des ältesten im St. Veiter Ortskern vertretenen Haustyps. Es wird in den Urkunden immer wieder (in leicht variierenden Schreibweisen) als „gemainhauß", also

Abb. 6: Glasauergasse 13 um 1930, ehemaliges Halterhaus der Gemeinde St. Veit.

Gemeindehaus bezeichnet und war offensichtlich der Ort, an dem die Gemeindegeschäfte geführt wurden und vor allem der Ort, an dem Richter und Geschworene zu Sitzungen zusammenkamen[30]. 1832 trennte sich die Gemeinde von diesem Haus[31] und erwarb im Zuge eines größeren Abtauschgeschäftes (mehrseitiger Tauschvertrag vom 18.5.1832) das

- **Haus CNr. 94** (=h. Glasauergasse 13): Dieses heute ebenfalls noch bestehende Haus, das übrigens 1989/90 hervorragend renoviert wurde, stand mitten auf dem Dorfanger, sogar mitten auf dem Marienbach, der das Haus in einem kurzen Gewölbe unterquerte und wurde von der Gemeinde als Dienstwohnhaus des *Halters* adaptiert.

---

29   WStLA: Gewährbuch St. Veit L (Gb 5/19a) fol. 57; letzte Gewährserneuerung Dienstbuch St. Veit A 1761-1846 (Gb 5/6) fol. 11 bis 1.1.1830. Aus 1820 erfahren wir, daß der jährliche Pachtzins 600 fl. W.W. betrug, wovon 300 fl. W.W. an die Herrschaft als Gegenleistung für die Überlassung der Schankgerechtigkeit weiterzubezahlen waren: Special-Ausweis über den Inventarial-Werth des bey den zur dießseitigen Herrschaft unterthänigen Gemeinden mit Ende December 1820 vorfindigen Communvermögens, WStLA Gemeinde XIII/4, A 3/1 Miszellen.
30   Wie Anm. vor. Im Gewährbuch St. Veit N (Gb. 5/20) fol. 350 heißt es ausdrücklich „Hauß und Hofstatt so zu ihrem Gmainhauß gebrauchen".
31   WStLA Gewährbuch St. Veit H (Gb. 5/47) fol. 283.

Abb. 7: Die ehemaligen Häuser an der heutigen Adresse Vitusgasse 2 auf einem Foto aus dem Jahr 1890. Das Foto wurde von der nicht mehr bestehenden Aussichtswarte auf dem Trazerberg aufgenommen.

Abb. 8: Beschreibung der Gebäudeteile in der Abb. 7:
1: Ältestes Schulgebäude (1683 belegbar). Um 1900 Arbeitsschule
2: Trakt des ältesten Pfarrhofes. Um 1900 Saal der Kinderbewahranstalt
3: Trakt des ältesten Pfarrhofes. Um 1900 Wohnung der Schulschwestern
4: Schule der Gemeinde Ober. St. Veit bis 1860
5: Pfarrhof von 1850−1961 (ehemals Verwalterwohnhaus des Meierhofes
Grafik aus Gerhard Weißenbacher, In Hietzing gebaut, siehe FN 33.

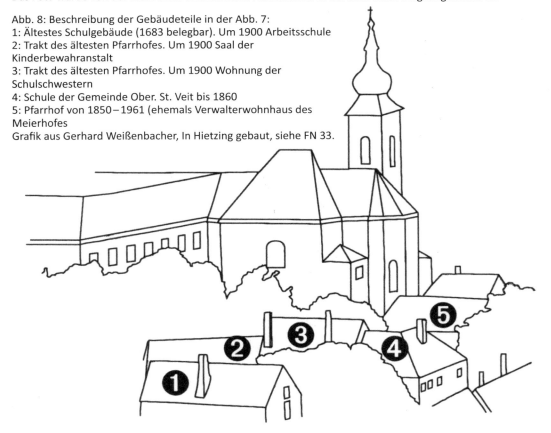

Im Zuge des oben genannten Grundtauschgeschäftes von 1832 erwarb die Gemeinde St. Veit ferner das

- **Haus CNr. 74** (=h. Glasauergasse 2) dazu, dessen ältere Nutzung unklar ist; es gab darin jedenfalls vermietete Wohnungen[32]. Im Erdgeschoß war das Gemeindegasthaus untergebracht. Im selben Tauschvertrag (18.5.1832) wurde auch die daran angrenzende Liegenschaft eingetauscht, nach heutiger Adresse Hietzinger Hauptstraße 164, auf der nach 1857 das Schul- Gemeinde- und Feuerwehrhaus zu stehen kommen sollte.

- **Haus CNr. 3** (entspräche heutiger Vitusgasse 2): An dieser Adresse stand bis zum Abriß (1905) der kompliziert verschachtelte Hauskomplex „Alter Pfarrhof und Schule". Da der Schultrakt samt Zubau durch eine Feuermauer vom Rest getrennt war, wurde er als eigenes Grundstück im (Sonder-) Eigentum der Gemeinde geführt, deren Rechte hieran bis 1749 rückverfolgbar sind[33]. In dieses Schulgebäude verlegte man nun die Administrativfunktionen des 1832 aufgegebenen Gemeindehauses (Firmiangasse 13). Im Erdgeschoß richtete man hinter dem dortigen Klassenzimmer das später noch vielbejammerte „Geschworenenzimmer" ein, das zwar für einen Ortsrichter und seine etwa 4-6 Geschworenen, nicht aber für den Gemeindeausschuß nach 1850 groß genug war, wiewohl dieser aus Mangel einer besser geeigneten Lokalität damit später noch viele Jahre lang Vorlieb nehmen mußte[34].

Bei den aufgezählten Liegenschaften stand natürlich der Verwaltungszweck im Vordergrund, aber dennoch konnte durch die Verpachtung des Gemeindegasthauses und die Vermietung einzelner Wohnungen ein Erlös erzielt werden. Noch bedeutsamer aber war, daß die Gemeinde in den Jahren ab 1820 rund 30 Joch Hutweide am Wienfluß und 6 Joch des Gemeindewaldes nicht in natura nützte, sondern stets verpachtete. Alle Miet- und Pachterlöse zusammen stellten eine der Haupteinnahmequellen bis 1848 dar[35].

Die Gemeinde hatte aber auch das Recht zur Einhebung gewisser *Gemeindesteuern* aus besonderen Rechtstiteln. Aus einigen unvollkommen erhaltenen Rechnungsunterlagen ersieht man, daß dies von etwa 1800 – 1848 folgende waren:

- Die **Tatz**: Die Tatz war eine (in Niederösterreich) geltende Abgabe auf die Ausschank von Wein, Bier und Met, die auf die Einführung des sog. „neuen Zapfenmaßes" im Jahre 1556 zurückgeht und 20%

Abb. 9: Eine Tatzrechnung aus dem Jahr 1799.

---

32   WStLA Dienstbuch St. Veit A 1761 – 1846 (Gb. 5/6) fol. 22.
33   Detaillierte Rekonstruktion dieses Pfarrhof-Schule-Komplexes bei Gerhard Weissenbacher, In Hietzing gebaut Bd. 1 (Wien 1996) 104 ff.
34   GAO 23.8.1875 Pt. 4.
35   „Special-Ausweis..." (wie Anm. 29); für die Jahre 1821 ff.: WStLA Gem. XIII/4, A 3/1.

Abb. 10: Die gemeindeeigene Weinhüterhütte an der Adofsdorfgasse um 1900 in einem Ölgemälde. Das Kreuz am Wegrand besteht heute noch.

des ausgeschenkten Getränkewertes betrug. Sie war eigentlich eine landesfürstliche Steuer, die aber ab dem 17. Jahrhundert des öfteren von Dorfgemeinden gekauft wurde, was auch in St. Veit der Fall gewesen sein muß[36]. Von Seiten der Gemeinde war dazu ein Tatzermeister bestellt, der die auszuschenkenden Fässer mit einer Marke versah und im Voraus die Tatz kassierte; 1829 wurde die Tatz aufgehoben[37]. Die älteste erhaltene Tatzrechnung der Gemeinde St. Veit datiert für das Rechnungsjahr 1799 und weist nach Abzug von 2 fl. Entschädigung für den Tatzermeister und 25 fl. Abgabe an die Herrschaft für die Überlassung der Schankgerechtigkeit einen Reinertrag von 288 fl. 35 kr. aus. Interessant ist, daß sich das kalligraphisch sehr schön ausgeführte Rechnungsoperat als Jahresabrechnung des namentlich genannten Tatzermeisters ausgibt. In Wahrheit verrät aber die Spesenabrechnung, daß sie der herrschaftliche Gerichtsschreiber Lorenz Höberth gegen 30 Kreuzer Entschädigung geschrieben hat, weil die Gemeinde offenkundig über keine ausreichend schriftgewandte Person verfügte[38].

- Das **Plankengeld**: Alle Weingarten- und Wiesenbesitzer mußten nach dem Verhältnis der Größe ihres Besitzes der Gemeinde ein Plankengeld bezahlen, von dessen Erträgnis die „Planken", also Holzzäune, aber auch die Feldwege und die drei Hüterhütten (am Gemeindeberg, am Trazerberg und am Hagenberg) instandge-

---

36   Mischler – Ulbrich, Bd. 2, S. 56; Feigl, Grundherrschaft (Anm. 19) S. 191 ff.
37   Mischler – Ulbrich ebd.; Feigl ebd. S. 196.
38   WStLA Gem. XIII/4, A 3/1, Tatzrechnung des Ferdinand Satzer als Obertatzer zu St. Veit 1799.

halten wurden. Auch das „Staudenabhauen" und eine „Brückelreparatur" findet man. Das Plankengeld betrug für jedes Viertel Tagwerk Wiese oder Weingarten 12 kr. pro Jahr. Für die Jahre zwischen 1800 und 1822 sind noch einige solcher Plankenrechnungen erhalten. Als Plankenmeister, der das Geld einzusammeln und die Instandhaltungen zu veranlassen hatte, finden wir fast jedes Jahr jemanden anderen: Franz Huber (1800), Martin Mohr (1801/02), Anton Stelli (1804), Michael Schabel (1805/06) Karl Kornpropst (1811/12), Joseph Gaubmann (1820), Leopold Pernreiter (1821) und Georg Matsch (1822). In den meisten Jahren wurden die Einnahmen, die in der Größenordnung von etwa 150 fl. lagen, von den Zweckreparaturen zur Gänze aufgebracht. Auch die Plankenrechnungen schrieb der Gerichtsschreiber, später dann Schullehrer Lorenz Höberth für die Gemeinde[39].

- Die **Gemeinderobot**: Als vermögenswertes Recht ist letztlich auch die von der Patrimonialgemeinde bis zuletzt beanspruchte Gemeinderobot anzusehen, also die Pflicht zur Erbringung körperlicher Dienste, freilich in bescheidenem Ausmaß. Für das Jahr 1821 ist ein Protokoll über alle Hausbesitzer (nur sie waren verpflichtet) und die von ihnen geleisteten Robotdienste erhalten. Demnach gab es Winterrobot, die im Schneeschaufeln von ½ – 2 Tage bestand und die Sommerrobot, die aus Mähen und Heumachen auf Herndl- und Girzenwiese oder im Schottern neuer Straßen bestand, ebenfalls ½ – 2 Tage pro Hausbesitzer und Jahr[40].

Eine geschlossene *Gemeinderechnung* aus der Zeit vor 1849 ist leider nicht erhalten, aus Querverweisen in diversen erhaltenen Inventaren ist zu entnehmen, daß es solche Rechnungen gegeben haben muß. Diese Inventare verzeichnen nur in summierter Form die Gesamtheit der Einnahmen und Ausgaben. Für das Jahr 1837 betrugen diese beispielsweise: Ausgaben 1394 fl. 33 kr., Einnahmen 1504 fl. 23 kr. Eine geschlossene Gemeinderechnung ist nur für das Rumpfjahr 1. Jänner bis 31. Oktober 1850 erhalten, welches vorzeitig abgeschlossen werden mußte, um die Kassageschäfte von der alten Patrimonialgemeinde Ober St. Veit an die neu konstituierte Ortsgemeinde St. Veit an der Wien übergeben zu können. Das Bemerkenswerteste an dieser Rechnung, die bereits ein Budgetvolumen von ca. 2400 fl. alleine für das Rumpfjahr ausweist, ist, daß zwischen den geschuldeten und den tatsächlich eingegangenen Gemeindeabgaben eine Differenz von etwa 25% klafft, mit anderen Worten: Nur 75% aller geschuldeten Steuern und Abgaben wurden ehrlich bezahlt![41]

Einen letzten, beispielhaften Blick lohnt es sich noch in das Inventar des Gemeindevermögens vom Jahre 1838 zu werfen. Neben den uns schon bekannten Liegenschaften ist dort auch noch folgende Aufzählung an *vorräthigen Naturalien, Vieh und Fahrnissen* enthalten:

---

39   WStLA Gem. XIII/4, A 3/1, Plankenrechnungen 1800–1822.
40   WStLA Gem. XIII/4. A 3/1, Roboth-Protocoll für das Jahr 1821 über die bey der Gemeinde St. Veit verrichteten Gemeinderobothen.
41   WStLA Gem. XIII/4, A 3/1, Rechnung der Gemeinde St. Veit, Ort Ober St. Veit für das Verwaltungsjahr 1850 und zwar vom 1. Jänner bis letzten Oktober 1850.

35 Zentner Heu

2 Gemeindestiere

1 neue Feuerspritze samt Zugehör

1 alte reparirte Feuerspritze

1 Wasserwaage

Zehn Feuerämper [sic! gemeint wohl Feuereimer]

1 eiserne Stellwaage mit massigem Gewichte

2 Gemeinde-Kassatruhen, wovon die eine mit 4 Schlössern, die andere

mit einem Schloß versichert ist

1 Sprießelleiter

1 Feuerhütte mit 3 Feuerleitern und 4 Feuerhaken.[42]

Betrachtet man also das ganz beträchtliche Vermögen der Gemeinde, das in ständiger Bewirtschaftung stand, dazu die Ausgaben und Inventargegenstände, aus denen sich wichtige Schlüsse auf die Aufgabenerfüllung (Regulierung und Unterstützung der bäuerlichen Wirtschaft, Feuerbekämpfung, Erhaltung der Zäune und Wege) ziehen lassen, so sieht man, daß die Gemeinde nicht erst in den Jahren 1848/49 „geboren" wurde, sondern schon vorher ein bedeutender Verwaltungskörper war, in den freilich Grundherrschaft und Kreisamt hineinregieren konnten[43].

Der stark agrarische Charakter, den der Ort Ober St. Veit bis in die Mitte des 19. Jahrhunderts wahren konnte, zeigte sich vor allem in der Institution des **Halters**. Dieser war, wie wir aus einigen verstreuten Nachrichten erfahren, ein „von der Gemeinde besoldetes Individuum", das je nach Jahreszeit das Vieh der Gemeindegenossen auf den Gemeinschaftsweiden zu hüten hatte, also die Kühe auf der Hutweide am Wienfluß, die Schweine auf der Waldweide im Gemeindewald, die Gänse am Marienbachanger. 1849 stellte die Gemeinde für dieses Amt einen gewissen Reich an, der vorher in Lainz als Hüter tätig war. Bis zum Jahr 1859 besaß die Gemeinde stets zwei Stiere, die bei einem Bauern untergebracht wurden. Das Futtergeld für diese Stiere wurde dem Halter Reich ausgefolgt, zu dessen Obliegenheiten auch die Überwachung der Fütterung und des Einsatzes der Gemeindestiere gehörte[44].

Zur Zeit der **Weinlese** wurden jedes Jahr nach einem offenbar uralten Rechtsbrauch zwei Weinhüter aufgenommen. Dazu versammelten sich alle Weingartenbesitzer unter Vorsitz des Ortsrichters / Bürgermeisters im August jeden Jahres und wählten die zwei Hüter, denen ihre Pflichten genau vorgelesen wurden. Nach diesem „Ausspruch der Grundholden", wie er noch 1854 (!) genannt wird, mußten sich die beiden Gewählten

---

42   WStLA Gem. XII/4, A 3/1, Special-Ausweis über den Inventarial Werth des bey der zur diesseitigen Herrschaft unterthänigen Gemeinde mit Ende Dezember 1838 vorfindigen Communvermögens.

43   Zu den Kreisämtern s. unten III.2.

44   GAS 21.1.1861, P. 8; J. Vinzenz, Erlebtes und Erlauschtes (Anm. 2) S. 397; Robert Demmer, Unser Himmelhof einst und jetzt (Gedrucktes Vortragsmanuskript 1994) S. 8; WStLA Gem. XIII/4, A 3/2 Rechnungen, Gemeinderechnung 1859 [diese Rechnung enthält einen ausführlichen handschriftlichen Vermerk über die Verhältnisse des Halters, über Kosten der Stiere und das Datum, wann deren Zahl durch Abverkauf auf einen reduziert wurde].

förmlich zur Einhaltung aller vorgelesenen Bedingungen verpflichten und je einen Hausbesitzer als Bürgen stellen für den Fall, daß sie ihr Amt nicht ordentlich ausüben. Anschließend wurde darüber ein Protokoll errichtet und mit den Unterschriften sämtlicher Weingartenbesitzer bekräftigt[45].

Im September kamen dann sämtliche Weingartenbesitzer nochmals zusammen und beschlossen den genauen Tag, an dem die Weinlese allgemein abzuhalten war; wer vor dem beschlossenen Tag mit der Lese begann, wurde mit einer hohen Geldstrafe belegt[46].

3. Unter St. Veit

Rund zwei Kilometer vom Ortszentrum entfernt, im Wiental unten, lag die Gottesfeldmühle[47], kurz Feldmühle genannt, zwischen dem Wienfluß und dem sogenannten Veitinger Feld, einer ausgedehnten Gras- und Ackerbaufläche, die erst ab der Mitte des 19. Jahrhunderts verbaut wurde. In der Nähe der Feldmühle bildete sich gegen Ende des 18. Jahrhunderts eine kleine „wilde" Ansiedlung von Häusern Gewerbetreibender. Noch 1801 war die Gegend aber im wesentlichen unverbaut und stand dort der Artilleriepark der Armee des Erzherzogs Karl, dessen Hauptquartier in Schönbrunn war[48]. Am 1. Jänner 1793 verpachtete Erzbischof Migazzi die ganze Herrschaft St. Veit an der Wien einem gewissen Johann Michael Schwinner, der die sich abzeichnende Siedlungsentwicklung legalisierte und weiterführte: Er teilte innerhalb der heutigen Straßenzüge Feldmühlgasse – Auhofstraße – Fleschgasse – Hietzinger Hauptstraße einen annähernd quadratischen, für 100 Häuser bemessenen Bauplatz vom Herrschaftsgrund ab und verkaufte ihn parzellenweise an interessierte Siedler ins Untereigentum[49]. Über die Person dieses Pächters, vor allem über seine berufliche und soziale Herkunft, sind keine zusammenhängenden Angaben mehr auffindbar[50].

Motiv dieser *Siedlungsgründung* war Spekulationsgewinn durch die Verkaufserlöse und die Erschließung neuer Steuereinnahmen[51]. Die neue Siedlung nannte sich zunächst

---

45 Für die Jahre 1852 und 1853 noch in voller Ausführlichkeit erhalten (ASV 352/1852 und 371/1853); 1854 und 1855 werden die Weinhüter nur noch mit formlosem Vermerk aufgenommen (ASV 302/1854 und 196/1855), ab 1856 findet sich in den Akten nichts mehr über die alljährliche Aufnahme.

46 Letztmalig dokumentiert für das Jahr 1852 in ASV 408/1852.

47 Nach heutiger Adresse Auhofstraße 78–78 E; Urkundl. Ersterwähnung 1364, Abriß der letzten Teile bis 1914: Weissenbacher, Hietzing I (Anm. 33), S. 25.

48 Pfarrchronik Ober St. Veit, Band 1784-1875, pag. 494.

49 Näheres zur Siedlungsentstehung und ihren Motiven in: Unter St. Veit – 125 Jahre Kirchengründung, 25 Jahre Pfarre (1992) 7 ff.; Das Original des Pachtvertrages ist noch erhalten und erliegt im Diözesanarchiv Wien, Bestand Rentamt, Schachtel 3.

50 In den Matrikenbüchern der Pfarre Ober St. Veit sind fünf Geburten von Kindern des Johann M. Schwinner verzeichnet (Franz 27.6.1794, Ignaz 30.7.1795, Maria 14.11.1796, Johann Baptist 2.2.1798, Johanna 10.5.1799), wobei die Berufsbezeichnung des Vaters jeweils „Herrschaftsverwalter" lautet; drei seiner Kinder starben im Säuglingsalter (Rosina 6.12.1793 – wurde noch vor Schwinners Verwaltungsübernahme außerhalb Ober St. Veits geboren, Franz 26.3.1795, Johanna 25.8.1799). Am 25.7.1800 schließlich verstarb Schwinners Ehegattin Johanna, geb. Jesser im Alter von 29 Jahren an „Lungensucht" (für die Recherche all dieser Angaben dankt der Verfasser Herrn Dr. Franz Twaroch).

51 Denkschrift über die beabsichtigte Gemeindetrennung vom 17.10.1865 in NöLA, Landesausschuß Fasz. 64/6 Prot. Nr. 10578/1050.

Abb. 11: Das einzige bekannte Foto eines Nebengebäudes der ehemaligen Feldmühle in der Auhofstraße gegenüber der Einmündung der Feldmühlgasse; von der Feldmühle selbst ist keinerlei Bildmaterial erhalten.

„Neudörfel", bald aber schon „Unter St. Veit". Aus ihr ging später die Ortsgemeinde selben Namens hervor. Mit dem Aufkommen der Bezeichnung „Unter St. Veit" wurde der Stammort zunächst inoffiziell, ab 1867/70 auch amtlich als „Ober St. Veit" bezeichnet.

Das Neudörfel / Unter St. Veit war eine räumlich getrennte Ansiedlung, die gut zwei Kilometer vom (Ober) St. Veiter Ortskern entfernt lag. Die Grundherrschaft setzte dort einen eigenen **Unter St. Veiter Ortsrichter** mit eigenen Geschworenen ein. Das Gemeindegebiet von Unter St. Veit bestand nur aus den vorbeschriebenen 100 Bauplätzen ohne Umland, es war von Ober St. Veiter Gemeindegebiet wie eine Enklave umschlossen. Es ist keine Gründungsurkunde hiefür erhalten und auch die Einsetzung eines eigenen Ortsrichters ist nur daraus erschließbar, daß in den Jahren ab 1808 auf herrschaftlichen Kommissionsprotokollen, die räumlich Unter St. Veit betreffen, ein eigener Unter St. Veiter Richter als Teilnehmer der Kommissionen und Unterzeichner der Protokolle auftaucht[52]. Dieser Ortsrichter, ein gewisser Valentin KARL, tritt 1817 mit einer eigenen Eingabe an die Grundherrschaft um Verleihung einer Gewerbeberechtigung für den Viktualienverkauf in Erscheinung, in der er in bezug auf seine Person angibt, seit 1803 (also dem Ortsgründungsjahr) die Stelle des Ortsrichters zu versehen und beide napoleonischen Invasionen (1805 und 1809) als Ortsrichter erlitten zu haben; besonders bemerkenswert ist seine Aussage, daß er *stets mehr der löblichen Herrschaft als der Gemeinde zu Dienst war*, ein Indiz dafür, daß ihn die Herrschaft bei der Ortsgründung als Mann ihres Vertrauens hingesetzt hat[53]. Aus den Grundbüchern und Vermögensausweisen des Gemeindevermögens[54] sieht man aber umgekehrt, daß es bei der Gründung des Ortes Unter St. Veit zu **keiner** Vermögensaufteilung gekommen ist: Die Altgemeinde Ober St. Veit behielt vielmehr das

---

52   z.B. Kommissionsprotokolle vom 20.10.1808 oder 10.6.1812 über Verleihung von Gewerbebefugnissen in Unter St. Veit: WStLA Herrschaft St. Veit A 118/13 Politica Nr. 154 und 384.
53   WStLA Herrschaft St. Veit A 118/13 Politica Nr. 484.
54   WStLA Gem. XIII/4, A 3/1 Miszellen.

Abb. 12: Der Bauplatz Nr. 50 (= h. St.-Veit-Gasse 48) im Jahr 1843. Das erste von der Patrimonialgemeinde Unter St. Veit erworbene Grundstück mit der Jakobsglocke auf einem provisorischen Holzgerüst.

gesamte bisherige Gemeindevermögen, die Neugemeinde Unter St. Veit konnte lediglich neues Vermögen dazu erwerben. Der Gegensatz zwischen der reichen Gemeinde Ober St. Veit und der armen Gemeinde Unter St. Veit, der in der Ära nach 1850 noch soviel Brisanz gewinnen sollte, hatte hier schon seinen Ursprung.

Das einzige Grundstück, das die Patrimonialgemeinde Unter St. Veit erwerben konnte, war der Bauplatz Nr. 50 (= h. St.-Veit-Gasse 48), den die Gemeinde bei einer am 5. Februar 1820 abgehaltenen öffentlichen Versteigerung von der Witwe Katharina Unger um 190 fl. W.W. erstand[55]. Auf diesem Grundstück stellte die Gemeinde als erstes Surrogat einer ja zunächst nicht vorhandenen eigenen Kirche im Jahre 1843 ein Holzgerüst mit einer dem Hl. Jakob geweihten Glocke auf, die zu den Gebetszeiten läutete[56]. Diese *Jakobsglocke* ist, nur nebenbei bemerkt, noch erhalten und hängt als eine von drei Glocken im Turm der heutigen Unter St. Veiter Pfarrkirche, die auf eben diesem Grundstück erbaut wurde. Der Stifter der Glocke war der Mariahilfer Hutfabrikant Jakob Flebus[57]. Die neue Siedlung Unter St. Veit wuchs sehr rasch. 1810 zählte man schon 33 Häuser, 1833 schon über 90 Häuser mit 884 Bewohnern[58].

---

55   Gewährbuch S. Veit H (WStLA Gb. 5/47) fol. 65, Gewährnehmer ist wörtlich „Die Gemeinde Unter St. Veit".
56   125 Jahre Unter St. Veit (Anm. 49) S. 9 f.
57   Die Spendereigenschaft von Jakob Flebus ergibt sich aus der Gußinschrift der Glocke, die zweifellos wegen des Vornamens ihres Spenders dem Hl. Jakob geweiht ist. Jakob Flebus' Beziehung zu Unter St. Veit bestand darin, daß er in Unter St. Veit CNr. 31 (= h. Kremsergasse 8 – 10) ein Landhaus besaß.
58   Pfarrchronik Ober St. Veit, Band 1784 – 1875, pag. 494; „Ausweis über die Religionsverhältnisse in der

Im Jahre 1812 baten die Hausbesitzer von Unter St. Veit wegen des weiten Weges nach Ober St. Veit um die Errichtung einer *Filialschule*; die Herrschaftsverwaltung hielt daraufhin eine Kommission mit allen Beteiligten ab und man einigte sich in einem Protokoll darauf, dass die Gemeinde Unter St. Veit dem Schullehrer von Ober St. Veit jährlich 200 fl. dafür zahlte, daß er den Unterricht auch in einem gemieteten Klassenzimmer in Unter St. Veit besorgte oder durch einen Schulgehilfen besorgen ließ – auf dieser Grundlage arbeitete die Unter St. Veiter Filialschule sodann jahrzehntelang[59].

Irgendwelche Steuerabrechnungen, Gemeinderechnungen, zusammenfassende Vermögensausweise o.ä. der Patrimonialgemeinde Unter St. Veit sind nicht erhalten geblieben, sodaß hiezu keine analoge Darstellung wie im Falle von Ober St. Veit möglich ist. Von einer besonderen Steuereinnahme, die für den Neusiedlungsort Unter St. Veit charakteristisch ist, wissen wir allerdings: Aufgrund einer kreisamtlich bestätigten Anordnung der Gemeinde vom 26. Oktober 1807 war jeder Käufer eines Baugrundes verpflichtet, 1 Kreuzer von jedem Kaufgulden an die Gemeinde zu entrichten, jeder Käufer eines bereits erbauten Hauses mußte 2 Kreuzer vom Gulden zahlen; diese besondere Steuer wurde auch nach der Konstituierung der Ortsgemeinde St. Veit an der Wien (nur) für den Unter St. Veiter Bereich aufrechterhalten[60].

1812 wurde auf Bitten der örtlichen Hausbesitzer für den Ort Unter St. Veit eine eigene Schulfiliale mit einem angemieteten Klassenzimmer eingerichtet; es gab vormittags und nachmittags je zwei Stunden Unterricht durch einen geprüften Schulgehilfen, den Religionsunterricht besorgte der Ober St. Veiter Kaplan[61].

Die *Wirtschafts- und Sozialverhältnisse* der neuen Siedlung Unter St. Veit unterschieden sich von Anfang an von der Altsiedlung (Ober) St. Veit: Es bildete sich keine größere bäuerliche Wirtschaft mehr aus, nur einige Einwohner hielten bei ihrem Haus noch einige Ziegen oder Kühe für den Eigenbedarf. Die Siedlung zog vielmehr vom ersten Augenblick an Klein- und Kleinstgewerbetreibende an, vor allem viele, die für ihre Tätigkeit das Wasser des nahen Wienflusses benötigten: Weber (der Volksmund sprach zeitweise vom „Weberdörfel"), Gerber, Färber, Haarwäscher, zu denen sich dann die „Infrastrukturgewerbe" wie Landgreißler, Schmied und etliche Wirte hinzugesellten; in den Herrschaftsakten findet man ferner Gewerbeverleihungen für Wagner, Schneider und Zimmerer[62].

Pfarre St. Veit a.d. Wien anno 1832", verfaßt am 1.12.1832 vom Ober St. Veiter Pfarrer Anton Mallina, Diözesanarchiv Wien, Pfarrakten Ober St. Veit, Schachtel 1800–1899; die Aufschlüsselung der Unter St. Veiter nach Konfessionen sieht darin so aus: Unter St. Veit 858 kath., 25 prot., 1 reformiert, 0 jüdisch. Bemerkenswert daran ist der hohe Protestantenanteil, der in den Altorten Ober St. Veit und Hacking keine Entsprechung findet.

59   Bericht des Hütteldorfer Pfarrers und Dechants Josef Weinkopf vom 13.3.1854 an die Gemeindevorstehung über die Schulverhältnisse in Unter St. Veit: ASV 139/1854.

60   GAS 12.9.1850 Pt. 1.

61   Bericht des Oberlehrers Leopold Sommerer vom 21.6.1867, NÖLA Landesausschuß Fasz. 64/8 Nr. 7885/747; Eingabe des Dechants Josef Weinkopf von Hütteldorf vom 13.3.1854 an den Gemeindevorstand St. Veit um Erhöhung der Besoldung des Religionslehrers mit ausführlicher Rekapitulation der Unter St. Veiter Schulverhältnisse, ASV 139/1854.

62   Emil Mlejnek, Hietzing im Wandel der Zeiten, 6. Folge. In: Hietzinger Zeitung Nr. 12/1975, 18 f.; Robert Waissenberger, Industrie und Gewerbe am Wienfluß. In: Der Wienfluß (65. Sonderausstellung des Histori-

schen Museums der Stadt Wien 10.4 – 1.6.1980) 17 f.; WStLA Herrschaft St. Veit A 118/13.

28

III.
Die Revolution von 1848
und ihre Folgen für die Lokalverwaltung

Nach den autoritären Jahrzehnten des Vormärz gab es im „tollen Jahr 1848" gleich drei Mal Wahlen:

- Am 26. April fanden die Wahlen für die konstituierende **deutsche Nationalversammlung** in Frankfurt statt, besser bekannt als „Versammlung in der Paulskirche". Es handelte sich dabei um eine Volkswahl, die sich auf der Ebene der Gemeinden bzw. Grundherrschaften abspielte, denen in höchster Eile die Durchführung eines komplizierten Wahlvorganges abgefordert wurde, mit denen sie nach jahrzehntelanger Dauer der Ära Metternich gar nicht vertraut waren[63]. Die Wahlen zur Paulskirche waren mittelbar. Wahlberechtigt sollten ohne Beschränkungen alle volljährigen, selbständigen Männer sein. Je 500 Seelen war in der Urwahl ein Wahlmann zu wählen. Die Wahlmänner wählten dann die eigentlichen, nach Frankfurt zu entsendenden Abgeordneten, für das Viertel unter dem Wienerwald insgesamt fünf. Die Stimmabgabe der Urwähler erfolgte auf einem leeren, selbstbeschriebenen Zettel[64]. Für das Viertel unter dem Wienerwald ordnete Kreishauptmann Karl Edler von Seydel die Durchführung wie folgt an: Ober- und Unter St. Veit war mit Hacking, Lainz, Speising und dem Gut Rosenberg zu einem Wahlsprengel zusammengefaßt, dessen Wähler in Ober St. Veit unter Leitung des Verwalters der Grundherrschaft bereits am 26. April 1848 zusammenzukommen hatten, um sechs Wahlmänner zu wählen. Alle gewählten Wahlmänner mußten anschließend nach Wiener Neustadt reisen, um dort in einem weiteren Wahlvorgang den (einen) Abgeordneten des Wahlbezirkes Wiener Neustadt und seinen Ersatzmann zu bestimmen. Den Termin für die Abgeordnetenwahl in Wiener Neustadt bestimmte Kreishauptmann von Seydel ursprünglich mit 28. April 1848, 6 Uhr morgens (!)[65]. Dieser Termin war im speziellen Fall Wiener Neustadt nicht zu halten und wurde kurzfristig auf den 3. Mai, 8 Uhr morgens verschoben[66]. Der in Speising wohnhafte Beamte und Schriftsteller Johann Baptist Weis, der pseudonym die berühmten, mundartlichen Hans-Jörgel-

---

63   Zu Modalitäten und Bedeutung dieser Wahl Lothar Höbelt, 1848. Österreich und die deutsche Revolution (Wien/München 1998) 121 ff.

64   Wahlkundmachung des nö. Regierungspräsidenten vom 18.4.1848, kundgemacht in der Wiener Zeitung Nr. 110 (19.4.1848) S. 1 [Bei Höbelt, 1848 (Anm. 63) S. 121 Verlautbarungsdatum der Wiener Zeitung offenbar versehentlich mit 16. April angegeben].

65   NÖLA Kreisamtszirkulare VUWW, Zirkulare vom 19.4.1848, Nr. 45: dieses Zirkulare enthält in teilweiser Wiederholung der Kundmachung des Regierungspräsidenten eine Beschreibung des Wahlmodus, sodann eine konkrete Liste aller Wahlorte des VUWW, an denen die Urwähler zusammenzukommen hatten, samt den zu jedem Wahlort gehörenden Gemeinden.

66   Komische Briefe des Hans-Jörgel von Gumpoldskirchen an seinen Schwager in Veselau über Wien und seine Tagesbegebenheiten Bd. 17 (1848) 12. Heft, 1. Brief S. 4.

Briefe herausgab, berichtete über diesen Vorgang recht gallig: *Die Wahl eines Deputirten nach Frankfurt is vorbei, aber i muß sag'n, daß er wenigstens in Neustadt, wo wir mit unserem Urwahlbezirk St. Veit und Hietzing zug'wiesen war'n, sehr unkonstitutionell ausg'fallen ist*[67]. J.B. Weis war selbst ein gewählter Wahlmann des Ober St. Veiter Wahlsprengels und schildert sehr interessant, wie er voller Erwartungen nach Wiener Neustadt fuhr und dort ein aufgeregtes Durcheinander vorfand, um schließlich draufzukommen, daß großteils schon vorher Absprachen stattgefunden hatten. *Es war eine Komödie..., denn die Deputirten war'n schon bestimmt, bevor wir no zur Wahl g'schritten sein.*[68] Wieweit die Unzukömmlichkeiten wirklich gingen, und wieweit sich der Herr Rechnungsrat aus Speising nur übertölpelt fühlte, weil er mit der Welt der Politik nicht so vertraut war, muß hier offen bleiben.

- Am 2. Mai fand die Wahl der Abgeordneten aus dem Bauernstande (vorgesehen waren zwölf) für den **niederösterreichischen Landtag** statt. Die Wahl war ebenfalls indirekt. Dazu kamen die Hausbesitzer jedes Ortes unter Vorsitz des Ortsrichters und der beiden ältesten Geschworenen zusammen und wählten einen Wahlmann, der seinerseits zum eigentlichen Wahlvorgang am 4. Mai 1848 entsandt wurde[69].

- Als ob es der Wahlen noch nicht genug gewesen wäre, fanden am 17. Juni, immer noch desselben Jahres 1848, die Wahlen der Wahlmänner für die **konstituierende Reichstagsversammlung** der Habsburgermonarchie statt, wegen seiner späteren Flucht vor den Wiener Revolutionswirren nach Kremsier besser bekannt als „Kremsierer Reichstag". Diesmal war das ganze Viertel unter dem Wienerwald bloß in sechs riesige Wahlbezirke geteilt, für die je ein Ort als zentraler Wahlort bestimmt wurde. Hietzing mit Schönbrunn, Lainz mit Rosenberg und Speising, Ober St. Veit, Unter St. Veit, Hacking und weitere 56 (!) Orte, die in etwa den ganzen heutigen 12., 15. und 23. Wiener Gemeindebezirk und die Gegend bis Mödling umfaßten, bildeten einen Wahlbezirk, dessen zentraler Wahlort Perchtoldsdorf war. Dorthin mußten also die St. Veiter reisen, um ihre Wahlmänner zu wählen, die dann ihrerseits am 21. Juni die Reichstagsabgeordneten wählten.[70] Wieviele St. Veiter bei den damaligen Verkehrsverhältnissen tatsächlich mühsam nach Perchtoldsdorf gefahren oder zu Fuß marschiert sind, ist leider nicht überliefert – vielleicht war es von den Behörden so gewollt, daß die neue Demokratie ein wenig gebremst wurde.

1. Die Aufstellung einer Nationalgarde

Nach der am 14. März 1848 vom Kaiser zugestandenen Errichtung einer Nationalgarde (Bürgerbewaffnung) ordnete der Minister des Innern am 8. April ihre Aufstellung an. Der Kreishauptmann des Viertels unter dem Wienerwald, zu dem St. Veit gehörte, rief wegen

67   Hans Jörgel-Briefe (Anm. 66) S. 1.
68   Ebenda.
69   NöLA Kreisamtszirkulare VUWW, Zirkulare vom 21.4.1848, Nr. 46.
70   NöLA Kreisamtszirkulare VUWW, Zirkulare vom 6.6.1848, Nr. 64.

vorgekommener und noch zu befürchtender Überfälle auf Fabriken alle wehrfähigen Gutgesinnten zur Bewaffnung auf. Die fehlenden Waffen sollten zunächst Stöcke ersetzen. Nach einer Kundmachung vom 16. April war der Errichtung der Nationalgarde auch außerhalb Wiens „gespannteste Aufmerksamkeit" zu widmen. Man kreierte innerhalb kürzester Zeit eine Uniform, Adjustierungsvorschriften und ein Dienstreglement. Grundregel war, in Orten über 1000 Einwohnern jedenfalls eine Nationalgardekompanie aufzustellen, in kleineren Orten dann, wenn dazu eine unbedingte Notwendigkeit bestand. Der Kreishauptmann ordnete jedoch mit Kundmachung vom 23. April für Fabriksorte auch unter 1000 Einwohnern generell die Aufstellung einer Nationalgarde an. Alle wehrfähigen Männer vom 19. bis zum 50. Lebensjahr kamen zum Eintritt in Frage, soferne sie die Kosten für Uniform und Bewaffnung selbst aufbringen konnten – damit waren die sozialen Unterschichten de facto ausgeschlossen[71].

Nach diesen Kriterien war also in Ober- und Unter St. Veit sowie in Hacking je eine örtliche Nationalgardekompanie aufzustellen. Die Einzelheiten des Nationalgardewesens in diesen Orten sind aber leider quellenmäßig nicht gut überliefert. In Hacking gab es eine Gardekompanie unter dem Kommando des Ortsrichters Martin Brell, von der die Mitgliederliste bekannt ist[72]. In Ober St. Veit gab es ebenfalls eine Kompanie, deren Mitgliederliste aber nicht mehr erhalten ist. Diese Nationalgardekompanie errichtete im Ober St. Veiter Gemeindewald eine Schießstätte, die später dann für Zwecke eines Schützenvereines hergerichtet und weiterbenützt wurde. Ihre Reste sind noch heute an der Zufahrtsstraße zum Gasthaus „Zum Lindwurm", schräg gegenüber der Weidmankapelle, im Wald zu sehen. Für Unter St. Veit liegt die Meldung eines nach Wien geflüchteten Nationalgardisten vom 14. Oktober 1848 vor, wonach die dortige Nationalgarde entwaffnet worden sei – dies ist die einzige Nachricht, aus der geschlossen werden kann, daß es eine solche gegeben hatte[73].

Die Nationalgardekompanien der Dörfer waren entgegen einem in der lokalgeschichtlichen Literatur anzutreffenden Irrtum keineswegs die „Vorhut der Revolution". Vielmehr erfüllten sie durch regelmäßiges Patrouillieren und Wachehalten rund um die Uhr eine wichtige lokale Sicherheitsfunktion in stürmischen und unsicheren Verhältnissen, denen die alten „Grundwachter" nicht gewachsen waren und um die sich das staatliche Militär nicht kleinräumig kümmern konnte. Nachdem die Sicherheitsverwaltung durch die Errichtung der Gendarmerie neu organisiert worden war, wurden die Nationalgarden schließlich mit Patent vom 22.8.1851 auch formell aufgelöst[74].

Die Tätigkeit der St. Veiter Nationalgarde endete freilich faktisch schon viel früher, nämlich mit ihrer Entwaffnung im Oktober 1848. Am 2. Dezember erließ das Kreisamt den Befehl, ausdrücklich auch an alle Nationalgarden, die ärarischen und privaten Waffen

---

71 Nach Josef Kraft, Die Nationalgarden im Jahre 1848 in Niederösterreich. In: Arbeiterfreund Jg. 1938, S. 52–60.
72 Emil Mlejnek, Hacking – Versuch einer Darstellung (selbstverlegtes Manuskript Wien 1991) 79–81.
73 Wenzel Georg Dunder, Denkschrift über die Wiener Oktoberrevolution (Wien 1849), 396.
74 Kraft, Nationalgarden (Anm. 71) 60.

abzuliefern[75]. Ihre materiellen Hinterlassenschaften (Geld, Munition und diverse Requisiten) übernahm die Gemeinde[76]. 1851 forderte die Bezirkshauptmannschaft Hietzing alle Gemeindevorsteher auf, alle noch etwa vorhandenen Waffen und sonstigen Requisiten der ehemaligen Nationalgardekörper abzuliefern – die Gemeinde St. Veit sandte daraufhin drei noch vorhandene Trommeln ein[77]. 1856 ließ die Statthalterei im Bezirk Hietzing nochmals „unauffällige Nachforschungen" durchführen, ob irgendwo noch verbotene Nationalgardefahnen, Trommeln oder Waffen vorhanden seien – es fand sich nichts mehr[78].

2. Örtliche Ereignisse

Wollte man das äußere Geschehen des Sturmjahres 1848 in den Ortschaften Ober- und Unter St. Veit zynisch verkürzt darstellen, müßte man eigentlich sagen: es gab keines. Und doch kann man es nicht so kurz machen, denn es gab zweifellos sehr viel Aufgeregtheit, Angst und innere Anteilnahme an den Geschehnissen in der Stadt Wien, über die man wegen der räumlichen Nähe gut informiert war. Das einzige konkret faßbare Ereignis spielte sich am 14. März 1848 ab: In der Nacht von 13. auf 14. März und den ganzen 14. März über kam es in dem industriellen Ballungsraum Fünfhaus – Sechshaus – Braunhirschen, ebenso am gegenüberliegenden Wienufer in Meidling und Gaudenzdorf zu schweren Ausschreitungen und Plünderungen. Deren Höhepunkt war die Niederbrennung der Baumwolldruckfabrik Gebrüder Granichstädten in Sechshaus, worin sich teils der Haß von erwerbslos gewordenen Arbeitern auf die neuen Maschinen manifestierte, teils aber auch nur krimineller Pöbel austobte[79]. Am Morgen des 14. März zog nun eine Schar Druckergesellen, eine Art Sturmtrupp, das Wiental stadtauswärts und drang gezielt in verschiedene Fabriken ein, um auch hier die Maschinen zu zerstören. In St. Veit wurden solcherart alle Maschinen der Druckfabrik Benjamin Spitzer in der Auhofstraße (h. Nr. 120) zerstört, in Hacking spielte sich ähnliches in der Baumwolldruckerei Bossi (h. Hackinger Straße 50) ab, woran die örtlichen Arbeiter und die örtliche Bevölkerung aber nicht beteiligt waren. *Mit dem 15.ten Abends ... kehrte wieder Ruhe und Sorglosigkeit in die Gemeinde ein*[80].

In **Hietzing** kam an einem nicht mehr überlieferten Tage des Jahres 1848 das Gerücht auf, „Revolutionäre" seien im Anmarsch. Allgemeine Panik machte sich breit, der Wirt Bauer vom Gasthaus „Zum Weißen Engel"[81] verpackte sein gesamtes Silbergeschirr in

---

75   NÖLA Kreisamtszirkulare VUWW 1848, Zirkulare vom 2.12.1848, Nr. 171.
76   GAS 7.7.1850 Pt. 5.
77   Gedruckte Kdm. der BH Hietzing vom 13.10.1851, darauf handschriftlicher Erledigungsvermerk der Gem. St. Veit vom 24.10.1851, in: ASV 398/1851.
78   WStLA Bezirksamt Hietzing A 1/1, Bericht des Bezirksvorstehers vom 7.10.1856.
79   Heinrich Reschauer, Das Jahr 1848. Geschichte der Wiener Revolution Bd. 1 (Wien 1872) 335.
80   Gesamte Schilderung nach der Pfarrchronik Ober St. Veit, Band 1784–1875, pag. 543 f. Unter St. Veit, Ober St. Veit und Hacking gehörten damals pfarrlich zu Ober St. Veit, weshalb es keine gesonderten weiteren Pfarrchroniken gibt.
81   Am Platz 5, heute „Brandauers Schloßbräu".

Kisten und versteckte es im Eiskeller, sein Bargeld vergrub er im Garten. Nachdem ganz Hietzing drei Tage lang vergeblich auf die Revolutionäre gewartet hatte, erkannte man, daß man einer Gerüchtehysterie aufgesessen war[82].

In **Hacking** kam es zu einem Zwischenfall, der die Gereiztheit und Orientierungslosigkeit jener Tage spiegelt: Im Haus Hacking Nr. 10[83] sang die Gattin des Chemikers Ignaz Marck bei offenem Fenster die Kaiserhymne. Daraufhin drangen einige Ortsbewohner in das Haus ein, beschimpften Ignaz Marck als „schwarzgelben Halunken" bedrohten ihn mit dem „Abstechen" und verprügelten ihn so sehr, daß er ärztlicher Hilfe bedurfte. Man findet selbigen Ignaz Marck übrigens in der Mitgliederliste der Hackinger Kompanie der Nationalgarde unter dem Kommando des Hackinger Ortsrichters Martin Brell, die übrigen Mitglieder waren lauter Hackinger Hausbesitzer – das Establishment also[84].

Ein (leider nur unvollständig überliefertes) Dokument ausgestandener Ängste im Dorf Hacking sind auch die **Briefe der Baronin Scharnhorst** an die Gräfin Eveline Sickingen-Hohenberg. Baronin Scharnhorst hielt sich vom Frühjahr bis Anfang Oktober 1848 im heute nicht mehr bestehenden Hackinger Schloß[85] als Gast des Schloßherrn, des Prinzen Gustav Wasa, auf und berichtete von dort in Briefen laufend über ihre Erlebnisse. Zumeist gibt sie nur die neuesten (Schreckens-) Nachrichten aus der Stadt Wien wieder. Über den 6. Oktober, den Tag des Mordes an Kriegsminister Latour, berichtet sie:

Nach einer Stunde kehrte er [Prinz Wasa, Anm.] mit den schrecklichsten Nachrichten zurück. Er berichtete von dem Morde Latours und dem Auflauf des Volkes, dem der Kommandierende die Zugänge der Stadt offen gelassen hatte... Es wurde die ganze Nacht unter dem Donner der Kanonen und dem Sturmgeläute aller Glocken Wiens und der umgebenden Ortschaften St. Veit, Hütteldorf, Hietzing etc. [Hacking und Unter St. Veit hatten keine Kirchen, Anm.] die Koffer gepackt. Der Lärm der Geschütze erschien uns so nahe, als wohnten wir vor der Linie. Die Nationalgarden der umliegenden Ortschaften gaben sich Signale der Wachsamkeit. Schüsse fielen auf Schüsse, als wären wir im Zentrum einer Schlacht. Ich trat mehrere Male hinaus auf meinen Balkon des Hackinger Schlosses, der die Aussicht auf die Stadt hat. ... Um 6 Uhr erhielten wir die Nachricht, der Kaiser werde um 8 Uhr unter einer Militärbedeckung von 5000 Mann und 8 Kanonen aufbrechen und Hacking passieren. Alles wurde in Bereitschaft gesetzt, um uns dem Hofe anzuschließen, der um ½ 9 Uhr vorüberzog.

Am 7. Oktober flüchteten die Schloßbewohner aus Hacking im Schutze des kaiserlichen Evakuierungskonvois Richtung Westen[86].

In **Speising** veranstaltete in der Nacht von 11. auf 12. Juni 1848 der Grünhüter (Flur-

---

82   Hietzinger Heimatbuch Bd. 1 (Wien 1925) 335.

83   Hacking CNr. 10 = spätere Adresse Am Schloßberg 9, heute Vinzenz Heß-Gasse Nr. 9.

84   wie Anm. 72.

85   Nach h. Adresse Schloßberggasse 8, an seiner Stelle steht heute das Jugendgästehaus der Stadt Wien.

86   Die Briefesammlung Scharnhorst/Sickingen-Hohenberg aus dem Jahre 1848 wurde von Bezirksrat a.D. Theodor Perhab bei einem Wiener Antiquar entdeckt, er konnte sie nur in kleinen Teilen exzerpieren, dann wurde dieses einzigartige historische Zeugnis wieder in unbekannte Hände weiterverkauft. Die exzerpierten Teile sind abgedruckt in der Broschüre Hietzing – Vergangenheit und Gegenwart, hgg. von der Bezirksvorstehung Hietzing (o.J. ca. 1975) S. 23 f.

hüter) der Gemeinde Lainz, Kaspar Griger, zusammen mit dem Lainzer Brüderpaar Jakob und Martin Meister und einer Handvoll weiterer Personen eine der im Revolutionsjahr so modernen „Katzenmusiken" vor dem Haus zweier pensionierter kaiserlicher Hauptmänner in Speising (Johann Georg Frick und sein Schwiegersohn Johann Rußler). Hauptmann Frick schickte seinen Kutscher zum Speisinger Ortsrichter Augustin Wimmer (der dann der erste Bürgermeister Speisings werden sollte) um Abhilfe, vergeblich, jener ließ ihm nur ausrichten, er „könne nichts tun", wollte es in Wahrheit offensichtlich nicht. Daraufhin ging sich Hauptmann Frick am folgenden Tag direkt zum Kreisamt für das Viertel unter dem Wienerwald in Wien beschweren und erreichte ein sofortiges Schreiben desselben sowohl an die Grundherrschaft Mauer als auch an die Herrschaft St. Veit als zuständige Landgerichtsinhaberin, das den Auftrag enthielt, in Speising einzuschreiten und durch sofortiges Amtshandeln Ruhe und Ordnung wiederherzustellen. Mit dem untätigen Ortsrichter Wimmer nahm man nicht einmal Kontakt auf. Über den Hergang des Exzesses (wurden die Herren Hauptleute nur angelärmt oder auch gefährlich bedroht?) gingen anschließend vor Gericht die Versionen stark auseinander[87].

Für **Ober St. Veit** sind Zwischenfälle solcher Art nicht zu verzeichnen. Die Pfarrchronik vermerkt, daß es der Energie des entschlossen und treu zum Kaiser stehenden Ortsrichters Michael Premreiner zu verdanken gewesen sei, *daß in Ober St. Veit keine ähnlichen Exzesse wie an anderen Orten vorgefallen sind*[88]. Wenn auch „Exzesse" ausgeblieben sein mögen, so kann man sich doch aufgrund der Vorfälle in der unmittelbaren Nachbarschaft, um die man sicherlich wußte, vorstellen, wie angespannt die Atmosphäre auch hier gewesen sein muß. Von idyllischen Verhältnissen war man zweifellos weit entfernt. Im Verlauf des Sommers 1848 gab es oftmaliges Alarmtrommeln und Ausrücken der St. Veiter Nationalgardekompanie. Am 6./7. Oktober gab es das von Baronin Scharnhorst in ihrem Brief (s. oben) beschriebene Bereitschafthalten mit Abfeuern von Alarmschüssen. Am 12. Oktober tauchten von den Höhen des Laaerberges kommend zwei kroatische Kompanien des Banus Jelačić auf und entwaffneten am 14. Oktober kampflos die Ober- und Unter St. Veiter Nationalgarde ebenso wie alle anderen Gardekompanien des Wientales bis Meidling[89]. In Ober St. Veit zwangen die Kroaten den Josef Fellner zur kostenlosen Bereitstellung von Hafer für ihre Pferde und zum Schotterführen; Der Unter St. Veiter Ortsrichter Valentin KARL mußte sein Bestes geben, um die verlangte Einquartierung von 15 kroatischen Fußsoldaten und einigen Mann Kavallerie zu bewerkstelligen[90]. Am 20. Oktober wurde die aufständische Stadt eingeschlossen und der Belagerungszustand erklärt. Die Beschießung Wiens und seine Erstürmung am 31. Oktober 1848 erlebten die St. Veiter dann nur mehr aus der Beobachterperspektive.

Ein individuelles Revolutionsschicksal gibt es noch zu berichten: Der seinerzeitige Stifter der Unter St. Veiter Jakobsglocke, anno 1848 noch in einem hölzernen Glockenstuhl,

---

87   WStLA Herrschaft St. Veit A 118/18, A XV 11.
88   Pfarrchronik Ober St. Veit, Band 1784–1875, pag. 544.
89   Ebenda; ferner: Karl Hilscher, Im Jahre 1848. In: Meidling. Der 12. Wiener Gemeindebezirk in Vergangenheit und Gegenwart, hgg. vom Meidlinger Heimatbuchausschuß (Wien 1930) 192.
90   Dunder, Denkschrift (Anm. 73) S. 396.

heute im Kirchturm hängend, **Jakob Flebus**, verlor mit der Revolution Existenz und Kar-
riere. Dieser, ein gebürtiger Triestiner, erwarb 1840 im Alter von 30 Jahren eine Landes-
befugnis zur Hutmacherei in Mariahilf und etablierte weitere Niederlassungen in Brünn,
Graz und Triest, einige Jahre lang gingen die Geschäfte blendend. In Unter St. Veit kaufte
er sich einen Wohnsitz. 1847 wurde er zu einem Opfer der Wirtschaftskrise und mußte
zur Vermeidung eines Konkurses seine sämtlichen Fabriken liquidieren[91]. Er, der ganz
unerwartet auf die Verliererseite Geratene, schloß sich daraufhin den Wiener Aufständi-
schen des Oktober 1848 an. Am 3. April 1849 wurde er dafür von einem Militärgericht zu
vier Jahren schwerer Kerker verurteilt, seine Fabrikantenkarriere war zu Ende[92].

3. Aufhebung und provisorisches Weiteramtieren der Grundherrschaft

Eine der großen Umwälzungen im Gefolge der Revolution von 1848 war die vom Kremsierer Reichstag beschlossene Grundentlastung, die Kaiser Ferdinand zur Erlassung des
Allerhöchsten Patentes vom 7. September 1848 über die „Aufhebung des Unterthänig-
keitsverbandes und Entlastung des bäuerlichen Besitzes"[93] bewog. Hauptgegenstand
dieses Patentes war die Aufhebung des grundherrlichen Untertänigkeitsverhältnisses
und der Grundherrschaften überhaupt. Diese umwälzende Änderung an sich und die
darangeknüpften Regelungen über die Entschädigung der enteigneten Grundherren[94]
sind wissenschaftlich eingehend behandelt worden[95] und brauchen in ihren großen und
grundsätzlichen Dimensionen hier nicht erörtert zu werden. Für uns geht es mehr um die
praktisch-konkrete Frage: Wer amtierte mit welchen Kompetenzen in der Übergangszeit
nach Aufhebung der Grundherrschaft und was geschah mit den Patrimonialgemeinden
Ober- und Unter St. Veit nun ?

Dazu bestimmte der Punkt 9. des Grundentlastungspatentes Folgendes:

*9. Die Patrimonialbehörden haben die Gerichtsbarkeit und die politische Amtsverwal-
tung provisorisch bis zur Einführung landesfürstlicher Behörden auf Kosten des Staates
fortzuführen.*

Mit Patrimonialbehörden waren hier die Grundherrschaften und die Patrimonialge-
meinden gemeint. Es blieb also äußerlich zunächst für die Untertanen alles beim Alten:
Die Grundherrschaft St. Veit amtierte mit dem einzigen Unterschied weiter, daß sie in
Verwaltungsangelegenheiten die bisherige Fertigungsklausel „Herrschaft St. Veit a.d.
Wien (Datum, Unterschrift)" in „Amtsverwaltung St. Veit a.d. Wien (Datum, Unterschrift)"

---

91   WStLA Handelsgericht, Merkantilakten 1. Reihe F 321.
92   Dunder, Denkschrift (Anm. 73) S. 907.
93   Abgedruckt in der Politischen Gesetzessammlung Nr. 112/1848 (S. 285–288).
94   Patent vom 4.März 1849, RGBl. 152/1849.
95   z.B. bei Ernst C. Hellbling, Österreichische Verfassungs- und Verwaltungsgeschichte (Wien 1956) 370 f.;
Helmuth Feigl, Die Grundentlastung in den Ländern der Monarchia Austriaca. In: Hans Kudlich und die Bauernbefreiung in Niederösterreich, Katalog des niederösterreichischen Landesmuseums NF 134 (Wien 1983)
77–85.

änderte, in Landgerichtsfällen blieb die Bezeichnung „Landgericht St. Veit a.d. Wien" gleich[96].

Das Interesse der gesetzlich bereits abgeschafften und nur noch auf Abruf weiter amtierenden Grundherrschaften, sich noch aktiv um „ihre" Gemeinden zu kümmern, war verständlicherweise nur mehr gering, auch wenn sie für die Auslaufzeit ihre Aufwendungen gegen genaue Verrechnung vom Staat ersetzt erhielten. Dementsprechend war die Notwendigkeit, nun staatlicherseits einen funktionierenden Verwaltungsapparat aufzubauen, äußerst dringlich[97]. Die Patrimonialgemeinden Ober- und Unter St. Veit amtierten unter diesen Verhältnissen ohne augenscheinliche Änderungen weiter. Von Herbst 1848 bis Frühjahr 1849 tat sich zunächst einmal gar nichts.

4. Reform der staatlichen Lokalverwaltung

Um die weiteren Ereignisse in der zeitlichen Reihenfolge darzustellen, sei an dieser Stelle nur kurz erwähnt (die inhaltliche Darstellung erfolgt im nächsten Kapitel), daß der erste und zeitlich nächste Reformschritt die Erlassung des *Provisorischen Gemeindegesetzes* vom 17. März 1849[98] war, das die Konstituierung „freier Gemeinden" vorsah, aber in der praktischen Umsetzung bald stecken blieb.

Als nächster Reformschritt folgte die Kaiserliche Entschließung vom 26. Juni 1849 über die Grundzüge der Organisation der politischen Verwaltungsbehörden[99]. Diese errichtete als unterste staatliche Behörde (instanzenmäßig unterhalb der Kreisämter, die man noch in Funktion beließ) die Bezirkshauptmannschaften, deren Sprengel und Amtssitze aber erst durch Landeskommissionen festgelegt werden sollten. Danach war das Amtspersonal zu bestellen sowie die *Herbeischaffung der Amtslocalitäten und Einrichtungsstücke* zu besorgen[100]. Offenbar um alle Energien auf die Errichtung der neuen Bezirkshauptmannschaften konzentrieren zu können, verfügte ein Erlaß des Ministeriums des Innern vom 29. Oktober 1849[101] daß die politischen Behörden (gemeint: die alten Kreisämter) mit der Durchführung des provisorischen Gemeindegesetzes sogleich innezuhalten haben. Für Niederösterreich wurde in der Folge die *Errichtung der Bezirkshauptmannschaften* innerhalb der nächsten Monate bewältigt und mündete in eine Instruktion der Landes-

---

96   WStLA Herrschaft St. Veit, A 118/18 (Reg. 108) und A 118/20, darin besonders D I 45.
97   Erich Graf Kielmansegg, Selbstverwaltung. In: Österreichische Rundschau 1917, 98. Die im Staatsauftrag weiteramtierenden Grundherrschaften hatten ab September 1848 einen Anspruch gegen den Staat auf Vergütung ihrer Amtsauslagen, da sie ja keine Grunddienste (Abgaben für eigene Zwecke) mehr einziehen durften. Über die Berechnung dieser Vergütung scheint es häufige Auseinandersetzungen gegeben zu haben. Ein Dekret des Ministeriums des Innern vom 18.8.1849, Zl. 16828 suchte hier die häufigsten Streitfragen zu regeln und ermahnte die Beteiligten, von Kleinlichkeiten abzusehen: NöLA Kreisamtszirkulare VUWW 1849 Nr. 19631/2.
98   RGBl. 170/1849.
99   „Kaiserliche Entschließung vom 26. Juni 1849, wodurch die Grundzüge für die Organisation der politischen Verwaltungs-Behörden genehmigt werden" RGBl. 295/1849; diese „Grundzüge" sind der Entschließung sodann in Form einer Beilage angefügt.
100   zit. Entschließung Abschnitt B. XIII und XIV.
101   RGBl. 440/1849.

kommission vom 18. November 1849[102], wonach dieselben mit Jahresbeginn 1850 in Wirksamkeit treten. Statthalter Dr. Eminger konkretisierte das noch mit einer Kundmachung vom 5. Jänner 1850, in welcher er verfügte, *daß die neu geschaffenen Bezirkshauptmannschaften sowie die l.f. Steuerämter ihre Amtswirksamkeit am 16. Januar 1850 im ganzen Kronlande Niederösterreich beginnen*[103]. Für Ober- und Unter St. Veit wurde die Bezirkshauptmannschaft Hietzing zuständig. Der letzte Kreishauptmann des Viertels unter dem Wienerwald, Franz Riedl Edler von Riedenau, verabschiedete sich in einem Zirkularschreiben wortreich von allen Bewohnern seines Kreises[104]. An seine Stelle trat der erste Hietzinger Bezirkshauptmann, Paul Graf Coudenhove, ein hochkarätiger Verwaltungsmann übrigens, der bereits in Triest, Görz und Venedig als höherer Beamter gedient hatte und neben seiner Tätigkeit als Bezirkshauptmann auch an der Gesamtorganisierung des Gerichtswesens in Niederösterreich mitarbeitete[105]. Aus dem Einsetzen der ersten Aktenstücke der Bezirkshauptmannschaft Hietzing sieht man, daß sie tatsächlich Anfang Jänner 1850 zu amtieren begann[106]. Untergebracht war sie zunächst in Hietzing Nr. 118 und 119 (=h. Wattmanngasse 16–18)[107].

In den „Grundzügen für die Organisation der politischen Verwaltungsbehörden"[108] Abschn. A. II. war die Zuständigkeit der Bezirkshauptmannschaften in Form einer Generalklausel umschrieben:

*Der Bezirkshauptmann hat die untere politische Geschäftsführung zu besorgen, und tritt überhaupt für den Umfang seines Bezirkes in den ...Wirkungskreis der **bisherigen politischen Obrigkeiten** und des Kreisamtes (ein).*

Im Frühjahr des Jahres 1850 stellte sich daher die Situation für die Grundherrschaft St. Veit und ihre Gemeinden so dar: Seit September 1848 war sie offiziell aufgehoben, mußte aber völlig ambitionslos auf Provisorialbasis weiter amtieren. Von ihren Agenden hatte sie bereits die allgemein-politischen und die Steuereinhebung verloren. Die Gerichtsbarkeit über schwere Polizeiübertretungen und Polizeivergehen, die sogenannte Administrativgerichtsbarkeit, war den Grundherrschaften ebenfalls schon entzogen worden[109]. Nur

---

102 Instruction der k.k. Landes-Commission zur Einführung der politischen Organisation in dem Kronlande Österreich unter der Enns vom 18.11.1849, LGBl. 2/1849.

103 Text der kompletten Kundmachung abgedruckt (u.a.) in: Ostdeutsche Post Nr. 5 (6.1.1850) S. 1f.

104 Der österreichische Volksbote Nr. 18 (20.1.1850) S. 71; Der Wanderer Nr. 31 (18.1.1850) S. 1.

105 Erlaß des Ministeriums des Innern vom 9. 8. 1849 womit die in Folge Allerhöchster Entschließung vom 4. August 1849 genehmigte Organisierung der politischen Verwaltungsbehörden für das Kronland Österreich unter der Enns kundgemacht wird, und die Maßregeln zu deren Durchführung festgesetzt werden, RGBl. 353/1849. Lt. Anhang umfaßte die BH Hietzing in der 1849 festgesetzten Konfiguration die Gerichtsbezirke Hietzing, Sechshaus, Mödling, Purkersdorf und hatte eine Expositur in Mödling. Sie hatte also einen wesentlich größeren Sprengel als das später noch zu besprechende Gemischte Bezirksamt Hietzing (ab 1854); zur Person Coudenhoves: Gerald Kohl, Die Anfänge der modernen Gerichtsorganisation in Niederösterreich (St. Pölten 2000) 54, Bildportrait S. 55.

106 WStLA Bezirkshauptmannschaft Hietzing, A 1/1 (1850–1851): das älteste erhaltene Aktenstück trägt das Datum 10.1.1850.

107 Lokalisierung auf Grund eines freundlichen Hinweises von Hofrat des VwGH Dr. Alfred Waldstätten, dieser seinerseits nach WStLA Grundbücher 20/137 – Satzbuch – fol. 1 (Mietvertrag).

108 RGBl. 170/1849.

109 Verordnung des Ministers der Justiz vom 27.12.1849, RGBl. 49/1849; die Administrativgerichtsbarkeit (=Aburteilen von schwereren Delikten durch Verwaltungsbehörden) wurde den alten Kriminalgerichten

die – restliche – Gerichtsbarkeit, die gemäß den bereits verlautbarten „Grundzügen der neuen Gerichtsverfassung"[110] an das neue Bezirksgericht Hietzing bzw. an das Landesgericht Wien übertragen werden sollte, war ihr noch verblieben, ferner ein paar Restagenden der Lokalverwaltung, die die neuen Ortsgemeinden übernehmen sollten. Nur, für diesen Kompetenzüberrest war die Infrastruktur der alten Grundherrschaft – Gebäude und Personal – in unwirtschaftlicher Weise überdimensioniert[111]. Die in § 31 der „Grundzüge" enthaltene Anordnung des Kaisers, *die Einführung der Gerichtsverfassung schleunigst zu vollführen*, hatte im Frühjahr 1850 noch kein Ergebnis gezeitigt. Und die Gemeinden Ober- und Unter St. Veit warteten das ganze Frühjahr 1850 hindurch noch immer vergeblich auf ihre seit März 1849 gesetzlich in Aussicht stehende Errichtung als „freie Gemeinde(n)". Obwohl die Bezirkshauptmannschaft Hietzing am Schreibtisch die Vorbereitungsarbeit für die Gemeindeerrichtungen in ihrem Sprengel inzwischen wieder aufgenommen hatte, erlebten die Betroffenen davon vorerst nichts. Den Zwischenzustand zwischen noch immer auf Abruf amtierenden Grundherrschaften und noch immer nicht errichteten neuen Behörden schilderte ein Redakteur der „Ostdeutschen Post" damals sarkastisch so: *Da treffen wir denn im besten Falle auf Gerichte, welche sich am Vorabend ihrer Auflösung wissen, auf Beamte, welche entweder schon mit ihrem ganzen Sinnen und Trachten ihrer künftigen neuen Stellung angehören, oder deren Wille und Kraft durch die Hoffnungslosigkeit einer nahen Zukunft gelähmt ist ...; da treffen wir alle Hände viel mehr mit den Vorarbeiten der Zukunft als mit der Schlichtung der Gegenwart beschäftigt*[112].

Ab April 1850 nahm die Situation dadurch eine dramatische Wendung, daß die Grundherrschaften der Wiener Vororte reihum faktisch ihren restlichen Amtsbetrieb einstellten, offenbar hatten sie das Warten auf den ausständigen Rest der Gerichts- und Verwaltungsreform einfach satt. Die Herrschaft St. Veit schloß sich dieser Schließungswelle an und stellte ihren Amtsbetrieb mit Ende April 1850 ein[113]. In den folgenden Wochen kam es nun zu der paradoxen Situation, daß es eine Reihe von Kompetenzen gab, die von überhaupt keiner Behörde wahrgenommen wurden, sodaß die Bevölkerung diesbezüglich

---

übertragen, obwohl diese ebenfalls schon zur Umstrukturierung anstanden, daher bezeichnete man diesen Zustand als „Interim" – ihm sollte dann erst das „Provisorium" folgen; ein beißender Kommentar dazu findet sich in der Ostdeutschen Post Nr. 1 (1.1.1850) S. 1.

110 Kaiserliche Entschließung vom 14. Juni 1849 womit die Grundzüge der neuen Gerichtsverfassung genehmigt werden, RGBl. 278/1849.

111 Laut letztverfügbarem Niederösterreichischem Dominienschematismus für das Jahr 1844 hatte die Grundherrschaft St. Veit am Orte folgende vier Bedienstete:
Verwalter – Vinzenz Hambeck,
Justitiär (geprüfter Richter) – Moritz Huber, der noch kurz vor 1848 durch einen auf späten Gerichtsschriftstücken aufscheinenden Carl Klauser ersetzt worden sein muß,
Actuar (Konzeptbeamten) – Friedrich Ditherich,
Amtsdiener – Johann Bada.
Die Räumlichkeiten und das Amtsinventar (darunter Dienstwohnungen für Verwalter und Gerichtsdiener, Kanzleiräume, Arreste, Feuerlöschrequisiten u.a.m.) sind umfassend beschrieben im „Inventarium über des Fürstlichen Erzbisthums Wien An- und Zugehörigen, liegend und fahrende Güter" vom 1.2.1848, S. 82 ff, erliegend im Diözesanarchiv Wien, Bestand Rentamt, Schachtel 3.

112 Ostdeutsche Post Nr. 82 (6.4.1850) S. 1.

113 Das letzte ausgefertigte Aktenstück datiert vom 27.4.1850: WStLA Herrschaft St. Veit A 118/18 (Reg. 108).

Abb. 13: „Domayer's Kasino, Ansicht gegen die Hietzinger Kirche um 1850". Bild im Besitz des Parkhotels Schönbrunn. Es zeigt die Hietzinger Hauptstraße zu der Zeit, als das Bezirksgericht Hietzing seine Tätigkeit aufnahm. Zu sehen sind von links nach rechts das Kaiserstöckl, der Eingangsbereich zum Schönbrunner Schlosspark, die Hietzinger Kirche vor der Erweiterung, das Klosterneuburger Herrschaftshaus und rechts im Vordergrund Dommayers Casino. Das Klosterneuburger Herrschaftshaus fiel teilweise der Erweiterung der Kirche 1865–1866 zum Opfer. An der Stelle des rechten, zurückgesetzten Gebäudeteiles befindet sich heute das Bezirksmuseum Hietzing.

auch keinerlei behördlichen Erlaubnisse aber auch keine behördliche Hilfe zur Gesuchstellung erhalten konnte. Brisanterweise befand sich unter diesen wochenlang herrenlosen Agenden auch die Erteilung des (damals in Niederösterreich noch nicht abgeschafften) politischen Ehekonsenses[114], also der behördlichen Erlaubnis zur Heirat, ohne deren Vorliegen kein Pfarrer die Trauung vollziehen durfte. Der Unmut in der Bevölkerung nahm deshalb in den folgenden Wochen bedrohliche Ausmaße an, der Ruf nach der „guten alten Zeit" (vor 1848) wurde laut[115].

Mit 1. Juli 1850 nahm endlich das *Bezirksgericht Hietzing* seine Tätigkeit auf[116]. Dieses war ein „Bezirksgericht II. Klasse" für Zivil- und Strafsachen und war zunächst im Klosterneuburger Herrschaftshaus in Hietzing Nr. 2 untergebracht[117]. Zu seinem Sprengel gehörten alle Katastralgemeinden des heutigen 13. Bezirks sowie Teile des heutigen 14. und 23.

---

114 Die ersatzlose Aufhebung des politischen Ehekonsenses erfolge in Niederösterreich erst durch das Landesgesetz vom 20.9.1868, LGBl. 9/1868.
115 Wie Anm. 112.
116 Den tatsächlichen Amtierungsbeginn sieht man aus dem „Empfangs- und Ausgabenjournal" des Gerichtes, welches exakt am 1.7.1850 einsetzt: WStLA Bezirksgericht Hietzing, B 11; das Sterberegister, das Grundlage für die Durchführung der Verlassenschaftsverfahren war, mußte nach dem fast dreimonatigen Interregnum für Zeit ab April 1850 nachgeschrieben werden: Ebenda, B 4/1 Sterberegister 1850.
117 Hietzing CNr. 2 = h. Am Platz 3; Lokalisierung auf Grund eines freundlichen Hinweises von Hofrat des VwGH Dr. Alfred Waldstätten auf den Mietvertrag vom 9./19. 7. 1854 betreffend die zweite Unterkunft des BG Hietzing in der Trauttmansdorffgasse: WStLA Grundbuchsurkunden A 10/7, Art. 851/1854.

Bezirks[118]. Im Vergleich zu den grundherrlichen Miniaturgerichten – allein für den Bereich des heutigen 13. Bezirkes waren vier verschiedene zuständig gewesen – war das eine recht bürgerfreundliche Konzentration[119].

---

118 Kundmachung der Gerichtseinführungskommission für Österreich unter der Enns vom 8.10.1849, archivalische Fundstelle und Einzelheiten dazu bei Kohl, Gerichtsorganisation (Anm. 105) S. 26 Fn. 63 und 64; Herrn Univ.Prof. Dr. Gerald Kohl von der Universität Wien sei an dieser Stelle für die Zurverfügungstellung dieses schwer auffindbaren Archivaliums gedankt.
119 Lt. Niederösterreichischem Dominienschematismus für 1847 waren dies: Herrschaftsgericht St. Veit für Ober-, Unter St. Veit und Lainz, Herrschaftsgericht Laab im Walde für Hacking, Stiftsgericht Klosterneuburg für Hietzing und Herrschaftsgericht Mauer für Speising; Kohl, Gerichtsorganisation (Anm. 105) S. 26 f.

IV.
Die Konstituierung der Ortsgemeinde
St. Veit a.d. Wien 1849/50

1. Strukturvorgaben des Provisorischen Gemeindegesetzes

Das provisorische Gemeindegesetz 1849[120] ist vor allem das Werk des Grafen Franz Stadion in seiner kurzen Amtszeit als Innenminister (November 1848 – Juli 1849). Stadion war ein Verwaltungsfachmann und ausgesprochener Spezialist für Gemeindeverhältnisse, der schon als früherer Gouverneur im Küstenland (1841) und in Galizien (Anfang 1848) einschlägige Lokalverwaltungsreformen vorexerziert hatte[121]. Graf Stadion hatte zweierlei erkannt: erstens, daß ein so großer und komplexer Staat wie die Habsburgermonarchie nur dann organisch verwaltet werden konnte, wenn man auf der lokalen Ebene Spielraum für örtliche Besonderheiten ließ; zweitens, daß die bürgerlich-liberale Strömung, wie sie in der Revolution 1848 durchgebrochen war, nach autonomen Freiräumen verlangte, zumal im städtischen Bereich. Der Landbevölkerung ging es hingegen eher um die Aufhebung der Feudallasten, sie fing mit dem Begriff der „Selbstverwaltung" nicht allzu viel an[122]. Stadions Gemeindegesetz ist ein großes, durchgebildetes Gesetzeswerk, das eigentlich die abgestufte Bildung von Orts-, Bezirks- und Kreisgemeinden vorgesehen hätte. Abgesehen davon, daß es zur Bildung der beiden letzteren Gemeindearten nie kam, ist für unseren Bereich auch nur die Bildung der Ortsgemeinde, also der Gemeinde auf der untersten Ebene von weiterem Interesse.

Die oft zitierte programmatische Präambel des Provisorischen Gemeindegesetzes 1849[123] lautet: ***Die Grundfeste des freien Staates ist die freie Gemeinde***. Sie enthält wohl auch ein selbstpropagandistisches Moment. Die bedeutende Neuerung der Gesetzesreform von 1849 liegt sicherlich in der erstmaligen Rechtsgarantie auf einen autonomen Wirkungskreis, der der obrigkeitlichen Direkteinmischung versperrt bleibt, indem Art. II den Wirkungskreis der neu zu errichtenden Ortsgemeinden grundsätzlich in zwei Bereiche teilt: in den natürlichen, d.h. autonomen, von Staatskontrolle freien, und in den übertragenen Wirkungskreis, der die vom Staat übertragenen Geschäfte umfassen sollte[124]. Das geschichtliche Neuheitsmoment der Gemeindereform ab 1849 ist aber, zumal von Juristenseite, überbewertet worden, da die rechtlich neu formierten Gemeinden in sozia-

---

120 Man hat eigentlich ein kaiserliches Patent vom 17.3.1849 (RGBl. 170/1849) vor sich, als dessen Beilage das „Provisorische Gemeindegesetz" erlassen wird. Es handelt sich um das wichtigste Gesetz, das in Ausführung der sonst ja niemals mit Verfassungsleben, d.h. Wahlen, erfüllten, oktroyierten Märzverfassung vom 4.3.1849, RGBl. 150/1849, erlassen wurde.

121 Jiří Klabouch Die Gemeindeselbstverwaltung in Österreich 1848–1918 (Schriftenreihe des Instituts für Österreichkunde, Wien 1968) 29.

122 Ebd. S. 31 ff.

123 RGBl. 170/1849

124 Dazu im einzelnen Klabouch, Gemeindeselbstverwaltung (Anm. 121) S. 32 ff.

ler Hinsicht einfach die bisherigen Patrimonialgemeinden fortsetzten[125].

Das Gemeindegesetz von 1849 enthielt im I. Abschnitt (§§ 1–6) sodann die praktisch-konkreten Rahmenbestimmungen, was überhaupt unter einer Ortsgemeinde zu verstehen und wie sie zu konstituieren sei. Eine Ortsgemeinde war demnach *in der Regel die als selbständiges Ganzes vermessene Katastral-Gemeinde, insoferne nicht mehrere derselben bereits factisch eine einzige selbständige Ortsgemeinde bilden* (§ 1). Der Begriff der Katastralgemeinde war im Gesetz nicht definiert, aber für die Zeitgenossen klar, es war dies eine im franziszeischen Grundsteuerkataster als Steuer- und Grundvermessungseinheit zusammengefaßte Ortschaft. Mitglieder einer solcherart gebildeten Ortsgemeinde waren dann nach dem Gemeindegesetz (§ 7) die Gemeindebürger und Gemeindeangehörigen, alle übrigen waren Fremde. Die Gemeindemitglieder sollten als demokratische Gemeinderepräsentanz einen Gemeindeausschuß wählen (§ 27), dieser sodann einen Gemeindevorstand mit dem Bürgermeister an der Spitze (§ 58); Die Bezeichnung des Ortsoberhauptes als Bürgermeister war bis dahin nur in den Städten üblich gewesen, die Bezeichnung wurde zur wichtigsten terminologischen Neuerung, die bis heute in Gebrauch steht. Das provisorische Gemeindegesetz ist nicht sofort in Kraft getreten, sondern war erst dem Minister des Innern und den ihm nachgeordneten staatlichen Behörden zur Durchführung anvertraut. Mit der Erlassung des Gesetzes allein änderte sich daher in den faktischen Verwaltungsverhältnissen der Gemeinden zunächst einmal gar nichts[126]. Um das gesetzliche Konzept auch tatsächlich umsetzen zu können, waren erst umfangreiche administrative Vorbereitungs- und Einführungsmaßnahmen zu treffen. Daß diese in zeitlicher Hinsicht weit hinter dem eigentlich geplanten Reformtempo zurückblieben und die neuen Ortsgemeinden nicht zeitgerecht ihren Anteil an der bisherigen Grundherrschaftsverwaltung übernehmen konnten, haben wir schon gesehen (oben III.4.).

2. Die administrative Vorbereitung der Gemeindekonstituierung

Dem provisorischen Gemeindegesetz vom 17. März folgte alsbald ein Erlaß des Ministeriums des Innern vom 2. April 1849 an alle Landesregierungen (Statthaltereien), der die Vorgangsweise der Gemeindebildung genau erläuterte und mit zahlreichen grundsätzlichen Anweisungen an die Behörden versah. Diesen Erlaß formulierte die niederösterreichische Landesstelle zu einem eigenen, noch umfangreicheren Erlaß vom 26. April an die vier niederösterreichischen Kreisamtsvorsteher um, der auch noch „Beispiele und Zusätze" enthielt[127]. Bis 10. Mai (!) 1849 sollten die Kreisämter die Liste der selbständig zu

---

125 z.B. Hans Neuhofer, Handbuch des Gemeinderechts. Organisation und Aufgaben der Gemeinden Österreichs (Wien/New York 1972) 4 oder: Roman Häussl, Der Bürgermeister in Niederösterreich (=Wissenschaftliche Schriftenreihe Niederösterreich 66, St. Pölten/Wien 1983) 9; Ernst Mayrhofer, Handbuch für den politischen Verwaltungsdienst, 2.Bd (Wien 51896) 425 Fn.1 verweist dagegen darauf, daß sogar schon die alte Patrimonialgemeinde so etwas wie einen „übertragenen Wirkungsbereich" kannte und daher die Neuerung durch die Gemeindegesetzgebung auf schon Vorhandenem aufbaue.

126 Vgl. Klabouch, Gemeindeselbstverwaltung (Anm. 121) S. 38.

127 Einzelheiten bei Albert Starzer, Die Konstituierung der Ortsgemeinden Niederösterreichs (Wien 1904) 9 ff.

errichtenden Ortsgemeinden angefertigt und zur öffentlichen Einsicht aufgelegt haben; bis 30. Juni sollten alle dagegen eventuell eingebrachten Einsprüche abgehandelt sein und bis 31. August wollte man laut diesem Erlaß schon die Wahlen der Gemeindeausschüsse und der Gemeindevorsteher vollständig durchgeführt haben[128].

Das Kreisamt für das Viertel unter dem Wienerwald machte sich wie alle Kreisämter sogleich an die aufgetragene Arbeit und stieß auf vielfältige Schwierigkeiten und Widerstände, ganz besonders auf den Widerstand kleiner, katastral selbständiger Gemeinden, die sich nicht mit anderen Gemeinden zusammenlegen lassen wollten. Der Plan des Kreisamtes für das Viertel unter dem Wienerwald hätte vorgesehen, Ober- und Unter St. Veit mit Ober- und Unterbaumgarten zu einer einzigen Ortsgemeinde „St. Veit" zusammenzulegen[129]. Nach Abhandlung aller im ersten Durchgang eingegangenen Reklamationen gab das Kreisamt VUWW eine abgeänderte Liste der zu bildenden Ortsgemeinden heraus, derzufolge jedoch gerade die Ortsgemeinde St. Veit an der Wien unverändert wie im ursprünglichen Plane gebildet werden sollte[130]. Trotz aller ministeriellen Urgenzen, trotz eines neuen Belehrungserlasses des im Juli 1849 anstelle von Graf Stadion neu angetretenen Innenministers Alexander Bach, trotz Kreisamtsverordnungen, daß keine neuen Reklamationen mehr angenommen werden, war noch im Oktober 1849 die Verfassung der Wählerlisten für die ersten Gemeindeausschußwahlen so wenig fortgeschritten, daß an eine Durchführung der Gemeindewahlen im Jahre 1849 nicht mehr zu denken war[131]. Wegen dieser enormen Schwierigkeiten und weil die Errichtung der Bezirkshauptmannschaften (per Jahresanfang 1850) schon im Endstadium war, ordnete der schon erwähnte Ministerialerlaß vom 29. Oktober 1849[132] an, die Kreisämter mögen alle Amtshandlungen zur Gemeindekonstituierung einfach abbrechen und jeweils berichten, wie weit sie bis dahin gekommen seien. Am 4. Februar 1850 folgte dann ein weiterer Erlaß des Ministeriums des Innern[133], welcher den eben errichteten Bezirkshauptmannschaften die umgehende Wiederaufnahme der Gemeindekonstituierung auftrug – erwartete sich Minister Bach von seinen neuen Behörden mehr Effizienz und Durchsetzungsvermögen?

Der Bezirkshauptmann von Hietzing, der nun zu Jahresbeginn 1850 das halbfertige Konstituierungsgeschäft zu übernehmen und *mit ungehemmter Thätigkeit durch die Constituierung der freien Gemeinden den Grundstein des neuen staatlichen Gebäudes ... zu legen (hatte)* – so der Text des Erlasses vom 4. Februar 1850 – hatte mit den Schwierigkeiten seiner Vorgänger weiterzukämpfen. Im politischen Bezirk Hietzing rebellierten Vorder- und Hinterbrühl gegen ihre Zusammenlegung, Brunn – Maria Enzersdorf verspürte Sezessionsgelüste gegenüber Perchtoldsdorf. Penzing, Hietzing, Schönbrunn, Hetzendorf und Altmannsdorf wehrten sich gegen Vereinigungspläne. Fünfhaus konnte nicht mit Sechshaus und der Braunhirschengrund südlich der Mariahilferstraße verwahrte sich gegen

---

128 Ebd. S. 10.
129 NÖLA Kreisamtszirkulare VUWW 1849, Nr. 8563/4 vom 9.5.1849.
130 NÖLA Kreisamtszirkulare VUWW 1849, Nr. 11724/4 vom 11.6.1849.
131 Starzer, Gemeindekonstituierung (Anm. 127) S. 13.
132 RGBl. 440/1849; s. oben III.4.
133 zitiert bei Starzer, Gemeindekonstituierung (Anm. 127) S. 64.

jeden Anschluß in irgendeiner Himmelsrichtung (die Gebietshoheit der Braunhirschner Nachbarn Reindorf und Rustendorf hatte man ohnedies nicht anzutasten gewagt)[134]. Am 12. März 1850 berichtete Bezirkshauptmann Graf Coudenhove an die Statthalterei, er habe die Probleme größtenteils durch Eingehen auf alle Wünsche gelöst, *um die Gemeinden nicht gleich anfangs gegen die Bezirkshauptmannschaft zu stimmen*[135]. Von den 73 Patrimonialgemeinden des Bezirks, welche zu 56 neuen Ortsgemeinden geformt werden sollten, waren 71 mit der jeweils vorgesehenen Lösung zufrieden. Nur zwei Gemeinden erhoben rechtsförmlich Einspruch – eine davon war Unter St. Veit[136]. Ende April 1850, als die Grundherrschaft St. Veit ihren Amtsbetrieb eigenmächtig einstellte (s. oben III.4.), war die Bezirkshauptmannschaft Hietzing mit ihren Konstituierungen noch längst nicht fertig.

Betrachten wir nun konkret die Konstituierungsvorgänge bzw. die mit ihnen verbundenen Schwierigkeiten, soweit sie aus dem erhaltenen Aktenmaterial noch rekonstruierbar sind.

a) Gebietsfestlegung

Aus der Anknüpfung der Bildung der neuen Ortsgemeinden an die vorhandenen Katastralgemeinden des Steuerkatasters ergab sich für St. Veit an der Wien schon die erste Schwierigkeit: Obwohl die Orte Ober und Unter St. Veit räumlich getrennt und sozial höchst gegensätzlich waren, waren sie von den Vermessungsbeamten des Kaisers Franz aus nicht mehr bekannten Gründen rein steuer- und vermessungstechnisch zu einer einheitlichen Katastralgemeinde zusammengefaßt worden[137]. Innerhalb dieser einen Katastralgemeinde hatte es aber rechtlich zwei Gemeinden patrimonialen Typs mit zwei gesonderten Ortsrichtern gegeben, was vielleicht verwaltungstechnisch eine Anomalie, durch die örtlichen Verhältnisse aber vollkommen gerechtfertigt war. Die Grundregel des § 1 des provisorischen Gemeindegesetzes, wonach aus einer bestehenden Katastralgemeinde nur <u>eine</u> Ortsgemeinde zu bilden war, wurde im innenministeriellen Durchführungserlaß vom 2. April 1849 mit dem Vorteil der Klarheit der Grenzziehung begründet und wurde nochmals eingeschärft, daß *eine selbständig vermessene Katastralgemeinde nie zerstückt* werden dürfe[138]. Dieser rigorosen Haltung der Bürokratie, die sich primär von Verwaltungsvorteilen und nicht von örtlichen Zusammengehörigkeitsgefühlen leiten ließ, fiel die bisherige Selbständigkeit der Gemeinde Unter St. Veit zum Opfer. Die Katastralgemeinde St. Veit an der Wien wurde zur Konstituierung als einheitliche neue Ortsgemeinde gleichen Namens bestimmt. Den seinerzeitigen Plan des Kreisamtes, Gesamt-St. Veit auch noch mit Baumgarten zusammenzulegen, ließ die Bezirkshauptmannschaft Hietzing hin-

---

134 Ebd. S. 19.
135 Ebd. S. 68.
136 die zweite war Wilhelmsdorf, das sich gegen seine Vereinigung mit Untermeidling wehrte: NöLA Statthalterei, Fasz. M, Schachtel 3280, Nr. 10.278/1850.
137 Parzellenprotokoll zum frz. Kataster WStLA B 12 und Mappenoperat „Katastralplan der Gemeinde St. Veit a.d. Wien in Niederösterreich V.U.W.W. 1819", Blatt 1–3.
138 Starzer, Gemeindekonstituierung (Anm. 127) S. 7, wo der Erlaß in den wesentlichen Auszügen abgedruckt ist.

gegen fallen[139]. Da nur in Ober St. Veit die entsprechende bauliche Infrastruktur vorhanden war, ergab es sich zwangsläufig, daß der Sitz von Bürgermeister, Gemeindeausschuß und Gemeindekanzlei dort sein sollte. Gegen diese Entscheidung brachte die Gemeinde Unter St. Veit eine rechtsförmliche schriftliche Reklamation ein, aufgrund derer Bezirkshauptmann Coudenhove eine persönliche Aussprache mit den Gemeindevertretern führte. Dabei gelang es ihm, den Gemeindevertretern ihre Selbständigkeitsbestrebungen vorerst auszureden und sie von der Ergreifung weiterer, an sich möglich gewesener, Rechtsmittel abzuhalten[140].

Der junge Ort Unter St. Veit, der auf sein „Aufstreben" so stolz war[141] und sein Holzgerüst mit der Gebetsglocke schon als Vorstufe eines zukünftigen Armenhauses mit integrierter Ortskapelle sah[142], war zu einem verwaltungsjuristischen Nichts degradiert, zu einem Außenposten von Ober St. Veit, zu dem man unangenehmerweise noch einen Fußmarsch auf sich nehmen mußte.

Doch schon 1851 setzten neuerliche, erfolglose Bestrebungen der Unter St. Veiter ein, ihre Lostrennung von Ober St. Veit zu erreichen, die in einem Abkommen zwischen Ober- und Unter St. Veit über die getrennte Verwaltung ihres Vermögens trotz politischer Zusammengehörigkeit mündeten (dazu näher unten V.2). In den Jahren ab 1867 übrigens, als die Trennung tatsächlich konkret wurde, setzte dann ein unterschwelliges Räsonieren der Unter St. Veiter ein, daß ihre Interessen seinerzeit, bei der Gemeindebildung, verraten worden seien[143]. Das wird durch die Akten der Statthalterei[144] aber klar widerlegt: es waren die eigenen Repräsentanten, die die Zusammenlegung mit Ober St. Veit, wenn auch unter Druck, akzeptierten. Vielleicht haben sie auf die damalige wahre Volksmeinung in Unter St. Veit zu wenig Bedacht genommen, welche eindeutig lautete: Man konnte und man wollte mit Ober St. Veit nicht. Doch wie schrieb damals schon der Schulinspektor und Schriftsteller Adalbert Stifter: *Endlich, da kein Mensch Alles schon auf das erste Mal treffen kann, sind ja Abänderungen nicht ausgeschlossen. Eine Gemeindeverbindung ist keine Ehe*[145].

b) Wählerlistenerstellung

Die Erstellung der Wählerlisten für die ersten Gemeindeausschußwahlen war ebenfalls dem Kreisamt, dann der Bezirkshauptmannschaft anvertraut und war das Unterfangen,

139   125 Jahre Unter St. Veit (Anm. 49) S. 10.
140   NöLA Statthalterei Fasz. M, Schachtel 3280, Nr. 13.701/1850 (Bericht BH Coudenhove vom 23.3.1850) und Nr. 18.222/1850.
141   Eingabe des Ortsrichters Valentin KARL an die Herrschaft vom 22.12.1817, WStLA Herrschaft St. Veit, A 118/13 Nr. 484.
142   Alois Maculan, Die Filialkirche zur Verklärung Christi in Unter St. Veit (Wien 1928) 2; GAS 12.9.1850 Pt. 6.
143   z.B. GAS 8.10.1863, GAU 30.1.1870; Commissions-Protocoll 22. Juni 1867 über die Vermögenstrennung, WStLA Gem. XIII/5, A 2/1.
144   s. Anm. 140.
145   Adalbert Stifter, Noch ein Wort über die Gemeinden. In: Der Wiener Bote Nr. 238 (21.11.1849) S. 1 f.

das am meisten zur Verzögerung der Gemeindekonstituierungen beitrug. Das provisorische Gemeindegesetz enthielt hiezu eingehende Regelungen, welche Gemeindeangehörigen in einer Gemeinde aktiv wahlberechtigt sein sollten, wie die Wähler auf zwei oder drei Wahlkörper aufzuteilen waren und wie die Listenerstellung und ihre Auflegung zur öffentlichen Einsicht vor sich zu gehen habe (§§ 28–41). Alles in allem waren die Regelungen kompliziert und brauchen hier in den Details nicht zu interessieren. Grundsätzlich war das Gemeindewahlrecht ein Zensuswahlrecht, das die Stimmen der Wahlbürger je nach ihrer Jahresleistung an direkten Steuern unterschiedlich gewichtete. Um die Wähler einreihen zu können, mußte man daher die Unterlagen der Steuerämter über die Jahressteuerleistung jeder einzelnen Person auswerten, was entsprechend mühsam und zeitraubend gewesen sein muß. Tatsächlich forderte das Kreisamt VUWW mit Erlaß vom 11. Juni 1849 von allen Amtsverwaltungen (so nannte man die provisorisch weiteramtierenden Grundherrschaften) die sofortige Vorlage der Steuerverzeichnisse[146]. Außerdem ließ der Gesetzgeber die Behörden hier insoferne hängen, als § 8 des provisorischen Gemeindegesetzes als Mindestzensus für die Gemeindebürgerschaft auf *„einen bestimmten Jahresbetrag an directen Steuern"* verwies, der bis November 1849 von keiner zuständigen Autorität bestimmt worden war, sodaß auch das Kreisamt für das Viertel unter dem Wienerwald, das als erstes und einziges damals schon die Verzeichnisse aller Steuerpflichtigen fertiggebracht hatte, mangels Bestimmung des Zensus die Eingruppierung in die Wählerlisten nicht vornehmen konnte[147]. Erst eine Verordnung vom 6. April 1850[148] setzte den absoluten Mindestzensus für die Landgemeinden mit 1 Gulden Jahressteuerleistung fest – wer darunter lag, war vom Wahlrecht ausgeschlossen. Das war relativ hoch und schloß im Grunde alle vermögenslosen Schichten vom Wahlrecht aus, ohne daß sich für St. Veit a.d. Wien eine absolute Anzahl der davon betroffenen Personen noch feststellen ließe.

Wann es die Bezirkshauptmannschaft Hietzing dann doch fertiggebracht hat, die (nicht mehr erhaltenen) ersten Wählerlisten auflegungsreif zu erstellen, wissen wir nicht genau. Es muß jedoch bis Ende April 1850 gewesen sein, da die Listen mindestens 6 Wochen vor dem Wahltag öffentlich aufgelegt werden mußten[149] und der langersehnte Wahltag in St. Veit schlußendlich der 14. Juni 1850 war[150].

---

146   NÖLA Kreisamtszirkulare VUWW 1849 Nr. 11724/4 vom 11.6.1849.
147   Starzer, Gemeindekonstituierung (Anm. 127) S. 14.
148   RGBl. 127/1850, dazu näher Klabouch, Gemeindeselbstverwaltung (Anm. 121) S. 42 f.
149   Die Einhaltung dieser 6-Wochenfrist kann als äußerst wahrscheinlich unterstellt werden, weil ab Beginn der Auflegung der Wählerliste auch eine 14-tägige Präklusivfrist zur Erhebung von Einwendungen begann, über die binnen 6 Tagen zu entscheiden war, wogegen binnen weiterer 3 Tage Rekurs an die Oberbehörde möglich war, die ihrerseits bis längstens 14 Tage vor dem Wahltag zu entscheiden hatte (s. § 41 prov. Gemeindegesetz). Hätte man die Wählerlisten nicht fristgerecht aufgelegt, wäre das gesamte Wahlverfahren in einem Einwendungs- und Rekurschaos versunken.
150   Pfarrchronik Ober St. Veit, Bd. 1784–1875, pag. 544.

c) Wahldurchführung

Die Durchführung des Wahlvorganges, oder besser aller vier erforderlichen Wahlvorgänge (Wahl der 3 Kurien + Wahl des Gemeindevorstandes), war in den §§ 42–68 des provisorischen Gemeindegesetzes eingehend geregelt. Zusätzlich gab es noch einen umfangreichen Erläuterungserlaß des Ministers des Innern vom 8. April 1850 betreffend die Wahl der Gemeindeorgane[151]. Auch hier brauchen nicht alle Details zu interessieren. Wesentlich ist, daß man sich eine Gemeindeausschußwahl des Jahres 1850 überhaupt nicht so vorstellen darf wie heutzutage einen „Wahlsonntag".

Die ersten *Gemeindewahlen* (und mit kleinen Abweichungen auch alle folgenden bis 1890) waren so abzuhalten[152]: Die nach der Steuerleistung gebildeten Wählerkurien (Wahlkörper) – in St. Veit waren es nach der Größe des Ortes drei – versammelten sich am festgesetzten Wahltag zu einer ebenfalls genau festgesetzten Uhrzeit, und zwar jede Kurie für sich. Man hat für die sogenannten „Wählerversammlungen", wie wir von späteren Wahlen wissen, in Ermangelung geeigneter Amtsräume stets die Extrazimmer von Wirtshäusern benützt. Zum Erscheinen bei diesen Wählerversammlungen waren nur die Männer berechtigt. Entgegen einem weit verbreiteten Irrglauben gab es aber sehr wohl ein Frauenstimmrecht in der Form, daß Ehefrauen durch ihren Gatten und ledige bzw. verwitwete Frauen durch einen bevollmächtigten Mann ihres Vertrauens eine Stimme abgeben konnten[153]. Um 1850 hatte St. Veit etwa 2300 Einwohner[154]. Frauen, Kinder, Kranke, nicht eingebürgerte Bewohner und die durch den 1-Gulden-Zensus Ausgeschlossen abgezogen, ergibt größenordnungsmäßig etwa 200–250 Teilnahmeberechtigte an den *Wählerversammlungen* insgesamt, die sich dann wegen des Zensus ungleich verteilten; die 1. Kurie war ein exklusiver Zirkel, quasi das Dorfpatriziat unter sich, die 3. Kurie dagegen eine mittelgroße Versammlung. Da von den meisten Gemeindeausschuß-Wahlen keine Wahlakten erhalten sind, ist die Anzahl der Wahlberechtigten und die Wählerverteilung auf die Kurien überwiegend unbekannt[155].

Da keine Wahlpflicht bestand, erschienen nie alle Wahlberechtigten auch wirklich, sodaß man eine Kurie schon als ganzes in einem Wirtshaussaal unterbringen konnte. Die Wählerversammlung leitete ein Emissär der Behörde, bei der St. Veiter Wahl von 1850 war das der Bezirkskommissär Rudolf Fellner[156]. Um der beschränkten Personalkapazität

---

151 Erlaß des Ministers des Innern vom 8.4.1850, Zl. 7050-987 giltig für Oesterreich ob und unter der Enns (u.a.) die Wahl der Gemeinde-Organe betreffend, abgedruckt in: Das Gemeinde-Gesetz vom 17. März 1849 samt allen dazu erflossenen Nachträgen, Erläuterungen und Instructionen (Wien 1861) 97–111.

152 Zum Folgenden siehe die §§ 29–40 prov. Gemeindegesetz 1849 und Klabouch, Gemeindeselbstverwaltung (Anm. 121) S. 36 ff.

153 § 30 prov. Gemeindegesetz 1849, später dann inhaltsgleich § 4 nö. Gemeindewahlordnung, LGBl. 5/1864.

154 Die jahrmäßig nächstliegende Bevölkerungszahl findet sich in der Pfarrstatistik aller Pfarren des Dekanates Klosterneuburg 1852/53 im Stiftsarchiv Klosterneuburg Karton 2391 Nr. 32 und weist für 1852 insgesamt 2578 Einwohner der Pfarre St. Veit aus, zu der aber auch Hacking gehörte; exaktere Einwohnerzahlen sind für die Zeit um 1850 leider nicht überliefert.

155 Nur für die Wahlen 1861 und 1864 sind die Zahlen bekannt, s. unten

156 Pfarrchronik Ober St. Veit, Band 1784–1875, pag. 544.

der Behörde Rechnung zu tragen, mußten übrigens die Wahlen der Orte des Bezirkes Hietzing tage- und stundenweise gestaffelt werden, Hacking etwa wählte erst einen Tag später als St. Veit (15. Juni 1850). Nach der Eröffnung der Versammlung zur festgesetzten Stunde wurde zunächst in eine Erörterung eingetreten, wen man überhaupt wählen solle, denn Kandidatenlisten gab es nicht. Jeder Teilnehmer der Versammlung war wählbar (ausgenommen nur Militärpersonen, Personen unter Armenversorgung, Kridatare und Vorbestrafte, aber auch das Hausgesinde und Tag- oder Wochenlöhner) und war sogar verpflichtet, eine auf ihn entfallende Wahl anzunehmen, soferne er nicht ganz bestimmte, gesetzlich umschriebene Entschuldigungsgründe anführen konnte. Man diskutierte also zunächst in der Versammlung etwa nach dem Motto „wer von uns soll also den Ausschuß machen"? Man kannte einander ja, wie man einander in Landgemeinden eben kennt. Nach genügender Diskussion, wenn sich schon abzeichnete, wer „wollte" und wer nicht, und nachdem eventuell einzelne Leute sich selbst als Kandidaten angepriesen und ihre Vorstellungen dargelegt hatten, schritt der Wahlleiter sodann zur Abstimmung. Dazu rief er jeden einzelnen Wähler aus der Liste auf. Wer sich nicht meldete, weil er nicht oder auch nur zu spät zur Versammlung kam, verlor sein Wahlrecht. Wer sich meldete, mußte vortreten und der Wahlkommission mündlich und öffentlich bekanntgeben, wen er in den Gemeindeausschuß wähle. Dabei konnte man soviele Namen nennen, als Ausschußmitglieder und Ersatzmänner zu wählen waren, das müssen in St. Veit pro Kurie vier Ausschuß- und zwei Ersatzmänner gewesen sein[157]. Für jeden neuen Namen, der genannt wurde, legte die Wahlkommission einen eigenen Zettel an und machte darauf ein Strichlein, wurde derselbe Name ein weiteres Mal genannt, kam darauf ein zweites Strichlein und so fort[158]. Der Wahlvorgang nahm in den unteren Kurien einige Stunden in Anspruch. Gewählt war jeder, der eine relative Stimmenmehrheit für sich hatte. Wer Interesse hatte, konnte im Wahllokal verbleiben und gleich das Ergebnis abwarten. Sofort nach geschehener Abstimmung in den Kurien, noch am selben Tag, solange der Wahlkommissär anwesend war, wurden dann gleich alle gewählten 18 Gemeindeausschußmitglieder zusammengerufen und dazu angehalten, aus ihrer Mitte den Bürgermeister und die Gemeinderäte zu wählen; unter „Gemeinderäte" verstand man damals die dem Bürgermeister beigeordneten Vorstandsmitglieder der Gemeinde, also quasi deren „Regierung".

Für St. Veit a.d. Wien ist die komplette Namensliste des ersten Gemeindeausschusses noch rekonstruierbar (s. die Namenslisten im Anhang I). Zum ersten Bürgermeister wählte man noch am 14. Juni 1850 den Kaufmann Michael Schmid. Zu Gemeinderäten wurden

---

157 Die Zahl ist rückgerechnet aus der von der Pfarrchronik berichteten Anzahl von 17 angelobten Ausschußmitgliedern. Da diese Zahl nicht, wie es das Gesetz vorschreibt, durch 3 (=Zahl der Kurien) teilbar ist, muß es nach der Wahl einen Ausfall (vielleicht eine triftige Entschlagung?) gegeben haben, also muß man von 18 Personen ausgehen, dividiert durch 3 = 6 pro Kurie. Da jede Kurie 50% Ersatzmitglieder haben mußte, ergibt sich die Aufteilung 4 Haupt- zu 2 Ersatzmitgliedern pro Kurie.

158 In der Kassette der Gemeindeausschußsitzungsprotokolle (WStLA Gem. XIII/4, B1/1-5) liegt ein rudimentäres Paket solcher Wahlzettel unklarer Provenienz lose herum. Er stammt zwar offensichtlich von einer späteren Wahl, zeigt aber, nach welchem System man vorgegangen ist, recht schön. Der Wahlmodus für Gemeindeausschußwahlen (freie Namensnennung – keine Kandidatenlisten) änderte sich bis über 1891 hinaus nicht.

der bisherige (Ober) St. Veiter Ortsrichter und Weinhauer Michael Premreiner, der Maurermeister Georg Schimek und der Krämer Andreas Stangelmayer gewählt[159]. Die Herren Schmid, Premreiner und Schimek waren Ober St. Veiter, Stangelmayer war Unter St. Veiter, eine Eigenschaft, die man damals feinsäuberlich unterschied. Das offenbar bewußt austarierte Proporzverhältnis von 3:1 zugunsten Ober St. Veits werden wir später noch öfter finden. Die Funktionsdauer, die das Gemeindegesetz (§ 66) dem soeben gewählten Ausschuß, den Gemeinderäten und dem Bürgermeister eigentlich zumaß, hätte drei Jahre betragen sollen. Keiner der damals Gewählten konnte ahnen, daß infolge immer neuer Verschiebung demokratischer Neuwahlen und immer weiter prolongierter provisorischer Verlängerung ihrer Mandate daraus noch fast unglaubliche elf Jahre werden sollten[160].

3. Die Gemeindekonstituierung

Nach der erfolgreich abgewickelten Wahl am 14. Juni 1850 war endlich der entscheidende Durchbruch erzielt, um die nun schon seit über einem Jahr gesetzlich vorgesehene „freie Gemeinde" vollständig zu errichten und in Funktion treten zu lassen. Ein Zufall wollte es, daß auf den 15. Juni, den Tag nach gut durchgestandener Wahl, das Fest des Heiligen Vitus fiel, das St. Veiter Patrozinium also. An diesem höchsten kirchlichen Lokalfeiertag zelebrierte Pfarrer Anton Angermayer um 11 Uhr das feierliche Hochamt. Die späte Uhrzeit war nötig, weil in der Früh dieses Tages in dem zur Pfarre gehörenden Hacking auch noch Wahlen abgehalten werden mußten, die bei der geringen Einwohnerzahl nicht allzu lange gedauert haben dürften. Im Rahmen des Patroziniumshochamtes nahm nun Pfarrer Angermayer in Gegenwart des Bezirkshauptmannes den Bürgermeistern und Gemeindevorständen (nicht den gewöhnlichen Ausschußmitgliedern) feierlich den *Amtseid* ab[161]. § 61 des provisorischen Gemeindegesetzes hätte eigentlich nur vorgesehen, diesen Amtseid vor versammeltem Gemeindeausschusse in die Hände des ältesten Ausschußmitgliedes abzulegen und das hierüber aufzunehmende Eidesprotokoll der Bezirkshauptmannschaft einzusenden. Aber man wollte den besonderen Augenblick des Anbruchs der neuen Ära ganz offensichtlich nicht mit solch josephinischer Nüchternheit begehen, und da die (nicht zu beeidenden) Gemeindeausschußmitglieder unter den Besuchern des Angelobungshochamtes waren (vermutlich auf Ehrenplätzen in den ersten Bankreihen), waren sie ja auch im Sinne des Gesetzes „versammelt". Über die Zeremonie wurden Eidesurkunden ausgefertigt und bei der Bezirkshauptmannschaft hinterlegt. Die Eidesleistung war quasi der Schlußstein, nun war die neue Gemeinde rechtlich ins Leben

---

159 Pfarrchronik Ober St. Veit (wie Anm. 150); GAS 7.7.1850; Das Hietzinger Heimatbuch Bd. 2 (Wien 1932) S. 127 schreibt unrichtig, daß der ehemalige Ortsrichter Michael Premreiner gleichzeitig erster Bürgermeister war, ein Irrtum, der von dort inzwischen unzählige Male in alle nur erdenklichen bezirksgeschichtlichen Druckwerke übernommen wurde. Die Ausschuß-Sitzungsprotokolle der Jahre 1850−52, die bei praktisch jeder einzelnen Sitzung den Namen des Bürgermeisters (wegen seiner Vorsitzführung) immer wieder neu erwähnen, lassen über den wirklichen Inhaber der Bürgermeisterwürde keinen Zweifel zu.
160 Näheres dazu unten V.3.; Klabouch, Gemeindeselbstverwaltung (Anm. 121) S. 48.
161 Pfarrchronik Ober St. Veit (wie Anm. 150); Erlaß des Ministeriums des Innern vom 8.4.1850 (wie Anm. 151).

getreten[162].

Am 7. Juli 1850 trat der Gemeindeausschuß der Ortsgemeinde St. Veit an der Wien unter Vorsitz von Bürgermeister Michael Schmid zu seiner **ersten Sitzung** zusammen. Das darüber noch erhaltene Sitzungsprotokoll[163] ist übrigens von großer Nüchternheit und zeigt, daß man in der ersten Sitzung sich ohne feierliche Einleitung sofort den allernächstliegenden Fragen zugewandt hat: der Beschaffung eines geeigneten Lokales zur Führung der Kanzleigeschäfte und der Anschaffung von Aktenkästen, Stühlen und diversem Kanzleiinventar. Weil alle in Frage kommenden Räume der gemeindeeigenen Häuser in wenig vorausschauender Weise noch vor der Gründung der neuen Ortsgemeinde mindestens bis Georgi 1853 vermietet worden waren, mußte die Gemeinde nun ihrerseits im Privathaus des Bürgermeisters ein paar Räume anmieten, bis ihre eigenen wieder frei wurden. Im übrigen ermächtigte man den Bürgermeister auch noch, einen in Unter St. Veit wohnhaften Kanzlisten namens Peter Zauner als Gemeindebeamten anzustellen, nachdem dieser bereits 4 Wochen lang (also ungefähr seit der Wahl!) probeweise unentgeltlich für die Gemeinde gearbeitet und sich angeblich bewährt hatte. Aus diesem Faktum können wir übrigens erschließen, daß Bürgermeister Schmid mit der Aufnahme der Routinegeschäfte der Gemeindekanzlei gar nicht bis zur ersten Ausschußsitzung gewartet hat. Wahrscheinlich hätte er nach dem wochenlangen Verwaltungsinterregnum bei gewissen Lokalkompetenzen aus Dringlichkeitsgründen auch gar nicht länger warten können.

Nach der ersten Ausschußsitzung am 7. Juli 1850 konnte es keinen Zweifel mehr geben, daß die Gemeinde St. Veit funktionsfähig war. Der ganze Umbau vom alten System der Grundherrschaft mit ihren Patrimonialgemeinden auf das neue System staatlicher Behörden und gewählter Gemeindevertretungen war nun vollendet.

Bezirkshauptmann Coudenhove hatte es übrigens geschafft, in allen 56 neuen Gemeinden seines Bezirkes die Konstituierung erfolgreich zu Ende zu bringen. Das ließ er denn auch gehörig feiern. Am 4. Juli 1850 wurden in allen Kirchen des Bezirkes vormittags Festmessen gelesen, an welche sich Festversammlungen anschlossen, die als Bürgerfeiern zur Einleitung der neuen Ära gedacht waren. Um 9 Uhr abends dieses Tages gab es eine **Festbeleuchtung** mit Feuern in allen Ortschaften und auf allen markanten Höhen des Bezirkes Hietzing. Doch die Erinnerungen an die Revolutionsereignisse von 1848 waren noch frisch und daher ging der Bezirkshauptmann keine Risiken ein. Für den Fall des Ausartens der Feiern standen in Hietzing ein Gendarmeriekorps und Militärpolizeiwachen bereit. Den Gemeindevorständen schärfte er überdies ein, neben jeder Feuerstelle Löschgeräte für den Notfall bereit zu halten. Doch es verlief alles glatt und harmonisch, obwohl der Menschenandrang enorm war, allein im Orte Hietzing sollen etwa 40.000 Leute auf der Straße gewesen sein[164].

Neben den Höhenfeuern erregte besonders der Blumenschmuck und die aufwen-

---

162 Ausführliche Erklärung aller Details der Gemeindewahlen und -konstituierung in: Österreichische Volkszeitung Nr. 34 (10.2.1850) S. 133 f.
163 GAS 7.7.1850.
164 NöLA Statthalterei, Präsidialakten, Schachtel 80, Nr. 2268/1850 (darin gedrucktes Exemplar der Kundmachung vom 2.7.1850 über das Stattfinden der Feiern).

dige Sonderbeleuchtung der Hietzinger Villen im Umkreis des Schlosses Schönbrunn die Bewunderung der Zeitgenossen. Zahlreiche lichterumrahmte Kaiserbilder wurden in die Fenster gestellt. Auf Einladung der Gemeindevorstehung von Hietzing begab sich Kaiser Franz Joseph samt seinen Adjutanten zu Pferd von Schönbrunn auf die Höhe des Künigl-berges oberhalb der Villa Malfatti und beobachtete von dort das Spektakel. Die Eltern des Kaisers und einige Hofwürdenträger kamen im offenen Wagen nach. Der Weg des Kaisers wurde von Menschenspalieren gesäumt, die Kaiserhymne erklang. Der bekannte Theaterdirektor Carl Carl überraschte den Herrscher mit einem Feuerwerk, das er aus dem Park seiner Villa in der Gloriettegasse abfeuern ließ[165]. Sogar die sonst so raunzeri-schen Hans Jörgel-Briefe ließen ihre Hauptfigur diesmal wohlwollend sagen: *Da bin i' nun mutterseelenallein g'standen und hab' nunter g'schaut von der Höh. Ja, s'war ein Feuer, was i' hab' leuchten g'sehn, aber ein Freudenfeuer. 57 Gemeinden haben in dankbarem Jubel eine Beleuchtung veranstaltet, wie man sie in solcher Großartigkeit vielleicht no nit g'sehn hat*[166]. Nach dem Bericht des Bezirkshauptmannes *folgte das Auge des Allerhöchs-ten Hofes entzückt den vielen Freudenfeuern* und fand die gesamte Feier *liebreichste Auf-nahme von Seite seiner Majestät*[167].

Bereits am 6. Juli 1850 verlieh Kaiser Franz Joseph dem tüchtigen Bezirkshauptmann Paul Graf Coudenhove das Ritterkreuz des Franz Josephs-Ordens *wegen der raschen und befriedigenden Durchführung der Bildung der Gemeinden in seinem Bezirk*[168].

---

165 Ausführliche Zeitungsberichte: Österreichisches Volksblatt Nr. 158 (6.7.1850) S. 635; Österreichische Volkszeitung Nr. 154 (7.7.1850) S. 614.

166 Hans Jörgel-Briefe (Anm. 66) Bd. 19 (1850) 28. Heft, 1. Brief S. 1 f.

167 NöLA Statthalterei, Präsidialakten, Schachtel 80, Nr. 2319/1850, Bericht des Bezirkshauptmannes vom 5.7.1850 an die Statthalterei über den Verlauf der Feiern.

168 Ebd. Nr. 2253, 2254/1850; Der österreichische Volksbote Nr. 159 (7.7.1850) S. 639 f.

V.
Gemeinsame Gemeindegeschichte 1850–67

1. Gemeinderechtliche Rahmenbedingungen der Aufgabenerfüllung

Das schon so oft genannte provisorische Gemeindegesetz vom 17. März 1849 war es auch, das der neuen Ortsgemeinde in einem langen Kompetenzkatalog die Aufgaben zuwies, die sie nunmehr zu erfüllen hatte. Dieser Aufgabenkatalog ist von geradezu abenteuerlicher Umfänglichkeit, wenn man vergleicht, mit welch beschränkten personellen und sachlichen Mitteln alle diese Aufgaben erfüllt werden mußten. Sehen wir uns daraus nur in zusammengefaßter Form das Wichtigste an:

Zum **natürlichen** (also nach der Gesetzesintention autonom zu vollziehenden) **Wirkungskreis** gehörte[169]:

- Die Verwaltung des Gemeindevermögens mit der Einnahmen-Ausgaben-Gebarung, wobei die Gemeinde nun berechtigt war, mit Bewilligung der staatlichen Behörde Gemeindeumlagen in Höhe von 10% auf direkte und 15% auf indirekte Steuern einzuheben. Die solcherart ermöglichte, selbständigere Verwaltung ihres Vermögens, die die Reform den Gemeinden nun einräumte, wurde dennoch (oder deshalb ?) nach Ansicht der Zeitgenossen kostspieliger als in der Vormärzzeit[170]
- Ernennung und Festsetzung der Bezüge der Gemeindebeamten, wobei jede Gemeinde verpflichtet war, wenigstens eine für Kanzleigeschäfte befähigte Person anzustellen. Die Anstellung eines solchen Kanzleibeamten war für St. Veit eine Neuerung, bisher hatte es nur angestellte Sicherheitswächter gegeben.
- Versorgung der Ortsarmen, entweder durch Geldzahlungen oder Aufnahme in ein Armenhaus.
- Handhabung der Reinlichkeits-, Gesundheits-, Armen-, Straßen-, Feuer-, Markt-, Sittlichkeits-, Bau- und Gesindepolizei, ferner Aufsicht über die Gemarkungen und die Fürsorge für die Sicherheit der Person und des Eigentums. Dieser Katalog war nur zum Teil neu, und enthielt faktisch vieles von dem, worauf die früheren Ortsrichter und ihre Gemeindewachmänner auch bisher schon zu achten hatten; der Unterschied zu früher lag vor allem darin, daß die Gemeinde jetzt mit diesen Aufgaben auf sich allein gestellt war, während sie früher diesbezüglich mehr oder weniger als Organ der Grundherrschaft fungierte, die selbst eingreifen mußte, wenn die Gemeinde nicht zu Rande kam[171]. Echt neu war die Übertragung der Baupolizei, also der Erteilung von Bau- und Benützungsbewilligungen für Gebäude, die früher ganz der Grundherrschaft zustand und die manche Gemeinden ja noch

---

169   §§ 71–125 prov. Gemeindegesetz.
170   Klabouch, Gemeindeselbstverwaltung (Anm. 121) S. 49.
171   Mayrhofer, Handbuch (Anm. 125) S. 424 f.

heute überfordern soll. Neu war auch die Handhabung der Gesindepolizei, also der Aufsicht über die Dienstgeber von Hauspersonal, aber auch ihres Personals, wenn es von auswärts engagiert war.

- Hintanhaltung der Straßenbettelei.

Zum **übertragenen Wirkungskreis**[172], der unter direkter Aufsicht der Bezirkshauptmannschaft (ab 1854 dann unter Aufsicht des gemischten Bezirksamtes) wahrzunehmen war und von dieser auch ganz oder teilweise an sich gezogen werden konnte, gehörte alles, was das Gemeindegesetz oder spätere Anordnungen der Gemeinde zuwies, ein offener Katalog also. Die den Gemeinden unter diesem Titel aufgebürdeten Aufgaben wuchsen in den ersten Jahren laufend[173]. Im Gemeindegesetz waren u.a. konkret genannt die Einhebung und Abfuhr der direkten Steuern, Mitwirkung bei der Aushebung von Rekruten für das Militär, Anhaltung und Ablieferung von Verbrechern, Fremdenpolizei, Ausstellung von Heimatscheinen, Aufsicht über Maß und Gewicht. Eine nicht im Gemeindegesetz, sondern in einer Sonderverordnung geregelte Aufgabe war den Gemeinden auch noch im übertragenen Wirkungsbereich aufgebürdet: die Mitwirkung in Verlassenschafts-, Vormundschafts- und Kuratelangelegenheiten als verlängerter Arm der Bezirksgerichte[174].

Bedenkt man nun, daß Bürgermeister Schmid ein biederer Landkaufmann war und ihm für die laufende Geschäftsführung ein Maurermeister, ein Weinhauer und ein Krämer als ehrenamtlich tätiger Gemeindevorstand zur Unterstützung beigegeben waren und dazu ein einziger Gemeindebeamter, über dessen Vorbildung wir nichts wissen, zur Verfügung stand, so fragt man sich natürlich, wo diese Männer die Gesetzeskunde und Verwaltungserfahrung herhaben sollten, um alle die aufgezählten Aufgaben zu erfüllen. Die meiste Verwaltungserfahrung hatte wahrscheinlich noch der Weinhauer Michael Premreiner durch seine frühere Tätigkeit als Ortsrichter. Gegenüber den hochgesteckten Ansprüchen des provisorischen Gemeindegesetzes dürften die Beamten des Ministeriums des Innern schon bald erkannt haben, daß die Lebensrealität in den Gemeinden eine andere war und man – noch dazu, wo sich im alten Patrimonialsystem ja kaum jemand die nötigen Erfahrungen hatte aneignen können – nicht ernsthaft mit dem gesetzeskonformen Funktionieren der neuen Gemeindeverwaltungen rechnen konnte. Schon am 12. Februar 1850 gab das Ministerium deshalb einen umfangreichen Belehrungserlaß für die Ortsgemeinden bei der Durchführung des Gemeindegesetzes aus[175], der sich merklich bemüht, in elementarster Form zu erklären, wie man eine Gemeinde verwaltet. Man liest darin übrigens auch Erheiterndes, etwa, daß die Gemeinden aus der Neubenennung ihrer Ortsvorsteher als „Bürgermeister" nicht den Schluß ziehen sollten, sie müßten sich jetzt

---

172 §§ 126–140 prov. Gemeindegesetz.

173 Klabouch, Gemeindeselbstverwaltung (Anm. 121) S. 49.

174 Verordnung des Justizministers vom 28.6.1850, womit ... eine Instruction für die Gemeindevorsteher in den ihnen übertragenen gerichtlichen Amtshandlungen erlassen wird, RGBl. 256/1850.

175 Erlaß des Ministers des Innern vom 12.2.1850, Zl. 25712-251 an die Statthalter von Niederösterreich (u.a.) mit einer Belehrung für die Ortsgemeinden bei der Durchführung des Gemeindegesetzes, abgedruckt in: Das Gemeindegesetz vom 17. März 1849 sammt allen dazu erflossenen Nachträgen, Erläuterungen und Instructionen (Manz-Verlag Wien 1861, kein Verfasser oder Herausgeber) S. 87 ff.

einen kostspieligen Verwaltungsorganismus aufbauen und sich gerieren wie große Städte. Das Ministerium des Innern gab dann noch eine umfangreiche Anleitung zur Verwaltung des Gemeindeeigentums heraus[176]. Man fragt sich, ob diese umfangreichen Erlässe überhaupt gelesen wurden, zumal die allerernüchterndste Anweisung eines innenministeriellen Erlasses in Gemeindesachen[177] wohl die ist, die Kommissäre der Bezirkshauptmannschaften mögen bei der Zusammenstellung der Wahlkommissionen darauf achten, daß deren Mitglieder überhaupt lesen und schreiben können.

2. Amtsperiode 1850–53

Darüber, wie gut oder wie schlecht die St. Veiter Gemeindeverwaltung vom Start weg funktionierte, kann man aufgrund der vorhandenen Nachrichten heute kein Qualitätsurteil mehr fällen. Sicher dürfte sein, daß sich die neue Gemeindespitze sehr bemüht hat: Obwohl das Gemeindegesetz nur zwei Ausschußsitzungen pro Jahr vorschrieb, kam man fast monatlich zusammen und handelte die anstehenden Fragen ab[178]. Man hatte offensichtlich mit sehr vielen Schwierigkeiten zu kämpfen. Der *Gemeindebeamte* Peter Zauner erwies sich nach rund zweimonatiger Verwendung als ungeeignet und wurde durch einen neuen Mann, Johann Stifter, ersetzt. Die nunmehr von diesem geführten Ausschuß-Sitzungsprotokolle übertreffen in ihrer inhaltlichen Qualität die seines Vorgängers tatsächlich sehr, wahrscheinlich war er wirklich geeigneter für den Posten.

Im heißen Sommer 1850 kam es gleich zu zwei großen *Bränden* im Ort: Am 1. Juli um 10 Uhr abends brach im Hause Nr. 92 des Schmiedemeisters Philipp Holzreuter ein Vollbrand aus, das Wohn- und Schmiedehaus brannte vollständig ab; zunächst hieß es, das Feuer sei durch eine Unvorsichtigkeit beim Kochen entstanden[179]. Nach einigen Wochen erhärtete sich aber ein ganz anderer Verdacht: Brandstiftung, begangen durch die Haushälterin des Schmiedes aus Rache für enttäuschte Eheerwartung. Zeugen bestätigten, daß die Frau schon vorher einschlägige Drohungen ausgestoßen habe. Sie wurde daraufhin verhaftet[180]. Der Wiederaufbau des Hauses erfolgte dann nicht mehr als Schmiede, sondern als Meierei.

Am 17. Juli brannte die Abdeckerei Haus Nr. 127, samt ihren weitläufigen Wirtschaftsgebäuden ab[181]. Das Feuer brach in den Morgenstunden aus und wurde durch starken Wind angefacht. Es wurde sogleich Alarm für einen Großbrand gegeben, der die Verständigung der Nachbargemeinden zwecks Hilfeleistung mit einschloß. Über den weiteren

---

176   Erlaß des Ministeriums des Innern vom 11.12.1850, Zl. 13353, Anleitung zur Verwaltung des Gemeindeeigentums, abgedruckt in Gesetzesausgabe wie Anm. 151.
177   Erlaß des Ministeriums des Innern vom 8.4.1850, Zl. 7050-987, die Wahl der Gemeindeorgane betreffend, abgedruckt in Gesetzesausgabe wie Anm. 151.
178   Nach den erhaltenen Protokollen trat der Gemeindeausschuß im Jahre 1850 an folgenden Tagen zusammen: 7.7., 21.7., 26.8., 12.9., 14.10., 16.12., 21.12.1850.
179   h. Glasauergasse 9, spätere Meierei Hütter; Bericht in: Der österreichische Volksbote Nr. 155 (3.7.1850) S. 623; Österreichische Volkszeitung Nr. 121 (3.7.1850) S. 600.
180   Österreichische Volkszeitung Nr. 178 (4.8.1850) S. 712.
181   h. Angermayergasse 1; Bericht in Pfarrchronik Ober St. Veit, Band 1784–1875, pag. 544.

Verlauf der stundenlang andauernden Brandbekämpfung existiert ein Zeitungsbericht, der interessante Einblicke in das frühe Feuerlöschwesen gibt[182]: Aufgrund des Großalarmes rückten die Nachbargemeinden Speising, Lainz, Baumgarten und Hietzing mit je einer gemeindeeigenen Löschspritze aus und kamen den beiden St. Veiter Löschspritzen zu Hilfe. Alle miteinander aber hätten den Brand wahrscheinlich nicht unter Kontrolle bekommen, wenn nicht die Löschspritze des Schlosses Schönbrunn, von Burghauptmann Ludwig Montoyer persönlich kommandiert, mit ihrer Kapazität zu Hilfe gekommen wäre. Weitere Hilfe leistete der Hietzinger Stellfuhrwerker Joseph Drescher, der mit vierspännigen Fuhrwerken die schweren Wasserfässer für die Spritzen im Eiltempo zuführte, und der Hietzinger Zimmermeister Nierody, der einer der ersten am Brandplatz war und das Einreißen der Balken fachkundig besorgte. Auf diese Weise gelang es, das Einbrennen des Daches in die Wohnräume zu verhindern sowie die Haustiere und die wertvollen Tierhäute zu retten. Nur das Pferd des Abdeckermeisters kam in den Flammen um, seine Wirtschaftsgebäude waren ebenfalls verloren[183]. Die Abdeckerei wurde anschließend neu aufgebaut und eingedeckt[184].

Früher hatte es bei der Grundherrschaft eine umfangreiche Ausstattung mit *Feuerlöschrequisiten* gegeben[185], die nun nicht mehr zur Verfügung stand. Eine organisierte Feuerwehr gab es (noch) nicht, das Feuerlöschen war Bürgersache. Die nachbarliche Solidarität scheint sehr gut funktioniert zu haben, nur die technische Ausstattung war eben bescheiden. Immerhin besaß die Gemeinde nebst einigen Feuerhaken und Löschkübeln zwei Löschspritzen, eine in Ober- und eine in Unter St. Veit, in die die nächstgreifbaren Pferde von Ortsbewohnern eingespannt werden mußten; ihnen versprach man nun 3 fl aus der Gemeindekasse für das Einspannen[186]. Ansonsten war man auf das Zuhilfekommen der Nachbarn mit Löschkübeln angewiesen. Anfang 1851 entschloß sich die Gemeinde, zwei Nachtwächter anzustellen, je einen in Ober- und Unter St. Veit, deren Hauptaufgabe die Feuerwache war[187].

Der kurioseste Infrastrukturmangel der Anfangszeit war aber das *Fehlen von Arrestzellen*, die man für die Handhabung der sicherheitspolizeilichen Kompetenzen natürlich benötigte. Die Gemeinde trat unverzüglich an das Erzbistum Wien mit dem Ersuchen heran, ihr die ja noch vorhandenen drei Arrestzellen des Landgerichtes St. Veit zu vermieten, erhielt darauf keine Antwort und urgierte im Oktober und Dezember noch zwei Male. Man ersieht daraus, daß sich die ehemalige Grundherrschaft mit derlei Dingen einfach nicht mehr abgeben wollte, es war ja auch kaum noch ein zuständiger Ansprechpartner da, denn der ehemalige St. Veiter Herrschaftsverwalter Vinzenz Hambeck war gleich nach Einstellung der Amtsverwaltung pensioniert worden[188]. So blieb nichts ande-

---

182 Österreichische Volkszeitung Nr. 169 (25.7.1850) S. 676.
183 Bericht ebenda.
184 ASV 61/1850 und 98/1850.
185 Inventar vom 1.2.1848, WStLA Gem. XIII/4, A 3/1.
186 GAS 12.9.1850 Pt. 5.
187 GAS 9.1.1851 Pt. 5.
188 Diözesanarchiv Wien Index zu den Rentamtsakten 1845–1894, Rubrik „St. Veit" 1850, Einreichproto-

Abb. 14: Das Gemeindegasthaus an der Ecke Hietzinger Hauptstraße / Glasauergasse zu Zeiten des Pächters Franz Magdlen.

res übrig, als die Arrestanten im Privathaus des Bürgermeisters Schmid[189] in den Keller zu sperren, wo sie der auswärts wohnende Gemeindewächter Johann Schnabel von Zeit zu Zeit zu beaufsichtigen hatte. Für die allermenschlichsten Bedürfnisse stellte man ihnen einen Kübel hinein, wer ihnen das Essen kochte, ist nicht überliefert – vielleicht die Bürgermeistersgattin?[190]

Ein deutlicher Arbeitsschwerpunkt der ersten beiden Jahre ist die Ausbesserung von Wegen und Brücken sowie Reparaturen und Verbesserungen an den gemeindeeigenen Häusern. Im Herbst 1850 schotterte man „der Gleichförmigkeit halber" auch in Unter St.

koll 79; im NöLA Statthalterei, Index zu den Präsidialakten Bd. 1 pag. 17, findet sich die Notiz, er sei in weiterer Folge der Bezirkshauptmannschaft Hietzing als Beamter zugewiesen worden, bei deren Akten er allerdings nicht aufscheint; seine Witwe Franziska Hambeck gibt in einem Unterstützungsgesuch Jahrzehnte später an, ihr Gatte sei vor seinem Tod noch einige Jahre Bahnbeamter der Kaiserin Elisabeth Westbahn gewesen: GAO 2.9.1882 Pt. 8.

189   Dieses stand nach heutiger Adresse in der Hietzinger Hauptstraße 168 und wurde später mit Kaufvertrag vom 20.5.1869 von der Gemeinde Ober St. Veit erworben. Michael Schmids ehemaliger Kaufmannsladen wurde später als Gasthauslokal verpachtet – das langjährig so genannte „Gemeindegasthaus Magdlen", von dem es das in Ober St. Veit noch heute sehr bekannte Foto gibt: WStLA Dienstbuch St. Veit B 1840–79 (Gb. 5/7a) fol 37; s. auch Anm. 581.

190   GAS 16.12.1850 Pt. 11.

Abb. 15: Mauerreste der Arrestzellen neben dem heutigen Vitushaus, Firmiangasse 1, ca. 1981.

Veit alle Straßen, was bis dahin ganz offensichtlich nur in Ober St. Veit der Fall gewesen war[191]. Ansonsten beschloß man etwa, in der Unter St. Veiter Bogengasse (h. Kremsergasse) ein Rinnsal zu bauen, ebenso einen Weg vom oberen Ortsende zum Gemeindewald, die Brücke über den Marienbach im Ortskern zu erneuern und dergleichen[192].

Zwei weitere technische Maßnahmen werfen ein ganz interessantes Licht auf die Lebensverhältnisse: Zum einen errichtete die Gemeinde eine öffentliche Viehschwemme[193], von deren Benützung die Unter St. Veiter ausdrücklich ausgeschlossen waren – ein Beleg dafür, daß die Viehzucht in Ober St. Veit in dieser Zeit noch ein bedeutender Landwirtschaftszweig war, nicht dagegen im gewerblich-frühindustriellen Unter St. Veit. Zum anderen schaffte die Gemeinde für den Kirchturm eine neue Turmuhr an, die alle Viertel und Stunden genau schlagen konnte – sichtlich ein allgemeines Bedürfnis[194].

Wie die Sache mit der Anmietung der ehemals herrschaftlichen Arrestzellen weiterging, wissen wir übrigens aktenmäßig nicht, weil darüber in den Gemeindeausschuß-Protokollen nie mehr etwas aufscheint. Auch aus dem Aktenregister des erzbischöflichen Rentamtes sieht man nur, daß sich die Gemeinde St. Veit um die Anmietung der Arreste bemühte und sie 1851 sogar kaufen wollte[195], eine Antwort ist aber auch dort nicht verzeichnet. Es scheint aber doch zu einem Arrangement gekommen zu sein, denn das heute noch bestehende Gebäude der ehemaligen grundherrschaftlichen Gerichtsdienerswoh-

191 GAS 12.9.1850 Pt. 3
192 GAS 10.1.1852 Pt. 6 und 31.8.1852 Pt. 2.
193 GAS 26.8.1850 Pt. 6 und 12.9.1850 Pt. 15; diese Viehschwemme lag in der Auhofstraße neben der Gemeindeau und wurde 1865 sogar noch vergrößert: GAS 22.8.1865 Pt. 5.
194 GAS 25.8.1851 Pt. 1.
195 Diözesanarchiv Wien, Index zu den Rentamtsakten 1845-1894, Rubrik St. Veit 1850 Einreichprotokoll Nr. 112 und 1851 Einreichprotokoll Nr. 86.

Abb. 16: Das ehemalige Gerichtsdienerswohnhaus, später Mesnerhaus (Firmiangasse 1) in einem Aquarell von Rudolf Domiczek aus dem Jahr 1984. Heute ist es das 1987 revitalisierte Vitushaus der Pfarre Ober St. Veit.

nung (Firmiangasse 1), an das die Arrestzellen hofseitig angebaut waren, gilt in einhelliger mündlicher Überlieferung bei allen eingesessenen Bewohnern von Ober St. Veit als der ehemalige *Gemeindekotter*[196]. Wahrscheinlich hat man ihn der Gemeinde mangels anderweitiger Nutzbarkeit irgendwann doch – zumindest eine Zeit lang – faktisch überlassen, zumal er einen abgetrennten Zugang von der Straße hatte und daher seine Benützung unabhängig von den übrigen ehemaligen Meierhofgebäuden möglich war. In späteren Jahren war der Gemeindekotter jedenfalls dann im Haus CNr. 3 (h. Vitusgasse 2)[197].

Man konnte übrigens in St. Veit jetzt wieder problemlos heiraten: Der Gemeindeausschuß beschloß laufend die Erteilung politischer Ehekonsense, es ist nur ein einziger Fall einer Verweigerung aktenkundig: einem Drucker namens Ignaz Groiß verweigerte man die Heiratserlaubnis mit der Begründung, daß sein Erwerb so unsicher sei, daß er keine Familie ernähren könne (und – das stand nicht in der Begründung – diese dann für den Armenfonds der Gemeinde zum Versorgungsfall werden könnte)[198].

---

196   Der in Ober St. Veit aufgewachsene Verfasser hat den „Gemeindekotter" schon in seiner Kindheit als solchen gezeigt bekommen, auch der Heimatforscher Dr. Theodor Stöhr ist von der Richtigkeit dieser Überlieferung überzeugt. Eine so starke mündliche Tradition kann hier durchaus als Quelle für diese Tatsache anerkannt werden.
197   Inventar zur Gemeinderechnung für 1890, WStLA Gem. XIII/4, A 3/2;
198   GAS 7.7.1851 Pt. 3.

Das größte Bauvorhaben, das der Gemeindeausschuß noch 1850 beschloß, wurde nie verwirklicht: Auf dem (einzigen) in Unter St. Veit gelegenen Gemeindegrundstück[199] sollte *ehebaldigst ein Haus – Schule und eine Wohnung für Schullehrer und Wächter und ein Krankenzimmer sowie eine Kapelle erbaut werden*[200]. Für dieses Projekt reichte aber das Geld nicht.

Schon 1851 wurde von Vertretern und Gemeindemitgliedern aus Unter St. Veit an die Bezirkshauptmannschaft Hietzing Beschwerde über die erfolgte Vereinigung erhoben und um eine **Absonderung der Verwaltung** von Ober St. Veit angesucht. Die Bezirkshauptmannschaft hatte aber keine rechtliche Befugnis, die Vereinigung rückgängig zu machen und arrangierte ein (leider nicht im Wortlaut erhalten gebliebenes) Übereinkommen zwischen den beiden Ortsteilen, die Verrechnung und Verwaltung ihrer Einkünfte fortan gesondert zu führen, was auch tatsächlich so geschah[201]. In diesem System konnte Unter St. Veit nur dann ihm zugute kommende Ausgabenbewilligungen der Ober St. Veiter Ausschußmajorität erwarten, wenn die Ausgaben durch „Unter St. Veiter Einkünfte" gedeckt waren – eine Wurzel der sich später immer mehr einstellenden Entfremdung der beiden Ortsteile.

Ein Wort zur Amtsführung von **Bürgermeister Michael Schmid**: Bei ihm ist schon die Tendenz feststellbar, das „Ehren"amt mit seinem kleinen persönlichen Vorteil zu verbinden, eine Tendenz, die in späteren Jahren für viele führende Männer der Gemeinde teils zwischen den Zeilen aus den Ausschußprotokollen herauszulesen ist, teils in Form drastischer Vorwürfe in der Lokalpresse nachzulesen ist, und die das Ansehen der St. Veiter Gemeindeverwaltung bei der Bevölkerung mindestens in späteren Jahren einigermaßen begrenzt haben dürfte[202]. Schmid hatte noch in der Zeit vor seinem Amtsantritt mit der alten Patrimonialgemeinde einen nicht näher genannten Prozeßstreit um Grundeigentum, vielleicht um den Verlauf der Grundgrenze, zwischen seinem Hausgrundstück und der daran angrenzenden Gemeindeliegenschaft Glasauergasse 2 angefangen, den er in zwei Instanzen gewann. Am 16. Dezember 1850 beschloß der Gemeindeausschuß unter seinem Vorsitz, die Sache auf sich beruhen zu lassen, nachdem der Gemeindekassa ohnedies schon ein hoher Verlust entstanden sei[203]. Mit der schon erwähnten Vermietung von Räumen in seinem Haus an die Gemeinde wird der Kaufmann Schmid auch kein Verlustgeschäft gemacht haben. Sodann erreichte er auch noch mit der Begründung, daß die Belassung des Gemeindearrestes in seinem Keller ohnedies schon genügend Belastung

---

199 heutige St.-Veit-Gasse 48.
200 GAS 12.9.1850 Pt. 6.
201 NÖLA, Landesausschuß Fasz. 64/8, Nr. 7885/747: darin erliegt ein „Commissions Protocoll ddto. 22. Juni 1867" über die Vermögensauseinandersetzung im Jahre 1867, das die Vorgeschichte der Vermögenstrennung genau beschreibt. Schon der damalige Referent Dr. Cajetan Felder (=der spätere Wiener Bürgermeister) beklagt, daß die Akten der Bezirkshauptmannschaft mitsamt dem Abkommen unauffindbar seien. Auch der Verfasser dieser Arbeit hat in den BH-Akten 1850-53 nichts gefunden und muß sich daher auf das zit. Protokoll stützen, das übrigens in Abschrift auch im WStLA, Bestand Gem. XIII/5, im Karton A 2/1 („Unter St. Veit, verschiedene Akten") vorhanden ist; Beispiel einer getrennten Gemeinderechnung: GAS 28.11.1851.
202 Klabouch, Gemeindeselbstverwaltung (Anm. 121) S. 46 vermeint, daß das Prestige der Gemeindeselbstverwaltung schon ab der Anfangszeit schwach war.
203 GAS 16.12.1850 Pt. 19.

sei, eine Befreiung von der militärischen Einquartierungspflicht[204], ein traditionell praktiziertes Privileg der alten Ortsrichter übrigens[205].

Die *letzte öffentliche Sitzung* des Gemeindeausschusses von St. Veit fand am 10. Jänner 1852 statt. Bereits am 15. Jänner 1852 erging eine Verordnung des Ministeriums des Innern[206], wonach die Öffentlichkeit der Gemeindeverhandlungen ab sofort einzustellen sei, was der Bevölkerung durch Kundmachung mitgeteilt wurde[207]. Eine Gemeindeausschußsitzung (31. August 1852) protokollierte man noch außerhalb des bis dahin geführten Protokollbuches auf ein paar lose eingelegten Zetteln, dann stellte die Gemeinde die Protokollführung über ihre nichtöffentlich gewordenen Ausschußsitzungen ein. Eine neue, von der Staatsspitze ausgehende Ära, die die im Gefolge von 1848 eingeführten demokratischen und liberalen Neuerungen möglichst rückgängig zu machen suchte, warf hiermit ihren ersten Schatten bis auf die Lokalverwaltungsebene – der Neoabsolutismus[208].

3. Der Neoabsolutismus 1852–60

Diese Periode hat ihren Namen davon, daß man nach den ersten liberalen und demokratischen Umgestaltungen der Nachrevolutionszeit auf gesamtstaatlicher Ebene versuchte, wieder zu einer autokratischen Staatsführung ohne Parlamentarismus zurückzukehren. Der Beginn des Neoabsolutismus wird üblicherweise mit der Aufhebung der zuletzt geltenden sogenannten Oktroyierten Märzverfassung[209] durch das Sylvesterpatent vom 31. Dezember 1851[210] angesetzt, welches anstelle einer parlamentarischen Verfassung „Grundsätze für organische Einrichtungen in den Kronländern des österreichischen Kaiserstaates" erließ[211]. Diese in 36 Punkte gegliederten „Grundsätze" skizzierten in groben Zügen, wie die künftige Staatsorganisation auszusehen habe, das Begleitschreiben Kaiser Franz Josephs trug dem Ministerpräsidenten Fürst Felix Schwarzenberg auf, ohne Verzögerung mit den Reformen im Sinne der „Grundsätze" zu beginnen – im Verwaltungsweg natürlich, der Parlamentarismus war ja vorerst abgeschafft. Dies ist deshalb hier erwähnenswert, weil die „Grundsätze" in ihren Punkten 7 bis 16 auch Anweisungen für die Umgestaltung der Ortsgemeinden enthielten, die alsbald umgesetzt wurden. Grundtendenz dabei war, die Gemeindeverwaltung an die Staatsverwaltung als kleinste Einheit fest anzugliedern und den staatlichen Behörden das Heft fest in die Hand zu geben; die Intention dahinter war nicht nur politischer Autoritarismus, sondern auch Reformeifer, der der Habsburgermonarchie zu einer besseren Verwaltung als im Vormärz verhelfen wollte[212].

Tatsächlich verhielt es sich so, daß der erste Anlauf des neuen Gemeindeselbstverwal-

---

204 GAS 16.12.1850 Pt. 11.
205 Mayrhofer, Handbuch (Anm. 125) S. 424, Fn. 2.
206 RGBl. 17/1852.
207 gedruckte Kdm. der BH Hietzing vom 23.1.1852 in ASV 28/1852.
208 Vgl. Klabouch, Gemeindeselbstverwaltung (Anm. 121) S. 46.
209 Reichsverfassung für das Kaisertum Österreich vom 4.3.1849, RGBl. 149/1849.
210 RGBl. 4/1852.
211 Erich Zöllner, Geschichte Österreichs (Wien, 81990) 398 f.; Hellbling, ÖVV (Anm. 95) S. 355.
212 Zöllner ebd. S. 400.

tungssystems in zahlreichen Orten der Monarchie mit gewaltigen Problemen verbunden war, ja es mancherorts einfach überhaupt nicht funktionierte[213]. Im Sommer 1851 bereiste der niederösterreichische Statthalter Dr. Josef Wilhelm Eminger das Land zu Inspektionszwecken und fand dabei viele lebensunfähige Gemeinden vor und hörte viele Klagen seiner Bezirkshauptleute über das „verfehlte System"[214]. St. Veit an der Wien dürfte in jenen Jahren trotz aller internen Schwierigkeiten gar nicht zu den höhernorts auffällig gewordenen Problemgemeinden gehört haben: Es war mit seinen rund 2700 Einwohnern[215] groß genug, um wirtschaftlich lebensfähig zu sein. Es blieb ihm auch das Problem vieler anderer Gemeinden erspart, adeligen Großgrundbesitz im Gemeindegebiet zu haben: Wenn dieser Großgrundbesitzer nämlich auch noch der ehemalige Herrschaftsinhaber war, der nun zu seinen ehemaligen Untertanen um Ausstellung gewisser behördlicher Erlaubnisse in die Gemeindestube pilgern mußte, kann man sich leicht vorstellen, wie konflikträchtig das war[216]. Aber St. Veit war ja eine ehemals kirchliche Herrschaft gewesen und der im Ort verbliebene Grundbesitz der Herrschaft umfaßte im wesentlichen nur Schloß und Meierhof von Ober St. Veit samt dem Schloßpark und südlich der heutigen Erzbischofgasse ein paar Wiesen[217].

Mit Verordnung des Innenministers Bach vom 19. März 1852[218] folgte nun ein gezielter Eingriff in das Innenleben der Gemeinden: Die (Neu-) Wahl von Gemeindevorständen durch den Gemeindeausschuß wurde an die Bestätigung durch die staatlichen Behörden gebunden. Personen, die dem Bezirkshauptmann oder später dann dem Bezirksamtsleiter mißliebig waren, konnten in der Gemeinde also nichts mehr werden. Ein Kernstück der Gemeindedemokratie war damit dahin.

Per 30. September 1854 erhielt die Gemeinde St. Veit anstelle der bisherigen Bezirkshauptmannschaft Hietzing im Zuge der neoabsolutistischen Staatsreformen eine neue vorgesetzte Oberbehörde, die die Zügel der Kontrolle und des Hineinregierens in die Gemeinde gleich fester anzog: das *Gemischte Bezirksamt Hietzing*. „Gemischt" hieß es, weil es sowohl die Gerichts- als auch die Verwaltungsangelegenheiten in einem Amt zusammenfaßte[219]. Der Sprengel des Bezirksamtes war wesentlich kleiner als der der früheren Bezirkshauptmannschaft[220]. Der Bezirksvorsteher, so hieß der Leiter des Bezirks-

---

213 Klabouch, Gemeindeselbstverwaltung (Anm. 121) S. 49 ff.
214 Kielmansegg, Selbstverwaltung (Anm. 97) S. 100.
215 Starzer, Gemeindekonstituierung (Anm. 127) S. 18.
216 Vgl. Klabouch, Gemeindeselbstverwaltung (Anm. 121) S. 45. Man hat in den nachfolgenden Reformen große Gutsgebiete wieder aus den Gemeinden ausgeschieden und verselbständigt, dies ist aber für unseren Betrachtungsgegenstand irrelevant.
217 Ungefähr den heutigen Siedlungs- und Villenblock, den die Straßenzüge Adolfstorgasse – Erzbischofgasse – Himmelhofgasse – Pflieglergasse umschließen.
218 RGBl. 67/1852.
219 Verordnung der Minister des Innern, der Justiz und der Finanzen vom 19.1.1853, RGBl. 10/1853 (Errichtung) und vom 26.8.1854, RGBl. 216/1854 (Stichtag der Aktivierung).
220 Er umfaßte die Gemeinden Hietzing, St. Veit, Hacking, Lainz, Speising, Hetzendorf, Altmannsdorf, Atzgersdorf, Liesing, Mauer, Erlaa, Kalksburg und nördlich der Wien Penzing, Breitensee, Baumgarten, Hütteldorf. Der Sprengel ist aus den Kurrendalzetteln für Rundverfügungen an alle Gemeinden des Bezirkes erschließbar, die sehr zahlreich in den Bezirksamtsakten einliegen, z.B. WStLA Bezirksamt Hietzing A 2/2, 3.6.1859; vgl. den in Anm. 105 beschriebenen Sprengel der Bezirkshauptmannschaft Hietzing.

amtes (die Funktion hat nichts mit den heutigen politischen Chefs der Wiener Gemeinde-
bezirke zu tun, sondern heißt nur zufällig genauso), hatte daher im Unterschied zu seinem
Vorgänger die Möglichkeit, sich viel konkreter um seine einzelnen Gemeinden zu kümmern. Im Organisationsstatut der neuen Bezirksämter hieß es dazu unmißverständlich:
*Das Bezirksamt überwacht, unterstützt und belehrt die ihm unterstehenden Gemein-
den*[221]. Bei dieser, nach den schlechten Erfahrungen der Anfangszeit offenbar doch nötigen Bevormundung der Gemeinden blieb es bis zur Auflösung des Bezirksamtes Hietzing
im Jahre 1868[222]. Der erste und langjährige Hietzinger Bezirksvorsteher Adolph Berger
nahm das „Belehren und Anleiten" seiner Gemeinden sichtlich sehr ernst: Die erhaltenen Akten der Jahre 1856–60 sind voll von **Belehrungserlässen** und Zirkularnoten an die
Gemeindevorsteher seines Bezirkes, wobei er häufig freilich nur bei ihm eingegangene
Belehrungserlässe der Statthalterei abschreiben und weiterschicken ließ. Köstlich etwa
ein Erlaß der Statthalterei an das Bezirksamt aus 1859: *Um den in den letzten Jahren
überhandnehmenden Unfug der marktschreierischen Ankündigung von Geheimmitteln
und Heilmitteln hintanzuhalten, wird das kk. Bezirksamt angewiesen, bei jedem Wieder-
holungsfalle steigende Geldstrafen über die Darwiderhandelnden zu verhängen*; ähnlich
auch die Anweisung, die Anfertigung künstlicher Zähne und Gebisse durch Unbefugte als
Kurpfuscherei zu bestrafen[223].

Als die Kaiserin Elisabeth 1856 guter Hoffnung war, erteilte das Bezirksamt Hietzing
allen seinen Gemeinden folgende Verhaltensmaßregel, wie sie sich bei Gelegenheit der
glücklichen Entbindung der Kaiserin zu verhalten hätten:
- Glückwunschadressen sind im Wege des Ministeriums des Innern einzubefördern
- persönlich vorsprechende Glückwunschdeputationen sind nicht abzusenden
- im Falle der Geburt eines Kronprinzen ist eine allgemeine Beleuchtung zu veran-
  stalten[224].

Da die Kaiserin dann ein Mädchen gebar (Gisela), war das mit der allgemeinen Beleuchtung demnach hinfällig.

Jeden Donnerstag versammelte Bezirksvorsteher Berger sämtliche Bürgermeister seines Bezirkes bei sich zur wöchentlichen Aussprache. Bei Beschwerden gegen Gemeindevorstände schritt Bezirksvorsteher Berger unverzüglich ein und sandte fallweise auch
seine Beamten in den Gemeinden herum, um nach dem Rechten zu sehen[225]. Auch wenn
das hohe Prinzip der Gemeindeautonomie und -demokratie dabei vielfach auf der Stre-

---

221 § 52 der Verordnung vom 19.1.1853, RGBl. 10/1853.
222 Das Bezirksamt Hietzing hatte seinen Amtssitz in einem im Laufe des Jahres 1853 von den Ehegatten
Anton und Anna Fuhrmann errichteten und dem Ärar vermieteten Amtsgebäude in Hietzing, Alleegasse 110
(= h. Trauttmansdorffgasse 18), das noch besteht, und das bis 1977 dem Bezirksgericht Hietzing diente: Hof-
und Staatshandbuch des Kaiserthumes Österreich 1856 2. Teil, S. 14; Weissenbacher, Hietzing I (Anm. 33)
S. 171; der noch erhaltene Mietvertrag zwischen den Ehegatten Fuhrmann und dem Ärar erliegt in WStLA
Bezirksgericht Hietzing, Grundbuchsurkunden, A 10 Karton 7 (freundlicher Hinweis von HR Dr. Alfred Waldstätten).
223 WStLA Bezirksamt Hietzing A 2/2, Erlaß der nö. Statthalterei vom 22.9.1859 Zl. 35.577 und Erlaßsamm-
lung in ebenda, A 2/3.
224 WStLA Bezirksamt Hietzing A 1/1, Zirkulare vom 24.6.1856 an alle Gemeindevorstände.
225 WStLA Bezirksamt Hietzing A 1/1, Bericht des Bezirksvorstehers vom 13.6.1860.

cke blieb, muß man der „Bevormundung" durch das Gemischte Bezirksamt im Falle der Gemeinden des Hietzinger Bezirkes attestieren, sachlich ersprießlich, korrekt und zum Vorteil der Bevölkerung gewesen zu sein: Wer sonst hätte etwa den Speisinger Bürgermeister Friedrich Fehlinger in die Schranken weisen sollen, wenn er in seiner gleichzeitigen Eigenschaft als Wundarzt und Fleischbeschauer Gefälligkeitsatteste für nie beschautes Fleisch ausstellte[226]? Oder wer hätte die Fabriken Rohrbacher (in Ober St. Veit) und Bossi (in Unter St. Veit) mit technischer Sachkunde dazu behördlich zwingen sollen, feuersichere Dachdeckungen aufzubringen, um nicht die umliegenden Häuser zu gefährden[227]? Im übrigen waren ab dem Jahr 1854 den Gemeinden wesentliche Kompetenzen entzogen und dem Bezirksamte zugewiesen worden: Erteilung der Ehekonsense, Ausfertigung der Heimatscheine, Fremdenpolizei, Reinlichkeits- und Straßenpolizei, Baupolizei und Überwachung der öffentlichen Sittlichkeit[228] – vermutlich die Bereiche, in denen es mit den Gemeinden die meisten Unzukömmlichkeiten gegeben hatte.

Besonderes Augenmerk legten Bezirkshauptmann Graf Coudenhove und nach ihm dann Bezirksvorsteher Adolf Berger auf die Überwachung des Straßenzustandes. *Bei gestriger Inspektion hat man sich die Wahrnehmung verschafft, daß der von Ober St. Veit nach Lainz führende Fahrtweg ... den beiden Gemeinden St. Veit und Lainz zur Pflege empfohlen werden [muß]*, heißt es etwa tadelnd im Frühjahr 1852[229]. Da die Gemeinden daraufhin buchstäblich „kein Ohrwaschel rührten", wurde Bezirkshauptmann Coudenhove vier Wochen später schärfer und forderte die beiden Gemeinden auf, *aus Anlaß des hohen Amts gerügten Übelstandes ... ungesäumt das Entsprechende zu veranlassen. Auch ist dafür Sorge zu tragen, daß aufzustellende Wegweiser den Fahrenden die Richtung des einzuschlagenden Weges andeuten...*[230] Das scheint gewirkt zu haben, denn bereits im Herbst desselben Jahres attestierte eine öffentliche Kundmachung der Bezirkshauptmannschaft den Gemeinden Lainz und St. Veit namentlich, *im Laufe dieses Jahres Lobenswerthes vollbracht zu haben.*[231] Wenn im Winter die Schneeschauflung auf den Gemeindestraßen unterlassen wurde, konnte es übrigens auch postwendende Rügen der Behörde setzen[232].

Eine bedeutende Initiative setzte das Bezirksamt Hietzing bezüglich des Baues einer **Verbindungsstraße Unter St. Veit – Lainz**. Zwischen Unter St. Veit und Lainz/Speising gab es keine mit Wägen befahrbare Straße, nur einen Flurweg, der über Gründe der Klosterneuburger Stiftspfarre Hietzing führte. Alle Wägen mußten den Umweg über Hietzing machen. Über Einschreiten des Bezirksamtes stimmte das Stift Klosterneuburg zu, daß der genannte Flurweg durch die Bezirksverwaltung 1855 zu einer Straße verbreitert wurde, die so ausgelegt war, daß sie das aneinander Vorbeifahren von zwei Wägen knapp

---

226 WStLA Bezirksamt Hietzing A 2/3 Zl. 1306/1860.
227 WStLA Bezirksamt Hietzing A 1/2 Submappe 1853.
228 §§ 33 ff. der Verordnung RGBl. 10/1853.
229 Schreiben BH Hietzing 29.4.1852, ASV 178/1852.
230 Schreiben BG Hietzing 21.5.1852, ASV 214/1852.
231 VO bezüglich der Erhaltung der Gemeindewege 17.9.1852, ASV 403/1852.
232 z.B. BA Hietzing 18.2.1858, ASV 117/1858.

ermöglichte[233] – man nannte die neue Straße „St. Veiter Allee", es handelt sich um die heutige Münichreiterstraße.

Noch 1857 hatten übrigens Ober- und Unter St. Veit in der Nacht **keinerlei Straßenbeleuchtung**[234].

Zur Jahresmitte 1853 wäre eigentlich die dreijährige Funktionsperiode des St. Veiter Gemeindeausschusses abgelaufen und wäre nach dem provisorischen Gemeindegesetz[235] eine Neuwahl auszuschreiben gewesen. Nachdem man diese Wahlen noch etwa ein Jahr lang faktisch verzögert hatte, erging am 23. Februar 1854 eine neue Verordnung des Innenministers Bach[236], mit der für die bestehenden Gemeindeausschüsse, Gemeinderäte und Bürgermeister die **Amtsdauer auf unbestimmte Zeit** verlängert wurde. Wenn sich die Zahl der Ausschußmitglieder durch berechtigte Rücktritte oder Todesfälle verminderte, griff man zunächst auf die seinerzeit gewählten Ersatzmänner, waren diese erschöpft, ließ man die Gemeindeausschüsse soweit schrumpfen, bis gerade noch die gesetzliche Beschlußmehrheit übrigblieb und, wenn auch diese nicht mehr da war, ernannte (!) der Bezirksvorsteher einfach neue Leute. Bei Ausfällen von Bürgermeistern durften die Rumpfausschüsse noch eine Nachwahl abhalten, die aber ebenfalls von der Behörde zu bestätigen war. Dieser Zustand dauerte bis zum Jahre 1861 fort. Man kann sich mit ein bißchen Phantasie leicht ausmalen, in welcher politischen Agonie der überalterte, geschrumpfte und sicher längst um sein politisches Selbstbewußtsein gebrachte St. Veiter Gemeindeausschuß am Ende seiner fast 11jährigen Amtszeit gelegen sein muß. Aber die von den Sitzungen ja seit 1852 ausgeschlossene Öffentlichkeit[237] konnte sich davon nicht einmal ein richtiges Bild machen.

Im Jahre 1857 beanstandete das Kreisamt VUWW mehrere Punkte der Gebarung der Gemeinde St. Veit an der Wien und veranlaßte die beiden Ortsteile zum Abschluß eines neuen Übereinkommens über die **Finanzgebarung**: Demnach sollten die beiden Ortsteile (nur) noch ihr hergebrachtes Stammvermögen getrennt verwalten, seine Erträgnisse aber der gemeinsamen Ausgabenbestreitung zur Verfügung stellen und die Gemeindeumlagen – was bisher offenbar nicht der Fall gewesen war – in beiden Ortsteilen gleichmäßig einheben. Doch diese Vorgaben wurden teilweise (neuerlich) nicht eingehalten und die Orte Ober- und Unter St. Veit verwendeten die Zinserträgnisse „ihres" Stammvermögens für Spezialausgaben im jeweiligen Ortsteil[238]. Es war der Bürokratie des Neoabsolutismus also nicht gelungen, die aus rationalen Zweckmäßigkeitsüberlegungen verordnete „Gemeinsamkeit" von Ober- und Unter St. Veit auch in der sozialen Wirklichkeit durchzusetzen.

---

233 Stiftsarchiv Klosterneuburg Fasz. 1 (1855) Nr. 1/140 A, Korrespondenz Bezirksamt Hietzing–Stift Klosterneuburg.
234 Bericht Bgm. Premreiner 13.11.1857 an BA Hietzing, ASV 405/1857.
235 § 66.
236 RGBl. 46/1854.
237 s. oben V.2.
238 Abkommen vom 24.2.1857, nur in Abschrift erhalten, Fundstelle s. Anm. 201; zum vorangehenden Übereinkommen ex 1851 über die getrennte Finanzgebarung der Ortsteile s. oben V.2.

In diese letzte Phase des neoabsolutistischen Gemeinde„lebens", soferne man überhaupt noch von einem solchen sprechen kann, fällt in St. Veit die bedeutendste Infrastrukturmaßnahme des Jahrzehnts: der Bau eines *neuen Schulgebäudes*, eine Frucht direkten Eingreifens des Bezirksamtes. Durch das Wachstum des Ortes, vor allem durch Zuzug von Fabrikarbeitern, war auch die Zahl der schulpflichtigen Kinder angewachsen und betrug laut Schulbeschreibung vom März 1857 in Ober St. Veit 299, in Hacking, das die Ober St. Veiter Schule mitbenützen mußte 45, und in Unter St. Veit, das bereits eine eigene Filialschule hatte, 95. Dafür stand nach wie vor nur das bereits über 100 Jahre alte Schulhaus in der h. Vitusgasse 2 mit einem einzigen, wandfeuchten Klassenzimmer zur Verfügung. Dazu hatte man 1856 im gegenüberliegenden Privathaus Nr. 23 (h. Vitusgasse 5, das Haus besteht noch) ein weiteres Erdgeschoßzimmer gemietet. In diesen beiden Räumen wurde im Vormittags- und Nachmittagsschichtbetrieb der Unterricht aufrecht erhalten – katastrophale Zustände also. Deshalb war das Bezirksamt Hietzing eingeschritten und hatte die beteiligten Gemeinden St. Veit und Hacking dazu gebracht, eine Vereinbarung über die Kostenaufteilung für einen Schulneubau zu schließen. Nach den alten, noch geltenden Schulgesetzen hätte auch die „Grundherrschaft" etwas beitragen müssen, die es ja nicht mehr gab. Man versuchte es trotzdem beim Erzbischof von Wien als ehemaligem Schulpatron, der weigerte sich aber irgendetwas zu zahlen. Daher mußten Ober St. Veit und Hacking die Kosten des Schulneubaues alleine tragen[239]. Der Bau wurde auf dem der Gemeinde St. Veit bereits gehörenden Grundstück Theresienstraße 17 (h. Hietzinger Hauptstraße 164) im Jahre 1858 ausgeführt und am 3. Mai 1859 feierlich durch Dechant Josef Weinkopf von Hütteldorf eingesegnet und danach gleich in Betrieb genommen[240].

Bürgermeister Schmid amtierte übrigens diese elf Jahre nicht zu Ende. Ab 1856 begann sich im Gemeindeausschuß *Widerstand* gegen sein unsparsames Wirtschaften zu formieren, angeführt vom ehemaligen Ortsrichter Michael Premreiner mit Unterstützung des in Unter St. Veit wohnhaften Beamten Valentin Trablé. Die Vorwürfe lauteten auf „ständigen Einkauf unnötiger Dinge" im eigenen Kaufmannsladen des Bürgermeisters, ungerechtfertigten Bezug von Diäten und auf unnötige Einmietung der Gemeindekanzlei im Haus der Bürgermeisterstochter (obwohl die Gemeinde selbst genug Häuser hatte)[241]. Bürgermeister Schmid selbst gab auf dem Bezirksamt zu Protokoll, dass es ihm infolge der herrschenden Zwietracht unmöglich geworden sei, ordentliche Gemeindesitzungen zusammenzubringen: *wenn die Ausschüsse etwas durchsetzen wollten, so versammelten sie sich im Wirtshause und überrumpelten mich gewöhnlich mit allerlei Grobheiten in der Kanzlei*[242].

Ein Mehrheitsbeschluß des Gemeindeausschusses zwang Bürgermeister Schmid, die

---

239 Commissions-Protokoll ddo. 18.4.1857, aufgenommen in der Gemeindekanzlei zu Ober St. Veit aus Anlaß der Erbauung einer neuen Schule daselbst, Beilage zu GAO 11.2.1878.
240 Pfarrchronik Ober St. Veit, Band 1784–1875, pag. 545.
241 Aemtliche Bemängelungen commissionaliter vorgelegt am 21.3.1857, ASV 149/1857, betreffen die Jahresrechnungen 1855 und 1856; die Adresse, an der die Gemeindekanzlei zeitweise eingemietet war, ist nicht aktenkundig.
242 Protokoll 25.3.1857 aufgenommen vor dem BA Hietzing, ASV A 1/16 [ohne Nr.]

Einmietung der Gemeinde im Haus seiner Tochter zu kündigen, sodaß sie zu Lichtmeß (2. Februar) 1857 zu räumen gewesen wäre. Ungeachtet aller Vorstellungen der Gemeindevertreter machte der Bürgermeister aber keine Anstalten, die Übersiedlung der Gemeindekanzlei in die Räume in der h. Vitusgasse 2 durchzuführen, ja verhinderte sie sogar. Seine Gegner waren überzeugt, daß er es auf eine gerichtliche Zwangsräumung ankommen lassen wollte. Nun eskalierte das schon gespannte Verhältnis zwischen dem Bürgermeister und der Oppositionsgruppe um Michael Premreiner bis zum Eklat. Im Jänner 1857 reichte Michael Schmid beim Bezirksamt Hietzing um seine Enthebung als Bürgermeister ein. Das Bezirksamt ordnete eine Neuwahl durch den Gemeindeausschuß an, welche eine Mehrheit für den altgedienten Ortsrichter der Jahre vor 1850, den damals schon 59-jährigen Michael Premreiner ergab[243]. Am 26. April 1857 bestellte ihn das Bezirksamt zum Bürgermeister[244]. Der abtretende Bürgermeister Schmid lud ihn zu keiner ordnungsgemäßen Amtsübergabe, sondern verharrte in Trotz. *Am 30. April d.J. nachmittags erschienen zwei Tagwerker und der Gemeindewächter, eröffneten ohne mein Wissen im Auftrage des neugewählten Bürgermeisters und des neugewählten Gemeinderathes Raschbichler die Gemeindekanzlei, packten alles darin sich Befindliche ... zusammen und entfernten dasselbe. Durch diese Gewaltthat fühle ich mich tief verletzt und es ist dies die letzte der vielen Bosheiten, mit welchen seit mehreren Jahren die hiesigen Gemeinderepräsentanten mich als Gemeindevorsteher überhäuften*, jammerte Ex-Bürgermeister Schmid einige Tage später das Bezirksamt Hietzing in einer langen Beschwerde an[245]. In seiner Rechtfertigung verwies der neue Bürgermeister Premreiner auf die Verweigerung der Amtsübergabe durch seinen Vorgänger, weshalb ihn *die Nothwendigkeit zur sofortigen Räumung des gemietheten Kanzleilokales veranlaßte, um nicht dem öffentlichen Skandale einer etwaigen Delogirung ausgesetzt zu sein*[246], womit er beim Bezirksamt Recht behielt. Der alte Michael Premreiner amtierte bis 22. Jänner 1861 und blieb unter seinem Nachfolger Paul von Köhler noch Mitglied des Gemeindeausschusses[247]. Der eher unrühmlich abgetretene Alt-Bürgermeister Michael Schmid bemühte sich danach noch jahrelang, die Umbenennung der Bauernzeilgasse (h. Glasauergasse) in „Schmidgasse" zu erreichen, scheiterte damit aber am entschiedenen Nein des Bezirksamtes[248].

---

243 ASV 120/1857; M. Premreiner war Geburtsjahrgang 1797: Hausbogen zur Volkszählung 1869 WStLA Gem. XIII/4, A 6/1, Haus Nr. 117 (=h. Firmiangasse 19).
244 WStLA Bezirksamt Hietzing B 1/4, Geschäftsprotokolle GZ 575; ASV 120/1857.
245 ASV 120/1857.
246 Ebenda.
247 Protokoll über die Wahl des Gemeindevorstandes vom 21.1.1861, o.Zl. in ASV A 1/10 [1860]; offenbar wegen seiner Bürgermeisterschaft von 1857 bis 1861 wird Michael Premreiner in mehreren bezirkskundlichen Druckwerken fälschlich als erster Bürgermeister von (Ober) St. Veit bezeichnet.
248 ASV 169/1863.

4. Umbruchsjahre 1861 – 67

a) Ambitionierter Neubeginn 1861

Im Oktober 1860 ging die Ära des Neoabsolutismus mit der Erlassung einer neuen Verfassung, dem sogenannten Oktoberdiplom[249] langsam dem Ende zu. Eine schwere Staatskrise nach dem verlorenen Krieg gegen Italien 1859 war der Auslöser für (vorerst noch zögernde) politische Konzessionen gewesen[250]. Das Oktoberdiplom war hauptsächlich das Werk des föderalistisch eingestellten Staatsministers, des polnischen Grafen Agenor Goluchowski, der bemüht war, sein Verfassungswerk möglichst rasch auch auf der lokalen Ebene mit Leben zu erfüllen. Schon am 26. November 1860 erließ Graf Goluchowski eine Verordnung[251], mit welcher er die Vornahme ehebaldigster Neuwahlen für die darniederliegenden Gemeindevertretungen anordnete. Die Wahl richtete sich neuerlich nach den Bestimmungen des provisorischen Gemeindegesetzes von 1849[252], spielte sich also in der schon (oben IV.2.c) geschilderten Art, öffentlich und mündlich, ab wie die Wahlen im Frühjahr 1850. Die noch geltende Regelung, daß die Wahl des Gemeindevorstandes durch die politische Behörde bestätigt werden mußte, wurde auf die Bürgermeister eingeschränkt, eine erste Lockerungsmaßnahme also.

Am 21. Jänner 1861 fand die erstmalige Neuwahl des Gemeindeausschusses nach elfjähriger Demokratiepause statt, wobei der neugewählte Ausschuß noch am selben Tag einen gewissen **Paul von Köhler** zum neuen Bürgermeister wählte[253]. Herr von Köhler war ein zugezogener Wiener Bürger, ein wohlhabender Rentier, Geburtsjahrgang 1813, der sich 1849 mit seiner Gattin Pauline, geb. Julier von Bodental, in Ober St. Veit angekauft hatte und schon 1851 tragisch früh verwitwet war, als das gemeinsame Töchterchen Hermine erst fünf Jahre alt war. Erst als Witwer erwarb Paul von Köhler 1852 das Heimatrecht der Gemeinde St. Veit a.d. Wien[254]. Sein älterer Bruder Alexander von Köhler zog nach seiner Pensionierung als Rittmeister der kaiserlichen Armee ebenfalls nach Ober St. Veit, er wohnte schräg gegenüber als Mieter im Haus Hietzinger Hauptstraße 160. Mit Paul

---

249 Kaiserliches Diplom vom 20. Oktober 1860 zur Regelung der inneren staatsrechtlichen Verhältnisse der Monarchie, RGBl. 226/1860. Dazu Hellbling, ÖVV (Anm. 95) S.357.
250 Zöllner, Geschichte Österreichs (Anm. 211) S. 404.
251 RGBl. 261/1860.
252 Nach dem „provisorischen". Gemeindegesetz RGBl, 179/1849 hatte es unter Innenminister Bach sehr zäh verlaufene Bemühungen um ein „definitives" Gemeindegesetz gegeben. Am 24. 4.1859 kam es dann tatsächlich noch zur Sanktionierung des „Bach'schen Gemeindegesetzes", das in RGBl. 58/1859 sogar noch publiziert, aber niemals in die Wirklichkeit umgesetzt wurde. Am 28.8.1859 wurde Minister Bach entlassen und sein ganz im neoabsolutistischen Geist verfaßtes Gemeindegesetz war schon nach wenigen Monaten politisch tot, es kann daher hier außer Betracht bleiben. Vgl. Klabouch, Gemeindeselbstverwaltung (Anm. 121) S. 52; Pauline Friedjung, Die Geschichte der österreichischen Gemeindegesetzgebung von 1849 – 1859 (Diss. Wien 1926) 104.
253 GAS 21.1.1861; Protokolle über die Wahl des Gemeindeausschusses und des Gemeindevorstandes vom 21.1.1861 wie Anm. 330.
254 Köhlers besaßen das Haus Nr. 60 (=h. Hietzinger Hauptstraße 127): WStLA Dienstbuch St. Veit B (Gb. 5/7a) fol. 60 und Gewährbuch I fol. 224vo ; Hausbogen der Volkszählung 1869 WStLA Gem. XIII/4, A 6/1, Nachtrag für abwesende Personen. Einbürgerung lt. GAS 31.8.1852 Pt. 2.

von Köhler gelangte erstmals kein Angehöriger des bodenständigen Dorfpatriziates an die Gemeindespitze, sondern ein Angehöriger der „besseren Herrschaften", deren Zuzug nach Ober St. Veit schon um 1850 allmählich begonnen hatte und sich in der 2. Hälfte des 19. Jahrhunderts immer mehr verstärkte. Durch seine kleinadelige Abkunft, durch seine nahe Verwandtschaft mit einem Armeeoffizier und überhaupt durch seine soziale Stellung war er ganz der Typ des Vertrauenskandidaten des Bezirksamtes, das seine Wahl zum Bürgermeister ja (ein letztes Mal) genehmigen mußte.

Die 1861 gewählten 18 Gemeindeausschußmitglieder, aus deren Mitte dann der Gemeindevorstand gewählt wurde, waren auch sonst neue Leute, die den Arbeitsrückstau aus der letzten Zeit vor ihnen voll anpackten: Ihre erste Sitzung am 21. Jänner 1861 enthielt die – später niemals wieder vorkommende – Rekordzahl von 28 Tagesordnungspunkten und dauerte drei Tage lang. Die neue Gemeindeführung fand aus der Vorgängerära noch den stets gleich gebliebenen Beamtenapparat vor: Neben einem schon seit 1850 stets vorhanden gewesenen Kanzleibeamten, seit 1858 war dies **Josef Hauer**, gab es einen Gemeindediener für Unter St. Veit für die weniger qualifizierten Hilfsdienste. Dieser, ein gewisser **Josef Böck**, war übrigens ein Langzeitunikum der St. Veiter Gemeindegeschichte: Geboren 1823 in Unter St. Veit als Sohn des damaligen Gemeindedieners, war er schon seit Jahresbeginn 1840 Diener für den Ort Unter St. Veit, ursprünglich noch von der Herrschaft St. Veit angestellt; von 1850 bis 1891 diente er als Unter St. Veiter Wächter und Kanzleidiener, dann wurde er noch in den Dienst des Wiener Magistrates übernommen, wo sich seine Spuren verlieren[255]. Ferner gab es den altgedienten Sicherheitswachmann Johann Schnabel, der diese Funktion schon seit 1829 (!) versah; ihm gab man nun für Unter St. Veit *wegen der zugewachsenen Polizeigeschäfte* einen eigenen Wachmann bei, Karl Lautzky, der später Schuldiener und Mesner wurde[256]. Daneben gab es noch die beiden Nachtwächter, deren Hauptaufgabe die Feuerwache war. Der Gemeindebeamte Josef Hauer war übrigens 1857/58 etwa ein Jahr lang bei dem Gemischten Bezirksamt Hietzing als Diurnist beschäftigt und stand dort wegen Vertrauensunwürdigkeit knapp vor seiner Entlassung, der er durch seinen Postenwechsel in die St. Veiter Gemeindekanzlei knapp zuvorkam[257].

Die Situation der Gemeinde St. Veit hatte im Frühjahr 1861 eine große Ähnlichkeit mit der der Monarchie insgesamt: Der Verwaltungsapparat war im Zuge der neoabsolutistischen Reformen verbessert worden, dafür war man fast zahlungsunfähig. Ein unbedeckter Abgang von 400 fl. ö.W. mußte in höchster Eile durch Abverkauf einer Gemeindeparzelle gedeckt werden[258]. Eine vielleicht mit dieser Geldknappheit zusammenhängende Rationalisierungsmaßnahme ist die damals erfolgte ***Auflassung des Gemeindestieres*** und

---

255 ASV 12/1851; WStLA Hauptregistratur A 38/48, Vororte-Einverleibung, Umschlag „Unter St. Veit", Dienstbestätigung der Gemeinde Unter St. Veit – darauf ist leider das Geburtsjahr bzw. Alter nicht angegeben.
256 GAS 22.2.1861 Pt. 11; WStLA Bezirksamt Hietzing A 2/3 , Niederschrift vom 29.1.1863 mit Johann Schnabel; ASV 288/1861.
257 Persönliches Schreiben des Bezirksvorstehers Berger vom 15.6.1860 an das Polizeikommissariat Hietzing: WStLA Bezirksamt Hietzing A 1/1.
258 GAS 9.4.1861 Pt. 1.

die Kündigung der Dienstwohnung des Halters im Hause Nr. 94 (h. Glasauergasse 13)[259]. Da es einen Viehhalter, der die Kühe aus den Meiereien auf die Wienflußau trieb, bezeugtermaßen noch jahrzehntelang gab[260], dürfte diese Institution damals nicht aufgelassen, sondern zu Handen der wenigen Großviehbesitzer privatisiert worden sein.

Eine weitere gemeinderechtliche Redemokratisierungsmaßnahme gab es in dieser Phase: Mit Verordnung vom 29. März 1861[261] führte der neue Staatsminister Anton Ritter von Schmerling, der dem inzwischen politisch gestürzten Grafen Goluchowski nachgefolgt war, die öffentliche Abhaltung der Gemeindeausschußsitzungen wieder ein. Dabei blieb es dann auch bis 1891.

Der Rest der Amtsperiode bis Mitte 1864 weist hauptsächlich Routinearbeit auf, man befaßte sich mit vielerlei Einzelfragen wie Grundstücksverpachtungen, Straßenbau, Gehaltsfragen der Gemeindediener, Anträgen auf Armenversorgung, Einbürgerungen und so weiter und so fort.

Der Herr von Köhler tat sich als Bürgermeister offenbar schwer mit den alteingesessenen Notabeln, vielleicht war er auch etwas überempfindlich. Der alte Ortsrichter Premreiner, der St. Veit schon durch die 48er-Wirren geführt und nach dem Versagen des ersten Bürgermeisters wieder drei Jahre als solcher eingesprungen war und immer noch im Gemeindeausschuß saß, machte sich an diversen Wirtshaustischen in beleidigender Weise über den neuen Bürgermeister lustig – statt einer Aussprache unter Männern handelte er sich eine briefliche Aufforderung des Herrn von Köhler ein, Abbitte für die Beleidigungen zu leisten, was Premreiner auch tat[262]. Seine bürgermeisterliche Autorität konnte Herr von Köhler damit aber nicht steigern. Als nächstes geriet er mit dem Fabrikanten Josef Rohrbacher aneinander, der ihm unerwünschte Ratschläge zur Amtsführung in Polizeisachen gegeben hatte: er zeigte Rohrbacher wegen des „Vergehens der Einmengung in die Ausübung öffentlicher Verrichtungen" beim Strafgericht an. Josef Rohrbacher wurde dort allerdings freigesprochen, Bürgermeister Köhlers Antrag, ihm als Privatbeteiligten Schadenersatz zuzusprechen, wurde abgewiesen[263]. Nun wollte Herr von Köhler das Handtuch werfen und schrieb dem Bezirksamt: [Nach der Gerichtsverhandlung gegen Rohrbacher]... *ist mein Dienstgefühl gekränkt und mein Ansehen in der Ausübung der polizeilichen Amtsgewalt untergraben, mithin mein Verbleiben als Gemeindevorstand unmöglich gemacht;* und er erklärte seinen Rücktritt als Bürgermeister[264]. Das Bezirksamt lehnte die Annahme des Rücktrittes aber postwendend ab, weil kein gerechtfertigter Grund dafür vorlag. In diesem Klima nahm ab 1862 die Häufigkeit der Ausschußsitzungen stark ab, man traf sich nur noch alle drei bis vier Monate und die Tagesordnungen

259   GAS 21.2.1861 Pt. 8.
260   Festschrift des Ober St. Veiter Männergesangvereins 1870–1930 (Wien 1930) 7; J. Vinzenz, Erlebtes und Erlauschtes (Anm. 2) S. 397.
261   Verordnung des Staatsministeriums vom 29.3.1861, RGBl. 38/1861; diese VO versteht sich selbst als eine direkte Durchführungsmaßnahme des mittlerweile erlassenen „Februarpatentes" RGBl. 20/1861, dessen mehr liberal-parlamentarischen Geist sie deutlich widerspiegelt.
262   Einschlägige Korrespondenz vom Jänner/Februar 1862 in ASV 76/1862.
263   ASV 767/1860.
264   Brief vom 2.9.1862 an das BA Hietzing in ASV 767/1860.

wurden kürzer. Bürgermeister von Köhler amtierte „vorläufig" und gegen seinen Willen nur noch bis März 1863, dann überließ er die Geschäftsführung seinem Stellvertreter Karl Glasauer[265]. Er hatte sein Haus in Ober St. Veit schon im Dezember 1862 verkauft und war mit seiner heranwachsenden Tochter nach Graz gezogen[266]. Die Bürgermeisterei als Pensionshobby war für ihn ganz offensichtlich doch nicht das Richtige gewesen.

b) Gemeinderechtsreform und Neuwahlen 1864

Im Jahre 1862 begann in der cisleithanischen Hälfte der Monarchie die große und auf Jahrzehnte hinaus endgültige Neuordnung des Gemeindewesens. Am 5. März 1862 erging das nun schon parlamentarisch beschlossene (nicht mehr bloß als kaiserliches Patent erlassene) Reichsgemeindegesetz[267], das nur noch ein Rahmengesetz war. Die Landtage der einzelnen Kronländer hatten dazu eigene Ausführungsgesetze zu erlassen, um nun auf die örtlichen Besonderheiten besser Bedacht nehmen zu können. Für Niederösterreich erging die Gemeindeordnung und Gemeindewahlordnung vom 31. März 1864[268]. Dieses Gemeinderecht war nun eine im Vergleich zu früher ausgesprochen umfangreiche Kodifikation der Materie, die teils aus politischen Kompromissen der großen politischen Kräfte im Parlament (Reichsrat) hervorging, teils aber auch die Erfahrungen aus mehr als zehn Jahren „provisorisches" Gemeindegesetz verarbeitete; für Politiker und Fachjuristen war die Reform eine umwälzende Neuerung, für das praktisch-konkrete Alltagsleben in den Gemeinden war sie es kaum[269].

Die wichtigsten praktisch-konkreten Änderungen waren nur folgende: Man statuierte weiterhin einen selbständigen Wirkungskreis (früher „natürlicher" genannt), der im wesentlichen ident war mit jenem des provisorischen Gemeindegesetzes 1849 (s. oben V.1.) und den Gemeinden alle 1854 im Verordnungswege entzogenen Kompetenzen (s. oben V.3.) wieder zurückgab und sie noch um die Ortspolizei[270] und die gesetzlich zu regelnde Einflußnahme auf die Gemeindevolksschule erweiterte; nur die Zuständigkeit zur Erteilung von Eheerlaubnissen kehrte nicht mehr zu den Gemeinden zurück[271]. Daneben gab es wie bisher einen „übertragenen" Wirkungskreis nach Maßgabe der Zuweisung durch Einzelgesetze, der – und das war eine wesentliche Neuerung – nur noch dem Bürgermeister (ohne Mitsprache des Gemeindeausschusses) zur Vollziehung zugewiesen wurde. Da auch eine Reihe weiterer Bestimmungen die Position des Bürger-

---

265 siehe alle GAS ab 8.10.1863.

266 WStLA Dienstbuch St. Veit B (Gb. 5/7a) fol. 60; Anhang zum Hausbogen der Volkszählung 1869 WStLA Gem. XIII/4, A 6/1; WStLA Bezirksgericht Hietzing, Testamente A 9/7 Testament Nr. 46 (Alexander von Köhler).

267 Gesetz vom 5.3.1862 womit die grundsätzlichen Bestimmungen zur Regelung des Gemeindewesens vorgezeichnet werden, RGBl. 18/1862.

268 LGBl. 5/1864.

269 Zu all dem vgl. Klabouch, Gemeindeselbstverwaltung (Anm. 121) SS. 54-59 und 83.

270 „Ortspolizei" meinte rein lokale Sicherheitsagenden, die die Gemeinde innerhalb ihrer Grenzen mit eigenen Kräften besorgen kann: Kielmansegg, Selbstverwaltung (Anm. 97) S. 146. Der unklare Generalbegriff gab später noch häufigen Anlaß zu Kompetenzstreitigkeiten: Klabouch, Gemeindeselbstverwaltung (Anm. 121) S. 65.

271 § 26 nö. Gemeindeordnung.

meisters sehr stärkten, wurde hier die Grundlage für die selbstherrlich-mächtigen „Dorf-paschas" gelegt[272], wie sie uns auch in Ober- und Unter St. Veit noch begegnen werden. Auch wurden nun die internen Befugnisse von Gemeindeausschuß, Gemeinderäten und Bürgermeister erstmals gegeneinander abgegrenzt[273] und eine rechtsstaatliche Form der Aufsichtführung über die Gemeinden eingeführt, die vor allem auch das Recht der Bürger einschloß, sich zu den Aufsichtsorganen beschweren zu gehen: In Angelegenheiten des eigenen Wirkungskreises zum niederösterreichischen Landesausschuß[274] , ansonsten zur staatlichen Behörde[275]. Die Amtsdauer der Gemeindeausschüsse betrug einheitlich drei Jahre[276]. Für die Gemeinde St. Veit an der Wien hatten die neuen Mandatsschlüssel des Gemeindegesetzes eine *Verkleinerung des Gemeindeausschusses* von achtzehn auf zwölf Mitglieder zur Folge.

Gleich nach Inkrafttreten dieser Reform gab es im Frühsommer 1864 in Niederösterreich wieder Gemeindeausschußwahlen, die sich nach derselben Prozedur wie 1850 abspielten (s. oben IV.2.c) mit dem einzigen Unterschied, daß die Stimmabgabe öffentlich und schriftlich und nicht mehr öffentlich und mündlich erfolgte[277]. In der Gemeinde St. Veit an der Wien fanden diese *Wahlen am 22. Juni 1864* im Lichtenberg'schen Casino statt und brachten eine tiefgreifende personelle Erneuerung: nur vier von 18 Ausschuß-mitgliedern blieben dieselben[278]. Nach dem Weggang Paul von Köhlers und dem mona-telangen Vertretungsprovisorium durch Gemeinderat Glasauer brauchte man jetzt einen neuen Bürgermeister: Die Wahl fiel auf den bisherigen Gemeindebeamten *Josef Hauer*, was inoffiziell (von ihm?) schon einige Monate lang vorbereitet gewesen sein muß, denn im Oktober 1863 hatte die Gemeinde schon einen neuen provisorischen Gemeindebe-amten, Johann Kutzenberger angestellt, der gleich nahtlos auf den Posten Hauers folgen konnte[279]. Am 8. Juli 1864 trat der neue Gemeindeausschuß zum ersten Mal unter dem

---

272 § 56 nö. Gemeindeordnung; vgl. Klabouch, Gemeindeselbstverwaltung (Anm. 121) S. 68.
273 §§ 28–59 nö. Gemeindeordnung.
274 Das war ein Ausschuß des mittlerweile gewählten nö. Landtages.
275 §§ 90–100 nö. Gemeindeordnung.
276 § 20 nö. Gemeindeordnung.
277 Klabouch, Gemeindeselbstverwaltung (Anm. 121) S. 75.
278 GAS 21.12.1864; die vier aus der Vorperiode Verbleibenden waren Anton Kremser, Karl Glasauer, Josef Rohrbacher und Dr. Johann Blickhan. Von dieser Wahl ist der komplette Wahlakt (inklusive die Wählerlisten) erhalten: WStLA Gem. XIII/4, A 1/14, o.Zl., daraus einige interessante Einzelheiten: Wahlzeitstaffelung für die Kurien: 9 Uhr – 3. Kurie, 3 Uhr nachmittag – 2. Kurie, 5 Uhr nachmittag – 1. Kurie; Zusammentritt des Aus-schusses und Wahl des Bürgermeisters und der Gemeinderäte am 4.7.1864 unter Aufsicht des Bezirksvorste-hers persönlich, der nach der Wahl sofort die Angelobung vornimmt; Anzahl der Wahlberechtigten für ganz St. Veit = 413!
279 GAS 21.12.1864 Pt. 4. § 23 nö. Gemeindeordnung eröffnete jetzt erstmals die Möglichkeit, einem Bür-germeister ein Gehalt zu gewähren. Ob Josef Hauer davon Gebrauch gemacht hat, geht aus keinem Sitzungs-protokoll hervor, ebensowenig, ob er sodann „hauptberuflicher Bürgermeister" war oder anstelle seiner Anstellung als Gemeindebeamter einen anderen Erwerb annahm. Vielleicht macht ein anderer Lokalhisto-riker auch noch einmal einen Archivglücksfund, der hilft, ein weiteres Rätsel zu lösen: 1860 bewarb sich Josef Hauer beim Magistrat der Stadt Wien um die Befugnis für eine sogenannte Geschäftsführungskanzlei (auch „öffentliche Agentie", das war eine unterhalb der Anwaltschaft angesiedelte, beschränkte Befugnis zur Parteienvertretung): WStLA Bezirksamt Hietzing A 1/1-13.6.1860. Eine Durchsuchung der Hauptregistratur des Wiener Magistrates für die Jahre 1860/61 (WStLA Hauptregistratur A 44/35 Departement H Handel und Gewerbe 1860/61) durch den Verfasser förderte aber keinen darauf bezüglichen Akt mehr zutage; Da ihn

Vorsitz Hauers zusammen. Zwischen Bürgermeister Hauer und dem gesamten Gemeindeausschuß brach schon bald ein Konflikt aus: In einer Sitzung am 21. Dezember 1864, die an Spannung und Brisanz nichts zu wünschen übrig gelassen haben dürfte, berichtete der Gemeindekassier, der Kaufmann Karl Schmidt, nämlich dem Gemeindeausschuß, daß der Gemeindebeamte Hauer eine namhafte Geldsumme aus der Gemeindekasse veruntreut habe. Die Reaktion des nunmehrigen Bürgermeisters Hauer auf diese Enuntiation ist nicht protokolliert, sie wird kaum freundlich gewesen sein. Nach hitziger Debatte lautete der einstimmige Ausschußbeschluß: Es wird ein Rechtsanwalt beauftragt, um gegen alle etwaigen Ersatzpflichtigen vorzugehen[280]. Das weitere Arbeitsklima zwischen Bürgermeister und Ausschuß kann man sich vorstellen. Mit „Veruntreuung" kann aber hier nur ein schwerer Gebarungsfehler und kein strafbarer Griff in die Kasse gemeint gewesen sein, denn Bürgermeister Hauer blieb die volle Periode im Amt und nach vierjährigem Streit stellte sich heraus, daß der Gemeindekassier den Abgang irrtümlich zu hoch ermittelt hatte. Man mußte kurz nach dem Amtsabtritt Hauers Mitte 1868 an ihn 2778 fl rückerstatten![281]

Unter Bürgermeister Hauer wurde in Ober St. Veit 1866 ein bedeutendes Projekt verwirklicht, nämlich der Bau einer öffentlichen *Wasserleitung* zu einem gemauerten Auslaufbassin auf dem Hauptplatz (h. Wolfrathplatz). Das Wasser kam aus Quellen im kaiserlichen Tiergarten, deren Benützung das kk. Obersthofmeisteramt gestattet hatte. Der Brunnenmeister, die Röhrenverlegung und der Baumeister kosteten zusammen die Riesensumme von 17.500 Gulden, sodaß die Gemeinde in dieser Höhe ein Darlehen aufnehmen mußte[282]. Alle Häuser, die keine guten Hausbrunnen hatten, konnten sich ab jetzt dort Wasser holen, gerne schickte man bis in die Abendstunden hinein dazu Kinder mit Krügen und Flaschen. Ungefähr 20 Jahre lang bestand diese „Bassena", die man auf alten Fotos des Wolfrathplatzes gegenüber der Einmündung der Firmiangasse noch sehen kann, ehe sie 1887 dem Bau der Dampftramway weichen mußte[283].

c) Scheidungskrise

Der Elan des Neustartes Anfang 1861 und der große Arbeitsdruck, vielleicht auch eine gewisse politische Euphorie, die mit neuen Periodenbeginnen oftmals einhergeht, dürften in der Anfangsphase die traditionelle Rivalität zwischen den Ortsteilen Ober- und Unter St. Veit vorübergehend zugedeckt haben. Ab Jahresbeginn 1862 scheinen die alten Spannungen wieder hochgekommen zu sein, die sich nun zu ganz konkreten Separationsbestrebungen entwickelten.

---

der um Leumundsauskunft angegangene Bezirksvorsteher als „nicht vertrauenswürdig" bezeichnet hat, ist es unwahrscheinlich, daß man ihm für die Stadt Wien eine solche Befugnis erteilte. Denkbar wäre, daß Hauer irgendwo im Hietzinger Bezirk dann doch eine Geschäftsführungskanzlei hatte (leider unklärbar).
280   GAS 21.12.1864 Pt. 2.
281   GAS 5.5.1868 Pt. 1; mit den mithaftenden Gemeinderäten Karl Glasauer und Paul Eckhart kam es schon 1865 zu einem Vergleich, nur das Gerichtsverfahren Hauer wurde bis zum Ende ausgetragen: ASV 1206/1865.
282   GAS 21.11.1865, Pt. 5, 11.3.1866 Pt. 3; WStLA Gem. XIII/5, A 2/1 Commissions Protocoll ddto. 22.6.1867.
283   GAO 21.4.1887 Pt. 3.

Schon im Jahre 1860 hatte es in Unter St. Veit eine verheerende *Feuersbrunst* gegeben, die 13 Häuser vernichtete. Wäre nicht ein kaiserlicher Löschzug aus dem nahen Schloß Schönbrunn zu Hilfe geeilt, wäre wahrscheinlich der ganze Ort ein Raub der Flammen geworden[284]. Durch diesen Hilfseinsatz wurde der Unter St. Veiter Brand auch bei Hof bekannt und die Kaiserinmutter, Erzherzogin Sophie, spendete persönlich 100 Gulden für die acht obdachlos gewordenen Familien; auch von der Fleschfabrik kam eine namhafte Spende für die Katastrophenopfer[285]. Der Großbrand gab den Anstoß dazu, daß 25 der einflußreichsten Männer Unter St. Veits ein Baukomitee bildeten, das zum Dank für die glückliche Errettung des Ortes anstelle der Gebetsglocke „St. Jakob" eine Kirche errichten wollte[286]. Ursprünglich hätte dort laut Beschluß aus 1850 ein Schul- und Armenhaus mit Kapelle entstehen sollen, für welches aber das Geld nie gereicht hatte[287]. Trotz des verheerenden Brandes hielt man immer noch an dem Großprojekt Schule-Armenhaus-Kirche fest und gründete zu diesem Zweck 1861 sogar einen eigenen, behördlich registrierten Verein[288]. In der Sitzung vom 21. Jänner 1862 stellte der Gemeindeausschuß Anton Kremser, der Mitglied in dem vorgenannten Komitee war, den Antrag, den „Gemeindegrund zu Unter St. Veit" (gemeint eindeutig das Grundstück St.-Veit-Gasse 48, auf dem das Holzgerüst mit der Jakobsglocke stand) zur Erbauung eines Armen- und Schulhauses samt Kapelle zu überlassen. Der daraufhin gefaßte Beschluß lautete, dem Antrag stattzugeben und *zu diesem Zwecke den Bewohnern des Ortes Unter St. Veit diesen fraglichen Grund unentgeltlich zu überlassen*[289]. Die Herablassung, die aus dieser Beschlußformulierung spricht, ist übrigens beachtlich. Im Klartext heißt das nämlich, Ober St. Veit überläßt Unter St. Veit gönnerhafter Weise ein Grundstück so, als ob es nicht der Gesamtgemeinde, sondern den Ober St. Veitern gehörte. In ähnlicher Geisteshaltung scheinen die in der Überzahl befindlichen Ober St. Veiter Gemeindeausschußmitglieder mit Unter St. Veiter Anliegen auch sonst umgegangen zu sein.

Im Herbst 1863 unternahm dann ein Unter St. Veiter Proponentenkomitee, das mit dem Kirchenbaukomitee teilweise ident war, den entscheidenden Vorstoß und richtete an den niederösterreichischen Landesausschuß ein *Gesuch um Trennung* der beiden Ortsteile Ober- und Unter St. Veit. Der Landesausschuß übermittelte diese Eingabe dem Gemeindeausschuß der (Gesamt-) Gemeinde St. Veit zur Stellungnahme, welche in der Sitzung vom 8. Oktober 1863 einstimmig beschlossen wurde: Sie lautete in etwa, daß man im Prinzip mit der Trennung vollkommen einverstanden sei, weil *die Verschiedenheit der gegenseitigen Bedürfnisse eine einheitliche Führung und Leitung ... für immer-*

284 „Aufruf zum 50jährigen Angedenken an die Entstehung der Kirche", Flugblatt aus 1912, Beilage zur Unter St. Veiter Pfarrchronik.
285 WStLA Bezirksamt Hietzing A 1/1, Aktenvermerk 30.8.1860.
286 Ebenda, ferner Maculan, Filialkirche (Anm. 142) S. 4.
287 GAS 12.9.1850; s. dazu oben V.2.
288 „Verein zur Erbauung des Armen- und Schulhauses sammt Kapelle in Unter St. Veit": Walter Sauer, Katholisches Vereinswesen in Wien. Zur Geschichte des christlichsozial-konservativen Lagers vor 1914 (Salzburg 1980) 218 [dort Hinweis auf Vereinskataster XVIII/8 im NöLA; die Zuordnung dieses Vereines zum christlichsozialen Vereinswesen durch Sauer ist allerdings völlig verfehlt]
289 GAS 21.1.1862 Pt. 2.

während unmöglich machen wird und daß *die Trennung ein tiefgefühltes und dringendes Bedürfnis* sei[290].

Von diesem Augenblick an benahm man sich generell so, als ob man schon geschieden wäre und versäumte keine Gelegenheit, wechselseitige Vorbehalte und Kautelen im Hinblick auf die Trennung, die man damals ganz offensichtlich schon für nahe bevorstehend hielt, anzubringen. So etwa, als im Juni 1864 neue Totenbeschauärzte bestellt wurden, ein Dr. Rusch für Ober- und ein Dr. Blickhan für Unter St. Veit, hielt man gleich für die Sprengelabgrenzung der beiden fest, daß sie *ohne Präjudiz der Grenzscheide der künftigen Gemeinden* erfolge[291]. Bei der Infrastruktur hatte man sich voneinander ohnedies schon früher getrennt, und etwa Wachmann, Nachtwächter, Schule, Feuerspritze u.a. für jeden Ortsteil gesondert installiert. Bei der Neuwahl der von der Gemeindeordnung vorgesehenen ehrenamtlichen Bereichsfunktionen wie Armenvater, Schulaufseher, Spritzenmeister, Fleischbeschauer, die am 8. Juli 1864 im Anschluß an die Gemeindeausschußwahlen erfolgte, besetzte man alle Funktionen doppelt, je für Ober- und Unter St. Veit[292]; man versuchte also offensichtlich, die Trennung des Gemeindelebens so gut es ging vorwegzunehmen. Hauptsächlich bei den Finanzen hing man noch zwangsweise aneinander und nun ging für Unter St. Veit gar nichts mehr: Im Herbst 1864 regte die niederösterreichische Statthalterei an, zur besseren Gestaltung der Ortsstruktur von Unter St. Veit ein Grundstück anzukaufen, um einen Markt- und Kirchenplatz bilden zu können. Die Gemeindeausschußmehrheit lehnte das als zu teuer ab[293]. Die schon länger in Diskussion stehende Frage der Verbesserung der Straßenbeleuchtung wurde für den Ortsteil Unter St. Veit auf unbestimmte Zeit vertagt[294].

Am 25. Mai 1866 wählte der Gemeindeausschuß schließlich ein vierköpfiges Komitee (je zwei Vertreter beider Ortsteile), das die Leistungen und Vermögensverhältnisse beider Gemeindeteile erheben und einen Ausgleich für die künftige Trennung erarbeiten sollte[295]. Von diesem paritätischen Komitee und seinen Arbeitsergebnissen ist weiter nichts überliefert. Die Frage der Vermögenstrennung wurde jedenfalls nicht von dem Komitee, sondern vom Landesausschuß abgehandelt, der sich wahrscheinlich zum Teil auf die Erhebungen des Komitees stützen konnte (s. unten VI.3.).

---

290 GAS 8.10.1863, einziger TO-Punkt. Die Eingabe der Proponenten von Unter St. Veit ist selbst nicht mehr auffindbar, sodaß weder die Namen der Unterzeichner noch die genaue Begründung des Trennungswunsches nachvollzogen werden können. Aus der paraphrasierenden Wiedergabe der Eingabe im Sitzungsprotokoll ergibt sich aber jedenfalls, daß der Antrag lautete, St. Veit in zwei selbständige Gemeinden zu trennen, so wie sie vor dem Jahre 1850 bestanden haben. Laut stenographischem Protokoll des nö. Landtages, IV. Session 23.11.1865 bis 21.2.1866, hier: Sitzung vom 16.2.1866, S. 859 datiert die Eingabe um Trennung vom 22. September 1863 und wurde von 8 der 18 Mitglieder des Gemeindeausschusses unterschrieben.
291 GAS 17.6.1864 Pt. 4.
292 GAS 8.7.1864 Pt. 1.
293 GAS 10.9.1864 Pt. 3.
294 GAS 3.4.1866 Pt. 2.
295 GAS 25.5.1866 Pt. 3.

5. Kirchenbau in Unter St. Veit

Der Bau einer eigenen Ortskirche wurde in der Endphase der Trennungsbemühungen für Unter St. Veit zum Inbegriff seiner Eigenständigkeit. Für das Projekt eines kombinierten Armen- und Schulhauses samt Kapelle war nach wie vor kein Geld vorhanden. Wie hartnäckig man an der Verwirklichung dieses Großprojektes festhielt, zeigt der Umstand, daß noch 1861 der „Verein zur Erbauung des Armen- und Schulhauses sammt Kapelle" gegründet wurde[296], und daß noch im Jänner 1862 im Gemeindeausschuß vom „Armenhaus samt Kapelle" die Rede war[297]. Bereits am 29. Februar 1862 erfolgte auf dem vom Gemeindeausschuß überlassenen Grundstück St.-Veit-Gasse 48 der erste Spatenstich für den Bau[298], dessen damalige Pläne nicht mehr vorhanden sind. Es ist sehr wahrscheinlich, daß man den Kirchenbau nur als erste Etappe der Verwirklichung des Gesamtprojektes betrachtete – was freilich eine Illusion blieb.

Ideeller Träger des Baues war das schon erwähnte Unter St. Veiter **Kirchenbaukomitee**, als dessen Mitglieder noch folgende Namen überliefert sind: Flesch[299], Karl Groissinger, Anton Kremser, Jakob Neblinger, Anton Stelzer, Constantin Mück, Johann Malluschek (versah den ersten Mesnerdienst nach dem Bau), Josef Jarosch, Josef Seewald und – auch ohne Vornamen – Frau Oberst von Leiner, Pichler[300]. Das Komitee brachte die Baukosten im wesentlichen über Spenden auf, was eine beträchtliche Opferwilligkeit der Bewohner zeigt. Das Komitee war übrigens nur teilweise identisch mit den formalen Organen des Bauvereins, über den die Spenden abgerechnet wurden[301].

Zweifellos war damals die religiöse Gesinnung breiter Bevölkerungskreise noch sehr stark, aber auch das Streben nach einem baulichen Symbol gemeindlicher Eigenständigkeit mobilisierte die Kräfte. Der Bau ging aber trotzdem nur verhältnismäßig langsam vor sich, da immer nur soviel gebaut werden konnte, als gerade Geld da war und das war trotz allem chronisch zu wenig. Die Bauführung besorgte der Baumeister Josef Kopf aus Hietzing, der auch selbst die Pläne zeichnete. Baumeister Kopf hat billig gearbeitet, dafür aber die Kirchenbaustelle nur kleinweise betrieben, wenn sein Betrieb gerade Kapazitäten übrig hatte[302]. Vom bautechnischen Standpunkt aus war die Kirche mit minderem Material auf das billigste gebaut und nur notdürftig fundamentiert[303]. Am 12. August 1863 war

---

296   Näheres s. Anm. 288.

297   GAS 21.1.1862 Pt. 2.

298   Maculan, Filialkirche (Anm. 142) S. 2; in welchem Verhältnis das „Kirchenbaukomitee" zu dem vereinsrechtlich bis 1869 existierenden Verein zur Erbauung eines Armenhauses samt Kapelle stand, ist unklar.

299   Dazu ist kein Vorname überliefert, die Unter St. Veiter Fabrikantenfamilie Sigmund Flesch hatte mehrere Söhne. Das Komiteemitglied war vermutlich der spätere Unter St. Veiter Bürgermeister der Jahre 1868–70 Berthold Flesch.

300   Maculan, Filialkirche (Anm. 142) S. 3. Die meisten Vornamen nach GAU zu den Familiennamen ergänzt.

301   Rechenschaftsbericht des Vereines zur Erbauung eines Schul- und Armenhauses sammt Kapelle in Unter St. Veit über den Zeitraum 20.3.1862 bis 28.5.1864 (Bezirksmuseum Hietzing).

302   Mündliche Überlieferung, mitgeteilt vom Erben und langjährigen Eigentümer des Nachbarhauses der Kirche (St.-Veit-Gasse 50), (†) Prof. Felix Steinwandtner.

303   Dies stellte sich bei der 1931 begonnen Generalsanierung in dramatischer Weise heraus, als man bereits wegen Einsturzgefahr pölzen mußte und der Turm wegzurutschen drohte: Schreiben des Kirchendi-

bereits der Turm vollendet und konnte die feierliche Weihe und Aufziehung des Turmkreuzes vorgenommen werden[304]. 1864 war der Außenbau fertig, 1866 die Inneneinrichtung[305], die durch zahlreiche, einzeln gestiftete Geräte der Bürger erst allmählich komplettiert wurde; die größte Einzelstiftung war die des Seitenaltares durch die Familie Jakob Neblinger[306]. Die Weihe der an sich fertigen Kirche verzögerte sich um ein volles Jahr und erfolgte am 25. August 1867 durch Dechant Emanuel Paletz von Hütteldorf[307]. Als Grund für diese ungewöhnliche Verzögerung wird stets angegeben, daß daran die Kriegsereignisse von 1866 schuld gewesen seien[308]. Wie das zusammengehangen sein soll, wird nirgends erklärt. Tatsächlich war der Ort St. Veit 1866 mit Einquartierungen eines königlich-sächsischen Armeekorps belastet, die im Bereich Hietzinger Hauptstraße / Testarellogasse auch ein Lager hatten[309], was sicherlich nicht die ideale Atmosphäre für das Weihefest der neuen Kir-

Abb. 17: Die Unter St. Veiter Kirche vor 1919.

che war. Daß aber bis August 1867 damit gewartet wurde, ist damit nicht sehr schlüssig erklärt. Es scheint eher so, daß man unterdessen mit ganzer Kraft die Errichtung der selbständigen Ortsgemeinde Unter St. Veit weiter betrieb und die Kirchweihe auch gleich als sinnfälligen Akt der neuen Selbständigwerdung benützen wollte, weshalb man sie wohl hinausgeschoben hat, bis man sicher wußte, daß die Gemeindetrennung bewilligt wird[310].

Die solcherart unter großen Schwierigkeiten fertiggestellte Kirche war, wie man auf alten Fotos sehen kann, ein einfaches Landkirchlein, sehr gefällig proportioniert, mit

rektors Msgr. Gotthard Blümel an das eb. Ordinariat vom 11.1.1935, Beilage zur Pfarrchronik Unter St. Veit.

304   Beitrittseinladung zum Unter St. Veiter Kirchenverein, Flugblatt (1920), Beilage zur Pfarrchronik Unter St. Veit.
305   Ebenda.
306   125 Jahre Unter St. Veit (Anm. 49) S. 13.
307   Ebenda.
308   Etwa bei Maculan, Filialkirche (Anm. 142) S. 1ff. oder auf dem Flugblatt (wie Anm. 284).
309   GAS 11.12.1866 Pt. 2 (Abrechnung der Einquartierungskosten der „Sachsen"); GAS 447/1868 (Kriegsschadenakt); Festschrift Männergesangverein (wie Anm. 260) S. 6. Die Testarellogasse hieß bis zur Eingemeindung Sachsengasse.
310   Die Trennung wurde dann mit Ah. Entschließung vom 2.10.1867 tatsächlich bewilligt.

einem risalitartig aus der Fassade hervortretenden Mittelturm mit Spitzdach. Sie hatte ursprünglich einen einfachen, hölzernen Hochaltar mit einem Gemälde „Die Verklärung Christi", der die Kirche auch geweiht war[311]. Des weiteren gab es noch einen von der Familie Jakob Neblinger gestifteten Seitenaltar, eine Kanzel, eine Empore für den Kirchenchor, mehrere Heiligenstatuen und diverses sakrales Kircheninventar, das durchwegs aus Spenden verschiedener Unter St. Veiter Familien stammte[312].

Der „Verein zur Erbauung des Armen- und Schulhauses sammt Kapelle in Unter St. Veit" löste sich 1869 vereinsrechtlich auf[313], die neue Kirche fiel direkt in das Eigentum der Ortsgemeinde. Insgesamt hatte der Kirchenbau 10.258 fl. gekostet, wovon das Entgelt für Baumeister Josef Kopf 4.500 fl. betrug, der Rest entfiel auf die Spezialhandwerker (Zimmermeister, Schieferdecker, Glockengießer, Schlosser, Spengler, Glaser)[314].

Die Kirche war das erste und anfangs auch das einzige Gebäude, das die neu entstehende Gemeinde Unter St. Veit besaß, Hauptobjekt ihres Bürgerstolzes und finanzielles Sorgenkind aller künftigen Gemeindekassiere.

---

311 Erst 1907 gelang es dem damals noch als Kaplan in Ober St. Veit tätigen, späteren Kirchenrektor Gotthard Blümel, den barocken Hochaltar der abgebrochenen Wiener Laimgrubenkirche für Unter St. Veit zu erwerben: 125 Jahre Unter St. Veit (Anm. 49) S. 13.
312 Maculan, Filialkirche (Anm. 142) S. 2.
313 Sauer, Katholisches Vereinswesen (Anm.288), S. 218.
314 Rechenschaftsbericht, wie Anm. 301.

VI.
Trennung in Ober und Unter St. Veit

1. Gemeinderechtliche Rahmenbedingungen der Trennung

Das provisorische Gemeindegesetz 1849 hatte nur die Vereinigung, nicht jedoch die Trennung von scheidungswilligen Ortsgemeinden gekannt, die somit nur durch ein Gesetz hätte herbeigeführt werden können. Doch im Neoabsolutismus gab es kein Reichsparlament und keine Landtage und die strukturelle Stagnation jener Jahre im Gemeindebereich hatte dazu geführt, daß die Anfang 1850 vorgenommene Konstituierung der niederösterreichischen Ortsgemeinden unabänderlich konserviert blieb, obwohl man natürlich bald dahinterkam, daß etliche Gemeindebildungen, die die Bezirkshauptmannschaften 1850 vorgenommen hatten, glatte Fehlentscheidungen waren[315]. Das schon erwähnte Reichsgemeindegesetz von 1862[316] ordnete in seinem Art. VII an, daß die Möglichkeit der *Trennung* von Gemeinden landesgesetzlich vorzusehen sei. Das niederösterreichische Gemeindegesetz 1864[317] sah daraufhin die Möglichkeit vor, daß sich die im Jahre 1850 vereinigten Ortsgemeinden auch wieder trennen können, *wenn jede dieser auseinanderzulegenden Gemeinden für sich die Mittel zur Erfüllung der ihr ... erwachsenden Verpflichtungen besitzt* (§ 3). Auch *Grenzänderungen* zwischen bestehenden Gemeinden waren nunmehr möglich, dazu war *nebst der Erklärung der Statthalterei, daß dagegen aus öffentlichen Rücksichten kein Anstand obwaltet, die Bewilligung des Landesausschusses erforderlich* (§ 4).

Für die Trennung nach § 3 nö. Gemeindegesetz war ein Antrag an den Landesausschuß, danach die Einholung eines Landtagsbeschlusses und die Sanktion des Kaisers nötig. An der Grenzänderung nach § 4 wirkten der Landtag und der Monarch nicht mit, die Fülle der beteiligten Behörden war aber noch größer: Die Statthalterei zog die ihr nachgeordnete Unterbehörde, das Bezirksamt Hietzing, ab 1868 die Bezirkshauptmannschaft Sechshaus, als Hilfsorgan für Erhebungen und Bescheiderlassungen zu, gegen die Entscheidungen der Statthalterei gab es den Rechtsmittelzug an das Ministerium des Innern. Wegen der bei Grenzänderungen nötigen Änderungen der Katastralpläne mußte auch noch die Finanzlandesdirektion hinzugezogen werden.

Die Möglichkeit zur Trennung fand einen ungeplant lebhaften Widerhall in ganz Niederösterreich, sodaß bis November 1865 bereits 95 Trennungsgesuche eingingen, von denen ganze vier bewilligt wurden und in den Jahren 1866/67 die Allerhöchste Sanktion erhielten[318]. Eine unter diesen vier glücklichen Gemeinden war Unter St. Veit, das sowohl die Trennungsprozedur des § 3 als anschließend auch die Grenzänderungsprozedur des

---

315   Starzer, Gemeindekonstituierung (Anm. 127) S. 81 ff.; Kielmansegg, Selbstverwaltung (Anm. 97) S.101.
316   RGBl. 18/1862; s. oben V.4.b)
317   LGBl. 5/1864; s. oben V.4.b)
318   Starzer, Gemeindekonstituierung (Anm. 127) S. 91.

§ 4 nö. Gemeindegesetz erfolgreich durchlief – der gesamte Vorgang dauerte insgesamt freilich fast sieben Jahre (1863–70).

2. Der Trennungsentscheid von 1867 und seine strukturellen Gründe

Von der Eingabe des Unter St. Veiter Proponentenkomitees an den niederösterreichischen Landesausschuß um Trennung von Ober St. Veit haben wir schon gehört (s. oben V.4.c). Man konnte es förmlich gar nicht erwarten, denn der Antrag wurde schon im Herbst 1863 gestellt, als sich im Reichsgemeindegesetz die Trennungsmöglichkeit bloß abzeichnete und das niederösterreichische Ausführungsgesetz noch gar nicht erlassen war. Deshalb mußte das Gesuch auch bis November 1865 warten, um gemeinsam mit der ersten Tranche an Trennungsgesuchen behandelt zu werden. Die Stellungnahme des Landesausschusses zu dem Trennungsgesuch, vor allem zur Frage der Fähigkeit der künftigen Gemeinde Unter St. Veit zur geordneten Aufgabenerfüllung, fiel positiv aus, sonst wäre das Gesuch gar nicht an den Landtag weitergeleitet worden[319].

In Übereinstimmung mit der Eingabe des Proponentenkomitees und mit den ebenfalls eingeholten Stellungnahmen des Bezirksamtes Hietzing und der nö. Statthalterei legte der Landesausschuß in seinem Bericht an den Landtag folgende wesentliche Gründe für die Trennung dar:
- Die Ortschaft Unter St. Veit wurde erst 1850 gegen ihren Willen mit Ober St. Veit vereinigt;
- sie ist hinsichtlich ihrer Häuser- und Bewohnerzahl zur Bildung einer selbständigen Gemeinde befähigt;
- in Unter St. Veit überwiegen städtische, in Ober St. Veit landwirtschaftliche Interessen;
- Unter St. Veit besteht aus einem zusammenhängenden, arrondierten Häuserkomplex, hat eine eigene Armenverwaltung und Schule und kann seine Auslagen aus den Gemeindeumlagen bedecken.

Schon in dieser frühen Phase gab es den ersten Querschuß: Der Gemeindeausschuß der Gesamtgemeinde St. Veit hatte sich am 8. Oktober 1863 bekanntlich noch einstimmig mit der Trennung einverstanden erklärt (s. oben V.4.c). Nach den Neuwahlen im Frühsommer 1864 kamen neue Leute mit neuen Meinungen: Im Oktober 1865 richteten 13 Mitglieder der neuen Gemeinderepräsentanz (mutmaßlich die gesamte „Ober St. Veiter Fraktion") eine Denkschrift an den Landtag, in der sie die Trennung als unzweckmäßig darstellten, indem Unter St. Veit von nicht lebensfähiger Kleinheit sein werde und sowohl die polizeilichen Vorkehrungen als auch die zukünftige Entwicklung der Gemeinde sehr erschwert würden. *Der Wunsch nach Trennung*, heißt es dann sehr emotional, *entstand in den Gehirnen einiger erhitzter Unzufriedener, welche durch ihr fortgesetztes Geschrei öffentliche Meinung*

---

319 Ebenda.

machen, der besonnenere Theil ist diesem Wunsche gewiß fremd. Der Landesausschuß tat diese Argumente mit der Begründung ab, daß sich *aus mehrfachen Verhandlungen eine Spaltung zwischen den Gemeindegliedern (von) Ober- und Unter St. Veit offenbarte, die bei einer Fortdauer der Vereinigung den beiderseitigen Interessen nur abträglich sein müßte*[320].

Der Landtag stimmte in seiner Sitzung vom 16. Februar 1866 der Trennung zu[321] und legte sie zur Allerhöchsten Sanktion vor, welche durch Kaiser Franz Joseph am 2. Oktober 1867 erteilt wurde[322]. Dieser Trennungsbeschluß erfolgte nur im Grundsatz. Der Ausgleich des Vermögens und die Bestimmung des neuen Grenzverlaufes blieb einer späteren Regelung vorbehalten, was, wie sich zeigen sollte, ungeschickt war[323].

Versuchen wir an dieser Stelle, ein wenig in die tieferen **Gründe und Hintergründe** dieser Trennung, die Unter St. Veit mit größter Energie durchsetzte, hineinzuleuchten. Der Gesamtort St. Veit hatte 1861 laut Zählung des Bezirksamtes Hietzing 2715 Einwohner, hievon entfielen 1902 auf Ober- und 813 auf Unter St. Veit[324]. Weil die Ober St. Veiter die zahlenmäßige Mehrheit stellten und obendrein die Mehrzahl der wohlhabenden Wirtschaftsbesitzer der ersten Wählerkurie aus ihren Reihen kamen, hatten sie im Gemeindeausschuß eine Mehrheit[325], sodaß sie praktisch über Unter St. Veit regieren konnten. Damit vertrug sich aber das Bestreben der Unter St. Veiter nach Emanzipation mit einer kompletten, eigenen Infrastruktur für Lokalangelegenheiten natürlich nicht.

Es ist ein bißchen eine unsichere Sache, die Mitglieder der 1861 und 1864 gewählten Gemeindeausschüsse jeweils nach Ober- oder Unter St. Veit zuzuordnen, weil man dafür die Konskriptionsbögen der Volkszählung von 1869 rückblickend wie ein Adreßverzeichnis benützen muß — theoretisch könnte ja jemand nach der Wahl von einem Ortsteil in den anderen übersiedelt sein, praktisch wohl kaum. Auf dieser Grundlage ergibt sich folgendes Bild[326]:

	Mitglieder Ober St. Veit	Mitglieder Unter St. Veit	Mitglieder in jeder der 3 Kurien	Mitglieder insgesamt
Gemeindeausschuß St. Veit bis 1864	10	8	6	18
Gemeindeausschuß St. Veit ab 1864	8	4	4	12

Man sieht aus dieser Mandatsverteilung, daß sich die Verringerung der Ausschußmandate durch das neue niederösterreichische Gemeindegesetz[327] sehr zu Ungunsten der

---

320 Stenographische Protokolle des niederösterreichischen Landtages, IV. Session 23.11.1865 bis 21.2.1866 S. 859.
321 Ebenda.
322 siehe die Kundmachung in LGBl. 27/1870.
323 GAS 8.10.1863 Pt. 1; GAO 14.5.1868 Pt. 1; Der Urwähler Nr. 14 (2.7.1869) S. 1.
324 WStLA Bezirksamt Hietzing A 2/4 (1861)
325 NöLA, Landesausschuß Fasz. 64/6 Prot. Nr. 10578/1050.
326 Mitgliederzahlen der Wahlkörper (Kurien) und des Ausschusses insgesamt nach dem nö. Amtskalender 1865 S. 199.
327 LGBl. 5/1864; s. Anm. 268.

Repräsentation Unter St. Veits im Ausschuß der Gesamtgemeinde auswirkte.

Da man in Unter St. Veit die reichen Leute an den Fingern einer Hand abzählen konnte, waren in der ersten (= am meisten Steuern zahlenden) Kurie gerade etwa fünf bis zehn Leute wahlberechtigt[328]. Ansonsten war der Wohlstand „am Berg", also in Ober St. Veit zu Hause, wo die alteingesessenen Familien der Glasauer, der Geiger, Satzer, Puraner, Eisenhuber, Premreiner und wie sie alle heißen, ihre Latifundien hatten und teils große, gutgehende Wirtschaften führten[329]. Mitglieder dieses Dorfpatriziates waren in allen Wahlperioden in den Gemeindeausschüssen gut vertreten und in etlicher Hinsicht die tatsächlichen Regenten im Ort. Mochte etwa Bürgermeister Köhler auch ein gebildeter „Herr von" aus Wien sein, ein Machtwort seines Stellvertreters und größten Grundbesitzers des Ortes, Karl Glasauer, hatte im Konfliktfall bei den Leuten mit Sicherheit mehr Gewicht.

Für die Gesamt-St. Veiter Wahlen von 1861 und von 1864 sind jeweils Wählerlisten mit Zuordnung zu den Kurien (Wahlkörpern) erhalten[330] [331]: Für 1890 sind ebenfalls die genauen Zahlen der Wahlberechtigten in den Kurien dokumentiert, weil sie im Hinblick auf die bevorstehende Eingemeindung ein letztes Mal erhoben wurden[332]. Daraus ergibt sich folgende Verteilung der Wahlberechtigten auf die Kurien:

Wahlberechtigte	1. Kurie	2. Kurie	3. Kurie	Summe
St. Veit 1861	28	60	255	343
St. Veit 1864	25	77	299	401
zum Vergleich:				
Ober St. Veit 1890	14	27	244	285
Unter St. Veit 1890	8	15	90	113

Für die Wahlen der übrigen Jahre lässt sich die genaue Anzahl und Aufteilung der Wahlberechtigten nicht mehr feststellen.

Wenn man versucht, ein bißchen zwischen den Zeilen der Gemeindeausschußprotokolle der Jahre vor 1867 zu lesen, so bleibt einem nicht verborgen, daß die Ober St. Veiter Ausschußmehrheit bei anstehenden Fragen mit wirtschaftlichen Auswirkungen einem „Ortsteilegoismus" huldigte, gegen den die Unter St. Veiter juristisch machtlos waren. Die

---

328 Dazu zählten einzelne Mitglieder der Lederfabrikantenfamilie Flesch, die hier auch wohnte, der Hutfabrikant Josef Bossi, der zwar in Wien wohnte, aber aufgrund seines Liegenschaftsbesitzes hier wahlberechtigt war, ferner der Metallwarenfabrikant Michael Menzel und – jedenfalls 1864 – auch der reichste Milchmeier, gleichzeitig Kaufmann des Ortes, Andreas Stangelmayer; vielleicht kam dazu auch noch der eine oder andere Aristokrat, der sich in Unter St. Veit angekauft hatte, wie etwa der Graf Ladislaus Esterházy (h. Kremsergasse 6) oder die Gräfinnen Ida, Laura und Isabella Terlago (h. Hietzinger Hauptstraße 58); Wählerliste s. Anm. 325.
329 Vgl. Julius Hirt, Chronik von Ober St. Veit (Wien 1955, Ndr. 1991) 19.
330 Wahl 1861: Protokoll über die Wahl des Gemeindeausschusses vom 21.1.1861, o.Zl., in: ASV A 1/10 [1860].
331 Wahl 1864: NöLA, Landesausschuß Fasz. 64/6 Prot. Nr. 10578/1050.
332 NöLA, Statthalterei, Stadterweiterungsakten Karton 2962 a, Mappe „Motive zum Gemeindestatut für Groß-Wien", Tabelle „Anzahl der Wahlberechtigten und die Vertheilung derselben auf die einzelnen Wahlkörper".

ausdrückliche Ausschließung der Unter St. Veiter von der Benützung der Viehschwemme in der Auhofstraße etwa haben wir schon kennengelernt[333]. Während ansonsten in den 1850er Jahren Wege- und Brückenreparaturen in Unter St. Veit fast häufiger zu finden sind, offenbar wegen des großen dortigen Aufholbedarfes, ist es ab 1861 genau umgekehrt, da investierten die Ober St. Veiter gemeinsame Steuereinnahmen mit Vorliebe nur noch in die Infrastruktur ihres eigenen Ortsteiles[334], während Unter St. Veiter Anliegen im Hinblick auf die bevorstehende Trennung „vertagt" wurden[335]. Ein derart kleinräumig orientiertes Gemeinschaftsdenken mag uns fremd erscheinen, weil die öffentliche Verwaltung der Wiener Außenbezirke heute großflächig organisiert ist. So fremd ist es aber vielleicht doch nicht, wenn man etwa heutige Bürgerinitiativen betrachtet, die einander häuserblockweise nach dem Florianiprinzip bekriegen. Auch den damaligen Menschen war eben das Hemd näher als der Rock.

Ein letzter, aber sehr entscheidender Gegensatz, der das Zusammenleben schwierig machte, war die fast rein *gewerblich-industrielle Struktur Unter St. Veits*, die in Ober St. Veit keine Entsprechung hatte: Dort gab es einzig die 1844 gegründete Wagenfabrik Josef Rohrbacher am unteren Ortsrand[336], ansonsten war die überkommene Wirtschaftsstruktur ganz auf die Landwirtschaft ausgerichtet, der sich ab etwa 1860 auch noch ein wirtschaftlich nicht unbedeutender Fremdenverkehr hinzufügte. Unter St. Veit war dagegen die reinste Industrielandschaft. Seit 1818 gab es in einem Nebengebäude des Feldmühlenareals (nach h. Adresse Hügelgasse 3) einen Fabrikbetrieb, nämlich die Bleiweiß- und Kreidefabrik des Baron Ignaz von Leykam, 1840–58 war dieses Gebäude eine Baumwolldruckfabrik des Josef Schück, 1858 übernahmen Michael und Benedikt Menzel das Gebäude und etablierten eine Metallwarenproduktion[337]. 1851 gründete Georg Weidmann eine Ledergalanteriewarenfabrik[338], 1855 entstand die Hutfabrik Josef Bossi[339], 1866 erbaute sich die schon in der Leopoldstadt bestehende Lederfabrik Flesch in Unter St. Veit ein neues Fabriksgebäude, das mit seinen Abwässern und Gerüchen aus der Verarbeitung der rohen Tierhäute zu Leder ein besonderes Übel für den Ort war[340]. Nach Meinung der Unter St. Veiter, die der spätere Bürgermeister Kremser einmal voll Grimm öffentlich aussprach, hatte diese Fabrik ihre behördlichen Erlaubnisse um 1866 herum nur deshalb bekommen können, weil die damalige Gemeindevertretung *die Inte-*

---

333 GAS 26.8.1850 Pt. 6; s. oben V.2.

334 z.B. GAS 7.3.1862 Pt. 4, 21.11.1865 Pt. 5 (Wasserleitung)

335 z:B. GAS 3.4.1866 Pt. 2.

336 Ursprünglich war die Fabrik eine kleine Wagnerei in der Glasauergasse 15, 1853 wurde in der Hietzinger Hauptstraße 119 ein Fabriksgebäude errichtet: WStLA Bezirkshauptmannschaft Hietzing A 1/2, Submappe 1853 (Bauakt).

337 BG Hietzing, Grundbuch EZ. 86 KG Unter St. Veit.

338 Feldmühlgasse 6–8; Weissenbacher, Hietzing I (Anm. 33) S. 30.

339 Auhofstraße 82–84; Weissenbacher, ebd.

340 Fleschgasse 9 / Ecke Kremsergasse; WStLA Merkantilgericht Wien, Akt 326 F, 1. Reihe (Firmengründung) und WStLA Verlassenschaftsakten Handelsgericht 41/1868 (Erbauungsdatum der Unter St. Veiter Gebäude); zu den Unter St. Veiter Fabriken auch Gebhard Klötzl, Die Fabriken des Wientales. In: Penzinger Museumsblätter 61 (2004), S. 2 f.

ressen des Ortes Unter St. Veit vernachlässigte und preisgab[341]. Der Sache nach mag das gestimmt haben, aber der Grund ist wahrscheinlich eher im Unverständnis der nicht unmittelbar Betroffenen als in böser Absicht zu suchen. Weitere Verschiedenheiten der Interessen ergaben sich daraus, daß in Unter St. Veit die Sicherheitslage viel prekärer war als in Ober St. Veit, zumal sich neben der Bossifabrik entlang der Amalienstraße das sogenannte „Zigeunerdörfel" befand. Die Unter St. Veiter klagten über herumtreibendes Gesindel und über Hauseinbrüche. Doch erst nach der Unabhängigkeit konnten sie das Nachtwachepersonal nach ihren Vorstellungen aufstocken[342].

Alles in allem betrachtet, war es unter den damaligen Verhältnissen wahrscheinlich wirklich besser, daß sich die beiden ungleichen St. Veit voneinander trennten, als ihre unproduktiven, ja lähmenden Reibereien in der Gemeindearbeit noch länger fortzusetzen. Als es aber nun daran ging, die beschlossene Trennung in die Tat umzusetzen, gerieten sie ein letztes Mal aneinander und das gleich so heftig wie nie davor oder danach.

3. Auseinandersetzung des Vermögens

Der Landtagsbeschluß vom 16. Februar 1866 über die grundsätzliche Genehmigung der Trennung von Ober- und Unter St. Veit enthielt auch den Beschluß, *den Landesausschuß mit der Auseinanderlegung der gemeinschaftlichen Activen und Passiven zu beauftragen* [343], erst danach sollte bzw. konnte die Allerhöchste Sanktion eingeholt werden. Landesausschuß-Referent Dr. Felder begann zunächst mit akribischen Erhebungen über das vorhandene Gesamtvermögen, über die letzten Steuererträge, Steuerrückstände, den Schuldenstand der Gemeinde und so fort. Dazu benötigte er ein ganzes Jahr. Wegen der schon bisher getrennten Verwaltung der Stammvermögen der beiden Ortsteile (s. oben V.3.) gab es an sich keine besonderen Zuordnungsprobleme. Dr. Felder unternahm es aber zusätzlich, die Finanzentwicklung von 1850 bis 1867 einschließlich aller Darlehensaufnahmen und -rückzahlungen zu rekonstruieren und die Einnahmen nach Zinserträgnissen und Steuern einerseits und nach Ortsteilen andererseits aufzuschlüsseln – mühevolle Grundlagenarbeit also[344]. Für uns lohnt hier nur ein Blick auf die Liste des sog. Stammvermögens zum Stichjahr 1867: erstens hat man hier einen Überblick über die gesamten Gemeindebesitzungen, wie er sich bis zur Vermögensübergabe anläßlich der Eingemeindung von 1891 nie mehr so schön findet, zweitens kann man den Unterschied zwischen dem reichen Ober St. Veit und dem armen Unter St. Veit recht interessant ablesen.

---

341   GAU 30.1.1870.
342   GAU 14.11.1869.
343   wie Anm. 320.
344   Commissions-Protocoll ddto. 22. Juni 1867 (wie Anm. 201).

Auszug aus dem Vermögensstatus 1867[345]

Ober St. Veit	Unter St. Veit
Häuser (+ Schätzwert in Gulden)	**Häuser** (+ Schätzwert in Gulden)
Nr. 3 [Vitusgasse 2] 1500 fl	1 Holzturm mit Glocke 173 fl
Nr. 74 [Glasauergasse 2] 4000 fl	1 Feuerlöschrequisitenhütte 399 fl [stand im Areal der Feldmühle]
Nr. 129 [Rohrbacherstraße, Totengräberhaus alter Friedhof] 600 fl	
Nr. 195 [Hietzinger Hauptstraße 164] 15000 fl	
Wasserleitungsbassin [Wolfrathplatz] 100 fl	
Grundstücke (+ Schätzwert in Gulden)	**Grundstücke** (+ Schätzwert in Gulden)
Gemeindewald 6 Joch 500 fl	Baugrund 241 □Kl [St.-Veit-Gasse 48] 151 fl
Grund beim Wienfluß 27281 □Kl 12000 fl	Baugrund z. Aufbewahrung der Feuerleitern 88 fl
Wasenmeistereigründe [= Aasgrube, bei h. Joseph-Lister-Gasse] 1500 fl	
Hörndläcker 15400 □Kl 4500 fl	
Diverse Gründe 1900 □Kl 400 fl	
(□Kl = Quadratklafter)	
Obligationen	**Obligationen**
National- u.a. Anleihen 5586 fl	National- u.a. Anleihen 672 fl
Sonstiges	**Sonstiges**
Privatschuldscheine 7063 fl	Privatschuldscheine 43 fl
Feuerlöschrequisiten 398 fl	Feuerlöschrequisiten 1020 fl
Schuleinrichtung 192 fl	Schuleinrichtung 63 fl
Armenhauseinrichtung 39 fl	Armenhauseinrichtung 15 fl
Fahrnisse 12 fl	Fahrnisse 106 fl
Kircheneinrichtung 630 fl	
Straßenwerkzeuge 52 fl	

Unstrittig war, daß jede der beiden neu zu bildenden Gemeinden die Besitztümer laut obiger Liste erhält. Ansonsten verliefen die Verhandlungen über die Trennungsbedingungen im finanziellen Bereich ungeachtet der gut geklärten Grundlagen recht zäh. Seitens des Landesausschusses war der Gastwirt Anton Kremser zum **Kurator für Unter St. Veit** bestellt worden, womit er vom bisherigen Defacto-Anführer der Trennungsbestrebungen in eine offizielle Funktion avancierte. Vertreter beider Ortsteile trafen sich unter Vorsitz von Dr. Felder insgesamt drei Mal[346] ergebnislos, ehe sie sich in einer letzten, nochmali-

---

345   Nach dem Commissions-Protocoll 22. Juni 1867 (wie Anm. 201). Hinter den Häusern ist in eckiger Klammer die heutige Adresse angegeben; näheres zu den Gemeindehäusern s. oben II.2.
346   Am 8. Mai 1866, 12. März, 13. Juni 1867.

gen Verhandlungsrunde am 22. Juni 1867 in der Gemeindekanzlei von Ober St. Veit auf folgendes *Teilungsübereinkommen* einigten:[347]

- Unter St. Veit verzichtet für den Fall der Trennung auf jedes Miteigentumsrecht an den Häusern, Liegenschaften und sonstigen Vermögenswerten (s. obige Liste), welche somit, soweit sie im Grundbuch auf die Gesamtgemeinde St. Veit angeschrieben sind, auf die „Gemeinde Ober St. Veit" umgeschrieben werden können.
- Unter St. Veit leistet an Ober St. Veit einen Pauschalbeitrag von 1500 fl, 500 fl binnen 8 Tagen nach der Konstituierung, den Rest in fünf Jahresraten, als Abgeltung seines Anteils an allen noch offenen Schulden der Gesamtgemeinde und wird aus der Haftung für dieselben entlassen.
- Alle Steuern und Rückstände werden bis zur Sanktionierung der Trennung in die Gemeindekasse der Gesamtgemeinde eingezogen und von Ober St. Veit übernommen, welches dagegen auf jegliche Ausgleichsansprüche aus dem Titel der Trennung verzichtet.

Obwohl der Inhalt des erzielten Übereinkommens sachlich-nüchtern erscheint, muß es in der Verhandlung äußerst hitzig hergegangen sein. Daß der Gemeindeausschuß der Wahlperiode 1861–64 einstimmig für die Trennung war, der danach neu gewählte Ausschuß aber mehrheitlich d a g e g e n (s. oben VI.1.) haben wir schon gehört. Es blieb aber nicht bei der Mehrheitsäußerung im Ausschuß. Vielmehr hatte sich ein pensionierter kk. Armeehauptmann namens Leo von Klementschitz an die Spitze einer Art „Bürgerinitiative gegen die Trennung von St. Veit" gesetzt und rund 100 Unterschriften unter eine *Petition* an den niederösterreichischen Landtag gegen die Trennung gesammelt. Die Petition ist im Original erhalten und besagt im wesentlichen, daß die Unterzeichneten *...mit der Trennung der Gemeinde St. Veit in zwei selbständige Gemeinden ... nicht einverstanden sind, da insbesonders bei der diesbezüglichen Sitzung die beschlußfähige Anzahl der Ausschüsse nicht anwesend war und überhaupt die Gemeindevertretung in derlei Angelegenheiten nicht entscheiden kann.*[348] Unterschrieben hatten etwa 100 Gemeindemitglieder von Ober St. Veit und zwar fast alles, was Rang und Namen im Ort hatte, darunter kurioserweise auch sämtliche Ausschußmitglieder, die als Vertreter der Gemeinde bei der Verhandlung am 22. Juni auftraten. Gleich zu Beginn dieser Kommissionsverhandlung trat nun der Hauptmann von Klementschitz auf und überreichte dem Landesausschußvertreter Dr. Felder die Petition. Die Vertreter Unter St. Veits legten sogleich Verwahrung dagegen ein. Trotz ihrer prinzipiellen Ablehnung der Trennung ließen sich die Ober St. Veiter Vertreter aber in die Verhandlungen zur Sache ein, offenbar in der Erkenntnis, nichts mehr verhindern zu können. Die Atmosphäre beschrieb Dr. Felder in seinem nachfolgenden Bericht an die Statthalterei als „erbittert"[349]. Bürgermeister Hauer lieferte dann auch noch einen *Eklat* aus nichtigem Grund: Unter St. Veit bot als Pauschalabfindung für

---

347 Festgehalten im Commissions-Protocoll (wie Anm. 201).
348 NöLA, Landesausschuß Fasz. 64/8 Prot. Nr. 7885/747.
349 Ebenda.

die Entlassung aus den gemeinsamen Schulden ursprünglich nur 1000 fl, zahlbar in 10 Jahresraten, Ober St. Veit forderte 2000 fl, zahlbar sofort auf einmal. Man einigte sich auf 1500 fl, Unter St. Veit beharrte auf der Ratenzahlung, Bürgermeister Hauer beharrte auf der Einmalzahlung, *sonst sei es mit der ganzen Trennung nichts*. Der Verhandlungsleiter machte ihn aufmerksam, daß dies nur als seine persönliche Meinung gelten könne, als Bürgermeister habe er keine Befugnis, die Gemeindetrennung zu verhindern. Daraufhin verließ Bürgermeister Hauer in einem Zornesausbruch das Verhandlungslokal und beteiligte sich am schließlichen Zustandekommen des Übereinkommens über die Vermögenstrennung nicht mehr[350]. Obwohl gerade dieser Punkt im vorgenannten Übereinkommen nicht klar geregelt war, akzeptierte die Gemeinde Unter St. Veit (oder mußte akzeptieren), daß sich Ober St. Veit als Rechtsnachfolger der ehemaligen Gemeinde St. Veit an der Wien betrachtete und danach handelte. Die im Übereinkommen vorgesehene grundbücherliche Umschreibung der meisten Liegenschaften auf die Gemeinde Ober St. Veit wurde jedoch verschlampt und wurde erst rund zehn Jahre später nachgeholt, als in ganz Niederösterreich neue Grundbücher angelegt wurden[351].

Für 2. Juli 1867 wären eigentlich schon die nächsten Neuwahlen des Gemeindeausschusses angesetzt gewesen[352]. Da diese so kurz vor der erwarteten Trennung politisch keinen Sinn mehr machten, waren sich alle Beteiligten einig, die Wahlen auf unbestimmte Zeit zu verschieben[353].

4. Kampf um die Grenzziehung bis 1870

Zwischen den alten Patrimonialgemeinden Ober- und Unter St. Veit hatte es bereits vor 1850 eine Grenzlinie gegeben, deren Bedeutung darin gelegen war, die Zuständigkeitssprengel der beiden Ortsrichter gegeneinander abzugrenzen. Die Grenzlinie verlief entlang der Linie (heutige) Feldmühlgasse von der Auhofstraße bis zur Hietzinger Hauptstraße, diese entlang bis zur Fleschgasse, diese entlang bis zur Auhofstraße und wiederum zurück zur Feldmühlgasse[354].

---

350 Ebenda.

351 Daß sich Ober St. Veit stets als Rechtsnachfolger von St. Veit an der Wien verstand, während Unter St. Veit als Neugründung auf abgetrenntem Territorium galt, gab der spätere Ober St. Veiter Bürgermeister Ing. Alexander Strecker in einer niederschriftlichen Befragung am 18.4.1878 vor dem Bezirksgericht Hietzing anläßlich der Anlegung neuer Grundbücher als den stets eingenommenen Standpunkt der Gemeinde Ober St. Veit zu Protokoll. Man lud daraufhin am 30.4.1878 den Unter St. Veiter Gemeinderat Johann Maluschek vor und befragte ihn nach dem Unter St. Veiter Standpunkt hiezu. Maluschek bestätigte die Aussage Streckers und willigte namens der Gemeinde ein, daß in die neuen Grundbücher alle Liegenschaften, die (noch) für die Gemeinde „St. Veit an der Wien" verbüchert waren, ohne weitere Erhebungen für die Gemeinde Ober St. Veit eingebüchert werden: WStLA Bezirksgericht Hietzing, Grundbuchanlegung 1876-82, Ober St. Veit A 11/6, Erhebungsprot. Nr. 349.

352 Wahlanzeige von Bürgermeister Hauer in AOV 538/1867.

353 Schreiben Landesausschuß an Statthalterei vom 28.6.1867, NöLA Landesausschuß Fasz. 64/8 Prot. Nr. 7885/747.

354 Im franziszeischen Kataster 1819, Mappenblatt Unter St. Veit des Katastralmappenarchivs im Bundesamt für Eich- und Vermessungswesen findet sich eine dünne, rot gezackte Linie, deren Bedeutung im Zeichenschlüssel nicht erklärt wird und die vom Verfasser für die Grenze der Patrimonialgemeinde Unter St. Veit

Abb. 18: Beimappe A der Franziszeischen Katasterpläne zur Gemeinde St. Veit mit einer Evidenzhaltungs-Aufnahme aus dem Jahr 1835. Sie zeigt das damals Unter St. Veit zugerechnete Gebiet innerhalb der Linie heutige Hietzinger Hauptstraße, Feldmühlgasse, Auhofstraße und Fleschgasse, aber auch das Gebiet nördlich der Auhofstraße mit Ausnahme der Ober St. Veit zugerechneten Feldmühle.

Nachdem die vom Landtag beschlossene Gemeindetrennung am 2. Oktober 1867 die kaiserliche Sanktion erhalten hatte, wurde die nö. Statthalterei sogleich in der Grenzfrage aktiv und beauftragte das ihr direkt unterstehende Bezirksamt Hietzing, wegen Feststellung der beiden Gemeindeterritorien das Erforderliche zu veranlassen und dazu die Gemeindevertreter sowie einen Geometer der Finanzlandesdirektion beizuziehen. Es handelte sich um ein – zunächst eher routinemäßig eingeleitetes – Grenzregulierungsverfahren zwischen bestehenden Gemeinden nach der nö. Gemeindeordnung[355]. In Ober St. Veit und bei den mit der Trennung befaßten Oberbehörden nahm man daher als selbstverständlich an, daß die neue Ortsgemeinde Unter St. Veit (nur) in dieser ihrer alten Grenze wiederzuerstehen habe und im Wege freier Vereinbarung vielleicht ein biß-

---

gehalten wird. Diese Grenzlinie sparte notabene das Areal der Feldmühle aus dem Unter St. Veiter Sprengel aus. Selbst wenn diese Annahme nicht stimmen sollte, ist es jedenfalls nach den späteren Stellungnahmen der Gemeinde Unter St. Veit im „Grenzkrieg" sicher, daß die alte Grenze nur den zur Verbauung bestimmten Siedlungskern umfaßte, in welchem genauen Verlauf auch immer.
355   § 4 nö. Gemeindeordnung 1864 LGBl. 5/1864: „Zu Änderungen in den Grenzen einer Ortsgemeinde, wodurch diese zu bestehen nicht aufhört, ist nebst der Erklärung der Statthalterei, daß dagegen aus öffentlichen Rücksichten kein Anstand obwaltet, die Bewilligung des Landesausschusses erforderlich."

chen „Arrondierung" dazukommen könnte[356]. Gleich bei der ersten Verhandlung erklärte Unter St. Veit, in den alten Grenzen nicht lebensfähig zu sein und erhob weitgehende Gebietsansprüche gegenüber Ober St. Veit: auf das Areal der Hutfabrik Bossi und eine danebenliegende Schottergrube und auf das gesamte Gebiet des sogenannten „Neu-Hietzing", vom Bahndamm der Verbindungsbahn[357] ostwärts bis zur Lainzerstraße, deren Häuser zwischen der h. Gloriettegasse und der h. Elßlergasse beidseits der Straße zum St. Veiter Gemeindegebiet gehörten. Dieses Ansinnen, von dem die Ober St. Veiter Gemeindevertreter einigermaßen überrascht gewesen sein dürften und das sie sofort ablehnten, beschwor mit einem Schlag einen rund dreijährigen Grenzkrieg herauf, der nach dem Urteil zeitgenössischer Beobachter mit Erbitterung geführt und durch beiderseitige Unverträglichkeit unnötig verschärft wurde[358].

Am 14. und 15. April 1868 fanden die **ersten getrennten Gemeindeausschußwahlen** in beiden Orten statt, die man in der vergeblichen Hoffnung auf vorherige Klärung der Grenzfrage ohnedies schon über ein halbes Jahr hinausgeschoben hatte[359]. Der Ober St. Veiter Gemeindeausschuß trat am 28. April 1868 zum ersten Mal zusammen. Der schon in der Vorperiode als Gemeinderat tätig gewesene Karl Hentschel wurde zum neuen Bürgermeister gewählt, die Sachbereichsgeschäfte wurden neu verteilt[360]. Der Unter St. Veiter Gemeindeausschuß trat am 23. April 1868 zum ersten Mal zusammen, dort wurde der Fabriksbesitzer Berthold Flesch erster Bürgermeister, der bisherige Gemeindekurator Anton Kremser sein Stellvertreter[361]. Am 29. April trafen die Bürgermeister Hentschel und Flesch hochförmlich zur Übergabe aller bezughabenden Akten, zweier Siegel und zweier Kästen an die neu entstandene Gemeinde Unter St. Veit zusammen[362].

Die Repräsentanzen beider Gemeinden mußten sich der noch völlig offenen Frage der **Grenzziehung** sofort als einer der dringendsten Fragen überhaupt zuwenden. Beide neuen Gemeindeausschüsse positionierten sich unverzüglich in der Territorialfrage durch politische Beschlüsse. Zunächst beschlossen die Ober St. Veiter, die Unter St. Veiter hätten *keinerlei rechtliche Ansprüche auf das Territorium* (von Ober St. Veit). *Will dagegen die Gemeinde Unter St. Veit im Wege des freien Übereinkommens ... einen Ausgleich mit der hiesigen Gemeinde treffen, so ist man zu Verhandlungen erbötig.*[363] Eine Protokollab-

---

356 Zur gesamten ersten Phase des Grenzziehungsverfahrens: Der Urwähler Nr. 14 (2.7.1869) S. 1; GAO 14.5.1868 Pt. 1. Schreiben der Statthalterei an den Landmarschall von NÖ vom 14.10.1867 und Schreiben des Landesausschusses an die Statthalterei vom 31.10.1867, NÖLA, Landesausschuß Fasz. 64/8 Prot. Nr. 13163/1310.

357 Die Verbindungsbahn Meidling – Speising – Penzing wurde 1861 eröffnet, der beim Bahnhof St. Veit a. d. Wien abzweigende Ast nach Hütteldorf wurde 1883 fertiggestellt: Ewald Königstein, Einsteigen bitte! Vom Zeiselwagen zur U-Bahn. Die Entwicklung des öffentlichen Verkehrs in Wien unter besonderer Berücksichtigung von Ober St. Veit und Umgebung (Wien 1996) 36. Der bis heute bestehende Effekt, daß St. Veit an der Wien durch den Schienenstrang in markanter Weise zweigeteilt wurde, trat schon ab der Eröffnung des ersten Astes im Jahr 1861 auf.

358 Der Urwähler Nr. 14 (2.7.1869) S. 1.

359 Der Urwähler Nr. 6 (15.3.1868) S. 43 f.; s. auch oben VI.3.

360 GAO 28.4.1868 Pt. 1.

361 GAU 23.4.1868; 30.1.1870.

362 Übergabeprotokoll vom 29.4.1868 in AUV 462/1871.

363 GAO 14.5.1868 Pt. 1.

schrift dieses Beschlusses händigte man umgehend dem Bezirksamt Hietzing aus. Dieses rief sofort Bürgermeister Flesch zu sich, informierte ihn über den Beschluß und verlangte eine Stellungnahme Unter St. Veits. Dessen Gemeindeausschuß trat in aller Eile zusammen und artikulierte sich schon zwei Tage später so: *Nachdem aus diesem Sitzungsprotokolle* [Ober St. Veits vom 14. Mai, Anm.] *soviel hervorgeht, daß die Gemeinde-Vertretung von Ober St. Veit ein Recht der Gemeinde Unter St. Veit auf einen Theil des gegenwärtig gemeinsamen Territoriums nicht anerkennt und daß unter ‚freiem Übereinkommen' wahrscheinlich eine entgeldliche Abtretung gemeint ist: so wurde ... beschlossen, sich in weitere Verhandlungen mit der Gemeinde Ober St. Veit nicht weiter einzulassen, vielmehr um die ohnehin in Aussicht gestellte Intervention der kk. Statthalterei und des Landesausschusses nachzusuchen.*[364] Also kurz gesagt: man verweigerte sich weiteren Verhandlungen und setzte auf eine behördliche Entscheidung des Konfliktes. Daß Verhandlungen über den Grenzverlauf, die Mitte 1868 auf Initiative der Statthalterei geführt wurden, ergebnislos blieben, verwundert unter diesen Umständen nicht[365].

Die Oberbehörden einigten sich nun darauf, *wie bei Bestimmung der Grenzen der Ortsgemeinde Steinabrückl vorzugehen*, das hieß, eine Kommission mit Vertretern von Landesausschuß, Statthalterei und Finanzlandesdirektion abzuhalten, bei der den Gemeindevertretern nur noch eine Statistenrolle zugedacht war und anschließend durch Bescheid der Statthalterei die Grenzziehung autoritativ festzulegen[366].

An dieser Stelle ist einzuflechten, daß durch neuerliche Reformen im Bereich der staatlichen Unterbehörden den Gemeinden des Hietzinger Bezirks Mitte 1868 ihr Bezirksamt abhanden kam, das sich jahrelang bewährt hatte und die Verhältnisse der ihm anvertrauten Gemeinden doch recht gut gekannt haben muß. Ein Gesetz vom 19. Mai 1868[367] führte anstelle der kleinräumig organisierten Bezirksämter wiederum die von 1850–1853 schon bestandenen Bezirkshauptmannschaften ein, aber mit neuen Sprengeln: Eine Ausführungsverordnung des Ministers des Innern vom 10. Juli 1868[368] wies den bisherigen Hietzinger Bezirk der **neuen Bezirkshauptmannschaft Sechshaus** zu und errichtete diese per 31. August 1868. Es ist nicht ganz bedeutungslos, sich diesen Verwaltungsumbruch vor Augen zu halten, denn er fiel gerade in eine heiße Phase des St. Veiter Grenzziehungsstreites und war vielleicht daran mitschuldig, daß sich bei der staatlichen Lokalbehörde niemand fand, der mit energischer, kompetenter Intervention die leidige Sache rasch und endgültig zu Ende gebracht hätte – die Neulinge saßen ja nicht mehr im Bezirk und mußten sich erst einarbeiten.

Zurück nun zum **Grenzstreit**: Am 24. Oktober 1868 fand die kommissionelle Verhandlung zwischen Landesausschuß, Statthalterei und Finanzlandesdirektion statt. Am 25.

---

364   GAU 16.5.1868 Pt. 1.
365   Note der Statthalterei an den Landesausschuß vom 10.8.1868, NöLA, Landesausschuß Fasz. 64/10 Prot. Nr. 9920/1737.
366   Ebenda.
367   Gesetz über die Einrichtung der politischen Verwaltungsbehörden in ... den Erzherzogthümern Österreich unter der Enns (u.a.), RGBl. 44/1868.
368   RGBl. 101/1868, hier: Anlage c) Nr. 1.

November 1868 fällte die nö. Statthalterei die Entscheidung, daß der Damm der Verbindungsbahn prinzipiell die Grenze bildet (also das ganze Gebiet zwischen Hietzinger Hauptstraße und Lainzer Straße an Unter St. Veit fällt!), und zusätzlich noch die Bossifabrik und die Schottergrube zu Unter St. Veit geschlagen werden[369]. Dieser Sieg Unter St. Veits auf der ganzen Linie muß für seinen Gegner ein Tiefschlag gewesen sein. Am 9. Dezember 1868 versammelte sich der Ober St. Veiter Gemeindeausschuß: *Die Versammlung nimmt den Inhalt des Erlasses mit Entrüstung zur Kenntnis und beschließt, daß alsogleich der Rekurs an das hohe Ministerium zu überreichen (sei)*[370]. Einen Rechtsanwalt hatte die Gemeinde in dieser Sache ohnedies schon. Im übrigen zementierte der Gemeindeausschuß nochmals seinen Maximalstandpunkt in der Gegenrichtung ein: Alles Territorium südlich der St. Veiter Bezirksstraße (= h. Hietzinger Hauptstraße) und diesseits des Verbindungsbahndammes gebühre Ober St. Veit[371].

Der Gemeindeausschuß von Unter St. Veit beauftragte seinerseits Bürgermeister Flesch, in der Grenzziehungsfrage ebenfalls eine Eingabe an das Ministerium des Innern zu machen, da die Gemeinde Unter St. Veit in ihrer gegenwärtigen Beschränkung auf das Häuserviereck Auhofstraße – Feldgasse (= h. Feldmühlgasse) – Adlergasse (=h. Fleschgasse) nicht imstande sei, den gesetzlichen Aufgaben einer freien, selbständigen Gemeinde zu genügen[372]. Etwas später erhielt Bürgermeister Flesch auch noch die Ermächtigung, für die weiteren Behördenverfahren einen Rechtsanwalt beizuziehen, so wie ihn Ober St. Veit längst hatte[373].

Das also angerufene Ministerium des Innern ging nicht sehr entscheidungsfreudig zu Werk, sondern holte zunächst ein Gutachten des niederösterreichischen Landesausschusses zur ganzen Sache ein. Der neue Referent des Landesausschusses, Dr. Josef Bauer, der anstelle des jahrelang befaßten Dr. Cajetan Felder die „St. Veiter Geschichten" übernommen hatte, erstattete am 2. April 1869 die gewünschte Stellungnahme, die die Vorgeschichte und den Stand der Dinge ausführlich rekapitulierte. Die Ursache, warum die ganze Angelegenheit so konfliktreich ausgeufert sei, sah er in *unberechtigten Prätentionen auf der einen, maßlosem Starrsinn auf der anderen Seite*[374]. Im übrigen empfahl er aber doch eine Ausdehnung der Unter St. Veiter Grenze über die h. Hietzinger Hauptstraße hinaus nach Süden, um nicht durch Grenzziehung in der Mitte einer Straße zwischen den unverträglichen Nachbarn neue Streitereien über Beleuchtung, Reinigung und Besprizung derselben hervorzurufen; die Streithähne wollte er so vollständig als nur möglich getrennt wissen[375]. Anstelle einer Entscheidung trug das Ministerium

369 Der Urwähler Nr. 14 (2.7.1869) S. 1; Bescheid vom 25.11.1868, Zl. 36.946, Textwiedergabe in: NöLA, Landesausschuß Fasz. 64/11, Prot. Nr. 4056/922.
370 Protokoll GAO 9.12.1868 Pt. 1.
371 Ebenda.
372 GAU 22.1.1869.
373 GAU 1.6.1869; Ober St. Veit wurde durch einen Dr. Barth vertreten, Unter St. Veit in der Folge durch einen Dr. Knebler.
374 Schreiben Landesausschuß an Ministerium des Innern vom 2.4.1869, NöLA, Landesausschuß Fasz. 64/11, Prot. Nr. 4056/922.
375 Ebenda.

der neu errichteten Bezirkshauptmannschaft Sechshaus im Erlaßwege auf, einen neuen *Streitschlichtungsversuch* zu unternehmen. Auftragsgemäß hielt diese am 28. Mai 1869 eine Ortskommission unter Zuziehung aller Beteiligten ab und versuchte eine Einigung – vergeblich. Da die bei diesem Termin anwesenden Abgesandten Ober St. Veits allen Kompromißvorschlägen mit dem Hinweis ausgewichen sein dürften, keine Instruktionen bzw. Vollmachten zur Äußerung zu besitzen, trug die Bezirkshauptmannschaft Sechshaus einige Tage nach dem Termin der Gemeindevertretung Ober St. Veit schriftlich auf, die Grenzfrage abstimmen zu lassen und ihr einen artikulierten Standpunkt dazu mitzuteilen[376]. Das geschah am 9. Juni 1869. Nun gab es das erste Einlenken: Ober St. Veit erklärte sich einverstanden, die Bossifabrik und die dahinter liegende Schottergrube in das Unter St. Veiter Hoheitsgebiet abzutreten; das zivilrechtliche Eigentum sollte laut bereits paktierter Vermögenstrennung bei Ober St. Veit bleiben, aber man würde den Schotter, den Unter St. Veit braucht, unentgeltlich liefern; eine Ausdehnung der südlichen Grenze über die h. Hietzinger Hauptstraße hinaus lehnte Ober St. Veit jedoch kategorisch ab[377]. Die Gemeinde Unter St. Veit mußte zu diesem Beschluß ihrerseits eine Stellungnahme abgeben, die neuerlich auf der Ausdehnung des Gebietes in Richtung Süden über die Hietzinger Hauptstraße hinaus unabdingbar beharrte, woraufhin die Bezirkshauptmannschaft den nicht schlichtungsfähigen Akt dem Ministerium zur Entscheidung zurückschickte. Dieses entschied am 1. November 1869[378]. Man dekretierte nun vom Schreibtisch aus einen *Diktatkompromiß*, der so aussah:

- Die Bossifabrik und die Schottergrube werden zur Gänze Unter St. Veit zugeschlagen.
- Neu-Hietzing dagegen wird geteilt und zwar so, daß die Häuser südöstlich der Lainzerstraße[379] Ober St. Veit zugeschlagen werden, die 16 Häuser der gegenüberliegenden Seite der Lainzerstraße einschließlich des gesamten unverbauten Teiles von Neu-Hietzing dagegen an Unter St. Veit kommen.
- Als Grenzlinie zwischen der Verbindungsbahn und der Lainzerstraße bestimmte das Ministerium die sogenannte „Schönbrunner Aussichtslinie", die heutige Beckgasse[380].

---

376 Ebenda; ferner GAO 9.6.1869
377 GAO 9.6.1869 Pt. 1.
378 Erlaß des Ministers des Innern vom 1.11.1869, Zl. 13.351, NöLA, Landesausschuß Fasz. 64/11, Prot. Nr. 4056/922.
379 Nach heutiger Numerierung die Häuser Lainzerstraße 57–83.
380 Als landschaftsarchitektonisches Moment der Schönbrunner Parkarchitektur ist die Ost-West-Achse der Gloriette im Westen genau auf den Ober St. Veiter Kirchturm ausgerichtet, von der Gloriette bis zur Maxingstraße folgt eine Parkallee genau dieser Achse. Wahrscheinlich noch zu Zeiten der St. Veiter Grundherrschaft wurde ein Stück dieser selben geometrischen Achse von der Lainzerstraße westwärts sichtfrei gemacht. Im Zuge der Erschließung von „Neu-Hietzing" erhielt diese sogenannte „Schönbrunner Aussichtslinie" am 2.6.1868 vom Ober St. Veiter Gemeindeausschuß den Namen Reichgasse nach den Villenbesitzern Moses und Benjamin Reich (GAO 2.6.1868, Pt. 3). Die Gemeinde Unter St. Veit änderte den Namen nach der Übernahme des Territoriums auf „Grenzgasse" (GAU 20.3.1871, Pt. 1) und änderte alle Straßen- und Hausnummerntafeln. Über Ansuchen von Benjamin und Moses Reich machte die Gemeinde Unter St. Veit diese Umbenennung wieder rückgängig, wofür die Reichs 100 Gulden in die Gemeindekasse zahlten und die

- Von der Lainzerstraße bis zum Wienfluß bestimmte das Ministerium die bestehende Hietzinger Gemeindegrenze (etwa die Linie h. Wenzgasse – h. Steckhovengasse) als Grenze nunmehr von Unter St. Veit[381].

Das war nun eine wahrhaft absurde Lösung, denn die Ober St. Veit überlassenen 16 Häuser der Lainzerstraße bildeten zusammen mit ihren Hausgärten und der halben Fahrbahn der Lainzerstraße eine Enklave ohne Territorialverbindung zur Stammgemeinde – „Neu-Ober St. Veit" war entstanden[382].

Als direkte Konsequenz dieses Ministerialentscheides und als letzten Akt der Auseinandersetzung ordnete die Bezirkshauptmannschaft Sechshaus nun für 15. Dezember 1869 eine **kommissionelle Vermarkung** der vom Ministerium festgelegten Grenze an. Die Vermarkungskommission wurde von einem Kommissär der Bezirkshauptmannschaft Sechshaus geleitet, der zu seiner fachlichen Unterstützung einen kk. Evidenzhaltungsgeometer mit hatte. Beide Bürgermeister, Karl Hentschel und Berthold Flesch, waren jeweils mit mehreren Gemeindeausschußmitgliedern dabei. Beginnend in der Auhofstraße, im Garten der Villa des Herzogs von Braunschweig, schritten der Kommissionsleiter und sein Geometer nun Meter für Meter die künftige Unter St. Veiter Grenze ab. An sieben markanten Eckpunkten setzte der Geometer amtliche Grenzsteine[383].

Ober St. Veit nahm alles zur Kenntnis und erklärte sich mit der Abmarkung einverstanden. Unter St. Veit wollte sich noch immer nicht fügen und, obwohl es ohnedies viel von seinem Standpunkt hatte durchsetzen können, legte es Verwahrung gegen die Ausmarkung seiner südlichen Grenze ein und wollte auch noch um die ihm nicht zuerkannten gegenüberliegenden Häuser an der Lainzerstraße weiterkämpfen[384]. Zu diesem Zweck hatte es das Gemeindeausschußmitglied Constantin Mück, ein gelernter Beamter, bereits übernommen, eine weitere Eingabe an den niederösterreichischen Landesausschuß zu verfassen[385]. Diese Eingabe, über deren weiteres Schicksal wir nichts wissen, führte jedenfalls zu keinem Erfolg mehr. Vielleicht wurde sie auch zurückgezogen, weil der Landesausschuß damit

---

Kosten für die neuerliche Änderung aller Tafeln auf „Reichsgasse" übernahmen (GAU 9.8.1871, Pt. 4). Auch auf modernen Stadtplänen sieht man sehr schön, daß die heutige Beckgasse (Benennung seit 1949) die landschaftsräumliche Verlängerung der westseitigen Schönbrunner Gloriettallee ist.

381   Die historische Unter St. Veiter Grenze vor 1850 lief seitlich der Adlergasse = h. Fleschgasse. Der Grundstreifen bis zur Hietzinger Gemeindegrenze gehörte nach altem Verständnis zu Ober St. Veit, ebenso der Bereich zwischen Auhofstraße und Wienfluß. Unter St. Veit in seiner historischen Grenze war also ringförmig (!) von Ober St. Veiter Territorium umschlossen. Die im Grenzfestlegungsverfahren ergangene Entscheidung, die alte St. Veit – Hietzinger Gemeindegrenze zwischen Wienfluß und Lainzerstraße nunmehr als Unter St. Veiter Grenze festzulegen, ebenso die ehemalige Baumgarten – St. Veiter Grenze im Wienflußbereich, bedeutete also eine geringfügige Korrektur auch im Norden und Osten zugunsten von Unter St. Veit, die aber von Ober St. Veit niemals ernstlich bekämpft wurde.

382   Die einzige auffindbare Plandarstellung dieser Enklave befindet sich im Katastralmappenarchiv des Bundesamtes für Eich- und Vermessungswesen, wo der franziszeischen Katastralmappierung von St. Veit a.d. Wien ein mit „Grenzskizze" betiteltes Blatt (etwa aus 1869/70, weil die „Bezirkshauptmannschaft Sechshaus" schon erwähnt wird) beigelegt wurde, auf dem in etwas schematischer Form der Verlauf der endgültigen Gemeindegrenze und der neu gebildeten Enklave eingezeichnet ist.

383   Protokoll der BH Sechshaus vom 15.12.1869, NöLA, Landesausschuß Fasz. 64/11, Prot. Nr. 4056/922.

384   Ebenda.

385   GAU 8.12.1869.

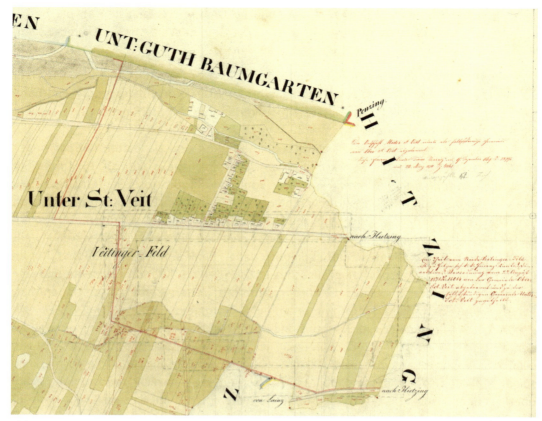

Abb. 19: Das zweite Blatt der St. Veiter Mappe des Franziszeischen Katasters 1819 mit der 1871 rot eingezeichneten Grenzlinie zwischen Ober- und Unter St. Veit. Schön ist im Südosten die Enklave mit den Ober St. Veit überlassenen 16 Häusern an der Lainzerstraße zu sehen.

drohte, die gesamte Gemeindetrennung aufzuheben, wenn man zu keinem Ende komme[386]. Die Eingabe scheint aber die Finalisierung der Angelegenheit ein letztes Mal verzögert zu haben, denn die Kundmachung im Landesgesetzblatt über die erfolgte Constituierung der *Ortschaften Ober St. Veit und Unter St. Veit als selbständige Ortsgemeinden* erfolgte erst am 28. März 1870[387]. Damit war der Grenzziehungskampf nach rund dreijähriger Dauer zu Ende. Die neue Gemeindetrennlinie verlief somit vom Wienfluß weg in einer geraden Linie, etwa dem Verlauf der heutigen Mantlergasse folgend, bis zur Hietzinger Hauptstraße, diese entlang bis zur Verbindungsbahn, dann den Bahndamm entlang bis zur Beckgasse, wo sie bei der Mühlbachergasse auf die Hietzinger Gemeindegrenze traf[388].

Angemerkt sei an dieser Stelle, dass sich der vermeintliche Erfolg Unter St. Veits um die erkämpfte **Schottergrube** schon bald als Pyrrhus-Sieg herausstellte: Mit Bescheid vom 22.6.1872 untersagte die Bezirkshauptmannschaft jeden weiteren Schotterabbau

---

386 Der Urwähler Nr. 14 (2.7.1869) S. 1.
387 LGBl. 27/1870; Grenzskizze wie Anm. 382.
388 Siehe dazu den Plan im Anhang.

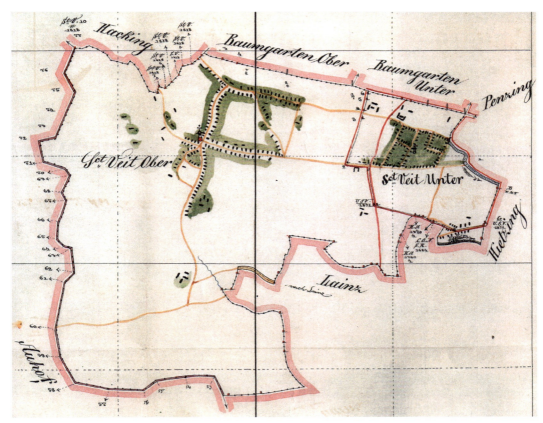

Abb. 20: „Grenzskizze der Gemeinde S^{ct} Veit Ober an der Wien sammt Ortschaft S^{ct} Veit Unter". Sie wurde den Protokollen zum Franziszeischen Kataster ca. 1871 beigefügt und zeigt ebenfalls den neuen Grenzverlauf inklusive der Ober St. Veiter Enklave im Südosten. Eingezeichnet sind auch einige der zahlreichen neuen und einige alte Grenzsteine.

bei strenger Strafe, da die Nachbargrundstücke bei den Wienflußhochwässern unterspült wurden und abzurutschen drohten; statt der erhofften Steuereinnahmen blieben der Gemeinde nur die Scherereien mit der Überwachung der Verfüllung und der Abmauerung des ehemaligen Grubenareals[389].

Die Gemeinde Ober St. Veit hatte von ihrem ursprünglichen Maximalstandpunkt nur den kleineren Teil durchsetzen können. Mehr als dieses scheint sie aber zuletzt gestört zu haben, daß sie sich überhaupt mit diesem Streit herumschlagen mußte, den sie als gefährlichen, permanenten Angriff Unter St. Veits auf ihren Besitzstand empfand. Nur so ist es wohl zu erklären, daß sie nach der endgültigen Entscheidung des Ministers des Innern einen den heutigen Zeitgenossen eher amüsierenden Beschluß faßte, *Se. Excellenz, den Herr Karl Giskra, kk. Minister des Innern ... in Würdigung seiner unvergeßlichen Verdienste, welche Hochderselbe ... durch Beilegung der die Thätigkeit der Gemeinde Ober St. Veit seit Jahren lähmenden und ihre unveräußerlichen Eigenthumsrechte wesentlich*

389   AUV 384/1872.

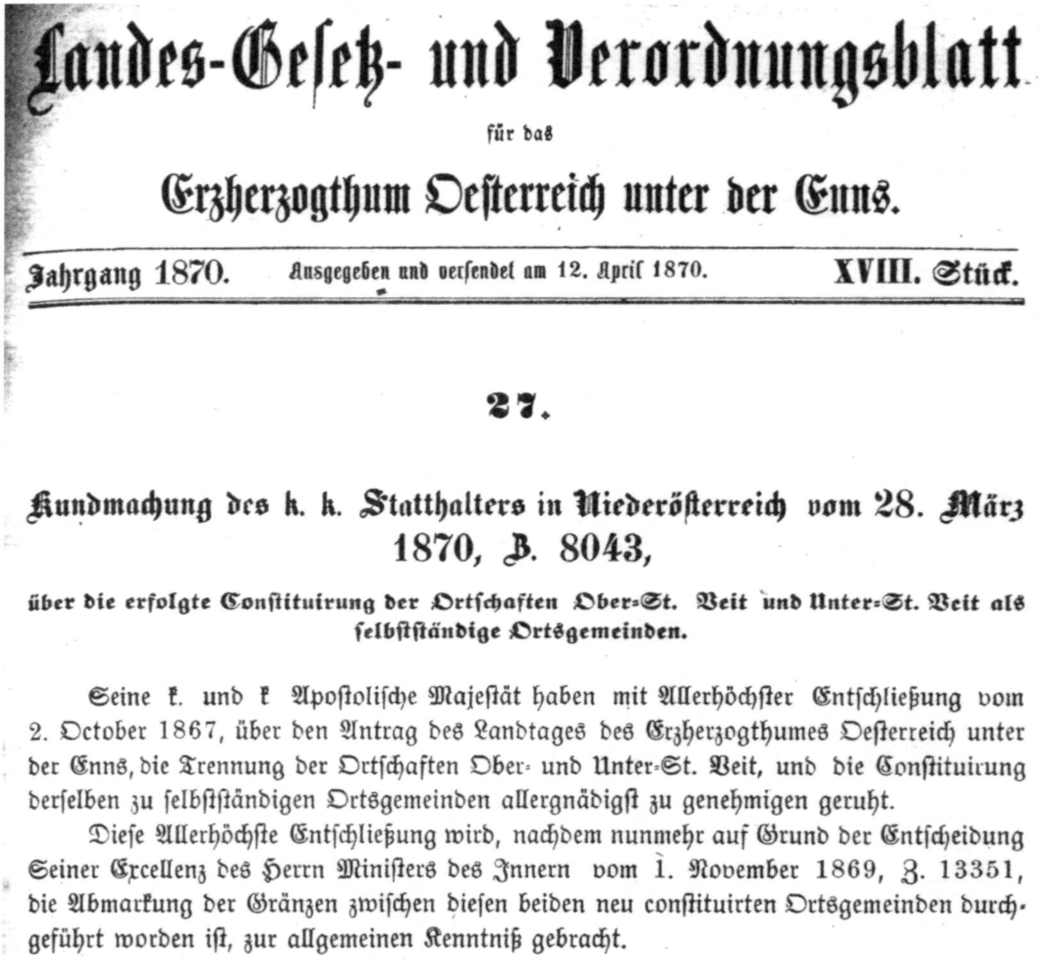

Landes-Gesetz- und Verordnungsblatt

für das

Erzherzogthum Oesterreich unter der Enns.

| Jahrgang 1870. | Ausgegeben und versendet am 12. April 1870. | XVIII. Stück. |

27.

Kundmachung des k. k. Statthalters in Niederösterreich vom 28. März 1870, Z. 8043,

über die erfolgte Constituirung der Ortschaften Ober-St. Veit und Unter-St. Veit als selbstständige Ortsgemeinden.

Seine k. und k. Apostolische Majestät haben mit Allerhöchster Entschließung vom 2. October 1867, über den Antrag des Landtages des Erzherzogthumes Oesterreich unter der Enns, die Trennung der Ortschaften Ober- und Unter-St. Veit, und die Constituirung derselben zu selbstständigen Ortsgemeinden allergnädigst zu genehmigen geruht.

Diese Allerhöchste Entschließung wird, nachdem nunmehr auf Grund der Entscheidung Seiner Excellenz des Herrn Ministers des Innern vom 1. November 1869, Z. 13351, die Abmarkung der Gränzen zwischen diesen beiden neu constituirten Ortsgemeinden durchgeführt worden ist, zur allgemeinen Kenntniß gebracht.

Abb. 21: Kundmachung vom 28. März 1870.

gefährdenden Streitigkeiten erworben hat, als Ehrenbürger in den Verband der Gemeinde aufzunehmen.[390] Anschließend sandte man ihm ein Ehrenbürgerdiplom zu. Sogar eine Gasse, die h. Angermayergasse, wurde – vorübergehend – „Giskragasse" benannt. Zu einer näheren Beziehung der Gemeinde zu ihrem neuen Minister-Bürger kam es freilich nicht mehr: Giskra demissionierte nämlich nur zwei Monate später nach einer im Reichsrat gescheiterten Wahlrechtsvorlage und widmete sich danach nur noch der politischen Vertretung seines mährischen Wahlbezirkes[391].

Ein Sommer und ein Winter gingen ins Land und es zeigte sich, daß die vorgenommene Grenzvermarkung beiweitem nicht genau genug war, um nicht neue Streitigkeiten

---

390   GAO 19.1.1870 Pt. 1.
391   Am 20.3.1870: HLW Bd. 2 (1993) S. 547; Gassenbenennung GAO 6.9.1870, Pt. 1; ansonsten taucht in den GA-Protokollen sein Name in keinerlei Zusammenhang mehr auf.

zwischen den beiden verfeindeten Nachbarn auszulösen. Im Sommer stritt man um die (Un-)Zuständigkeit zur Beseitigung des Straßenkotes entlang der Gemeindegrenzen bei der Lainzer und der Reichstraße (h. Beckgasse), im Winter stritt man ebendort drum, wer den Schnee wegschaufeln müsse. So setzte die Bezirkshauptmannschaft für 11. März 1871 einen weiteren Termin zur kommissionellen **Nachvermarkung der Grenze** zwischen Ober- und Unter St. Veit an und beorderte neuerlich einen Vermessungstechniker hin. Bürgermeister Kremser und der Gemeindeausschuß marschierten vollzählig zur Wahrung der Gemeindeinteressen auf, auftragsgemäß hatte man auch eine ganze Wagenladung voll vorgefertigter Grenzsteine mitgenommen. Es wurde nun die Grenze von der Verbindungsbahn bis nach Hietzing aufs dichteste versteint; im November desselben Jahres forderte Bürgermeister Kremser noch weitere amtliche Steinsetzungen an, weil es immer noch Stellen gäbe, an denen die Schneeschaufelungsgrenze des bevorstehenden Winters nicht eindeutig genug sei und dort weitere Streitigkeiten mit Lainz und Ober St. Veit ausbrechen könnten[392]. Leider ist kein einziger der vielen Grenzsteine erhalten geblieben.

Zwei Sommer später, 1873, passierte einem offenbar nicht sehr ortskundigen Referenten des niederösterreichischen Landesausschusses der Lapsus, die Gemeinde Unter St. Veit zur Beseitigung von „Straßenkot auf der Lainzerstraße" aufzufordern. Er erntete eine geharnischte Verwahrung Unter St. Veits gegen dieses Ansinnen und wurde belehrt, *daß der bezügliche mit Kothhaufen belegte Theil der Lainzerstraße im Gemeindegebiet von Ober St. Veit liegt*[393].

5. Unter St. Veiter Gemeindeleben in der Trennungsphase 1867–70

Unter St. Veit trat mit der Allerhöchsten Sanktion des Trennungsbeschlusses am 2. Oktober 1867 als politische Gemeinde rechtlich ins Leben. Wie die Aufnahme des Amtsbetriebes genau vor sich ging, ist nicht mehr nachvollziehbar. Bis zur ersten Bürgermeisterwahl amtierte jedenfalls noch der vom Landesausschuß eingesetzte Kurator Anton Kremser einige Monate lang als eine Art kommissarischer Ortsvorsteher[394].

a) Zur Amtsführung von Bürgermeister Flesch

Am 14. April 1868 wurde ein Unter St. Veiter Gemeindeausschuß gewählt, der dann seinerseits Berthold Flesch zum Bürgermeister und Anton Kremser zum Ersten Gemeinderat und Bürgermeisterstellvertreter wählte[395]. Am 23. April 1868 trat der neue Unter St. Veiter Gemeindeausschuß zu seiner ersten Arbeitssitzung zusammen: man verteilte

---

392   AUV 103/1871; ein nachträglich zusammengestelltes Konvolut Aktenstücke zur Territorialfrage befindet sich ferner in AUV 462/1871.
393   AUV 234/1873 und 315/1873.
394   Dies läßt sich aus den bereits 1867 einsetzenden noch erhaltenen Akten der Gemeinde Unter St. Veit erkennen: WStLA Gem. XIII/5, A1/1-3 Gemeindeamtsregistratur 1867 ff.
395   Bericht des Bezirksamtes Hietzing an die Statthalterei vom 24.4.1868, NöLA, Landesausschuß Fasz. 64/9, Prot. Nr. 6019/1086.

hauptsächlich die üblichen Ämter – Polizeikommissär, Feuerkommissäre, Gemeindekassier – und wählte schon in dieser Sitzung den später noch hochverdienten und geehrten Stephan Witte zum Armenvater[396]. Berthold Flesch war ein äußerst wohlhabender Industriellensohn jüdischer Abstammung und 1867–1874 Teilhaber der Lederfabrik Sigmund Flesch & Co. in Unter St. Veit[397]. Der Gemeindeausschuß hatte ihn sicherlich mit einem Seitenblick auf seine volle Geldbörse zum Bürgermeister gewählt und täuschte sich nicht in seinen Hoffnungen: Gleich zum Amtsantritt spendete Bürgermeister Flesch 300 Gulden in die Gemeindekasse anstelle der sonst üblichen „Bürgermeistertafel" (Bankett für die Honoratioren) der Betrag machte gleich etwa 15% des Gemeindebudgets für 1868 aus[398].

Umgekehrt sind die **Motive Berthold Flesch's**, sich das unbesoldete und mit ständigen Scherereien verbundene Bürgermeisteramt einer unbedeutenden Gemeinde anzutun, aus seinem späteren Verhalten erschließbar: Er hoffte wohl, dadurch die nötige Macht in die Hand zu bekommen, um lange gehegte und von der Bevölkerung abgelehnte Um- und Ausbaupläne seiner Fabrik durchsetzen zu können. Seine Amtsführung war ansonsten dort, wo sie sich nicht mit seinen eigenen Interessen kreuzte, kompetent, seine Vermögensverwaltung war korrekt. In gemeindepolitisch heiklen Fragen war er aber undiplomatisch und verstrickte sich sehr bald in Einzelkonflikte. Gegenüber der Gemeinde und den Ortsarmen war er finanziell großzügig. Wo es freilich um seine Eigeninteressen als Fabriksherr ging, versuchte er mehrfach, es sich zu „richten", fand aber in seinem Stellvertreter Kremser einen energischen Widerpart. Anton Kremser machte nämlich von den Befangenheitsbestimmungen im Gemeinderecht sehr entschlossen Gebrauch und zog die Angelegenheiten, in die Flesch mit seinen Wirtschaftsinteressen involviert war, an sich. Flesch mußte es sich etwa gefallen lassen, von Kremser in Ausübung der gemeindlichen Gesindepolizei vorgeladen (!) zu werden und den Auftrag entgegenzunehmen, einem beschwerdeführenden Zimmermann seiner Fabrik ein ordnungsgemäßes Dienstzeugnis auszustellen[399]; ein andermal verfügte Kremser gegen seinen (befangenen) Bürgermeister die Exekution zur Hereinbringung rückständiger Handelskammerbeiträge der Fleschfabrik[400].

1867/68 hatten die Flesch's eine Baubewilligung zum Zubau einer Küche zur Fabrik erwirkt, in Wahrheit aber stattdessen eine Schmiede gebaut. Über Einschreiten Kremsers nahm sich die Bezirkshauptmannschaft der Sache an und erzwang einen Umbau[401]. Einen so kecken und widerspenstigen Stellvertreter hatte sich Berthold Flesch vermutlich nicht vorgestellt.

Mit dem Herausgeber des „Fremdenblattes", dem in Unter St. Veit ansässigen Gustav Ritter von Heine, verstrickte sich Berthold Flesch wegen dessen Negativberichterstattung über die Lederfabrik in schwerste Konflikte; da er dabei seine Amtsstellung exzessiv aus-

---

396 GAU 23.4.1868 Pt. 1 und 3; zum Wirken Stefan Wittes s. unten X.10.b.
397 Klötzl, Fabriken des Wientales (Anm. 340) S. 14.
398 GAU 23.4.1868 Pt. 4, 17.3.1870 (Budgetzahlen für 1868).
399 AUV 258/1868.
400 AUV 304/1868.
401 AUV 174/1868.

nützte, erteilte ihm die Bezirkshauptmannschaft einen scharfen Verweis[402].

Mehreren Anrainern der Hietzinger Hauptstraße, darunter der Fürstin Leopoldine Palm-Gundelfingen schrieb Flesch ein Monat nach Amtsantritt einen Brief, in dem es in undiplomatischer Kürze hieß: *Laut Gemeindebeschluß haben Sie aus Sanitäts- und Verkehrsrücksichten binnen 14 Tagen den vor Ihrem Hause stehenden Vorgarten wegzuräumen. gez. Flesch.* Inhaltlich war das eine korrekt gemeinte Beschlußerfüllung, aber so schrieb man nicht einer Fürstin Palm, die in Unter St. Veit wegen ihrer Wohltätigkeit sehr geachtet und einflußreich war. Die Fürstin war aufs Höchste echauffiert und suchte Hilfe bei Fleschs Gegner, dem obbesagten Ritter von Heine, der in seinem „Fremdenblatt" sogleich bereitwillig die *Rücksichtslosigkeit des Herrn Ukasschreibers Flesch* anprangerte und die Sache zur Affäre hochstilisierte[403].

Nach nur zehn Monaten voll solcher Verstrickungen war Berthold Flesch amtsmüde und sandte am 22. Februar 1869 ein **Rücktrittsgesuch** an den Bezirkshauptmann von Sechshaus. Dieser teilte ihm aber mit wohlgesetzten Worten mit, daß bloße Amtsunlust kein Enthebungsgrund ist und er weiter seinen Pflichten nachkommen möge[404]. Das tat er dann auch wohl oder übel bis zu den Ausschußneuwahlen im Jahr 1870, wobei er sich fortan bei den Sitzungen gerne entschuldigen ließ. Als in der letzten Ausschußsitzung vor der Neuwahl sein Bauansuchen um Erweiterung, Aufstockung und diverse Umbauten der Lederfabrik unter der Regie seines Stellvertreters Kremser stimmeneinhellig abgelehnt wurde[405], dürfte es ihm endgültig gereicht haben und er überließ fortan seinem bisherigen Stellvertreter Anton Kremser das Feld allein. Er blieb dann noch eine Wahlperiode lang bis 1873 einfaches Gemeindeausschußmitglied. Kurz vor seinem endgültigen Ausscheiden verfolgte er noch das Projekt, am Wienufer einen Gasometer aufzustellen und damit ganz Unter St. Veit zum selben Preis wie in Wien zu beleuchten – die Gemeinde ließ sich aber darauf nicht ein[406]. Berthold Flesch verstarb bereits 1874.

b) Gemeindevermögen und -finanzen

Aufgrund des Vermögensteilungsübereinkommens vom 22. Juni 1867 besaß die Gemeinde bei ihrer Entstehung nur die Liegenschaft St.-Veit-Gasse 48 mit der Kirche und das ihr gesetzlich zukommende öffentliche Gut, also das Gemeindestraßennetz. Bei der endgültigen Grenzabmarkung am 15. Dezember 1869, bei der das Gemeindegebiet unter anderem von der Auhofstraße bis zur Baumgartner Wienflußgrenze ausgedehnt wurde, kam auch noch das halbe Wienflußbett entlang des Gemeindegebietes als öffentliches Gut dazu[407]. Alles Weitere mußte sie sich aus den Einkünften der Folgejahre erst anschaf-

---

402   die komplette Geschichte dazu – s. unten X.B.9.
403   GAU 12.5.1868; Fremdenblatt 31.5.1868 Morgenausgabe, S. 20.
404   AUV 93/1969.
405   GAU 30.1.1870.
406   GAU 29.10.1873 Pt. 5.
407   WStLA Bezirksgericht Hietzing, Grundbuchanlegung 1876–82, Ober St. Veit A 11/6, Erhebungsprot. Nr. 349.

fen. Für die übernommene Filialschule stand nur ein einziger angemieteter Raum im Haus Nr. 73 zur Verfügung[408]. Es gab **kein Gemeindeamt**. Unklar ist, wo Bürgermeister Flesch bis 1870 die Amtsgeschäfte führte, da nicht einmal Ausgaben für die Anmietung von Räumen dokumentiert sind. Es scheint, daß die Gemeindekanzlei – so wie etwa bei Bürgermeister Vinzenz Heß von Hacking – im Privathaus des Bürgermeisters einquartiert war. Es gab auch keinen ordnungsgemäßen **Arrest**. 1868 drängte die Bezirkshauptmannschaft aufsichtsbehördlich auf die Errichtung eines solchen mit mindestens zwei Zellen, die Gemeinde antwortete ausweichend, sie habe keine Mittel dazu[409]. Wie die Gemeinde das Arrestproblem bis zum Ankauf des Hauses Feldmühlgasse 24 als Gemeindehaus mit Arrest im Jahre 1874 – dazu später – gelöst hat, ist unergründlich. Es gab den **Ortswächter** Josef Böck – noch aus der Zeit vor der Trennung von Ober St. Veit[410]. Für die jetzt anfallenden Schreibgeschäfte behalf man sich damit, einen Diurnisten[411] des Handelsgerichtes Wien auf Stundenbasis zu beschäftigen[412].

Unterdessen bemühte sich das fast vermögenslose Unter St. Veit, durch Einführung der gesetzlich zulässigen **Gemeindesteuern** zumindest ein bescheidenes Budget auf die Beine zu bringen: Für 1868 hob man 20% Gemeindeumlage (= ein Zuschlag auf die direkten Staatssteuern) ein und 3 Mietzinskreuzer von jedem bezahlten Mietzinsgulden, schritt aber gleich vorsorglich beim Landesausschuß um Genehmigung der Erhöhung dieser Sätze ab 1869 ein[413]. Für Musikunterhaltungen in den Gasthäusern hob man eine Vergnügungstaxe von 1 fl. ein, die je zur Hälfte in die Armenkassa und in die allgemeine Gemeindekassa floß.[414] Für die Attraktivität einer Gemeinde bei potentiellen Neuzuzüglern, natürlich auch für die Beliebtheit eines Bürgermeisters bei seinen Gemeindekindern, war es von höchster Bedeutung, ob die gesetzlichen Gemeindesteuern im Mindestbereich lagen oder innerhalb der bestehenden Ermessensspielräume gesteigert wurden. Die Aufnahme von Neuzuzüglern in den Gemeindeverband brachte pro Person etwa 50 – 150 fl. **Einbürgerungsgebühr** in die Gemeindekasse, war also sehr lukrativ. Diesen Personenkreis abzuschrecken, wäre gemeindepolitisch sehr unklug gewesen. Also setzte man anfangs darauf, mit den Mindeststeuersätzen das Auslangen zu finden.

Die **Budgetausgaben** für 1868 betrugen 1.838 fl, für 1869 bereits 2.851 fl. Die mehrheitlich ärmliche Bevölkerung konnte die Steuern aber nicht so zahlen, wie sich die Gemeindeväter das vorstellten, Ende 1869 hatte sich Steuerrückstände von bereits rd. 600 fl angesammelt[415]. Das Budget war von Anfang an defizitär, die Abgänge deckten Bürgermeister Flesch und der reiche Gastwirt Karl Hofbauer durch „Vorschüsse" (soll wohl heißen: Darlehen) aus ihrer Privatschatulle[416].

---

408   GAU 14.9.1870 und 5.12.1871; Haus CNr. 73 = Wittegasse 10, Ecke Feldmühlgasse.
409   AUV 305/1868; GAU 23.8.1872, Pt. 5.
410   GAU 26.10.1868 Pt. 2; s. auch Anm. 255.
411   Diurnisten waren untergeordnete Kanzleibeamte, die das Schreibgeschäft zu besorgen hatten.
412   GAU 20.6.1868 Pt. 3.
413   GAU 7.5.1868 Pt. 3 und 4.
414   GAU 28.12.1870 Pt. 6.
415   GAU 24.3.1870.
416   GAU 17.3.1870.

c) Existenzsorgen und Arbeitsschwerpunkte

Die Gemeinde Unter St. Veit war zum Zeitpunkt ihrer Entstehung territorial auf das Häuserviereck beschränkt, das durch die schon damals verbauten Straßenzüge (nach heutigen Namen) Feldmühlgasse – Auhofstraße – Fleschgasse – Hietzinger Hauptstraße begrenzt wird, also winzig und ohne unverbautes Umland; der gleich nach der Selbständigwerdung eingeleitete Kampf um eine Vergrößerung dieses Territoriums ist daher schon verständlich [417].

Bevor feststand, daß die Territorialerweiterung gelingen würde, war die Gemeinde Unter St. Veit von Existenzängsten geplagt – bei einer derartigen Finanzschwäche wohl nicht unbegründet. Bei jeder Gelegenheit wurde betont, nur mit dem Kernterritorium nach dem Stand von 1850 nicht lebensfähig zu sein[418]. Im Mai 1869, als der Rechtsstreit um die Grenzziehung bereits beim Ministerium des Innern anhängig war und dieses statt einer Entscheidung nur im Wege der Bezirkshauptmannschaft Sechshaus neue Verhandlungen anordnete, befaßte sich der Gemeindeausschuß ernsthaft mit der Möglichkeit, daß Unter St. Veit als eigene Gemeinde nicht überleben könnte. Für das Haushaltsjahr 1869 verschob man die Aufstellung des Präliminare (=Budgetvoranschlag) bis zum Ergehen der Ministerialentscheidung über die Grenzziehung – was wußte man, was dann alles sein könnte?[419]

Für den Fall des Verlustes der Selbständigkeit baute man auch durch folgenden Grundsatzbeschluß vor:

- Abstimmungsfrage: *Gibt es allfällig bestimmte Voraussetzungen, unter denen eine Wiedervereinigung der Gemeinden Ober- und Unter St. Veit thunlich wäre?* → Beschluß: einstimmig nein.
- Abstimmungsfrage: *Gibt es allfällig bestimmte Voraussetzungen, unter denen die Gemeinde Unter St. Veit sich bestimmt finden könnte, in die Vereinigung mit einer <u>anderen</u> Gemeinde zu willigen?* → Beschluß: einstimmig ja.[420]

Also, wenn schon die Selbständigkeit nicht durchzuhalten wäre, dann lieber mit irgendeiner anderen Nachbargemeinde zusammengehen, aber nur nicht mit dem Erzfeind Ober St. Veit.

Für die Jahre 1867 bis 1869 läßt sich nur ein deutlicher Maßnahmenschwerpunkt erkennen, nämlich das Straßenwesen. Gleich im Frühjahr 1868 wurde die Einführung der **Gasbeleuchtung** beschlossen, die bis 1867 vom Gemeindeausschuß der Gesamtgemeinde abgelehnt worden war.[421] Hiezu wurde ein Vertrag mit der Imperial Continental Gasgesellschaft abgeschlossen[422]. In diesem Punkt überrundete man Ober St. Veit, das bis zur Eingemeindung nur Petroleumlampen hatte, freilich um den Preis, daß sich die Gasbeleuch-

---

417   GAU 22.1.1869; vgl. dazu auch den vorigen Abschnitt VI.4.
418   z.B. GAU 22.1.1869, 25.5.1869, 8.12.1869.
419   GAU 22.1.1869.
420   GAU 25.5.1869 Pt. II und III.
421   GAU 7.5.1868 Pt. 2.
422   AUV 39/1869.

Abb. 22: Ansichtskarte von Groissingers Restauration in der Auhofstraße 29 vor 1912.

tung später äußerst kostspielig gestalten sollte und viele Jahre lang stets 15–20% des Gesamtbudgets verschlang.[423] Gasbeleuchtung bedeutete Komfort und höhere Sicherheit der nächtlichen Straßen, aber auch unvorhergesehene Gefahren: Am 24. August 1873 wurden am späten Nachmittag in Hietzing zwei Pferde scheu und galoppierten mit ihrem Fuhrwerk unkontrollierbar durch die Hauptstraße nach Unter St. Veit. Dort donnerte der Wagen so heftig gegen einen Gaskandelaber, daß dieser abbrach und eine Explosion das ausströmende Gas entzündete. Glücklicherweise löste dies keinen weiteren Brand aus, der Schaden für die Gemeinde war aber beträchtlich[424].

Von Beginn weg sorgte man auch für das allsommerliche Aufspritzen der St. Veiter Hauptstraße und der Auhofstraße zwecks Staubbekämpfung. Dafür nötigte man den Hausbesitzern in diesen Straßenzügen mit sanftem Druck einen gesetzlich nicht gedeckten Beitrag ab, den jeweils zwei abgeordnete Mitglieder des Gemeindeausschusses in einer Haussammlung einkassieren gingen; den Hausbesitzern der Nebenstraßen bedeutete man, sie mögen selbst aufspritzen, wenn sie der Staub störe[425]. 1868 wurde in der Kirchengasse (h. St.-Veit-Gasse) ein Wasserabzugskanal errichtet und eine teilweise Pflasterung vorge-

---

423   z.B. GAU 5.1.1876 Pt. 1, 9.12.1878 Pt. 3, 14.11.1883 Pt. 1; die hohen Kosten blieben für Ober St. Veit, vor allem unter dem sparsamen Bürgermeister Strecker, stets ein Grund, die Gasbeleuchtung im Hauptort bis zur Eingemeindung nicht einzuführen!
424   AUV 433/1873.
425   GAU 20.6.1868 Pt. 2, 19.4.1869 Pt. 1, 26.4.1870 Pt. 2 u.a.

nommen[426]. Das Erscheinungsbild der Straßen war eben ein wichtiges Element der Selbstdarstellung einer Gemeinde. Insoferne ist es nicht verwunderlich, daß Unter St. Veit seine knappen Mittel der ersten Jahre auf dieses Gebiet konzentrierte, zumal die Lokalpresse gerne Zensuren über Schotterung, sommerliche Bespritzung und Reinlichkeit der Straßen in den Vororten austeilte[427]. Im Vergleich zu Ober St. Veit gewinnt man aber aus den Ausschußprotokollen den Eindruck eher geringer Aktivität. Ein beträchtlicher Teil der Arbeitsenergie ging ja für den – letztlich erfolgreichen – Kampf um territoriale Erweiterung auf.

Für das besonders umkämpfte Territorium der Enklave **Neu-Ober St. Veit** war vorläufig noch die Gemeinde Ober St. Veit zuständig und wurde dort auch auffallend aktiv: Der Ober St. Veiter Teil der Lainzerstraße erhielt 1868 eine Gasbeleuchtung[428], die sommerliche Bespritzung der Gassen in Neu-Hietzing auf Kosten Ober St. Veits wurde beschlossen[429] – man wollte den Bewohnern offenbar das Verbleiben bei Ober St. Veit schmackhaft machen. Umgekehrt lehnte es Unter St. Veit strikt ab, die in der Gegend der Auhofstraße stadtauswärts angrenzenden Häuser, die weiterhin zu Ober St. Veit gehörten, in die Nachtwache einzubeziehen, obwohl sich dort Gesindel herumtrieb und Einbruchsdiebstähle vorkamen[430].

Natürlich mußte sich die Gemeindekanzlei in dieser Zeit auch mit den üblichen Alltäglichkeiten und nicht zuletzt mit ihren manchmal **streitsüchtigen Bürgern** herumschlagen. Zum Beispiel mit den zwei verfeindeten Nachbarn Theodor Neuß und Wilhelm Groissinger, dem späteren „singenden Wirt" aus der Auhofstraße. Herr Neuß hatte seinen Nachbarn beim verbotenen Vogelfang mit Netzen erwischt, angezeigt und seine Verurteilung zu einer Geldstrafe erreicht. Nun legte sich Groissinger auf die Lauer, um auch seinem Nachbarn etwas anhängen zu können und prompt erwischte er ihn ebenfalls beim Vogelfang. In einem unbeobachteten Moment fischte er das illegale Fangnetz des Nachbarn zu sich herüber und ging mit diesem Corpus Delicti triumphierend in die Gemeindekanzlei. Herr Neuß wurde vor Bürgermeister Flesch vorgeladen und erklärte die Anzeige als böswillige Verleumdung. Das Leugnen half ihm aber nichts, auch er bekam seine Geldstrafe[431]. Theodor Neuß war zweifellos kein Liebling von Bürgermeister Flesch, denn er war in diesen Jahren Anführer einer Art Bürgerinitiative, die Eingaben und Beschwerden gegen die Geruchsbelästigung durch die Fleschfabrik schrieb[432].

Auch mit dem jungen **Tierarzt Josef Schmölz** gab es Ärger: Er war mit dem Nachtwächter Wodraschka so aneinandergeraten, daß er sich eine Anzeige wegen Wachbeleidigung und

426   GAU 22.1.1869, 20.8.1869 Pt. 1.
427   z.B. Zeitungsartikel „Verschiedene Übelstände" in: Hietzinger Bezirksbote Nr. 10 (1.10.1878) S. 2. Während die Staubigkeit der Ober St. Veiter Straßen in jenen Jahren ins Visier der Pressekritik geriet (Hietzinger Bezirksbote Nr. 6 [1.8.1878] S. 4) ist für Unter St. Veit keine Kritik in dieser Richtung aufzufinden.
428   GAO 3.11.1868 Pt. 6.
429   GAO 28.4.1868 Pt. 9.
430   GAU 14.11.1869; es dürften damit vor allem die Arbeiter- und Elendsquartiere des sog. Zigeunerdörfels in der Gegend der h. Mantlergasse – Amalienstraße – Preindlgasse gemeint sein, das übrigens auch nach der Neuordnung der Grenzen politisch bei Ober St. Veit verblieb.
431   AUV 347/1869.
432   AUV 488/1870.

Ruhestörung einhandelte. Dafür erhielt er 3 fl. Strafe aufgebrummt und mußte sich schriftlich verpflichten, *in Zukunft allen Antastungen der Ortswache auszuweichen*[433]. Dieser Tierarzt Schmölz wurde übrigens viel später (1887) zum örtlichen Fleischbeschauer bestellt und
sollte der Gemeinde durch eine mangelhafte Amtsführung noch Ärger bereiten.

Im Ergebnis stand Unter St. Veit die kritischen Jahre 1867 bis 1869 erfolgreich durch
und erhielt nach der endgültigen behördlichen Ausmarkung seiner Grenzen am 15.
Dezember 1869[434] ein Territorium etwa drei Mal so groß wie das Kernterritorium nach
dem Stand von 1850, das bis zur Eingemeindung nach Wien 1891 keine weiteren Veränderungen mehr erfuhr.

6. Die Enklave „Neu-Ober St. Veit" als kurioses Relikt

Aus der endgültigen Entscheidung der Grenzziehungsfrage durch das Ministerium des
Innern war also die Kuriosität der Enklave „Neu-Ober St. Veit" hervorgegangen. Glück und
(vorzeitiges) Ende dieses seltsamen Territorialgebildes ist eine ergötzliche Geschichte.

Es geht dabei um die – damals insgesamt 16 – Häuser der Lainzerstraße, heutige
Nummern 57–83[435], für die sich fallweise auch die Bezeichnung „Neu-Hietzing" findet.
Die Bewohner dieser Häuser hatte in all dem Hin und Her über den Grenzverlauf niemand gefragt, obwohl schon vor Abschluß des Grenzstreites bekannt war, daß sie an die
Gemeinde Hietzing angeschlossen werden wollten[436]. Das wäre auch die sachdienlichste
Lösung gewesen, grenzten doch diese Häuser bereits an das verbaute Hietzinger Gebiet
an und waren über die Lainzerstraße mit dem weniger als 1 km entfernten Hietzinger Zentrum gut verbunden. Hingegen betrug die Entfernung nach Ober St. Veit rund 2 km Luft-
linie. Zu Fuß konnte man bei trockenem Wetter den direkten Weg durch die Reichgasse
(= h. Beckgasse) unter dem Verbindungsbahndamm durch nehmen, dann quer durch die
Felder der Unteren Hagenau entlang des Roten Berges Feldwege benützen, ehe man auf
die Feldgasse (= h. Trazerberggasse) traf, die als schmaler Fahrweg bis in den Ort führte.
Das war also der Weg der Neu-Ober St. Veiter zu ihrem zuständigen Gemeindeamt. Mit
dem Wagen mußte man überhaupt den Umweg über Hietzing (Lainzerstraße / Hietzinger
Hauptstraße) nehmen, eine öffentliche Verkehrsverbindung gab es nur eingeschränkt in
der Weise, daß man in Hietzing in einen Stellwagen Wien-Ober. St. Veit zusteigen konnte.
Die Neu-Ober St. Veiter Bewohner waren für die Gemeindeverwaltung vielleicht ein bißchen eine Prestigefrage, denn es handelte sich um eine sehr vornehme Häuserzeile, die
durchwegs aus biedermeierlichen Landhäusern bestand. Das eigentliche Interesse aber
galt den Steuereinnahmen von diesen 16 Häusern, weil in ihnen viel an Sommerparteien

---

433   AUV 340/1869.
434   s. dazu das vorige Kapitel VI.4.
435   Ihnen gegenüber lagen die zu Unter St. Veit gehörenden Häuser Lainzerstraße (heutige) ONr. 30–48.
Die Häuser mit den ONr. von 55 bzw. 28 abwärts gehörten zu Hietzing, ebenso die Häuser mit den ONr. von 85
bzw. 50 aufwärts. Während die Häuser von Neu-Ober St. Veit heute grundbücherlich zur Katastralgemeinde
Hietzing gehören, verblieben die Häuser Lainzerstraße 30–48 grundbücherlich bis heute bei Unter St. Veit.
436   Der Urwähler Nr.14 (1869) S. 1.

Abb. 23: Die Enklave „Neu - Ober St. Veit". Es handelt sich um die Häuser südlich (hier im Bild links) der Lainzerstraße von der heutigen Gloriettegasse bis zur Beckgasse.

vermietet wurde, teils ganze Wohnungen, teils Zimmer und das zu sehr hohen Preisen[437]. Eine wichtige Einnahme der Gemeinde war der sogenannte Mietzinskreuzer, das war eine Steuer in Höhe von 2 Kreuzern auf jeden bezahlten Mietzinsgulden, die mit Bewilligung des Landesausschusses auf bis zu 5 Kreuzern erhöht werden konnte[438]. In Ober St. Veit erhob man seit 1866 stets 3 Mietzinskreuzer[439]. Abgesehen von den sonst noch möglichen Gemeindezuschlägen auf die von den Einwohnern dieser Häuser bezahlten Personalsteuern, hatte man es in Neu-Ober St. Veit vor allem beim Mietzinskreuzer mit einem recht netten Einnahmeposten des Gemeindebudgets zu tun, den man sich durch die Abtretung des Gebietes keinesfalls schmälern lassen wollte. Die Gemeinde dürfte aber unterschätzt haben, daß ihr eigener Aufwand für die Erfüllung der gesetzlichen Verwaltungsaufgaben, die ihr natürlich auch in der dislozierten Enklave oblagen (vor allem Straßenbetreuung und Sicherheitsdienst) durch die räumliche Trennung überproportional stieg und das Festhalten an der Enklave allmählich unwirtschaftlich wurde.

Gleich nach der endgültigen Grenzregelung hatte man den Nachtwächter Johann Dworschak, der den Unter St. Veiter Anteil an Neu-Hietzing betreute, auch als Gemeindediener für Neu-Ober St. Veit mitangestellt[440]. Er besorgte die Betreuung der neuen halbnächtigen Gasbeleuchtung, die Straßenreinigung und hatte eine gewisse Wächterfunktion über, dazu Zustelldienste für die Gemeindekanzlei und dergleichen. Die Bewohner von Neu-Ober St. Veit waren aber dennoch unzufrieden: 1873 machten sie geschlossen eine

---

437   Ingrid Kosetschek, Hietzing als Sommerfrische und Ausflugsziel im Vormärz (Hausarbeit am Institut für österr. Geschichtsforschung, Wien 1965) 35 ff.
438   Die Regelung der Mietzinskreuzereinhebung durch die Gemeinden ist in § 82 des nö. Gemeindegesetzes, LGBl. 5/1864, enthalten.
439   GAS 7.8.1866 Pt. 1; 1877 wollte man den Mietzinskreuzer auf 4 Kreuzer vom Gulden erhöhen und rief damit einen wahren Hausbesitzeraufstand hervor, bei dem 96 Hausbesitzer einen von Ludwig Rath verfaßten Einspruch unterschrieben: GAO 5.9.1877.
440   GAO 6.9.1870 Pt. 2.

Eingabe an den niederösterreichischen Landesausschuß und baten um Umgemeindung nach Hietzing. Da solches nur im Wege freier Vereinbarung der beteiligten Gemeinden möglich war, wurde die Gemeinde Ober St. Veit zur Stellungnahme aufgefordert. Diese lautete, daß durch Abtretung der Häuser die Gemeindeeinnahmen empfindlich geschädigt würden, man würde das Gebiet eventuell schon abtreten, nur müßte die Gemeinde Hietzing an Ober St. Veit eine Entschädigung von 6000 fl. zahlen – eine völlig überzogene Forderung, wenn man vergleicht, daß das Gemeindebudget ein jährliches Volumen in der Größenordnung von 15.000 bis 20.000 fl. hatte[441]. Die Umgemeindungspetition an den Landesausschuß hatte aber nicht nur die Ober St. Veiter, sondern auch die Unter St. Veiter Häuser von Neu-Hietzing im Auge. Folglich wurde auch die Stellungnahme der Gemeinde Unter St. Veit eingeholt. Diese war genauso ablehnend wie die Ober St. Veiter: Durch die Abtretung würde die Gemeinde Unter St. Veit existenzunfähig, gegen eine Ausweitung des Unter St. Veiter Gemeindegebietes habe man aber nichts einzuwenden[442]. Aus der Umgemeindung wurde unter diesen Umständen nichts.

Die zahlreichen Zwistigkeiten, die es zwischen Ober- und Unter St. Veit in jenen Jahren gab, hatten auch die Zuständigkeiten in der und um die Enklave zum Gegenstand. *Nachdem ich zufälliger Weise durch das **Vorübertragen einer Leiche** am Sonntag, den 10. des Monats [November 1872, Anm.] aufmerksam gemacht wurde, Nachfrage zu leisten, ob diese Person im Gemeindeterritorium Unter St. Veit oder Ober St. Veit von Neu-Hietzing gestorben sei, so ergab meine Nachforschung, daß die Tote zu Unter St. Veit, Reichgasse Nr. 2, gestorben ist, vom Herrn Dr. Kopetzky zu Ober St. Veit eigenmächtig beschaut und vom Herrn Bürgermeister zu Ober St. Veit der Todtenzettel zur Beerdigung dieser Frau ausgestellt wurde,* beginnt eine wutentbrannte Beschwerde des Unter St. Veiter Bürgermeisters Kremser an die Bezirkshauptmannschaft Sechshaus, die er auffordert, *die beiden vorgenannten Herren wegen ihrer ungesetzlichen Amtshandlungen zur Rechenschaft zu ziehen.* An Bürgermeister Hentschel schrieb er gleichzeitig, er *wolle sich umgehend rechtfertigen, woher ihm die Berechtigung ertheilt wurde, im fremden Gemeindegebiete ungesetzliche Amtshandlungen vorzunehmen.* Hentschel antwortete kurz und süffisant, daß es *bei der Dreiteilung von Neu-Hietzing oft nicht einmal der Eingeweihte in der Hand hat, beurtheilen zu können, wohin dieses oder jenes Haus gehört, was bei Herrn Dr. Kopetzky der Fall war, der bloß einem Rufe Folge leistete,* weshalb hier niemandem ein Verschulden zur Last falle[443].

Per 1. März 1874 wurde die Gemeinde Hietzing in den Sprengel des Wiener Polizeirayons einbezogen[444]. Die Enklave konnte nur neidvoll zusehen, wie die Hietzinger Villen rundum nun in den Genuß des Sicherheitsnetzes ordentlicher Polizeibewachung kamen, während bei ihnen abends nach dem Laternanzünden der Gemeindediener vielleicht noch eine Runde auf der Lainzerstraße drehte. Und selbst das hatte bald sein Ende, da

---

441   s. dazu Anhang V.
442   GAU 3.12.1873 Pt. 1 und 29.4.1874 Pt. 1.
443   Ganzer Vorgang in AUV 689/1872.
444   Landesgesetz vom 2.4.1874, LGBl. 13/1874.

der Gemeindediener von Neu-Ober St. Veit Anfang 1875 aus dem Dienst ausschied und die Gemeinde aus finanziellen Gründen keinen neuen Mann nur für die Enklave anstellen wollte[445]. Mit Versuchen, den Hietzinger oder den Unter St. Veiter Sicherheitswächter gegen Aufwandsersatz zur Mitbetreuung der Enklave zu gewinnen, holte man sich in den beiden Nachbargemeinden ganz offensichtlich eine Abfuhr. Man muß sich nur vorstellen, wie grotesk das alles war: Wenn einer der beiden in Unter St. Veit angestellten Nachtwächter auf seinem nächtlichen Rundgang von der Reichgasse (= h. Beckgasse) kommend durch die Lainzerstraße wanderte, um anschließend durch die Malfattigasse (= h. Eitelbergergasse) wieder den Weg zum Ortszentrum zurück zu nehmen, sah sein dienstliches Auge immer nur die Häuser mit den geraden Nummern… . Ebenso konnte der Hietzinger Wachmann, wenn er seinen Weg durch die Enklave ins äußere Hietzing nahm, hier eine kleine Aufmerksamkeitspause einlegen. Natürlich beschwerten sich die Bewohner neuerlich, diesmal bei der Bezirkshauptmannschaft Sechshaus, die mit Erlaß vom 23.11.1875 die Gemeinde Ober St. Veit zu einer sinnvollen Abtretungsregelung aufforderte. Daraufhin unternahm der Gemeindeausschuß einen neuen Winkelzug: Hatte man bei der letzten Abtretungsaufforderung einen unmäßigen Entschädigungsbetrag gefordert, so forderte man diesmal kein Geld, sondern forderte die Rückgemeindung der Bossifabrik von Unter- nach Ober St. Veit. Die Gemeindevertretung von Unter St. Veit setzte noch eins drauf und verlangte etwas später neuerlich die Umgemeindung der Enklave nach Unter St. Veit[446]. Der gordische Knoten „Neu-Ober St. Veit" schien unlösbar.

1879 machten sich die Bewohner von Neu-Ober St. Veit wieder mit einer Beschwerde darüber bemerkbar, daß ihre Straßenbeleuchtung nur die halbe Nacht brenne und forderten eine ganznächtige Beleuchtung. Außerdem forderten sie, daß über die Lainzerstraße, die damals ja noch eine Fahrbahn aus gestampftem Lehm hatte, eine Pflasterbrücke gelegt wird, damit sie bei Regenwetter wenigstens ordentlich hinüberkommen. Beides lehnte der Gemeindeausschuß ab[447]. Die Verwaltungsprobleme mit der Enklave nahmen allmählich kabaretthafte Züge an: Die Gemeinde ließ die Lainzerstraße wie alle Hauptwege im Sommer zu Staubschutzzwecken bespritzen. In der Saison 1880 kam es darüber zu einem Konflikt, weil Ober St. Veit hiefür nur die halben Kosten zahlte mit der Begründung, daß auch die andere, zu Unter St. Veit gehörende Fahrbahnhälfte unberechtigter Weise naß gemacht worden sei[448]. 1883 ergriff schließlich der Landesausschuß eine neue Initiative, die Enklave nach Hietzing umzugemeinden. Anlaß war ein Kanalbauprojekt der Gemeinde Hietzing, das sinnvollerweise nur unter Einbeziehung der Neu-Ober St. Veiter Fahrbahnanteile an der Lainzerstraße durchgeführt werden konnte. Ober St. Veit stimmte einer Abtretung zu, verlangte diesmal aber wieder eine Geldentschädigung – 3000 fl. und setzte ein Komitee zur Behandlung der Frage ein[449]. Gleichzeitig machte die Gemeindevertretung auch noch auf einer anderen Front Schwierigkeiten, doch damit

445   GAO 24.4.1875 Pt. 2.
446   GAU 24.3.1876 Pt. 2.
447   GAO 22.10.1879, Anhang zur TO.
448   GAO 30.11.1880 Pt. 2.
449   GAO 20.12.1883 Pt. 5.

brachte sie nun das Faß endgültig zum überlaufen: Die Dampftramwaygesellschaft Krauß & Co. projektierte bereits seit 1881 eine Tramwaylinie von Hietzing über Rodaun nach Mödling[450]. Bei einer technischen Kommissionierung stellte die Gesellschaft an die beteiligten Gemeinden Hietzing, Ober- und Unter St. Veit das Ansinnen, die Rinnsale neben der Lainzerstraße zuzuschütten und zu befestigen, da sonst die Schienen nicht genügend festen Untergrund hätten. Hietzing und Unter St. Veit erklärten sich sofort bereit, nur Ober St. Veit weigerte sich mit der Begründung, daß es von dieser Straßenbahn „nichts hätte". Auch das Angebot, die ursprüngliche Planung zu ändern und eine Haltestelle in die Enklave Neu-Ober St. Veit zu plazieren, konnte die Gemeindevertreter nicht umstimmen, die schlußendlich zu Protokoll gaben, sich gegen die Verletzung ihres Territoriums durch einen Schienenstrang überhaupt zu verwahren. Über soviel Kleingeisterei platzte Direktor Wilhelm Halama von der Tramwaygesellschaft ganz offensichtlich der Kragen, er ging zum niederösterreichischen Landesausschuß und verlangte, die Gemeinde Ober St. Veit zur Räson zu bringen, andernfalls er das ganze Tramwayprojekt abblasen werde. Das wirkte. Der Landesausschuß erließ nunmehr einen keinen Widerspruch duldenden Auftrag an die Gemeinden Ober St. Veit und Hietzing, binnen drei Monaten *ihre Grenzfrage zu regeln*, sprich die Enklave aufzulösen[451]. So geschah es auch – noch im Jahre 1883. Ober St. Veit einigte sich mit Hietzing auf eine Pauschalentschädigung von 2500 fl. für den künftigen Steuerausfall und trat die Enklave ab[452]. In der Eile vergaß man dann noch darauf, zusätzlich zu den Häusern auch die halbe Fahrbahnparzelle der Lainzerstraße abzutreten, was 1884 ohne weiteres Aufhebens nachgeholt wurde[453]. Das unnatürliche Kuriosum „Neu-Ober St. Veit" hatte sein Ende gefunden.

---

450 Alfred Laula, Hans Sternhart, Dampftramway Krauss & Comp. in Wien (Wien 1974) 50 f.; die Linie wurde Ende 1883 eröffnet.
451 Dies alles ist einem Protokoll des nö. Landesausschusses vom 19.10.1883 zu entnehmen, das dem Sitzungsprotokoll GAO vom 20.12.1883 beiliegt.
452 GAO 23.5.1885 Pt. 2; NöLA Statthalterei, Fasz. M, Karton 2955, Nr. 2439/1885.
453 GAO 3.10.1884 Pt. 1.

VII.
Gemeinderechtliche Fortentwicklungen seit 1862/64

Die Rahmenbedingungen, unter denen sich die Gemeindearbeit nunmehr abspielte, blieben im Gegensatz zu den mehrfachen Eingriffen und Änderungen der Anfangszeit in den Jahren seit 1864 auf Jahrzehnte hinaus stabil. Auf gesamtstaatlicher Ebene war mit dem Regierungsantritt des Ministerpräsidenten Karl Fürst Auersperg (1867) die sogenannte liberale Ära angebrochen[454]. Ende 1867 erging eine Reihe von Staatsgrundgesetzen, die in ihrer Gesamtheit als Dezemberverfassung bezeichnet werden[455]. Anders als in den Jahren bis 1862/64 berührte weder der politische Führungswechsel noch die neue Staatsverfassung das Gemeindewesen in rechtlich-organisatorischer Hinsicht[456].

Der Gemeindeausschuß von Ober St. Veit bestand nach der Abtrennung von Unter St. Veit ebenso aus 18 Mitgliedern wie der Ausschuß der (noch vereinigten) Gemeinde St. Veit von 1861–67[457]. Dazu kamen noch die von der Gemeindeordnung vorgeschriebenen 6 Ersatzmänner[458].

In der hier zu besprechenden Periode machte sich bereits eine etwas merkwürdige Langzeitfolge der gemeinderechtlichen Regelung des Heimatrechtes bemerkbar, die sich bis 1890 immer weiter verstärkte. Das (heute abgeschaffte) *Heimatrecht* war auf Gemeindeebene im Prinzip das gleiche wie die Staatsbürgerschaft auf der Ebene des Gesamtstaates. Man konnte das Heimatrecht nur in einer Gemeinde besitzen. Neben dem daran geknüpften Wahlrecht und dem Aufenthaltsrecht war die wichtigste Folge dieses Heimatrechtes, daß man gegenüber der Heimatgemeinde einen Anspruch auf Armenversorgung hatte, wenn man in Mittellosigkeit verfiel, was vor Einführung der allgemeinen Sozialversicherung kein so seltener Fall war. Das provisorische Gemeindegesetz von 1849[459] hatte noch vorgesehen, daß man nach mindestens vierjährigem, geduldetem Aufenthalt in einer Fremdgemeinde einen Rechtsanspruch auf deren Heimatrecht hat. Nicht so das Heimatrechtsgesetz 1863[460]: Dieses stellte die Verleihung des Heimatrechtes in das freie Ermessen der Gemeinden, die natürlich nur noch wohlhabende Zuzügler aufnahmen, denen man auch noch hohe Aufnahmetaxen abknöpfte. Nur die definitiv angestellten Beamten erwarben ihr Heimatrecht automatisch in der Gemeinde, in welcher ihnen ihr

---

454   Erich Zöllner, Geschichte Österreichs (Wien8 1990) 413 f.

455   Hellbling, ÖVV (Anm. 95) S. 375 ff.

456   Vgl. Klabouch, Gemeindeselbstverwaltung (Anm. 121) S. 83. Die einzige rechtlich bedeutsame Änderung war die gänzliche Übertragung der Gesetzgebungskompetenz in Gemeindesachen vom Reichsrat an die Landtage durch § 11 des Staatsgrundgesetzes über die Reichsvertretung, RGBl. 141/1867, die an den Rahmen des Reichsgemeindegesetzes damit rechtlich nicht mehr gebunden waren. Da aber das nö. Gemeindegesetz bis 1888 (LGBl. 33) nie geändert wurde, blieb diese Änderung für unseren Bereich zunächst rein theoretisch.

457   GAS 21.1.1861 ff.; nö. Amtskalender 1865 ff.

458   § 14 nö. Gemeindeordnung, LGBl. 5/1864.

459   RGBl. 170/1849, hier: § 12 lit. b).

460   Gesetz vom 3.12.1863, RGBl. 105/1863, betreffend die Regelung der Heimatverhältnisse, hier: §§ 8–10, die bis 1896 galten.

ständiger Amtssitz angewiesen worden war. Selbstverständlich gab es stets eine gewisse *Zu- und Abwanderung*, die in den nahe bei Wien liegenden Gemeinden Ober- und Unter St. Veit recht hoch war[461]. Die Folge des fehlenden Rechtsanspruches auf Verleihung des Heimatrechtes der Wohnsitzgemeinde war aber, daß die tatsächlichen Wohnverhältnisse und die Heimatverhältnisse immer weiter auseinander fielen. Diese Regelung stellte eine politische Konzession an das wohlhabende Bürgertum, vor allem der Zuwanderungsgemeinden, dar, die von den zugewanderten Arbeitskräften zwar alle wirtschaftlichen Vorteile hatten, die Lasten ihrer Sozialversorgung aber auf deren ländliche Herkunftsgemeinden abwälzen konnten[462]. Wenn auch die Diskrepanz zwischen formeller Heimatzugehörigkeit und tatsächlichen Bevölkerungsverhältnissen in St. Veit sicher geringer war als in großen Industrieorten, so war sie doch auffällig und kennzeichnend für die Jahre ab etwa 1870.

---

461 In den Konskriptionsbögen der Volkszählungen von 1869 und 1880 kann man dies insoferne schön nachvollziehen, als bei allen Personen die Geburtsorte angegeben sind.
462 Klabouch, Gemeindeselbstverwaltung (Anm. 121) S. 71.

VIII.
Ober St. Veit 1868–91

Für die nun folgenden Jahre bis zur Eingemeindung gibt es eine Unmenge an Geschehnissen zu berichten. Einerseits liegt das daran, daß die inzwischen aufgeblühte und viel besser als in der Anfangszeit eingespielte Gemeindeverwaltung eine zunehmend umfangreichere Tätigkeit entfaltete, umso mehr, als auch die Häuser- und Bewohnerzahl des Ortes ständig wuchs. Andererseits liegt das aber auch an der besseren Quellenlage, die uns über die späteren Jahre einfach mehr Informationen bietet. Die folgenden Abschnitte dieses Kapitels handeln daher die Geschichte Ober St. Veits bis 1891 hauptsächlich als allgemein-politische Überblicksgeschichte ab, für einzelne Ereignisse und Entwicklungen auf den verschiedenen Gebieten des Gemeindelebens sei auf Kapitel X. verwiesen.

1. Die Ära Bürgermeister Hentschel I

Abb. 24: Karl Hentschel,
Langzeitbürgermeister von Ober St. Veit.

a) Zur Person Karl Hentschel

Im April 1868 trat Karl Hentschel sein Amt als neu gewählter Bürgermeister, gleichzeitig erster Bürgermeister der nach der Trennung nun verkleinerten Gemeinde Ober St. Veit an. Hentschel war am 7. Jänner 1827 in der Nachbargemeinde Lainz geboren und hatte sich nach Verehelichung mit seiner in Ober St. Veit beheimateten Gattin Maria 1854 hier angekauft. Das St. Veiter Heimatrecht erhielt er erst 1861 erteilt[463]. Seine Existenzgrundlage war eine gutgehende Schuhmacherei, die er während all seiner Bürgermeisterjahre weiterführte[464]. Karl Hentschel war bereits in der vorangegangenen Wahlperiode 1864–68 Gemeinderat der damals noch vereinigten Gemeinde St. Veit gewesen und hatte als solcher die Beaufsichtigung der Ober- und Unter St. Veiter Sicherheitswachmänner übergehabt[465].

---

463 GAS 22.2.1861 Pt. 24 (Erteilung) und GAS 9.4.1861 Pt. 6 (Ablehnung von Hentschels Gesuch, ihn von der Aufnahmetaxe zu befreien).
464 WStLA Totenbeschauprotokoll 10.5.1898; Auskunftsschreiben von Sr. M. Adelgundis Altenburger, 4652 Steinerkirchen, vom 2.11.1982 (Nachfahrin der Familie). Sein Wohnhaus war Ober St. Veit CNr. 95 = Glasauergasse 7, wo er auch seine Werkstatt hatte.
465 GAS 8.7.1864 Pt. 1.

Wie die meisten Gemeindepolitiker des 19. Jahrhunderts kann man ihn keiner bestimmten Parteirichtung zuordnen, da es, wie schon beschrieben (oben IV.2.c), bei den Wahlen keine Parteilisten, sondern nur freie Kandidatennennung gab. Von ihm selbst sind keine Äußerungen erhalten, die eine weltanschauliche Zuordnung ermöglichen würden. Immerhin kann man aus einem späteren Zeitungsartikel in dem liberalen Blatt „Der Urwähler"[466], schließen, daß die Liberalen ihn zumindest als einen Mann ihres Geistes ansahen, denn der Artikel stellt die Epoche vor Hentschel als finster und rückständig hin und preist sodann fast hymnisch, wie sich unter ihm in allen Zweigen der Gemeindeverwaltung *der Geist des Fortschrittes entfaltet*. In späteren Jahren hatte er allerdings bereits viele Feinde, die in anderen Lokalblättern Attacken auf ihn lancierten. Die Redaktion der „Wiener Communal-Bezirks-Zeitung" zählte ab den 1880er Jahren absolut nicht zu seinen Freunden. Ziemlich unverblümt wurden ihm da

Abb. 25: Karl Hentschels Ehrengrab auf dem Ober St. Veiter Friedhof (C/1/22).

seine vielen „Weibergeschichten" vorgehalten[467]. Als sogar der Schuhmachermeister-Verein „Fortschritt" im Hietzinger „Weißen Engel" eine Versammlung abhielt, die die Vergabe der Beschuhung für arme Kinder durch den Bürgermeister Hentschel an den Schuhmacher Hentschel heftig kritisierte und ein Komitee wählte, das sich darüber bei der Bezirkshauptmannschaft beschweren sollte, wurde es für den Angegriffenen allerdings tatsächlich schon sehr ungemütlich[468].

In Angelegenheiten der Gemeindeverwaltung war er jedenfalls sehr fleißig und persönlich einsatzfreudig: Es gibt kaum eines unter den mehreren hundert erhaltenen Kommissionierungsprotokollen (hauptsächlich in Bausachen), aus denen nicht die persönliche Teilnahme von Bürgermeister Hentschel hervorgeht. Dazu kamen noch all die Vorsprachen bei höheren Behörden, mit denen er sich bei heiklen Interventionen regelmäßig vom Gemeindeausschuß beauftragen ließ und all die vielen Ausschußsitzungen, die er leitete. Wahrscheinlich kamen mehr solche Sitzungen zusammen, als sich Karl Hentschel bei seinem Amtsantritt selbst gedacht hätte, denn er blieb Bürgermeister zunächst bis 1876 und dann nach einer einmaligen Abwahl und insgesamt viermaliger Wiederwahl neuerlich von 1878 bis 1891. Er war also schlußendlich ein Langzeitbürgermeister und epochemachender Gemeindevater, in dessen insgesamt 26-jähriger Wirkungsperiode (die Jahre als bloßer Gemeinderat mitgerechnet) der Ort Ober St. Veit sein Gesicht radikal

---

466   Nr. 7/1872, S. 27 f.
467   Wiener Communal-Bezirks-Zeitung Nr. 16 (10.6.1887) S. 3.
468   Wiener Communal-Bezirks-Zeitung Nr. 6 (28.2.1887) S. 4.

verändert und große Teile der Entwicklung von der ländlichen Agrargemeinde zum Wiener Wohnvorort schon durchgemacht hat. Nach der Vereinigung Ober St. Veits mit Wien hatte er kein öffentliches Amt mehr inne. Er starb am 10. Mai 1898 an Herzversagen[469] und wurde auf dem Ober St. Veiter Friedhof beigesetzt, wo sich heute noch sein ehrenhalber auf Friedhofsdauer gewidmetes Grab befindet.

b) Entwicklungsschub für Ober St. Veit

Das Jahrzehnt ab 1869 bescherte Ober St. Veit zunächst einmal einen Wachstumsschub bei den Häuserneubauten und beim Bevölkerungszuzug, der eine Folge der Ballungsentwicklung des Wiener Raumes war[470]. Besonders zu erwähnen ist hier die Erbauung der Färberei Winkler & Schindler in der Auhofstraße im Jahre 1874, die die Ansiedlung weiterer Arbeiter nach sich zog. Die Gemeinde konnte diese Entwicklung zwar nicht aktiv steuern, empfand sie aber als „Fortschritt" und Aufwärtsentwicklung[471]. Wie stark diese Wachstumsschübe ausfielen, zeigen die folgenden Zahlen für Ober St. Veit[472]:

	1857	1869	1880
Häuser	220	274	329
Bewohner	1902	2773	3456

Es bedarf wohl keiner näheren Erörterung, daß die stark gestiegene Bewohnerzahl einerseits die Steuereinnahmen in der Gemeindekasse steigen ließ, andererseits einen vermehrten Anfall an Geschäftsfällen mit sich brachte und schließlich eine Ausweitung der Infrastruktur der Gemeinde erforderte.

Die gemeindeeigene *Volksschule*, obwohl erst 1858 erbaut, wurde Anfang der 1870er Jahre bereits wieder zu klein, so viele schulpflichtige Kinder drängten zum Schulbesuch – oder wurden gedrängt, denn man nahm die Durchsetzung der Schulpflicht inzwischen deutlich ernster als noch in den 1850er Jahren, als Kinder armer Familien nicht selten anstatt in die Schule „in die Fabrik" geschickt wurden[473].

Die steigenden Schülerzahlen riefen jedenfalls dringend nach einer baulichen Lösung.

---

469   WStLA Totenbeschauprotokoll 10.5.1898.
470   Vgl. Günther Chaloupek u.a., Wien Wirtschaftsgeschichte Bd. 1 (Wien 1991) 269 f.
471   Typisch etwa die von Bürgermeister Hentschel selbst herausgegebene Festschrift „Ober St. Veit in seiner Entwicklung und in seinem Bestande" (1887), 13 f., in der er diese Entwicklung preist und unter die Erfolge seiner Amtstätigkeit einreiht. Vergleichbare Äußerungen finden sich an verschiedensten Stellen.
472   Quellen: Bezirksamt Hietzing (wie Anm. 324); Bevölkerung und Viehstand der im Reichsrathe vertretenen Königreiche und Länder nach der Zählung vom 31. December 1869, hgg. von der k.k. Statistischen Central-Commission, VI. Heft: Wohnorte – Erläuterungen zu den Viehstandstabellen (Wien 1872) S. 20; Special-Ortsrepertorium von Nieder-Oesterreich, hgg. von der kk. statistischen Central-Commission (Wien 1883) S. 146; Stenographische Protokolle des nö. Landtages, IV. Session 23.11.1865 – 21.2.1866, S. 860. Die Zahlen für 1857 stammen zwar noch aus der Zeit vor der Gemeindetrennung, beziehen sich aber ausdrücklich nur auf den Ortsteil Ober St. Veit: eine kleine Ungenauigkeit liegt darin, daß Ober St. Veit nach der Gemeindetrennung etwa ein Dutzend Häuser an Unter St. Veit abtreten mußte.
473   GAO 11.2.1878, Beilage.

Abb. 26: Die Obere Hietzinger Hauptstraße am Ende des 19. Jahrhunderts. Das Foto zeigt rechts die 1873 erbaute Volksschule mit dem zurückversetzten Zubau aus dem Jahr 1894. Es zeigt auch den damals noch freien Blick auf die Pfarrkirche, in der Bildmitte das Haus Hietzinger Hauptstraße 168 mit dem Gemeindegasthaus und dem Stellwagen davor. Ganz rechts ist auch noch die Kante des Hauses Hietzinger Hauptstraße 164 zu sehen, das alte Schulhaus, in dem später u.a. die Gemeindekanzlei, das Postamt und das Feuerwehrdepot untergebracht waren.

Schon 1870 hatte die Bezirkshauptmannschaft Sechshaus eine Schulerweiterung und insbesondere die Errichtung eines eigenen Turnsaales gefordert, die Gemeinde hatte sich damals aber noch auf den Standpunkt zurückgezogen, daß im Mai 1870 ohnedies schon ein zusätzliches Klassenzimmer geschaffen worden wäre und mehr Geld nicht vorhanden sei. Ob es nun weiteres Drängen der Bezirkshauptmannschaft oder der Sachzwang weiter gestiegener Schülerzahlen war, wissen wir nicht, jedenfalls beschloß der Gemeindeausschuß im Herbst 1872 dann doch, einen **Schulneubau** auszuführen. Als Standort hiefür bot sich das bereits seit 1832 gemeindeeigene Grundstück Theresiengasse 13 – 15 (Hietzinger Hauptstraße 166)[474] an. Um gartenseitig eine ausreichende Bautiefe zu besitzen, wurde das Haus Rudolfsgasse 4 (h. Glasauergasse 4) angekauft, um einen Teil seines unverbauten Gartens für den Schulbau nützen zu können[475]. Gleichzeitig verkaufte die Gemeinde das ehemalige Halterhaus (h. Glasauergasse 13) an den Schlossermeister Friedrich Stach, der ohnedies darin bereits seit einigen Jahren Mieter war, um 4000 Gulden , um finanziell über die Runden zu kommen[476].

---

474   Das Grundstück war bereits seit dem großen Arrondierungstausch vom 18.5.1832 (s. oben II.2.) Eigentum der Gemeinde St. Veit (BG Hietzing, Grundbuch EZ. 123 KG Ober St. Veit). Daneben an der historischen Adresse Theresiengasse 11 (= Hietzinger Hauptstraße 168) lag damals noch das Haus CNr. 73, das ehemalige Privathaus des Bürgermeisters M. Schmid, das seit einem Kaufvertrag vom 20.5.1869 ebenfalls bereits der Gemeinde gehörte (WStLA Dienstbuch St. Veit 1840-79, Gb. 5/7a, fol 37). Dieses Haus wurde durch den Schulneubau vorerst nicht betroffen.
475   GAO 24.10.1872 Pt. 1.
476   GAO 4.9.1872 Pt. 7. Der tatsächliche Verkauf des Hauses erfolgte am 24.9.1872 (BG Hietzing, Grundbuch EZ. 95 KG Ober St. Veit, CNr. 94).

Abb. 27: Der Lehrkörpfer der Volksschule Ober St. Veit 1890. Sitzend zweiter von rechts Bürgermeister Karl Hentschel, links daneben Oberlehrer Karl Sommer, stehend dritter von rechts Lehrer Franz Lauer (Gründer des Ober St. Veiter Männergesangvereines).

Sodann übernahm die Gemeinde Ober St. Veit die Bauherrnrolle: Aus drei vorliegenden Entwürfen, nämlich der Ober St. Veiter Baumeister Josef Gaubmann und Lorenz Trillsam sowie des auswärtigen Architekten Otto Thienemann wählte man den Entwurf Thienemanns aus[477]. Wenn man weiß, wie sehr sonst bei Vergabe von Gemeindeaufträgen die „Lokalpräferenz" unter allen Umständen hochgehalten wurde und bis zum gegenseitigen Zuschanzen von Aufträgen gehen konnte (Gaubmann und Trillsam waren Gemeindeausschußmitglieder!), ist die Entscheidung zugunsten eines Auswärtigen recht bemerkenswert und läßt vermuten, daß die beiden örtlichen Baumeister mit der schwierigen Aufgabe einer Schulhausplanung überfordert waren und qualitativ so deutlich abfielen, daß man sie einfach nicht nehmen konnte. Die weitere Ausführung des Baues ist in den Protokollen des Gemeindeausschusses sehr genau nachzulesen, weil man alle wichtigen Einzelschritte, vor allem die Auftragsvergaben an die Professionisten, laufenden Beschlußfassungen unterzog und durchaus nicht der selbständigen Abwicklung durch den Bürgermeister überließ. Am Ende wurde daraus ein für damalige Verhältnisse recht modernes, dreigeschoßiges Schulhaus, dessen besondere Attraktion eine zentrale Heißwasserheizung war, die den zur Winterszeit Kohle schleppenden und Öfen einheizenden Schuldiener ersparte[478]. Die Fertigstellung erfolgte im Juni 1873, die Aufnahme des Schulbetriebes im darauffolgenden Herbst[479]. Die Geschlechtertrennung unter den Schülern

---

477   GAO 24.10.1872 Pt. 1.
478   GAO 20.3.1873 Pt. 2; Der Urwähler Nr. 18 (26.11.1873) S. 70.
479   Pfarrchronik Ober St. Veit, Band 1784–1875, pag. 550.

wurde geradezu perfektioniert, indem nunmehr der erste Stock den Knaben, der zweite Stock den Mädchen diente und beide Stockwerke getrennte Ausgänge hatten[480].

Obwohl die Gemeinde den für ihre Budgetverhältnisse enormen Betrag von rund 75.000 Gulden ausgegeben hatte, reichte das Geld nicht für alles Geplante: Architekt Thienemann hätte eigentlich einen Haupttrakt und zwei rechtwinkelig angesetzte, symmetrische Seitentrakte vorgesehen. Man erbaute nur den Haupttrakt, und den sogar um drei Fensterachsen verkürzt (diese wurden erst nachträglich 1894 angesetzt) und ließ die Seitentrakte weg – dadurch blieb den Gebäuden Hietzinger Hauptstraße 164 und 168 übrigens bis zur Eingemeindung der sonst erforderliche Abriß erspart. Zeitgenossen bekrittelten, daß *die vorsintflutlichen Bänke der alten Schule in den neuen Palast übertragen* wurden[481]. Offenbar reichte das Geld auch hier nicht mehr. Der von der Straße aus gesehen linke Seitentrakt wurde übrigens 1904/05 nach den ursprünglichen Plänen von der Stadt Wien dann doch noch angefügt, der rechte Seitentrakt wurde nie ausgeführt. An der dafür vorgesehenen Stelle entstand erst 1994 ein asymmetrischer Zubau mit einer wenig einfühlsamen Fassade, die gegen zahlreiche Bürgerproteste verwirklicht wurde[482].

Was von der neuen Gemeindemannschaft unter Bürgermeister Hentschel in den Jahren ab 1868 sonst noch an **Aufbauarbeit für die Infrastruktur** des Ortes geleistet wurde, faßt der schon erwähnte Artikel[483] in der Zeitung „Der Urwähler" vom März 1872 recht übersichtlich zusammen:

Vor allem wurde das Augenmerk auf die Ortsreinlichkeit, Schaffung von Anlagen, Promenadenwegen und Instandsetzung der Straßen gerichtet; eine freiwillige Feuerwehr, sowie andere humanitäre ... Vereine wurden gebildet. ... Der Erfolg dieser Einrichtungen und Vorkehrungen konnte nicht ausbleiben; allmählig begann ein regeres Leben, der Zudrang von Sommerpartheien stieg von Jahr zu Jahr, und während noch vor einigen Jahren circa 80–100 Partheien ihre Sommerfrische in Ober St. Veit genossen, beläuft sich nunmehr deren Zahl bereits auf 340–360[484]. Viele Hausbesitzer, den materiellen Vorteil der intelligenteren Nachbarn erkennend, begannen auch ihrerseits, ihre Häuser und Wohnungen in Stand zu setzen, Zubauten zu machen oder neue Wohnhäuser zu errichten, Grund und Boden stiegen bedeutend im Werthe, was viele Besitzer zum Verkaufe an Private und Sommerpartheien veranlaßte, so daß in einem Zeitraum von nur wenigen Jahren eine große Anzahl von Privathäusern, Sommervillen und Zubauten aufgeführt wurde. ... Ein großer Grund-Komplex wurde von einem Privaten zur Errichtung eines großen Bad-

---

480 Weissenbacher, Hietzing I (Anm. 33), S. 106 f., der auch eine genaue architektonische Beschreibung des Schulgebäudes und eine Detaildarstellung der weiteren Baugeschichte bietet.
481 Der Urwähler Nr. 18 (26.11.1873) S. 70.
482 Weissenbacher (wie Anm. 480).
483 s. Anm. 466.
484 Diese Zahl dürfte doch etwas geflunkert sein: Für 1870 ist eine Liste aller Ober St. Veiter Sommerparteien überliefert (Beilage zum „Urwähler" Nr. 16/4.8.1870), die etwa 160 Personen enthält. Eine Verdoppelung dieser Zahl innerhalb von 2 Jahren scheint schon aus Kapazitätsgründen eher unglaubwürdig.

hauses angekauft[485] und schon im heurigen Jahr wird der Bau beginnen. Ein weiterer Komplex in der schönst situirten Lage, dem sogenannten Schweizerthale, wurde parzelliert, und die Erbauung von Sommerhäusern in Aussicht genommen. Ebenso wurden bezüglich der öffentlichen Sicherheit und zum Schutze des Eigentums die umfassendsten Maßregeln durch Organisirung der freiwilligen Feuerwehr und Verstärkung von Nacht-Patrouillen getroffen... [486].

Auch das **Vereinswesen** erlebte damals den zeittypischen Aufschwung, war doch die Vereinsfreiheit eine der gefeierten liberalen Verfassungserrungenschaften des Jahres 1867 gewesen[487]. 1870 gab es in Ober St. Veit fünf von Bürgermeister Hentschel – nach seinen Angaben von ihm selbst – gegründete Vereine, nämlich einen Verschönerungs-, einen Kranken- und Leichenverein, einen Spar- und einen Leseverein, ferner einen „Anti-Herr-von-Verein", in dem jedes Mitglied, das jemanden mit „von" anspricht oder auf die Anrede „Herr" vergißt, eine Strafe von 3 kr in die Vereinskasse zahlen mußte[488]. An dieser Hentschel'schen Vereinsgründung kann man seine liberale Grundeinstellung ein wenig ablesen. An weiteren, nicht von ihm gegründeten Vereinen entstanden ein Schützenverein[489], und – angeblich – ein Turnverein und eine Aktienspielgesellschaft[490], ferner der Verein zum Besten armer Kinder „Elisabethinum". In Unter St. Veit gab es um 1870 nur drei Gasthaus-Sparvereine, ansonsten kein vergleichbares Vereinsleben[491].

Der **Verschönerungsverein** wurde 1856 von 19 Gründungsmitgliedern ins Leben gerufen[492]. Durch den erhaltenen Jahresbericht von 1866 erfährt man erstmals von seinen

---

485   Im Gemeindegebiet von Ober St. Veit gab es tatsächlich nie ein öffentliches Schwimmbad. Hier ist die Bade- und Schwimmanstalt (Alois) Huber & (Karl) Brustmann gemeint, die am gegenüberliegenden Wienufer in Baumgarten auf der Höhe der St. Veiter Brücke 1875 gebaut wurde, dieses Bad bestand als „Baumgartner Bad" bis 2001, heute befindet sich an seiner Stelle das Möbelhaus KIKA; vgl. GAO 29.5.1875 Pt. 2 (Bezug von Wienflußwasser für dieses Bad), AOV 173/1875 (Projektkommission in der Baumgartner Gemeindekanzlei).

486   Der Urwähler Nr. 7 (15.3.1872) S. 27-28; Der „Urwähler" war eine offiziöse, seit 1867 14-täglich erscheinende Zeitung mit liberaler Grundtendenz, die sich „Organ der Gemeinden von Niederösterreich" nannte und ihren Redaktionssitz im niederösterreichischen Landhaus hatte. Auch wenn der genannte Artikel wahrscheinlich von Bürgermeister Hentschel selbst zu propagandistischen Zwecken lanciert wurde, so erscheint die Faktendarstellung doch einigermaßen sachgetreu und paßt, soweit überprüfbar, mit den Einzelinformationen der Gemeindeausschußprotokolle zusammen.

487   Gesetz vom 15.11.1867, RGBl. 134/1867 über das Vereinsrecht; vgl. dazu Hellbling, ÖVV (Anm. 95) S. 364.

488   Der Urwähler Nr. 9 (28.4.1870) S. 35; Der Verschönerungsverein bestand bis lange über die Eingemeindung hinaus und beging noch 1903 sein – vermeintlich – 25jähriges Gründungsfest (Hietzinger Zeitung Nr. 7/1903, S. 53); da die Gründung des Vereines aber schon 1856 belegt ist, ist zu vermuten, daß der Verein entweder keine verläßlichen Aufzeichnungen über sein Gründungsdatum besaß oder nach einigen Jahren unter Bruch der Kontinuität neu gegründet wurde.

489   Zur „Schützengilde Tell" ausführlich unten VIII.3.e).

490   Der Hinweis auf den Turnverein und die Aktienspielgesellschaft im „Urwähler" (Anm. 488) ist fraglich, denn in beiden erhaltenen Vereinsverzeichnissen, die die Gemeinde an die Bezirkshauptmannschaft einschicken musste (AOV 240/1868 und AOV 71/1882), kommen diese Vereine nicht vor.

491   ASV 240/1868: enthält Auftrag der BH Sechshaus, über alle bestehenden Vereine zu berichten, dem die Gemeinde durch Einsendung von Listen und Jahresberichten entspricht.

492   „Verzeichnis der beigetrettenen Verschönerungsmitglieder in der Gemeinde St. Veit mit ihren Erklärungsbeiträgen" vom März 1856, ASV 129/1856.

Aktivitäten: *Neu hergestellt wurde die Parkanlage am Achhammer*[493] *und steuerte der Verein auch zur Errichtung des Hüterhauses am Hagenberg bedeutend bei, indem dieser Bau auf seine Kosten mit einer Terrasse versehen wurde, wodurch er zugleich als Aussicht und Ruhepunkt dient*, heißt es da[494]. Aus dem Vereinsjahr 1868 wird berichtet: *Alle Wege wurden zweimal gereinigt, neue Bänke und Bäume gesetzt und durch die besondere Spende Sr. Eminenz des H. Kardinals ein neuer sehr angenehmer Promenadeweg am Girzenberg eröffnet*[495].

Am bemerkenswertesten ist der in jener Epoche entstandene Ober St. Veiter **Männergesangverein**: Damals nahm gerade das „deutsche Sängerwesen" großen Aufschwung, das in Wien und Umgebung schon eine stattliche Reihe von Männergesangvereinen hervorgebracht hatte. Auf Initiative des damals erst 19-jährigen Volksschullehrers Franz Lauer entstand 1870 auch in Ober St. Veit ein solcher Männergesangverein mit gleich 40 Gründungsmitgliedern, deren Chormeister, später nur noch Ehrenchormeister, jener Franz Lauer über 60 Jahre lang blieb. Anders als die Mehrzahl der übrigen, zum Teil nur kurzlebigen Vereine spielte er im öffentlichen und kulturellen Leben des Ortes eine nachhaltige Rolle[496]. Die Vereinsfahne spendete die Bürgermeistersgattin Maria Hentschel, womit sie zur „Fahnenmutter" wurde, zusätzlich übernahm noch die angesehene Bürgersgattin Marie Weidlich die Rolle der „Fahnenpatin". Am 27. Juni 1875 fand die feierliche **Fahnenweihe** statt. Über dieses Fest existieren noch chronikale Notizen, die einen Eindruck davon vermitteln, mit wieviel Pomp und Festesfreude man damals solche Ereignisse inszenierte:

Bei diesem bedeutsamen Fest war ganz Ober Sankt Veit auf den Beinen. Schon in aller Herrgottsfrühe des von einem prächtigen Frühlingswetter eingeleiteten Sonntages, kamen als allen Himmelsrichtungen die Brudervereine angerückt. Hochwürden Pfarrer Josef Wenzel weihte unter einmaliger Massenbeteiligung die Fahne und die Ober Sankt Veiter Sänger sangen die Deutsche Messe von Franz Schubert. Richtig los ging das Fest aber erst am Nachmittag. Nach dem Segen setzte sich ein von allen Seiten bejubelter Festzug in Bewegung. An der Spitze des Zuges marschierte die Jugend von Ober Sankt Veit in Festkleidern. An sie schlossen vierzig teilnehmende Vereine. Alles Sänger von auswärts und jeder Verein mit Fahne. Hinter den Sängern kamen die Ober Sankt Veiter Tell-Schützen. Dann folgte die freiwillige Feuerwehr. Jetzt erst kam die Fahnenmutter mit den Ehrendamen und dem Ober St. Veiter Männergesangverein, allen voran der Fahnenjunker mit der neuen Fahne. Seine stattliche Erscheinung, die durch die altdeutsche Tracht noch gehoben wurde, machte einen ungemein gefälligen Eindruck. Den Abschluß der Fahnenweihe bildete dann ein abendliches Festkonzert beim Frischholz im Ober Sankt Veiter Casino.[497]

---

493   Ungefähr der Bereich zwischen h. Josef-Pommer-Gasse und der Tiergartenmauer.
494   Jahresbericht des Verschönerungs-Vereins für Ober St. Veit und Umgebung pro 1866, ASV 240/1868.
495   Jahresbericht des Verschönerungs-Vereins für Ober St. Veit pro 1868, WStLA Gem. XIII/4, A 2/1.
496   Festschrift Männergesangverein (Anm. 260). Die Geschichte des Männergesangvereines ist sehr ausführlich aufgearbeitet bei Josef Holzapfel, Historisches Ober St. Veit (2009) S. 441–479.
497   Nach Heinrich Hartmann und Emil Mlejnek, Aus der Chronik des Ober Sankt Veiter Männergesangvereins (unveröffentlichtes, maschingeschriebenes Manuskript, o.J., nicht paginiert).

Mit soviel Inszenierung und Ober St. Veiterischer Festesfreude kann die Gegenwart nicht mithalten !

Von der Gründung der freiwilligen Feuerwehr wird noch an anderer Stelle ausführlich die Rede sein (unten X.1.), ebenso von der Anlegung eines neuen Ortsfriedhofes, die noch unter Bürgermeister Hentschel begonnen[498], aber erst unter seinem Nachfolger Alexander Strecker vollendet wurde (unten X.3.b).

Als letzte bedeutende Neuerung jener Jahre bleibt noch die Anlegung neuer **Grundbücher** zu erwähnen. Das Grundbuch ist bekanntlich ein öffentlich einsehbares Verzeichnis aller Grundstücke und der auf ihnen haftenden Rechte, das im deutschsprachigen Raum eine jahrhundertealte Tradition hat und bis heute besteht[499]. Obwohl die Aufhebung der früher das Grundbuch führenden Grundherrschaften und die Abschaffung der Grunduntertänigkeit bereits seit 1848 Geschichte war, führte man bis Mitte der 1870er Jahre immer noch die alten, nach Grundherrschaften gegliederten Grundbücher weiter, die wegen der Aufhebung der Grunddienste und des grundherrlichen Obereigentums außerdem in formaler Hinsicht ganz veraltet und in den einzelnen Kronländern auch sehr uneinheitlich waren. 1874 erging nun für Niederösterreich das längst fällige Reformgesetz[500]. Die Neuanlegung wurde sehr gründlich und aufwendig vorgesehen: Für jede Liegenschaft war der Entwurf einer neuen „Grundbuchseinlage" anhand der schon vorhandenen, alten Behelfe herzustellen, sodann war jeder einzelne Liegenschaftseigentümer vorzuladen, ihm der Entwurf der künftigen Grundbuchseintragung zur Kenntnis zu bringen und er darüber zu befragen, ob er dagegen Einwände hätte oder ob er Rechte geltend macht, die im Entwurf (noch) fehlen; diese undankbare und arbeitsintensive Aufgabe hatten — man ist versucht zu sagen: natürlich — die Gemeinden im Auftrag der Justiz zu erledigen[501]. In Ober- und Unter St. Veit stand die Grundbuchsneuanlegung unter der Leitung des kk. Bezirksgerichtes Hietzing und wurde durch den Gerichtsadjunkten Clemens Höberth besorgt. Die Grundbuchsneuanlegung konnte für das Gebiet der Gemeinde Ober St. Veit schon 1878 abgeschlossen werden. Vom Justizminister erhielt die Gemeinde sogar eine Belobigung wegen ihrer „opfervollen Mitwirkung" an der Umstellung, die hauptsächlich dem Gemeindesekretärs Michael Friedl zuzuschreiben sein dürfte[502].

---

498   GAO 31.12.1873 Pt. 4.
499   Zur Geschichte des österr. Grundbuchwesens fehlt bis heute eine Gesamtdarstellung. Ausführliche Hinweise zur geschichtlichen Entwicklung finden sich bei Heinrich Demelius, Österreichisches Grundbuchsrecht, Entwicklung und Eigenart (Wien 1948). In den Jahren 1981–1991 wurden sämtliche Grundbücher Österreichs sukzessive auf automationsunterstützte Datenverarbeitung übertragen, ohne das in den 1870er Jahren entwickelte Anlegungssystem zu ändern.
500   Gesetz vom 2. Juni 1874, wirksam für das Erzherzogthum Österreich unter der Enns, über die … Anlegung neuer Grundbücher und der inneren Einrichtung derselben, RGBl. 88/1874.
501   Verordnung des Justizministeriums vom 10.7.1874, womit … Vollzugsbestimmungen über die Anlegung, Richtigstellung und Führung der Grundbücher erlassen werden, RGBl. 103/1874, insbes. §§ 6, 7.
502   GAO 19.6.1878 Pt. 2.

c) Die Gemeindepolitik wird hitziger

In den ersten rund 20 Jahren des Bestandes der Gemeinde sind so gut wie keine internen Konflikte feststellbar, wenn man von dem Veruntreuungsvorwurf an Bürgermeister Josef Hauer (oben V.4.b) absieht. Woran dies liegt, ist schwer zu sagen, vielleicht am Gefühl, gegen widrige äußere Umstände „zusammenhalten" zu müssen, vielleicht hat in den 1860er Jahren auch der Dauerkonflikt mit Unter St. Veit die Reihen der Ober St. Veiter Gemeindevertreter fester zusammengeschlossen. Sicher ist auch, daß es bis etwa 1870 keine gemeindepolitischen Fraktionsbildungen gab, auch wenn natürlich zu vermuten ist, daß innerhalb des 18-köpfigen Gemeindeausschusses manche Mitglieder einander aus persönlichen, sozialen oder weltanschaulichen Gründen näher standen als andere. Man darf auch nicht vergessen, daß diese Zeit nicht so pluralistisch politisiert war wie die Gegenwart, denn (zumindest offiziell) war jeder Gemeindemandatar kaiser-, staats- und kirchentreu.

Diese Zeiten begannen sich ab 1870 zu ändern, was nicht zuletzt mit dem machtbe-wußten Regierungsstil von Bürgermeister Hentschel zusammenhängt, der verständlicher-weise auch oppositionelle Regungen hervorrief. Die erste derartige Regung findet sich im April 1870 und ging von dem Gemeindeausschußmitglied Alexander Strecker aus: Die **Gemeinderechnung für 1869** lag vor, man wählte – wie stets, seit Hentschel Bürgermeis-ter war – ein Rechnungsrevisionskomitee. Da beantragte Strecker, dieses Komitee wegen Gesetzwidrigkeit sofort wieder aufzulösen[503]. Seine Gründe dafür sind nicht protokolliert, aber leicht zu erraten: Die Genehmigung der Jahresrechnung stand dem Gemeindeaus-schuß als ganzem zu[504], Strecker wollte sich dieses Recht offenbar nicht durch Delegierung auf einen bürgermeisterfreundlichen, nichtöffentlichen Ausschuß, der im Gesetz gar nicht vorgesehen war, nehmen lassen, zumal ein Streit um die Finanzgebarung schon damals in der Luft lag. Es ist das erste Mal, daß sich der später noch zeitweilig zum Bürgermeister gewordene Ing. Alexander Strecker bemerkbar macht. Er war ein studierter Ingenieur und höherer Eisenbahnbeamter, beseelt von Sparsamkeitsstreben und später, wie wir (unten VIII.2.a) noch sehen werden, das Zentrum einer ansatzweise organisierten Opposition, die Bürgermeister Hentschel schließlich über Geldfragen zu Fall brachte. Strecker über-zeugte die Ausschußmehrheit und das eben gewählte Komitee wurde noch vor Übergang zum nächsten Tagesordnungspunkt wieder aufgelöst. Dann erhielten alle Gemeindeaus-schüsse Gelegenheit, die Jahresrechnung 1869 bis zur nächsten Sitzung am 7. Mai 1870 zu studieren, wo sie dann genehmigt wurde; dabei legte ein Gemeindeausschuß namens Franz Stöckl sein Mandat – mutmaßlich aus Protest – nieder, obwohl es bereits die letzte Sitzung einer Legislaturperiode war[505], in der Stöckl übrigens nie besonders in Erschei-nung getreten war. Nur einmal hatte er gegen den Gemeindeausschuß Franz Jauner einen Antrag auf Ausschließung gestellt, weil dieser seit seiner Wahl schon zum zwölften (!)

---

503   GAO 25.4.1870 Pt. 1.
504   § 29 Z. 5 nö. Gemeindeordnung 1864.
505   GAO 7.5.1870 Pt. 6; AOV 612/1870.

Mal unentschuldigt gefehlt hätte. Der Vorwurf war, wie sich aus den Sitzungsprotokollen ersehen läßt, durchaus richtig, doch hatte die Gemeindeordnung von 1864 gerade hier eine seltsame Lücke, indem sie keine Sanktion gegen das individuelle „Schwänzen" von Sitzungen kannte[506]. So mußte sich der Ausschuß mit der schriftlichen Aufforderung an Franz Jauner begnügen, doch wieder einmal zu erscheinen oder sein Mandat freiwillig zurückzulegen[507].

Am 28. Juni 1870 fanden wiederum *Gemeindeausschußwahlen* statt[508], bei denen Alexander Strecker nicht in den Ausschuß gewählt wurde. Doch mit dem Ausscheiden dieses peniblen und kritischen Finanzmannes wurde es keineswegs ruhiger. Zum Gemeindekassier wurde am 18. Juli anstelle des Bäckermeisters Franz Lediger der Milchmeier *Leopold Döltl* gewählt[509]. Döltl war ein militärisch geprägter Mann mit starkem Rangbewußtsein. Als junger Rekrut war er im Jahr 1848 zur k.u.k. Armee eingerückt und hatte in den Revolutionskriegen zwei Feldzüge mitgemacht. Danach brachte er es vom einfachen Grenadier bis zum Feldwebel. Als er nach den üblichen zehn Dienstjahren abrüstete, ließ er sich 1857 in Ober St. Veit als Milchmeier nieder[510]. Er traute sich, wohl mit Recht, die schwierige Aufgabe des Gemeindekassiers zu. Jedoch dürfte ihm ziemlich rasch klar geworden sein, daß in den Gemeindefinanzen weder Sparsamkeit noch formale, buchhaltungsmäßige Ordnung herrschte. Alexander Strecker hat die Zustände seinem Neffen Wilhelm später so beschrieben: *Unter der Mißwirtschaft des früheren Gemeindevorstehers* (Hentschel, Anm.) *und seiner Freunde hatten arge Übelstände platzgegriffen; vom Vermögen der Gemeinde war ein großer Teil verschleudert worden, sodaß nun für wirkliche und dringende Erfordernisse die Geldmittel fehlten.*[511]

Leopold Döltl wollte dafür offenbar nicht seinen Kopf hinhalten. Keine zwei Monate nach Übernahme der Kassierstelle trat er von diesem Amt wieder zurück[512]. Mehr noch: Er tat sich mit den Ausschußmitgliedern Heinrich Stoppe und Karl Schmidt zusammen und die drei ließen durch einen Rechtsanwalt eine geharnischte Beschwerde an den Landesausschuß über die Zustände in den Ober St. Veiter Gemeindefinanzen schreiben. Über dieses Verhalten sprach eine Ausschußmehrheit zwar *ihr Bedauern aus*, fand sich aber doch veranlaßt, neuerlich ein Komitee zur Prüfung der Jahresrechnungen 1868 und 1869 einzusetzen, obwohl diese beiden eigentlich schon durch Plenarbeschlüsse gebilligt wor-

---

506   § 42 nö. Gemeindeordnung kannte nur eine kollektive Auferlegung von Geldbußen an abwesende Gemeindeausschußmitglieder, wenn die Summe aller Abwesenheiten zur Beschlußunfähigkeit des Gremiums führte, eine individuelle Pflicht, zu den Sitzungen zu erscheinen, gab es seltsamer Weise nicht.
507   GAO 3.11.1868 Pt. 13; AOV 1152/1868. Es handelte sich um den Hofgraveur, Besitzer einer Medaillenfabrik und Vater des damals schon bekannten Schauspielers (und späteren Theaterdirektors) Franz (von) Jauner, der sich vielleicht auch wegen seiner Prominenz mehr herausnehmen konnte, vgl. Hans Pemmer, Die Familie Jauner. In: Unsere Heimat 39 (1968) 153.
508   Der Urwähler Nr. 12 (12.6.1870) S. 46.
509   GAO 18.7.1870 und 28.4.1868 Pt. 1.
510   Biographische Angaben nach seinem Einbürgerungsgesuch vom 24.12.1878, Beilage zu GAO 1.2.1879 Pt. 2, aus dessen Tonfall man auch gewisse Schlüsse auf seine Person ziehen kann.
511   Wilhelm Strecker, Erinnerungen 1. Teil, (Stuttgart 1914) 198 f.
512   GAO 6.9.1870 Pt. 7.

den waren[513]. Die Sitzung im Oktober 1870, auf deren Tagesordnung nur die Streitigkeiten um die Finanzen standen, muß ziemlich stürmisch verlaufen sein: Mit teils knäppsten Mehrheiten (von nur 1 Stimme) wurde das besagte Prüfungskomitee gewählt, darauf legte das Ausschußmitglied Dr. Constantin von Wurzbach, der später berühmt gewordene Verfasser eines großen biographischen Lexikons, sein Mandat nieder – offiziell aus Gesundheitsgründen[514]; gegen Ende der Sitzung stellte Oberlehrer Leopold Sommerer den Antrag, nach Döltls Rücktritt doch überhaupt einen Kassier zu wählen! Die einstimmige Wahl fiel sodann auf den bisherigen Rechnungsprüfer Dr. Franz Kopetzky[515]. Die Fortsetzung der Geschichte nur in Stichworten: Das Revisionskomitee fand in den Jahresrechnungen sehr wohl Mängel, die Bürgermeister Hentschel belasteten, worauf er seinerseits den Landesausschuß anrief. Zwei Landesbeamte revidierten alles von neuem, was ein volles weiteres Jahr dauerte, dann wurden wesentliche Teile der Beanstandungen erneuert, jedoch vom Gemeindeausschuß als *bedauerliche Formfehler pardonniert*[516].

Es wäre höchst interessant zu erfahren, was der hitzköpfige **Kurzzeitkassier Döltl** nach seinem Rücktritt im einzelnen in der Öffentlichkeit so an Beschuldigungen verbreitete. Zu Jahresanfang 1872 verurteilte ihn nämlich das Bezirksgericht Hietzing wegen schwerer Ehrenbeleidigung zu zehn Tagen Arrest, verschärft durch zweimaliges Fasten. Daraufhin schloß ihn der Gemeindeausschuß stimmeneinhellig aus seinen Reihen aus[517]. Die Verlagerung der Finanzgebarung auf die Ehrenbeleidigungsebene besserte sie natürlich nicht.

Im Jahr 1871 war die Gemeinde Ober St. Veit wegen **militärischer Flurschäden** einmal sogar Gegenstand einer Sitzung des Abgeordnetenhauses des Reichsrates. Von Februar bis Oktober 1870 waren von den Kasernen auf der Schmelz immer wieder bald kleinere, bald größere Truppenkörper des k.u.k. Militärs zu Übungen ausgerückt und hatten sich dabei relativ rücksichtslos in den Fluren der Gemeinden Ottakring, Dornbach, Breitensee, Hütteldorf, St. Veit und Penzing umgetan und beachtliche Flurschäden angerichtet. Wahrscheinlich hatte es auch in vorangegangenen Jahren schon Ärger gegeben, aber 1870 trieb es das Militär denn doch zu bunt. Die genannten Gemeinden taten sich zusammen und richteten eine Petition an den Reichsrat, die schließlich am 21. Juni 1871 in einer Plenarsitzung behandelt wurde[518]. Nachdem der Petitionsausschuß des Reichsrates die Sache vorgeprüft und das Anliegen für berechtigt gefunden hatte, beschloß das Abgeordnetenhaus stimmeneinhellig, die Petition mit der ernsten Aufforderung an das Kriegsministerium weiterzuleiten, daß angemessene Befehle zur Schonung der Grundstücke in

---

513   GAO 20.10.1870.
514   Ebenda; C.v.Wurzbach hatte sicherlich bloß von der Gemeindearbeit genug. Er widmete sich ab 1874 bis 1891 voll der Verfassung des monumentalen „Biographischen Lexikons des Kaisertums Österreich" mit seinen insgesamt 24.254 Biographien, das noch heute als unübertroffenes Standardwerk benutzt wird (dazu: HLW Bd. 5 (1996) S. 682), er kann also bei seinem Rückzug aus dem Ober St. Veiter Gemeindeausschuß nicht so schwer krank gewesen sein.
515   GAO 20.10.1870.
516   GAO 30.12.1871 Pt. 1 und 2.8.1872 Pt. 3.
517   GAO 29.2.1872 Pt. 6. Der bezirksgerichtliche Strafakt ist nicht mehr erhalten.
518   Stenographische Protokolle über die Sitzungen des Hauses der Abgeordneten des österreichischen Reichsrathes, VI. Session 15.9.1870 – 10.7.1871, II. Band, S. 1182.

den Anrainergemeinden der Schmelz nicht nur erteilt werden, sondern auch für deren Befolgung gesorgt wird[519].

Im Juli 1873 gab es wieder **Gemeindeausschußwahlen**, danach wurden die Geschäfte neu verteilt. Karl Hentschel blieb Bürgermeister, auch sonst gab es keine umwälzende personelle Erneuerung. Nur die wenig begehrte Stelle des Gemeindekassiers wurde wieder einmal neu besetzt, diesmal mit Ignaz Jokorsch. Nach der Herstellung des neuen Schulgebäudes war die Kassierstelle ein besonders prekäres Amt, da die Gemeinde durch die Baukosten in akute Finanznot geraten war[520]. Auch Ignaz Jokorsch hielt nur ein halbes Jahr durch. Anfang 1874 übernahm ein neuer, sehr problematischer Mann dieses Amt, Adolf Zeeh[521], der sich alsbald an öffentlichen Geldern zu vergreifen begann und noch zum Auslöser des zeitweiligen Sturzes von Bürgermeister Hentschel werden sollte (s. unten VIII.2.a).

Der aus dem Gemeindeausschuß ausgestoßene **Leopold Döltl** entwickelte sich nun immer mehr zum konfliktfreudigen Querkopf, hatte er doch keinen Ruf mehr zu verlieren. 1873 verhängte der Bezirksschulrat über ihn eine Geldstrafe von 10 Gulden wegen nachlässigen Schulbesuches seiner Kinder. Der wohlhabende Döltl hätte das leicht zahlen können, aber er fühlte sich – wieder einmal – ungerecht behandelt und ließ es auf eine Exekution durch Gemeindeorgane ankommen, und die behandelte ihn auch ihrerseits nicht mit Glacéhandschuhen. Bürgermeister Hentschel schickte ihm den Gemeindediener Schnabel und den Gemeindeausschuß Heinrich Stoppe in die Wohnung. Das Exekutivorgan Schnabel pfändete Döltls Bett samt Matratze und Leintüchern, Tischlermeister Stoppe, hier als beeideter Schätzmeister im Einsatz, taxierte alles zusammen auf 20 Gulden und besorgte den Abtransport[522]. Döltl war der Lächerlichkeit preisgegeben, denn so etwas wußte man im alten Ober St. Veit schnellstens an allen Wirtshaustischen. Von da an feindete Leopold Döltl die Gemeindevertretung offenbar ständig massiv an. Hievon ist Folgendes überliefert: Ende 1875 trafen bei der Bezirkshauptmannschaft anonyme Beschuldigungsschreiben ein, wonach die Bestattung der Toten am (alten) Friedhof in der Rohrbacherstraße nicht sanitätskonform erfolge, die Leichen lägen zu knapp unter dem Rasen, weil der Totengräber zu faul sei, tiefer zu graben; die Gemeinde kassiere nur Grabgebühren ohne ordentliche Gegenleistung, das Leichengift verseuche bei Regen die Nachbarfelder, und dergleichen mehr. Nach Schreibstil und Schrift war Leopold Döltl als Verfasser der anonymen Briefe leicht zu identifizieren. Er gab das nach kurzem Leugnen dann zu, blieb aber auch mündlich bei seinen Beschuldigungen. Die Bezirkshauptmannschaft Sechshaus nahm die Vorwürfe ernst und ließ im Frühjahr 1876 durch eine Kommission den Friedhof inspizieren. Im Beisein von Bürgermeister und Gemeinderat, sowie des Bezirksamtsarztes ließ der Bezirkskommissär diverse Gräber öffnen und den Abstand zwischen der Rasenoberfläche und den Särgen nachmessen. Ergebnis: Alles vorschrifts-

---

519   Ebenda.
520   Ignaz Jokorsch wurde mit 11:3 Stimmen gewählt, alle anderen Ämter wurden einstimmig besetzt: GAO 19.7.1873 Pt. 3; GAO 23.4.1874 Pt. 1.
521   GAO 29.1.1874 Pt. 6.
522   kompletter Pfändungsakt AOV 1166/1873.

mäßig und in Ordnung[523]. Döltl war damit wohl auch höherenorts als unglaubwürdiger Querulant abgestempelt. Danach wurde er offenbar immer seltsamer: Am 7. Oktober 1878 mußten zwei Gemeindewachleute ins Döltl'sche Haus Kreuzstraße Nr. 5 ausrücken, weil Hausherr Döltl seinem Mieter Franz Zauner nach einem Streit die Wohnungstüre aufgesprengt und weggetragen hatte, sodaß die Wohnung völlig offen dalag[524]. Anfang 1881 findet sich dann wieder eine Verurteilung Leopold Döltls durch das Bezirksgericht Hietzing zu einer hohen Geldstrafe, leider ist das Delikt dazu nicht überliefert[525]. In den Akten finden sich über die Jahre außerdem noch unzählige Abstrafungen Döltls wegen kleiner Verkehrsdelikte, vom unbeleuchteten Fuhrwerk über fehlende Wagenschilder bis zur „gefährlichen Überladung mit Schlacke"[526]. Leopold Döltl starb laut Inschrift auf seinem am Ober St. Veiter Friedhof noch vorhandenen Grabstein am 17.11.1893 im 66. Lebensjahr

Ein anderer **Konflikt** ist noch kurz zu erwähnen: Zwischen der Gemeinde und dem Ober St. Veiter Pfarrer Josef Wenzel gab es in den 1870er Jahren „fortwährende Discertationen", wie man es nobel nannte, also Streit. Die Gemeindevertreter waren nicht die einzigen, mit denen Pfarrer Wenzel Streit hatte: Mit dem Orgelbauer Franz Ullmann war er in den Jahren 1863–65 über das Honorar für eine bei ihm bestellte neue Orgel der Pfarrkirche in heftigsten Streit geraten, der in beiderseitigen Beschimpfungsbriefen an das Ordinariat gipfelte. Dechant Emanuel Paletz von Hütteldorf wurde eingeschaltet und konstatierte „große Leidenschaftlichkeit" des Konfliktes, den er am Ende mit Mühe schlichten konnte. Die im einzelnen nicht bekannten Auseinandersetzungen mit der Gemeinde gipfelten darin, daß der Gemeindeausschuß im April 1874 beschloß, wegen einer Wegversetzung des Pfarrers zu intervenieren. Dieser Beschluß dürfte die Stellung des Pfarrers endgültig unhaltbar gemacht haben und er verließ die Pfarre im August 1874[527].

d) Das Gemeindepersonal um 1875

Der Versuch, einen vollständigen Überblick über Dienstzeit und Funktionen aller Personen gewinnen zu wollen, die sich zwischen 1848 und 1891 jemals als Gemeindesekretäre, Gemeindediener, Wächter, Totengräber oder Laternanzünder in den Diensten der Gemeinde (Ober) St. Veit befunden haben, wäre nicht nur extrem mühsam, sondern auch wegen der rudimentären Unterlagen kaum erfolgversprechend, überdies für den Leser wahrscheinlich ermüdend. Ausgehend von einem Stichjahr jedoch, als welches sich das Jahr 1875 wegen seiner Plazierung nach den „Aufbaujahren Hentschel" gut eignet, sei dieser Versuch hiemit nur als Momentaufnahme unternommen, weil sich daran auch die damals bereits voll entwickelte Struktur der Gemeindeverwaltung schön zeigen läßt. Mit „Personal" sind hier aber nur die Gemeindeangestellten gemeint, die sich in einem

---

523 AOV 671, 726, 787/1876.
524 AOV 1792/1878.
525 AOV 256/1881.
526 Letzteres: AOV 2090/1877.
527 GAO 10.4.1874 nach Pt. 3; 700 Jahre Pfarre Ober St. Veit (Wien 1987), 62 ff. und 76.

bezahlten Dienstverhältnis befanden. Zu ihnen muß man sich noch die ehrenamtlichen, gewählten (politischen) Amtsträger hinzudenken – siehe dazu den Anhang „Bürgermeister, Gemeinderäte, Gemeindeausschüsse".

Da wäre zunächst einmal der wichtigste Mann, der die Hauptlast der Kanzleigeschäfte trug, der **Gemeindesekretär**. Nach Peter Zauner (1850), Johann Stifter (ab 1850), Josef Hauer (1858–1864) und dem im Amt verstorbenen Johann Kutzenberger (1864–1871)[528] bestellte der Gemeindeausschuß am 28.4.1871 den damals 39-jährigen Michael Friedl, der bis zur Eingemeindung der langjährige und treue Diener mehrerer Herren blieb. Er stammte aus Eger in Böhmen, wo er sechs Klassen Gymnasium absolviert hatte. Seit 1859 war er bei verschiedenen Wiener Gerichten als Kanzleibeamter tätig gewesen[529]. Friedl galt allgemein als fleißig, pflichteifrig und beliebt[530]. Ein Gemeindesekretär mußte in beachtlichem Umfang gesetzeskundig sein, denn die Anzahl der von den Gemeinden zu vollziehenden Rechtsvorschriften war auch schon in der Monarchie nicht gering. Dazu kamen noch all die Erlässe, Berichtsaufträge und Informationsrundschreiben der staatlichen Behörden, die er zumindest lesen und so aufheben mußte, daß er sie bei Bedarf wiederfand. Nicht nur, daß er all die vielen Anträge der Gemeindebürger, wie zum Beispiel um Baubewilligungen, um Verleihung des Heimatrechts, um Hausierbewilligungen, um Armenunterstützungen und anderes mehr zu bearbeiten oder zumindest an die Oberbehörden weiterzuleiten hatte, mußte er den nicht schreibgewandten Parteien auch noch bei der Abfassung dieser Gesuche an die Hand gehen. Für Letzteres gab es privat verlegte Musterbücher, die unter den Gemeindesekretären der Monarchie sehr beliebt gewesen sein dürften und mehrfach neu aufgelegt wurden[531]. Gemeindesekretär Friedl besorgte auch rund 20 Jahre hindurch in mustergültiger Weise die Protokollführung in den Gemeindeausschußsitzungen, was man den Protokollen seiner Vorgänger nicht immer attestieren kann. Auch äußerst heikle Themen und offenkundig brisante Sitzungsverläufe[532] versteht er, in distanzierter Nüchternheit darzustellen, aber doch so, daß man versteht, was wirklich los gewesen sein muß. Da diese Sitzungen meistens an Werktagen ab 17.00 Uhr oder an Sonntagvormittagen ab 10.30 Uhr abgehalten wurden[533], muß das für ihn eine ziemliche zeitliche Mehrbelastung gewesen sein. Das umfangreiche und gut geordnete Archiv der Gemeinde Ober St. Veit, das bei der Eingemeindung der Stadt Wien übergeben wurde und sich nunmehr im Wiener Stadt- und Landesarchiv befindet, wird zweifelsfrei als Verdienst Michael Friedls erkennbar, wenn man es mit dem viel dürftige-

---

528   Jahresdaten zusammengestellt nach GAS 26.8.1850 Pt. 9, GAS 27.9.1864, GAO 3.3.1872 Pt. 11, WStLA Bezirksamt Hietzing A 1/1, Schreiben vom 15.6.1860.

529   WStLA Hauptregistratur A 38/48, Vororte-Einverleibung, Umschlag „Ober St. Veit", Personalstandesausweis 1891; AOV 358/1871 (enthält Original seines Bewerbungsgesuches).

530   Wiener Bezirkspost Nr. 651/1891 (20.1.1891) S. 3.

531   z.B. Gustav Barth, Der Gemeindesekretär. Ein nützliches, unentbehrliches Handbuch für jedermann speziell aber für die Gemeinden (Rothau, bis 1908 4 Auflagen); Heinrich Haemmerle, Handbuch für die Gemeinden, durch 208 Formularien erläutert (Wien, bis 1890 6 Auflagen).

532   z.B. die „Affäre Mag. Kopetzky" (s. VIII.3.c)aa) oder die Sitzung vom 24.3.1887, in der der Sicherheitskommissär wegen eigener Verstrickung in Hehlereien abgesetzt wurde.

533   Das ist den sehr zahlreich den Protokollen beiliegenden Zirkulareinladungen zu den Sitzungen zu entnehmen, beispielsweise Beilage zu GAO 11.11.1876.

ren Gemeindearchiv von Unter St. Veit samt seinen bisweilen ungelenken Sitzungsproto-kollen vergleicht. Wie unentbehrlich seine Tätigkeit für das Funktionieren der Gemeinde-verwaltung, aber wie sehr sie vielen offenbar auch schon zu selbstverständlich geworden war, stellte sich erst heraus, als Gemeindesekretär Friedl zu Jahresbeginn 1890 ernstlich erkrankte und monatelang seinen Dienst nicht versehen konnte: Gerade, daß sich ein Gemeindeausschußmitglied fand, das das Sitzungsprotokoll führte. Ansonsten gerieten die Gemeindegeschäfte trotz des Vorhandenseins von 18 gewählten Mandataren der-art ins Stocken, daß die Bezirkshauptmannschaft aufsichtsbehördlich einschritt und dem Gemeindevorstand die Abstrafung androhte, falls weiter nichts geschähe; daraufhin stellte man ab 1. Mai 1890 einen zweiten Gemeindesekretär an, und zwar Karl Sommerer, den Sohn des langjährigen Oberlehrers[534].

Eine Stufe darunter spielten die **Gemeindediener** eine wichtige Rolle, vor allem im örtlichen Sicherheitsdienst. Hier waren Vater Johann Schnabel mit 36 Dienstjahren (1829–1865) und Sohn Josef Schnabel mit 30 Dienstjahren (1861–1891) die dynastisch tragenden Säulen des Gemeindesicherheitsdienstes. Vater Johann hatte nach seiner Aus-musterung aus dem Armeedienst schon 1829 das Amt des (damals einzigen) Gemein-dewächters der Patrimonialgemeinde Ober St. Veit übernommen. Ab 1834 verdiente er noch ein bißchen als sogenannter Schubführer des herrschaftlichen Landgerichtes dazu, also als Bewacher von Gefangenentransporten[535]. 1865 verstarb er. Seinen Sohn Josef hatte er bereits 1861 als provisorisch angestellten Aushilfsdiener in der Gemeinde unter-bringen können, der die Totengräberei und das Turmuhraufziehen überhatte, wahrschein-lich aber auch schon für seinen alten Vater fallweise beim Wachdienst aushalf. Er wurde nun als Nachfolger seines Vaters definitiv angestellt[536]. Anfangs hatte er Unterstützung nur durch zwei Hilfswächter und versah selbst zusätzlich den strapaziösen Nachtdienst, von dem ihn die Gemeinde auf sein Ansuchen 1874 befreite. Seine ganze Bildung bestand aus drei Klassen Volksschule, seine gelegentlichen dienstlichen Ansuchen um Dieses oder Jenes mußte ihm der Gemeindesekretär schreiben. Wäre er nicht in recht diensteifriger und vielleicht auch etwas wichtigtuerischer Weise im Ort jahrzehntelang sehr präsent gewesen, wären Erinnerungen an ihn wohl kaum mehrfach literarisch so aufgezeichnet worden, wie es tatsächlich der Fall ist[537]. Er soll eine Spur kleinwüchsig gewesen sein und ein Bäucherl gehabt haben, sodaß er gegenüber dem (1874 angestellten[538]) zweiten Sicherheitswachmann Johann Zimmermann, einem großen, starken und um 16 Jahre jün-

534   GAO 13.3.1890 Pt. 6; Wiener Communal-Kalender 1892, S. 203.
535   WStLA Bezirksamt Hietzing A 2/3, Niederschrift vom 29.1.1863 [darin geht es an sich um die Klärung der Heimatzuständigkeit eines gewissen Anton Lustig, der in der Strafanstalt Stein 3 Jahre wegen schwerer Majestätsbeleidigung abgesessen hatte. Da dieser einen Teil seiner Jugendzeit in Ober St. Veit verlebt hatte, befragte man nun den altgedienten Wachmann Schnabel nach seinen Erinnerungen, die er zu Protokoll gibt und, um die weit zurückliegenden Ereignisse einordnen zu können, jeweils mit Angaben aus seiner eigenen Biographie verbindet – ein höchst lesenswertes Dokument.]
536   ASV 257/1861; GAS 7.7.1865 Pt. 1.
537   Hirt, Chronik (Anm. 489) S. 33; Franz Haubner, Franz Stromer, August Puraner jun., Ober St. Veit. Eine lokalgeschichtliche Studie (Wien 1921) 12.
538   GAO 7.5.1874 Pt. 2.

geren Mann, etwas abfiel[539]. Die netteste Beschreibung von Schnabel jun. hat uns – wieder einmal – J. Vinzenz hinterlassen[540]:

,Der Schnabl', wie er allgemein genannt wurde, war ein Herr von achtunggebietendem Aussehen. An hohen Feiertagen, wenn er in der Paradeuniform, mit Degen und Zweispitz, der von respektlosen Menschen auch ,Schrottwaag' genannt wurde, ausrückte, empfand ich eine unbegrenzte Hochachtung vor dem Manne mit dem starren, grauen Schnurrbart und der strengen Amtsmiene. Lange Zeit war ich dem Wackeren aber böse gesinnt, weil er mich und meinen Freund, den Kellner-Schani, vom Girzenberg geholt und in die Schule getrieben hat. Wir waren nämlich an einem Montagmorgen ,schulstürzen' gegangen und hatten uns ins Dickicht des erwähnten Berges verkrochen. ... Der Herr Schnabel spürte aber den versteckten Wigwam auf, nahm uns gefangen und trieb uns geradewegs ... in die Arme des Herrn Lehrers Mayrhofer.

Herr Schnabel hatte sich folgendes schöne, aber von den Leuten **übel vermerkte Nebeneinkommen** zugelegt: Bei größeren Hochzeiten baute er auf dem Platzl beim Kirchenausgang einen kleinen, weiß gedeckten Tisch mit einer Tasse und sechs kleinen Weingläsern auf. Aus einer weißen Serviceflasche, mit rot-grünen Bändern behängt, gab er dem heraustretenden Brautpaar und den Hochzeitsgästen einen Hochzeitstrunk, wofür natürlich der Bräutigam tief in die Tasche greifen mußte. Auch der Mesner hatte das traditionelle Recht, mit einer Silbertasse zu stehen und einen Obolus zu erheischen, aber erst an zweiter Stelle hinter dem Schnabel'schen Tisch[541].

Außer dem schon erwähnten Wachmann Zimmermann stellte die Gemeinde seit 1872 wegen der weiter gewachsenen Aufgaben noch einen dritten Gemeindediener mit Schwerpunkt Sicherheitsdienst an, es war dies um 1875 ein gewisser Johann Waihs[542]. Ferner finden wir zwischen 1865 und 1891 durchgehend noch den Pfarrmesner Martin Huber gleichzeitig als „Diener und Nachtwächter" angestellt[543], also hatte Ober St. Veit um 1875 gleichzeitig vier Gemeindediener (auch) für Sicherheitsaufgaben. Die Besoldung der Wächter und Diener war nicht gerade üppig, aber sie bekamen eine freie Dienstwohnung und die Montur (Uniform) von der Gemeinde[544]. Uniformierung und Bewaffnung der Gemeindewächter konnte jede Gemeinde selbst regeln, nur durften Armee- und Gendarmerieuniformen nicht imitiert werden[545]. Leider ist die für Ober St. Veit geltende Adjustierungs- und Bewaffnungsvorschrift nicht erhalten geblieben. Natürlich befanden sich nicht sämtliche Wachmänner ständig auf Dienstgang, sondern wurden nach Bedarf auch unterstützend zu einfachen Kanzleidiensten herangezogen[546]. Im übrigen gehörten auch

---

539   Hirt, Chronik (Anm. 489) S. 12.
540   J. Vinzenz, Einiges aus dem alten Ober St. Veit. In: Festschrift des Ober St. Veiter Männergesangvereins 1870–1930 (Wien 1930) 5.
541   Hirt, Chronik (Anm. 489) S. 33.
542   GAO 2.8.1872 Pt. 3, 7.5.1874 Pt. 2 und 25.11.1876 Pt. 5.
543   GAO 29.1.1874 Pt. 5 und 17.7.1883, Nachtrag; Wiener Communalkalender 1892, S. 204.
544   GAO 2.8.1872 Pt. 3.
545   Kundmachung der nö. Statthalerei vom 27.12.1850 betreffend die Adjustierung und Bewaffnung der Gemeinde-Polizei-Organe, LGBl. 113/1850.
546   GAO 28.6.1871 Pt. 3.

amtliche Zustellungen und Botengänge sowie die zwangsweise Eintreibung von Gemeindeabgaben zu ihren Obliegenheiten[547]. Kurz vor Auflösung der Gemeinde beantragte man für Wachmann Schnabel noch einen Orden[548].

Der **Nachtwächterdienst** wurde all die Jahre hindurch stets vom eigentlichen Sicherheitsdienst unterschieden und man forderte dafür den Kandidaten auch keine besonderen Qualifikationen ab. Hauptaufgabe des Nachtwächters war die Ausschau nach eventuellen Bränden, bei deren Entdeckung er sofort mit einer Signalpfeife zu alarmieren hatte. Von 1865 bis 1891 besorgte Martin Huber den Nachwächterdienst, bei seinem Ausscheiden war er beachtliche 68 Jahre alt[549]. Die zusätzlichen Nachtwächter wechselten häufig, meistens waren 2−3 Personen gleichzeitig bestellt. Der dafür ausbezahlte Monatslohn lag zwischen 5 und 15 fl[550], sodaß es sich nur um einen Nebenverdienst gehandelt haben kann.

Von 1866 bis 1874 versah ein Cottondruckarbeiter namens Jakob Linner nebenher den **Laternanzünderdienst** für die damals noch üblichen Öllampen, dann übernahm er von Josef Schnabel den Nachtwächterturnus, den er sich mit zwei weiteren Wachmännern teilte[551]. Diese große Belastung scheint Jakob Linners Gesundheit ruiniert zu haben: Er starb im Juni 1886 an Bluthusten und hinterließ nach nur achtjähriger Ehe zwei Kinder von vier bzw. fünf Jahren und eine schwangere Witwe, die fortan vom Armenfonds der Gemeinde Ober St. Veit unterstützt werden mußte[552]. Ab 1876 verstärkte man das Nachtwächterkorps für die Wintersaison (wo es finsterer war und viele Villen leerstanden) nochmals um 2 Mann aus den Reihen der Feuerwehr.

Bleibt schließlich noch der **Totengräber** zu erwähnen. Er bezog als einziger Gemeindeangestellter keinen festen Gehalt, sondern war auf die Gebühren verwiesen, die ihm die Begräbnisbesteller jeweils direkt zu bezahlen hatten – davon ließ sich aber durchaus leben. Aus Anlaß der Eröffnung des neuen Friedhofes am Gemeindeberg bestellte man 1876 als neuen Mann für dieses Amt den Maurer Franz Moßbacher, der obendrein freies Logis in der neuen Totengräberwohnung erhielt[553]. Die Pflege des alten Friedhofes an der Rohrbacherstraße übernahm im selben Jahr der Nachtwächter Martin Huber als Nebenbeschäftigung dazu[554]. 1881 beschloß der Gemeindeausschuß auf Antrag von Pfarrer Pokorny die *Anschaffung anständiger Kleidung und einer Kelle für den Totengräber, damit er bei Begräbnissen beim Erdestreuen würdig auftreten kann.*[555] Franz Moßbacher blieb jahrelang in dieser Funktion bis zu seinem 70. Lebensjahr (1892) und installierte dann

547   Vgl. § 84 nö. Gemeindeordnung LGBl. 5/1864.
548   GAO 17.2.1891, Beilage.
549   WStLA Hauptregistratur A 38/48, Vororte-Einverleibung, Umschlag „Ober St. Veit", Personalstandesausweis 1891.
550   GAS 11.3.1866 Pt. 3.
551   GAO 29.1.1874 Pt. 5. Lt. GAO 18.7.1870 Pt. 5 erhielt der Laternanzünder ein Gehalt von 24 fl pro Monat, keine Wohnung.
552   GAO 3.7.1886 Pt. 2.
553   GAO 16.8.1876 Pt. b.
554   WStLA Hauptregistratur A 38/48, Vororte-Einverleibung, Umschlag „Ober St. Veit", Personalstandesausweis 1891.
555   GAO 10.10.1881 nach Pt. 2.

seinen Sohn Karl als Nachfolger. Karl Moßbacher scheint letztmalig im Jahr 1918 als Ober St. Veiter Totengräber auf[556]. Der Bruder Franz Moßbachers war *Flurhüter* der Gemeinde, sein Rayon reichte von der h. Adolfstorgasse bis zur h. Slatingasse, er bewohnte im Sommer das immer wieder gerne abgebildete, heute nicht mehr bestehende Flurhüterhaus in der oberen Adolfstorgasse[557].

Für das Jahr 1879 sind die Besoldungslisten des Personals erhalten geblieben[558]. Demnach verdienten monatlich:

- Gemeindesekretär Friedl   fl. 67,–
- Wachmann Waihs   fl. 37,50
- Wachmann Schnabel (jun.)   fl. 30,–
- Gemeindediener Polz   fl. 30,–
- Nachtwächter Huber   fl. 12,–
- Nachtwächter Puraner   fl. 8,–

e) Neuordnung der Gemeindehäuser

In das Ende der Ära Hentschel I fällt die Neuordnung der Gemeindeliegenschaften. Der Umzug des Schulbetriebes aus dem Gebäude Hietzinger Hauptstraße 164 in den Neubau Hietzinger Hauptstraße 166 gab den Anstoß dazu, die verschiedenen Raumnutzungen der Gemeindegebäude grundlegend neu zu gestalten, zumal jetzt für verschiedene Verwaltungszwecke erstmals relativ großzügig Platz war. Gehen wir die Gemeindehäuser bezogen auf das Stichjahr 1874 mitsamt ihren jeweiligen Funktionswechseln einmal durch:

- *Haus CNr. 3* (entspräche heutiger Vitusgasse 2): Die hier seit 1858 im ehemaligen Schulzimmer des Erdgeschosses untergebrachte Gemeindekanzlei zog 1876 aus[559]. Als Versammlungsraum des 18-köpfigen Gemeindeausschusses hatte bis dahin immer noch das ehemalige „Geschworenenzimmer" aus der Zeit der Patrimonialgemeinde gedient. Dieses dürfte ebenerdig hinter dem Schulzimmer gelegen haben und war mittlerweile viel zu klein, weshalb größere Kommissionssitzungen stets in irgendwelche Wirtshäuser hatten ausweichen müssen, ein Umstand, der schon lange als *nicht der Würde der Gemeinde entsprechend* empfunden wurde[560]. Die freigewordene Gemeindekanzlei (= das vormalige Klassezimmer) adaptierte man nun als ausreichend geräumigen Sitzungssaal für den Gemeindeausschuß. Darüber hinaus waren in dem Haus Nr. 3 auch noch drei Wohnungen untergebracht, von denen man sich fragt, wo sie bei der Kleinheit des Hauses überhaupt noch Platz hatten – es können nur elende Wohnlöcher gewesen sein. Eine dieser Wohnungen diente in jahrzehntelanger Tradition als Dienstwohnung des Gemeindewächters oder -dieners (konkret: Vater und Sohn Schnabel, dazu s. voriger Abschnitt),

---

556 MA 37, Baupolizei, Baueinlage EZ. 587 Ober St. Veit (Bauakt Friedhof)
557 Mündl. Mitteilung von (†) Ignaz Wimpissinger am 26.11.1988.
558 WStLA Gem. XIII/4, A 3/2 Gemeinderechnungen, Beilagen für das Jahr 1879.
559 GAO 24.3.1876 Pt. 3.
560 Alles in GAO 29.5.1875 Pt. 4.

eine stand dem Regenschori[561] zur Verfügung und eine dem Gemeindesekretär. Während man die Gemeindewächterwohnung (Schnabel) beließ, wurden 1876 die beiden anderen Wohnungen neu vergeben und zwar je an die beiden Sicherheitswachmänner, sodaß nun das ganze Gemeindesicherheitspersonal unter einem Dach wohnte; bei dieser Gelegenheit erfahren wir übrigens, daß die Wohnung des 2. Sicherheitswächters (= die ehemalige Wohnung des Gemeindesekretärs) nur aus einem Zimmer und einer Kammer bestand, die der neue Bewohner zu einer Küche umbauen sollte[562]. In diesem Haus befand sich in den späteren Jahren auch der **Gemeindekotter**; er ist wahrscheinlich anläßlich der Konzentration aller Wohnungen des Sicherheitspersonals hierher verlegt worden, um die Beaufsichtigung der Gefangenen effizient handhaben zu können[563].

- **Haus CNr. 195, Theresiengasse 17** (= Hietzinger Hauptstraße 164): In diesem Haus, dem soeben freigewordenen alten Schulhaus, konnte man sich nun mit neuen Funktionen ausbreiten. Hierher wurde zunächst einmal die Gemeindekanzlei und die Dienstwohnung des Gemeindesekretärs verlegt[564]. Vermutlich hatte der Bürgermeister nun ein eigenes Arbeitszimmer, was in der Vitusgasse 2 räumlich unmöglich gewesen war. Im Erdgeschoß vermietete man etwas später einer Postmeisterin Räumlichkeiten für ein Postamt und eine Wohnung dazu[565]. Die Dienstwohnung des Oberlehrers Leopold Sommerer, der gerade in dieser Umstrukturierungsphase am 15. Mai 1875 während des Dienstes unerwartet verstarb, gab man dem in der Vitusgasse 2 ausquartierten Regenschori[566]. 1879 richtete man im Erdgeschoß ein „Arrestlokal für gefangene Weiber" ein[567]. 1881 überließ man der freiwilligen Feuerwehr im Erdgeschoß Platz für ein kleines Requisitendepot[568]. Ansonsten ersieht man aus verschiedenen Einzelhinweisen, daß im alten Schulhaus noch weitere Räume wechselnd vermietet wurden (an Unterlehrer, den Briefträger u.a.), die Details sind hiezu aber nicht mehr geschlossen nachvollziehbar.

- **Haus CNr. 74, Rudolfsgasse 2** (= Glasauergasse 2): Dieses Haus war alter Gemeindebesitz seit 1832 und beherbergte im Erdgeschoß das (ältere) Gemeindegasthaus[569]. Langjähriger Pächter war der Gastwirt und zeitweilige Gemeinderat Ludwig Dum-

---

561 Regenschori ist der musikalische Leiter des Kirchenchores, hier der Pfarrkirche Ober St. Veit. Die Chormusik spielte in der alten, erst 1969 abgeschafften tridentinischen Meßliturgie eine unvergleichlich größere Rolle als heute, vor allem bei den großen Zeremonien, weshalb die meisten Pfarrkirchen, z.T. unter großen finanziellen Opfern einen Regenschori unterhielten. In Ober St. Veit wurde diese Funktion fast immer von einem Schullehrer in Nebenfunktion ausgeübt.
562 GAO 25.11.1876 Pt. 5.
563 Inventar zur Gemeinderechnung für 1890, WStLA Gem. XIII/4, A 3/2.
564 GAO 24.3.1876 Pt. 3.
565 GAO 3.12.1876 Pt. 5.
566 GAO 23.8.1875 Pt. 5. Todesdatum Sommerer lt. Inschrift auf seinem Grabstein am Ober St. Veiter Friedhof. Laut Beschluß GAS 18.11.1863 gebührte dem Oberlehrer und 2 Unterlehrern eine unentgeltliche Dienstwohnung.
567 GAO 8.5.1879 Pt. 3
568 GAO 10.10.1881 Pt. 2.
569 s. Anm. 32.

Abb. 28: Das Haus Hietzinger Hauptstraße 164 in den 1960er Jahren, unmittelbar vor dem Abbruch.

mel, weshalb man das Lokal meistens als „Gemeindegasthaus Dummel" bezeichnete[570]. Dummel war ein eingewanderter Süddeutscher aus dem Badischen, er war früh verwitwet und führte das Lokal unter Mitarbeit von dreien seiner fünf Töchter[571]. Durch den Bau der Volksschule im Jahr 1873 verlor das Gemeindegasthaus einen Teil seines Hofraumes und seinen herrlichen Garten mit Kegelbahn. Dadurch, aber auch durch zunehmenden äußeren Verfall des Hauses wurde es für Gäste im Vergleich zu früher unattraktiver. Hinzu kam noch, daß um 1860 herum mehrere mittel- und obdachlose Ortsarme in die Wohnräume des Obergeschoßes transferiert worden waren, um das Haus Vitusgasse 2 von ihnen freizubekommen[572].

570 Erstmalige Erwähnung von Dummel als Gasthauspächter im Inventar zur Gemeinderechnung für 1859, WStLA Gem. XIII/4, A 3/2; GAO 31.12.1873 Pt. 3.
571 WStLA Gem. XIII/4, A 6/1 Hausbogen 1869 Nr. 74.
572 Hausbogen ebd.; 1869 waren es acht Personen.

Armenhaus und Gemeindegasthaus unter einem Dach vertrugen sich nur schlecht. Wirt Dummel reichte nahezu jährlich um immer neue Mietzinsnachlässe ein, die man ihm gewähren musste[573]. 1878 folgte ihm ein gewisser Johann Morawetz einige Jahre als Gemeindewirt, doch auch er stellte alsbald ein Ansuchen um weitere Herabsetzung des Mietzinses, denn *das Gebäude ist äußerlich herabgekommen und zieht keine Gäste mehr an*[574]. 1879 siedelte man auf Betreiben von Wirt Morawetz die Armenhäusler in das benachbarte Haus Glasauergasse 4 um[575]. An der zur Hietzinger Hauptstraße näher liegenden Seite war ein Hofeinfahrtstor und ein Schuppen angebaut, dort lagerte die freiwillige Feuerwehr bis 1881, teils auch im Freien, ihre Löschrequisiten[576].

- *Haus CNr. 75, Rudolfsgasse 4* (= Glasauergasse 4): Dieses Haus war 1873 von der Gemeinde angekauft worden[577]. Es war die ersten Jahre zur Gänze an den Holzhändler Johann Fellner vermietet, der dort mit Frau und sechs Kindern sowie mit Hauspersonal und zwei Pferden wohnte[578]. Nach seinem Auszug wandelte man 1879 das ganze Haus zum Armenhaus der Gemeinde Ober St. Veit um. Das Armenhaus bestand bis zur Eingemeindung[579].

- *Haus CNr. 73, Theresiengasse 11* (= Hietzinger Hauptstraße 168): Dieses Haus war 1869 durch die Gemeinde von den Erben nach dem früheren Bürgermeister Michael Schmidt angekauft worden[580]. Die Wohnungen wurden an verschiedene Parteien vermietet. Hier etablierte sich das (jüngere) Gemeindegasthaus unter dem Pächter und zeitweiligen Feuerwehrhauptmann Franz Magdlen. Das „Gemeindegasthaus Magdlen" bestand bis 1904, dann mußte es der Erweiterung der benachbarten Volksschule weichen[581].

- *Haus CNr. 129, Auhofstraße 36 alt* (= 139 neu): Dieses Haus diente als Wohn- und Diensthaus des gemeindeeigenen Totengräbers und lag unmittelbar am alten Ortsfriedhof. Nach der Errichtung des neuen Ortsfriedhofes am Gemeindeberg (1875/76) wurde es bis zu seinem Abriß an andere Gemeindeangestellte als Dienstwohnung vergeben[582].

- Der Vollständigkeit des Überblicks halber sei an dieser Stelle noch das gemeindeeigene *Haus CNr. 304* (= h. Firmiangasse 63) erwähnt, das sogenannte Seuchenspital für den Fall einer Epidemie, das aber durch die Neuordnungen der Jahre nach 1874 nicht berührt wurde.

---

573 GAO 24.4.1875 Pt. 8, 6.11.1875 Pt. 6.
574 GAO 7.4.1879, nach TO, mit beiliegendem Gesuch des Johann Morawetz.
575 Ebenda.
576 GAO 10.10.1891 Pt. 2.
577 BG Hietzing, Grundbuch EZ. 119 KG Ober St. Veit.
578 GAO 6.11.1875 Pt. 6, Beilage.
579 WStLA Handschriften A 293/1, Vermögensübergabeprotokolle 1891, Seite 123 ff.
580 BG Hietzing, Grundbuch EZ. 121 KG Ober St. Veit.
581 Weissenbacher, Hietzing I (Anm. 33) S. 106; das genaue Jahr der Gasthauseröffnung durch Magdlen ist unklar, wahrscheinlich erst 1891: GAO 28.4.1891 Pt. 1 spricht von „Transferierung des Ludwig Dummel'schen Gastgewerbes", sagt aber nicht, wohin.
582 z.B. GAO 16.8.1876 Pt. b, GAO 19.2.1886 Pt. 4.

Versucht man eine **Bilanz der Ära Hentschel I** zu ziehen, so muß man Karl Hentschel trotz der unerfreulichen Entwicklungen in der Finanzgebarung in der ersten Phase seines bürgermeisterlichen Wirkens, das er im besten Mannesalter von 41 Jahren begann, zubilligen, bedeutende Aufbau- und Entwicklungsarbeit geleistet zu haben. Seine Aufgabe erfüllte er mit Tatkraft und Initiative. An ihn persönlich gerichtete Vorwürfe vom selbstherrlichen Dorfpaschatum bis zum Arbeiten in die eigene Tasche tauchen massiv erst in seiner Spätphase, etwa 15 Jahre nach dem ersten Amtsantritt, auf und werden uns bei den jeweiligen Sachkapiteln noch beschäftigen.

2. Eine Veruntreuungsaffäre und das Zwischenspiel Bürgermeister Strecker

a) Der Gemeindekassier als Defraudant

Es ist merkwürdig, daß Bürgermeister Hentschel bis zu seinem endgültigen Abtreten aus dem öffentlichen Leben (1891) niemals eine persönliche Verstrickung in eine der nicht seltenen Affären angelastet werden konnte, dafür aber seine Vertrauensleute – im Ort respektlos die Bürgermeisterspezln genannt – stets umso tiefer drinsteckten. Der uns schon (oben VIII.1.c) begegnete, seit 1874 amtierende Gemeindekassier Adolph Zeeh, scheint einer dieser „Spezln" gewesen zu sein. Ganz genau wissen wir es nicht, jedenfalls erfolgte seine Wahl ins Amt unter anderem mit der Stimme des Bürgermeisters[583], der ihm anfangs noch vertraut haben muß. Nebenbei bemerkt war Adolph Zeeh der Postmeister von Ober St. Veit, ein sogenannter „nichtärarischer"[584] (dazu unten X.8.). Es war damals weiterhin üblich, nicht nur in Ober St. Veit, daß aus dem reichhaltigen, altüberkommenen Grundstücksbesitz der Gemeinde Grundstücke laufend an einflußreiche Gemeindemitglieder zu allzu günstigen Preisen verkauft wurden[585]. An dieser an sich gängigen Praxis hatte sich Adolph Zeeh ebenfalls beteiligt, aber offenbar ohne Augenmaß: Er hatte nämlich schon einige Monate vor Antritt seiner Kassierstelle erreicht, daß ihm der Gemeindeausschuß die Einwölbung eines Stückes des Marienbaches zwischen der h. Firmiangasse und Glasauergasse gestattete, wofür ihm der gewonnene Grund dann unentgeltlich (!) zufiel[586]. Dieser „Gewinn" auf Kosten der Gemeinde war ihm aber offenbar noch viel zu wenig. Zeeh war stark verschuldet. Im Laufe des Jahres 1875 griff er offenbar laufend in die Gemeindekassa und veruntreute mehrere tausend Gulden. Dazu hatte er noch die Stirne, im März 1876 dem Gemeindeausschuß eine Jahresrechnung für 1875 vorzulegen, die einen baren Kassarest von 3.108,74 fl. auswies und einen Gebarungs-

---

583   GAO 29.1.1874 Pt. 6.

584   Nö. Amtskalender für das Jahr 1876, S. 359.

585   Nach Klabouch, Gemeindeselbstverwaltung (Anm. 121) S. 50 gab es eine generelle Tendenz der vermögenden und in den Gemeindeverwaltungen bestimmenden dörflichen Schichte, Fragen der Benützung des Gemeindegutes rücksichtslos zu ihren Gunsten zu lösen und sich Teile des Gemeindegutes sukzessive anzueignen.

586   GAO 30.8.1873 Pt. 2.

überschuß suggerierte[587]! Das wie üblich gewählte Rechnungsrevisionskomitee äußerte sogleich Zweifel an der Richtigkeit dieser Abrechnung und Adolph Zeeh versicherte eilfertig, einen etwa doch entdeckten Abgang ersetzen zu wollen. Die Ausschußprotokolle vermitteln den Eindruck, daß den Beteiligten gleich klar war, daß sich hier eine Finanzaffäre größeren Ausmaßes anbahnte, die Bürgermeister Hentschel in der üblichen Art der früheren Finanzaffären Anfang der 1870er Jahre ohne Aufsehen zu applanieren gedachte. Keine zwei Wochen später ließ er den Gemeindeausschuß nämlich neuerlich zusammentreten mit dem einzigen Tagesordnungspunkt eines Ausgleiches mit Adolph Zeeh, der vor allem in der Rückstellung seiner unentgeltlich erhaltenen Marienbachparzelle bestehen sollte, ohne die Dinge eigentlich beim Namen zu nennen[588]. Weitere drei Wochen später legte das Revisionskomitee seinen Prüfbericht vor, aus dem sich ergab, daß Gemeindekassier Zeeh im Lauf des Jahres 1875 3308 fl. und noch in den Monaten Jänner und Februar 1876 362 fl. defraudiert hatte[589]. Bürgermeister Hentschel referierte dieses dramatische Ergebnis selbst in der Sitzung. Zugleich suchte er den Kassier zum persönlichen Schadenersatz zu verpflichten, wohl um für sich selbst den politischen Schaden gering zu halten. Adolph Zeeh zeigte sich zwar vollkommen reuig und verpflichtete sich, alles zu ersetzen, konnte aber der Gemeinde fast nur überschuldete Liegenschaften anbieten[590].

Die politische Mitverantwortung an der *Zeeh'schen Finanzaffäre* fiel nun doch auf Bürgermeister Hentschel. Ausgerechnet im Frühjahr 1876 waren bereits wieder neue Gemeindewahlen ausgeschrieben und Hentschel hätte die Wählerlisten dafür aufstellen müssen. Aus durchsichtigen Gründen verzögerte er dies nun, wohl um abzuwarten, bis die Affäre Zeeh wieder etwas in Vergessenheit geriete. Das gelang ihm aber nicht mehr. Zu dieser Zeit hatte sich bereits ein *oppositionelles Wahlkomitee unter* Führung Alexander Streckers gebildet, das am Sonntag, den 7. Mai 1876 nachmittags im Ober St. Veiter Casino eine öffentliche Wählerversammlung abhielt. Proponenten waren neben Strecker der Kaufmann Alfred Krammer und Carl Glasauer[591]. Die Wählergruppe Strecker forderte in einer Eingabe an den Gemeindeausschuß die umgehende Auflegung der Wählerlisten und eine von früheren Unzukömmlichkeiten freie Wahl[592]. Daraufhin ließ Bürgermeister Hentschel tatsächlich ein Wahlkomitee wählen. In diesem Komitee agitierten ganz offensichtlich Hentschels Gegner in dem Sinne, daß Ober St. Veit nach der nächsten Wahl eine neue Führung brauche, weil die alte versagt habe. Soviel Widerspruchsgeist war Karl Hentschel nicht gewohnt und er reagierte durch Ausgabe einer im ganzen Ort verbreiteten, beleidigenden Flugschrift, in der er dem Wahlkomitee vorwarf, bei der Beurteilung der bisherigen Verwaltung zu lügen, ihn, Hentschel, zu verleumden,

---

587   GAO 4.3.1876 Pt. 1.
588   GAO 2.4.1876.
589   GAO 20.4.1876 Pt. 1.
590   Ebenda; über die Einleitung eines gerichtlichen Strafverfahrens ist nichts feststellbar, was verwunderlich ist, denn nach dem damals geltenden Strafgesetzbuch über Verbrechen, Vergehen und Übertretungen von 1852 (§§ 181, 182) gab es das Delikt der Veruntreuung schon und sah bei öffentlichen Amtspersonen, die mehr als 100 fl. veruntreuten, sehr strenge Strafen vor.
591   AOV 707/1876.
592   GAO 27.5.1876 Pt. 7 mit beiliegender Eingabe der Wählergruppe Strecker (15 Personen).

sich überhaupt der verwerflichsten Mittel zu bedienen, mit bezahlten Agenten die Wähler zu bearbeiten und derlei mehr[593]. Diese Aktion half ihm aber nichts mehr. Nach dem ersten richtigen Wahlkampf, den Ober St. Veit erlebt hatte, fanden sich nach den Wahlen im Juli 1876 die Hentschel-Anhänger im Gemeindeausschuß in der Minderheit. Die Mehrheit wählte Oppositionsführer *Alexander Strecker* zum Bürgermeister, ferner wurden in sämtliche Ehrenämter der Gemeinde (Kassier und Rechnungsrevisoren, Armenvater, Einquartierungskommissär, Sicherheitskommissär) neue Männer gewählt[594].

Die Abrechnung des Nachfolgers mit dem Vorgänger fand schon in der allerersten Sitzung des neuen Gemeindeausschusses am 17. Juli 1876 statt: Alexander Strecker stellte gleich nach der Übergabe der Geschäfte an die neue Mannschaft den Antrag, den „abtretenden Herrn Bürgermeister" zum persönlichen Schadenersatz der gesamten vom Kassier Zeeh veruntreuten und bei ihm uneinbringlichen Geldsumme von 3668 fl. zu verhalten, zahlbar binnen 6 Monaten, andernfalls gegen Hentschel eine Klage eingereicht würde. Der Antrag ging stimmeneinhellig durch, offenbar getrauten sich nicht einmal die letzten verbliebenen Hentschel-Anhänger mehr, dagegen zu sein[595].

Nach fast zehnjähriger Bürgermeistertätigkeit, die ihn hatte selbstherrlich werden lassen, mußte Hentschel nun zwei tiefe Demütigungen hinnehmen: Anfang August 1876 blieb ihm zur Vermeidung einer gerichtlichen Verurteilung nichts anderes übrig, als die ehrenbeleidigenden Äußerungen seines Flugblattes gegen das ehemalige Wahlkomitee öffentlich als Ausdruck einer Verwirrung zu erklären und mit dem Ausdruck des Bedauerns zurückzunehmen[596]; kurz vor Jahresende 1876 hinterlegte er dann den gesamten, von ihm geforderten Veruntreuungsbetrag seines ehemaligen Kassiers Adolph Zeeh bei dem Hietzinger Rechtsanwalt Dr. Baumann[597]. Die neue Bürgermeisterära Strecker hatte begonnen – mit einem schweren Konflikt, der sich auf der persönlichen Ebene noch jahrelang in Anfeindungen Hentschels gegen Strecker fortsetzen sollte[598].

b) Zur Person Alexander Strecker

Alexander Strecker war seiner Herkunft, Bildung und Gesinnung nach der denkbar größte Gegensatz zu seinem Vorgänger Hentschel, eigentlich ist er unter allen Bürgermeistern von Ober- und Unter St. Veit die interessanteste Persönlichkeit überhaupt.

Geboren wurde Alexander Strecker am 18. Juni 1816 in Rüsselsheim am Main als Sohn eines Technikers, in Friedberg/Hessen besuchte er das Gymnasium, dann eine polytechnische Schule in Kassel[599]. Er stammte also aus einer schon etwas nördlicheren Gegend

---

593   GAO 3.8.1876 vor Pt. 1.
594   GAO 20.7.1876 Pt. 2.
595   GAO 17.7.1876 Pt. 1.
596   GAO 3.8.1876 vor Pt. 1; dem Protokoll liegt eine briefliche Aufforderung Streckers an Hentschel zur Rücknahme der Vorwürfe und die schriftliche Entschuldigung Hentschels bei.
597   GAO 3.12.1876.
598   Erinnerungen von Wilhelm Strecker, 1. Teil (Stuttgart 1914) 199
599   Stammbuch der Familie Strecker, nach den hinterlassenen Schriften des Dr. med. Karl Strecker bearbeitet von Wilhelm Strecker (Wien 1896) 246–249; dieser Unterlage folgen die weiteren biographischen

Deutschlands und war protestantischer Konfession. Wegen seiner Begabung ermöglichte ihm seine Familie unter einigen Opfern, von 1837 bis 1841 das damals schon renommierte Polytechnische Institut in Wien (Vorgänger der heutigen Technischen Universität) zu besuchen, wo er nach damaliger Ordnung noch alle technischen Hauptfächer gemeinsam studieren mußte: Ingenieurwesen, Maschinenbau, Hochbau und Chemie. Strecker gehörte ausbildungsmäßig also zur Technikerelite des frühen 19. Jahrhunderts. Er fand sofort Anstellung bei dem Stahlindustriellen Friedrich Krupp aus Essen, der ihn als Assistent für die Aufstellung eines Walzwerkes engagierte, das er soeben dem Wiener Hauptmünzamt zu liefern im Begriffe war. 1842 heiratete er Katharina von Wohlfahrt, die Tochter einer Wiener Beamtenwitwe, bei der er in seiner Studentenzeit gewohnt hatte. Friedrich Krupp war sein Trauzeuge. Aus dieser Verehelichung erklärt sich wohl seine spätere starke Bindung an Wien. Weitere Stationen seiner Berufslaufbahn waren die Maschinenwerkstätte der Wien-Gloggnitzer-Bahn, für die er später die Betriebsleitung der Strecken Mürzzuschlag – Graz – Cilli mit Wohnsitz in Graz übernahm, 1851–54 war er Oberingenieur I. Klasse im kk. Handelsministerium in Wien, dann Direktor der Gmunden-Budweiser Bahn, um schließlich 1857 Betriebsdirektor bei der Kaiserin-Elisabeth-Westbahn zu werden[600] und 1861 die Vertretung der Krupp'schen Stahlwerke in Österreich zu übernehmen. Während seiner Zeit als Betriebsdirektor der Westbahn nahm er in Ober St. Veit Wohnsitz, von wo aus er zu Fuß die Verwaltungs- und Betriebsgebäude in Hütteldorf erreichen konnte. Ursprünglich wohnte er als Mieter im Haus h. Firmiangasse 11, 1865 kaufte er das Haus h. Hietzinger Hauptstraße 154 und übersiedelte dorthin[601].

Da seine Ehe kinderlos blieb, widmete er sich in seiner Freizeit stark sozialen und gemeinnützigen Aktivitäten. So unterstützte er seine weniger wohlhabenden näheren und ferneren Verwandten[602]. In seiner Wohngemeinde engagierte sich Ingenieur Strecker bei der Errichtung der **Kinderbewahranstalt „Elisabethinum"**, der er durch seine organisatorischen Fähigkeiten eine Unterkunft verschaffte (1867–69 Schweizertalstraße 18, dann Vitusgasse 2, wo die Anstalt heute noch in einem Neubau der Jahre 1905/06 besteht) und für die er einen Trägerverein gründete, dessen erster und langjähriger

---

Notizen. [Es handelt sich sowohl bei den „Erinnerungen" – Anm. 598 – als auch beim „Stammbuch" um rare Drucke im Eigenverlag des Wilhelm Strecker, die seinerzeit hauptsächlich zur Verbreitung im Familienkreise bestimmt waren und von Fr. Gisela Sattler, Mannheim, dankenswerter Weise in Ablichtung zur Verfügung gestellt wurden.]

600   Hier gibt das „Stammbuch..." (s. vorige Anm.) an, er sei 1858 Maschineninspektor geworden, was nicht stimmen kann, denn im Österreichischen Staatsarchiv, Abt. Verkehrsarchiv, ist noch ein Registerband II/1857 zu den (ansonsten verloren gegangenen) Akten der Westbahngesellschaft erhalten, der Alexander Strecker schon 1857 mehrfach als Einbringer von technischen Innovationsideen (Schienenprobiervorrichtungen, Stoßschwellen u.dgl.) ausweist und ihn als „Betriebsdirektor" bezeichnet. Wegen der fast vollständigen Vernichtung der alten Westbahnakten verlief die Suche nach einem Personalakt Streckers negativ.

601   Beide Adressen sind aus dem erhaltenen Kaufvertrag 31.8.1865, WStLA Urkundensammlung Grundbuch Hietzing A 10/27 art. 1465/1865 erschließbar, aus dem man auch sieht, daß Strecker das Haus CNr. 66 (= EZ. 134, Hietzinger Hauptstraße 154, vor 1970 abgebrochen) schon im erbauten Zustand gekauft hat und vorher in Ober St. Veit CNr. 121 (= Firmiangasse 11) gewohnt hat. Da die Melderegister der Gemeinde Ober St. Veit nicht erhalten sind, ist der genaue Zeitpunkt des Zuzuges von A. Strecker nicht mehr feststellbar.

602   Stammbuch (Anm. 599) S. 249.

Obmann (1867–85) er selbst wurde[603]. Der Name Elisabethinum kommt übrigens daher, daß es Obmann Strecker gelang, Kaiserin Elisabeth zur Übernahme des Protektorates über die Anstalt zu bewegen. Sie verlieh eigenhändig durch eine von ihr unterfertigte „Allerhöchste Entschließung" vom 22. April 1869 den ersten offiziellen Kindergartenplatz an eine gewisse Maria Waldbauer, blicken ließ sie sich in Ober St. Veit freilich nie. Um dennoch einen hohen Besuch bei der Eröffnung dabeizuhaben, gewann Obmann Strecker 1867 König Georg V. von Hannover als Gast: König Georg war soeben im Krieg 1866 von Preußen aus seinem Land vertrieben worden und wohnte damals im Hietzinger Kaiser- stöckl (Hietzinger Hauptstraße 1, heute Postamt) als Exilant mit einem kleinen Pro-forma- Hofstaat. König Georg, der blind war, soll mit großem Interesse den Erklärungen bei der Eröffnungsfeier gefolgt sein[604]. Obwohl Protestant, gewann Strecker für die Führung des Kindergartens den katholischen Orden der Schulschwestern vom 3. Orden des Hl. Fran- ziskus, wohl aus der ganz rationalen Überlegung, daß dies die dauerhafteste Lösung wäre – sie hielt tatsächlich bis heute! Immer wenn Obmann Strecker Zeit blieb, ging er per- sönlich von Haus zu Haus, um Spenden für die Führung des Kindergartens zu sammeln, manchmal griff er auch tief in die eigene Tasche, die ärmeren unter den Kindern wurden ja unentgeltlich betreut und das verursachte eben Spesen[605].

1870–73 war Alexander Strecker obendrein, wie wir (oben VIII.1.c) schon gese- hen haben, Mitglied des Gemeindeausschusses. 1873 zog er sich aus dem Berufsleben zurück[606]. Als er 1876 antrat, um den in seinen Augen völlig mißwirtschaftenden Bürger- meister Hentschel zu stürzen und selbst einige Jahre Bürgermeister zu werden, war er also gerade ein rüstiger Rentier von 60 Lebensjahren, der sich mit seiner ganzen Tatkraft und wohl auch mit dem größten Teil seiner Zeit dem für ihn neuen Bürgermeisteramt widmen konnte. Seine Kompetenz in allen technischen und organisatorisch-finanziellen Fragen der Verwaltung war überragend und wurde ebenso wie seine Korrektheit allgemein anerkannt.

Gegen Ende seines ersten Amtsjahres als Bürgermeister, im Sommer 1877, starb seine erste Frau Katharina nach langem Leiden. Im August 1877 suchte er deshalb das einzige Mal in seiner ganzen Amtszeit beim Gemeindeausschuß um zwei Wochen Urlaub an, um seinen traurigen Pflichten nachkommen zu können. Während dieser Zeit führte Gemein- derat Karl Glasauer die Gemeindegeschäfte. Zur ersten und einzigen Sitzung, die dieser in Vertretung leiten sollte, erschienen weniger als die Hälfte der Ausschußmitglieder, sodaß wegen Beschlußunfähigkeit vertagt werden mußte – ohne die persönliche Autorität Stre- ckers lief offenbar in dieser Phase nichts.

Noch 1877 heiratete Alexander Strecker ein zweites Mal, und zwar seine Nichte Ama- lie Strecker, die unverheiratet war und in Wien schon lange den Haushalt der Streckers

---

603   „Ober St. Veiter Verein zum Besten armer Kinder": Festschrift 100 Jahre Ober-St.-Veiter Verein zum Besten armer Kinder und der für diese bestimmten Anstalten „Elisabethinum" 1867–1967 (Wien 1967) S. 3 ff; Der Urwähler Nr. 12 (2.6.1869) S. 43; Walter Sauer, Katholisches Vereinswesen in Wien. Zur Geschichte des christlichsozial-konservativen Lagers vor 1914 (Salzburg 1980) 218.
604   FS Elisabethinum (Anm. 603) S. 4.
605   FS Elisabethinum (Anm. 603) S. 4.
606   Stammbuch (Anm. 599) S. 249.

geführt hatte. Nach dieser Amalie Strecker benannte übrigens der Gemeindeausschuß wegen ihrer wohltätigen Gesinnung die heute noch so heißende Amalienstraße in Ober St. Veit[607]. Nach Ablauf seiner dreijährigen Amtsperiode, die ihren Arbeitsschwerpunkt in der Sanierung der Gemeindefinanzen und in allerlei technischen Verbesserungen der Infrastruktur des Ortes hatte, war Strecker wegen der ständigen, subtilen Anfeindungen durch seinen Vorgänger und Gegenspieler Hentschel es leid, nochmals zu kandidieren[608]. Er gehörte dem Gemeindeausschuß der Wahlperiode 1879–81 aber noch als einfaches Mitglied an und kümmerte sich als Rechnungsrevisor nach wie vor um die Gemeindefinanzen, ferner um einige technische Angelegenheiten[609].

Abb. 29: Das Grab Alexander Streckers (weiße Platte im Vordergrund) am Hauptfriedhof in Mannheim, fotografiert im Dezember 1994.

1885 verließ Alexander Strecker Österreich und übersiedelte nach Mannheim, wo die Familien seiner inzwischen verstorbenen Brüder lebten[610]. Die Streckers besaßen dort mehrere Patrizierhäuser, die 1945 nach totaler Bombenzerstörung nicht mehr aufgebaut wurden. Auf dem Mannheimer Luisenring Nr. 34 lebte Alexander Strecker ab 1902. Er starb am 18.1.1908 im 91. Lebensjahr[611] und wurde auf dem Hauptfriedhof Mannheim begraben[612]. Die Stadt Wien wahrte sein Andenken durch Benennung des Streckerplatzes und Streckerparkes in Ober St. Veit (beide zwischen Auhofstraße und Rohrbacherstraße) nach ihm[613].

607　GAO 25.4.1878 Pt. 2; die Behauptung des Wiener Straßenlexikons (Peter Autengruber, Lexikon der Wiener Straßennamen, Wien[4] 2001, S. 21), die Benennung beziehe sich auf die Kaiserin Amalie, Gattin Josefs I., ist falsch.
608　Erinnerungen von Wilhelm Strecker (Anm. 598) S. 199.
609　z.B. GAO 29.11.1879 Pt. 1; GAO 12.1.1880 Pt. 1 u.a.
610　FS Elisabethinum (Anm. 603) S. 4; Stammbuch der Familie Strecker (Anm. 599) S. 249.
611　Nachforschungen beim evangelischen Kirchengemeindeamt und beim Stadtarchiv Mannheim durch Herrn Eberhard König, Mannheim, der darüber freundlichst Auskunft erteilte.
612　Das unnumerierte Grab befindet sich im II. Teil des Friedhofes, Gruppe H 3, gegenüber der rechten Umfassungsmauer. Da mich die Persönlichkeit Streckers schon lange interessiert hatte, unternahm ich am 12. Dezember 1994 eine Recherchereise nach Mannheim und fand mit Hilfe eines Bediensteten des Mannheimer Hauptfriedhofes in der alten Gräberkartei heraus, daß das Grab nach wie vor existiert, allerdings gibt die Grabplatte heute den Namen Strecker nicht mehr an, sondern den darüber gebetteten Julius Fehsenbecker, Bürgermeister (sic !) der Stadt Mannheim, dessen Familie das Grab mittlerweile erworben hat, ohne die Vorbeisetzungen anzutasten.
613　Die Benennung Streckerplatz für das bis etwa 1985 unbebaute und unbefestigte Wegstück neben dem Haus Auhofstraße 131 erfolgte 1908, setzte sich aber im örtlichen Sprachgebrauch nicht durch, der danebenliegende Park hieß dagegen bei den Leuten jahrzehntelang inoffiziell „Streckerpark", erhielt diesen Namen offiziell aber erst durch einen Beschluß des Gemeinderatsausschusses für Kultur vom 7.12.1990: vgl. HLW Bd.

c) Sparen tut not

Nicht so sehr die Malversationen des Gemeindekassiers Zeeh, viel mehr noch die beiden teuren Großprojekte des Neubaues der Volksschule (1873, s. oben VIII.1.b) und der Anlegung eines neuen Ortsfriedhofes auf dem Gemeindeberg (1875/76, s. unten X.3.b) riefen am Ende der Ära Hentschel I eine beachtliche Finanzkrise hervor. Im Herbst 1876 traten akute Zahlungsschwierigkeiten auf, sodaß die Gemeinde eine Zeit lang nicht einmal die Zinsen aller ausständigen Schulden bedienen konnte; es gab keinen anderen Weg aus der Defizitkrise als eine Kombination aus Erhöhung der Gemeindeabgaben und gleichzeitigen Einsparungen[614]. Als Sanierer der Gemeindefinanzen war Alexander Strecker genau der richtige Mann und er stürzte sich auch sogleich mit großem Elan auf diese Aufgabe. Nach der allgemeinen Übergabe der Verwaltungsgeschäfte am 17. Juli 1876 führte er unter seiner persönlichen Anwesenheit drei Tage später eine spezielle Übergabe der Kassengeschäfte durch und veranlaßte außerhalb des Budgetjahres einen Rechnungsabschluß samt Vermögensinventarisierung[615], um einen genauen Überblick zu gewinnen. Sodann verkaufte er zur Behebung der akuten Zahlungsschwierigkeiten Obligationen der Gemeinde bei der Wiener Sparkasse im Betrag von 5300 fl.[616]. Nach Hinterlegung des im Jahre 1875 abgegangenen Kassafehlbetrages von 3668 fl. durch Altbürgermeister Hentschel war der Liquiditätsengpaß fürs erste behoben.

Bis zum Spätherbst 1876 bereitete Bürgermeister Strecker zusammen mit seinem Stellvertreter, Gemeinderat Karl Glasauer und dem neuen Gemeindekassier, dem Kaufmann Alfred Krammer sodann etwas vor, was man heute vielleicht *Sparpaket* nennen würde. Im Zuge der Erstellung des Budgetvoranschlages für 1877 schöpfte man Kürzungs- und Sparmöglichkeiten so gut aus, als es ging: Unter anderem wurde für alle drei Sicherheitswachmänner durch Umgruppierung eine Wohnmöglichkeit in den Gemeindehäusern geschaffen und ihnen die bisherige Wohnzulage gestrichen; der bisherige Sicherheitskommissär Franz Dangl erklärte sich bereit, seine Funktion als unentgeltliches Ehrenamt fortzuführen[617]; das angemietete Lokal für die Gemeindewache im Hause CNr. 27 (= h. Hietzinger Hauptstraße 151) wurde zur Ersparung der Mietkosten aufgelassen; der Abverkauf von Gemeindegründen sollte forciert werden; die Straßenbespritzung zur Staubbekämpfung in den Sommermonaten wurde nur mehr einmal täglich vorgesehen und – das wurde dann der umkämpfteste Punkt – die Straßenbeleuchtung sollte auf 16 Laternen für ganz

---

5 (1996) S. 376.
614   GAO 21.10.1876; Wochenblatt für den politischen Bezirk Sechshaus und die Wiener Vororte Nr. 38 (12.8.1877) S. 3.
615   GAO 20.7.1876 Pt. 1.
616   GAO 26.7.1876 Pt. 1.
617   Der Sicherheitskommissär hatte in direkter Unterstellung unter den Bürgermeister das Sicherheitswesen zu leiten und war seinerseits Vorgesetzter der Sicherheitswachmänner. Es handelt sich um ein politisches Amt, das durch Wahl seitens des Gemeindeausschusses erlangt und nebenberuflich ausgeübt wurde; nach § 23 nö. Gemeindegesetz LGBl. 5/1864 stand dem Sicherheitskommissär ohnedies keine Entlohnung zu, es scheint die gegenteilige Praxis unter Bgm. Hentschel eine der vielen eingeführten „Großzügigkeiten" gewesen zu sein. Ende 1877 erklärte sich der nunmehr unentgeltlich werkende Sicherheitskommissär aber für „amtsmüde" und gab seine Funktion an Franz Ressel ab: GAO 22.1.1878 nach Pt. 1.

Ober St. Veit herabgesetzt werden[618]. Weiters wollte man Geld in die Gemeindekassa bringen durch Forcierung des noch unter Bürgermeister Hentschel eingeleiteten Verkaufes von Teilen der Wienflußau an die Wiener Baugesellschaft und durch Parzellierung und Einzelverkauf der sogenannten Herndlgründe an der Lainzer Tiergartenmauer[619]. Insgesamt tagte der Gemeindeausschuß kurz nacheinander vier Mal ausschließlich zum Thema Haushaltsvoranschlag und diskutierte jede einzelne Position durch, bis man sich auf die Einzelheiten der Sparmaßnahmen verständigt hatte[620]. Im Gegensatz dazu war das Geld unter Hentschel nie wirklich ein Thema gewesen, der Gemeindeausschuß hatte sich damit nur zwei Mal pro Jahr zu befassen gehabt, ein Mal bei der Absegnung des Haushaltsvoranschlages, das zweite Mal bei der Absegnung des Rechnungsabschlusses, ernsthaft mitzureden hatte er sichtlich nie etwas gehabt. In dieser Hinsicht änderten sich die Dinge unter Bürgermeister Strecker geradezu epochal.

Nur bei einem war Strecker nicht zum Sparen bereit, sondern setzte sogar noch Ausgabenerhöhungen durch: beim **Armenwesen**. Hier ergriff er die Initiative für bauliche Verbesserungen beim Armenhaus, die Geldunterstützungsansuchen mittelloser Personen wurden unter seiner Führung großzügig behandelt und den „bezeugnißten Ortsarmen" von Unter St. Veit und Hacking wurden die bisherigen Leichengebühren auf die Hälfte herabgesetzt[621]. Wie bei seinem Einsatz für den Verein zum Besten armer Kinder (Elisabethinum, oben VIII.2.b) erwies sich auch hier seine sozial-karitative Gesinnung, deretwegen er über konfessionelle und politische Grenzen hinweg viel Respekt genoß.

Die ursprüngliche Hoffnung, nur mit Ausgabenkürzungen über die Runden zu kommen, erfüllte sich nicht. Bürgermeister Strecker gab zu Beginn jeder Gemeindeausschußsitzung einen Zwischenbericht über die Entwicklung der Finanzen, die er mit größter Akribie laufend verfolgte. Entscheidendes Pech der Gemeinde war, daß die **Grundstücksverkäufe** nicht planmäßig verliefen. Verhandlungen mit dem k.u.k. Militärärar über den Ankauf der Herndlgründe für Zwecke des neu zu erbauenden Militärinvalidenhauses[622] zerschlugen sich. Daraufhin versuchte man es mit dem mühsamen Einzelverkauf der Parzellen, fand aber bei der ersten Ausbietung nur enttäuschend wenige Kaufinteressenten und mußte Ende 1877 schließlich froh sein, den gesamten Rest der Gründe um ein Pauschale von 10.000 fl. an den Ober St. Veiter Milchmeier Josef Hölzl loszuwerden[623]. Der noch unter Bürgermeister Hentschel eingeleitete Verkauf von Wienflußgründen an die Wiener Baugesellschaft stand ebenfalls unter keinem guten Stern, indem die Gemeinde mittlerweile in einen Prozeß um den Inhalt der Abmachungen verstrickt wurde. Nicht nur, daß Bür-

---

618 GAO 27.1.1877 (enthält alle genannten Einsparungen)
619 GAO 11.11.1876 Pt. 1; 17.10.1877; die Herndlgründe umfaßten das Gebiet etwa von der h. Joseph-Lister-Gasse bis zur Mauer des Hörndlwaldes.
620 3.12.1876, 8.12.1876, 10.12.1876, 21.1.1877.
621 GAO 3.8.1876 Pt. 3, 25.11.1876 Pt. 4, 29.4.1877 Pt. 2.
622 Die Militärverwaltung entschied sich letztlich für den ihr geeigneter erscheinenden Standort h. Fasangartengasse / Stranzenberggasse, wo das Militärinvalidenhaus, heute anderen Zwecken dienend, ja noch steht.
623 GAO 8.11.1877 Pt. 1; 1.12.1877 vor Pt. 1; Die Meierei Hölzl befand sich Hietzinger Hauptstraße 143 (heute Wimpissinger).

ge[..]eister Hentschel „vergessen" hatte, der Gesellschaft eine vom Gemeindeausschuß gew[..]schte Pflicht zu Ufersicherungsmaßnahmen aufzuerlegen, mußte er als Zeuge vor dem B[..]zirksgericht Hietzing auch noch zugeben, „irrtümlich" einige Grundstücke der Ober St[.]Veiter Grundbesitzer Menzel und Kümmerle mitverkauft zu haben! Das Anerbieten de[.] nunmehrigen einfachen Gemeindeausschusses Hentschel, sich um Ordnung dieser Sac[..] bemühen zu wollen, lehnte man ab und erteilte stattdessen Bürgermeister Strecker ei[.] Verhandlungsvollmacht, um Schaden von der Gemeinde möglichst abzuwenden[624]. K[..]ruptionsgeruch lag in der Luft, nachgewiesen wurde, wie immer, nichts.

Im Herbst [1]877 wurde also eine **Erhöhung der Gemeindesteuern** unumgänglich. Der Gemeindeaus[..]huß beschloß die Erhöhung der Gemeindeumlage von 20% auf 40% und die Erhöhung [de]s Zinskreuzers von 3 kr. auf 4 kr. je Steuergulden[625]. Die Entrüstung darüber war enorm[.] Unter Führung des Hausbesitzers Ludwig Rath erhoben 96 Gemeindebürger schriftlich P[r]otest, der Gemeindeausschuß beharrte aber auf seinem Beschluß, weil in der Eingabe k[.]ne Vorschläge enthalten sind, welche das ausgewiesene Deficit zu beseitigen ... imstand[.] wären[626]. Ohne Protest ging dagegen die Einführung von Verzugszinsen auf rückständige [G]emeindeabgaben durch[627]. Unter dem Gesichtspunkt des Sparens ist wohl auch der Um[s]tand zu erklären, daß nach dem Amtsantritt Streckers Einbürgerungsansuchen in die [G]emeinde durchwegs abgelehnt wurde, wenn der Gesuchsteller nicht ausgesprochen ve[r]mögend war[628].

Nach seinem [e]rsten Amtsjahr ließ Alexander Strecker einen **Jahresbericht der Gemeindeverwalt[u]ng** drucken. I[n] allen Einzelheiten kritisiert er darin die vorgefundenen Mißstände, vor all[e]m eine riska[nt]e Spekulation des früheren Gemeindevorstandes mit Eisenbahnaktien, d[ie] prompt s[ch]efgegangen und in der Buchhaltung verschleiert worden war; kritikwür[di]g findet e[r d]arin auch die Geldverschwendung beim Schulhausbau und bei der Friedh[of]sanlegun[g]. Desweiteren beschreibt er die Sanierungsschritte seines ersten Amtsjahres, [d]ie prakti[sch] keinen einzigen Budgetposten ausließen und schließlich zieht er das sarkas[t]ische Re[sü]mee, daß in Zukunft alles ausgegebene Geld auch wirklich als „Ausgabe" zu ve[r]buche[n s]ein werde[629].

Ein weiterer Ein[s]paru[ngs]schwerpunkt war die **Straßenbeleuchtung**, zu der Strecker, ganz Techniker, ein [K]onz[ep]t austüftelte, wie man mit einer möglichst geringen Zahl an Öllampen einen m[ö]glic[hs]t großen Helligkeitseffekt erzielen könnte und welche Lampen man um Mitte[rnac]t löschen könne, ohne die öffentliche Sicherheit zu gefährden.

---

624   GAO 11.11.1876 [..]
625   GAO 5.9.1877 Pt[. .] 73 Zif. 1 nö. Gemeindeordnung berechtigte die Gemeinden, Zuschläge („Umlagen") auf direkte staatl[iche] Steuern, die auf ihrem Gebiete anfielen, einzuheben. Dazu zählten vor allem die Umlagen auf die Einko[mme]nssteuer und die Gewerbesteuer. Der Mietzinskreuzer war eine Abgabe auf jeden Gulden Mietzinseinnah[me,] den ein Hausbesitzer erzielte und stützte sich auf das „Steuererfindungsrecht" in § 73 Zif. 3 der nö. Gem[einde]ordnung.
626   GAO 5.9.1877 Pt. 2.
627   GAO 8.12.1877 Pt. 1.
628   z.B. GAO 3.4.1877 Pt. 4; 5.9.1877 Pt. 3.
629   Jahresbericht der Gemeinde-Vertretung von Ober St. Veit für das Verwaltungsjahr 1876, WStLA Gem. XIII/4, A 2/2.

Die Straßenbeleuchtung ist gleichzeitig ein nettes Beispiel für das immense persönliche Engagement Alexander Streckers, ja für seine zeitweilige Überpenibilität, die bei aller Wertschätzung dann einigen Herren offenbar doch auf die Nerven ging: Am 27.1.1877 hatte der Gemeindeausschuß nach längerer Debatte einstimmig beschlossen, die Straßenbeleuchtung auf 16 ganznächtige Lampen zu reduzieren und sie anstelle der bisherigen Betreuung durch den Spengler Alexander Mikloska in Eigenregie der Gemeinde zu übernehmen. So geschah es auch eine Saison lang. Derweilen tüftelte aber Strecker sein Konzept aus, wonach er mit bloß zehn ganznächtigen Lampen denselben Beleuchtungs- und Sicherheitseffekt erzielen könne, wozu er eine lampenweise Aufstellung vorlegte; für Lampen vor den Villen am Ortsrand sollten deren Besitzer gesondert zur Kasse gebeten werden. Außerdem rechnete er vor, daß die Lampenbetreuung durch den Spengler Mikloska in Wahrheit doch etwas billiger käme als die Eigenregie der Gemeinde mit all ihren versteckten Nebenkosten, und er beantragte Anfang 1878 eine Änderung des Beleuchtungskonzeptes in diesem Sinne. Nun empörten sich zwei Ausschußmitglieder, der Gemeindekassier Krammer und der Gastwirt Franz Kastner lautstark darüber, daß die endlich zustande gekommene Einigung schon wieder umgestoßen werden sollte. Aber Strecker hatte offensichtlich die besseren Argumente. Mit der Modifikation, daß der Vertrag mit Mikloska nur auf ein Jahr befristet abgeschlossen und ihm ein Pönale für den Fall des Eingehens von Beschwerden über die Betreuung auferlegt werden sollte, brachte er seine Vorstellungen im Gemeindeausschuß gegen die Stimmen der beiden durch[630]. Kaufmann Krammer erreichte in einer späteren Sitzung dann doch noch die Aufstellung einer zusätzlichen Lampe auf dem h. Wolfrathplatz beim damals noch bestehenden Auslaufbrunnen mit der nicht unplausiblen Begründung, daß dorthin abends zahlreiche Kinder mit Krügen und Flaschen zum Wasserholen geschickt werden und sie vor allem im Winter durch das Glatteis gefährdet sind, wenn nicht ausreichend Licht herrscht[631]. Weitere, immer wieder eingebrachte Sonderwünsche nach „Flammen" auf Gemeindekosten wurden konsequent abgewiesen[632], das Strecker'sche Beleuchtungskonzept für Ober St. Veit hielt, soweit ersichtlich, bis zur Eingemeindung nach Wien.

Bürgermeister Streckers Sparsamkeit ging bis in die kleinen Dinge: Als am 24. April 1879 das Kaiserpaar Franz Joseph und Elisabeth Silberhochzeit feierte, stellte der Bezirkshauptmann von Sechshaus an die Gemeinde das Ansinnen, sich an einer **Landesergebenheitsadresse** an das Kaiserpaar zu beteiligen, das heißt, natürlich auch an ihren Kosten. Bürgermeister Strecker lehnte das ohne Rückfrage beim Gemeindeausschuß ab, er hätte sich schon namens der Gemeinde in einen vom Hietzinger Bürgermeister Hanselmayer aufgelegten Sammelbogen eingetragen, die Landesaktion sei für die Gemeinde zu teuer[633]. Nur zum Vergleich: Als am 10. April 1881 die Hochzeit des Kronprinzen Rudolph mit der Prinzessin Stephanie von Belgien stattfand, war schon wieder Karl Hentschel Bür-

---

630   GAO 21.2.1878 Pt. 1.
631   GAO 28.11.1878 Pt. 1.
632   z.B. GAO 7.10.1878 vor Pt. 1.
633   GAO 3.3.1879 Pt. 3; 7.4.1879 nach Pt. 1.

germeister. In derlei dynastischen Dingen war ihm jede Sparsamkeit fremd. Er ließ schon drei Monate vorher ein Komitee wählen, das den Tag in der Gemeinde so festlich als möglich gestalten sollte und ließ dazu auch gleich 100 fl. für die zu erwartenden Spesen bewilligen[634]. Strecker nur der allseits geachtete, Hentschel aber der populäre Bürgermeister? Manches spricht dafür, es so zu sehen.

Bürgermeister Strecker meisterte aber auch unerwartete Widerfahrnisse: Ab den 1870er Jahren war, wie wir bereits gehört haben (oben VIII.1.b), die Schulbesuchsquote wesentlich gestiegen, nicht zuletzt deshalb, weil die Gemeinde die ihr zukommende Schulaufsicht recht ernst nahm. Freilich konnte es bei der eifrigen Durchsetzung des Schulzwanges auch augenzwinkernde Ausnahmen geben, wenn in der Brust des Vollzugsorganes zwei unvereinbare Seelen wohnten: So etwa im Jahre 1878, als der Gastwirt Franz Kastner gleichzeitig auch Obmann des Ortsschulrates war[635]. Als Wirt[636] pflegte er seine Stammkundschaft, als Schulratsobmann sollte er sie aber eigentlich abstrafen, wenn sie ihre Kinder nicht zum regelmäßigen Schulbesuch anhielten. Im genannten Jahr wurde nun ein Fall ruchbar, wo Franz Kastner einen Milchmeier, dessen Kinder fast überhaupt nicht zur Schule gingen, unbehelligt ließ, um den Stammgast nicht zu verlieren. Und da dieser Fall angeblich kein Einzelfall war, löste er einen heftigen Angriff der Lokalpresse auf die Gemeindeverwaltung aus[637]. Die Folge davon waren monatelange **Turbulenzen im Ortsschulrat**. Kurz nach dem Erscheinen des Zeitungsartikels, im Dezember 1878, stand nämlich wieder ein problematischer Fall zur Entscheidung durch den Ortsschulrat an: Der Schüler Josef Lauer erwies sich als so renitentes Früchtchen, daß der Ortsschulrat über seine Disziplinierung zu befinden hatte. Schulratsobmann Kastner suchte offenbar wieder einen Kompromiß zwischen Schulgesetz und gesellschaftlicher Wirklichkeit, ein anderes Ortsschulratsmitglied, der Spenglermeister Alexander Mikloska, plädierte jedoch für Härte ohne Ansehung der Person. Um zu einer Entscheidung zu kommen, traf sich der Ortsschulrat zunächst mit der Mutter des Schülers zu einer Aussprache. Als Spenglermeister Mikloska dabei seine harte Haltung vertrat, machte ihm die Schülermutter eine heftige Szene voll beleidigender Äußerungen. Da Obmann Kastner in dieser Situation den Angegriffenen nicht oder jedenfalls in seinen Augen nicht ausreichend verteidigte, legte dieser sein Mandat nieder. Nun war aber schon vor einigen Monaten das Ortsschulratsmitglied Heinrich Stoppe verstorben und der einzige vorhanden gewesene Ersatzmann Josef Rohrbacher war für ihn nachgerückt. Mangels weiterer Ersatzmänner, die hätten nachrücken können, war der Ortsschulrat damit handlungsunfähig geworden[638]. Den Schüler Lauer wird es gefreut haben, denn so konnte auch über seine Disziplinierung nicht mehr entschieden werden. Bürgermeister Strecker handelte rasch und ließ in der nächsten Gemeindeausschußsitzung den Ortsschulrat neu wählen. Franz Kastner wurde

---

634 GAO 30.11.1880 nach Pt. 2.
635 GAO 11.11.1876 Pt. 5.
636 2.1.1875 Verleihung des Gastgewerbes an Franz Kastner für den Standort Ober St. Veit Nr. 43 = h. Einsiedeleigasse 5, bis dahin war er Kellner in der Einsiedelei gewesen: AOV 32/1875.
637 Hietzinger Bezirksbote Nr. 12/1878 (5.11.1878) S. 3.
638 GAO 1.2.1879 Pt. 3 samt Beilagen.

bemerkenswerter Weise als Obmann wiedergewählt, anstelle von Alexander Mikloska hatte er jetzt den Baumeister Lorenz Trillsam an seiner Seite[639]. Doch die Querelen gingen weiter. Details dazu sind nicht überliefert, der Ortsschulrat scheint vor allem intern zerstritten gewesen zu sein. Zwei Wochen vor Schulschluß gab Obmann Kastner dem Bürgermeister die Demission aller fünf Schulratsmitglieder, er selbst eingeschlossen, bekannt. Nun war Bürgermeister Strecker als Krisenmanager gefordert. Es gelang ihm, im Eilverfahren einen komplett neuen Ortsschulrat wählen und noch drei Tage vor Schulschluß durch die Bezirkshauptmannschaft bestätigen zu lassen. Als am 30. Juli 1879 die feierliche Zeugnisverteilung stattfand, konnten die fünf Neuen daran schon – wie stets üblich – korporativ teilnehmen und der Gemeinde blieb die Blamage erspart, bei der Schulschlußfeier ohne Ortsschulrat dazustehen. Bürgermeister Strecker brach bei dieser Gelegenheit mit der Usance, den Ortsschulrat durchwegs mit Gewerbetreibenden zu besetzen, nachdem deren geschäftliche Interessen ihre öffentlichen Pflichten so offensichtlich überlagert hatten. Als neue Männer installierte er drei Akademiker und zwei Privatiers. Für die Obmannschaft gewann er Pfarrer Wilhelm Pokorny, im Vergleich zu dem schulisch unqualifizierten und in seinem Pflichtbewußtsein schwankenden „Kastnerwirt" zweifellos ein Goldgriff Streckers[640]. Pfarrer Pokorny verblieb in der Funktion des Ortsschulratsobmannes über zehn Jahre lang und lenkte die Arbeit des Gremiums wieder in ruhige und ersprießliche Bahnen.

Im Ergebnis kann kein Zweifel daran bestehen, daß Bürgermeister Strecker seine Aufgabe als **Sanierer der Gemeindefinanzen** innerhalb einer Amtsperiode glänzend gelöst hat: Die Rechnungsrevisionen der Jahresabschlüsse für die Jahre 1877 und 1878 stellten dem Gemeindebudget ein erstklassiges Zeugnis aus – es war defizitfrei geworden.[641] Nur die gesondert geführte Armenkasse hatte (wohl wegen der von Strecker betriebenen Großherzigkeit in sozialen Belangen) ein Defizit für 1878, welches der Herr Bürgermeister aus seinem Privatvermögen kurzerhand einzahlte. Über die Erfolge seines Wirkens in Ober St. Veit bekundete er im Familienkreise viel Befriedigung[642].

d) Arbeitsschwerpunkt technische Verbesserungen

Technische Verbesserungen (der „Infrastruktur", wie man heute sagen würde) waren das ureigenste Metier Alexander Streckers als studierter Techniker. Darum kümmerte er sich persönlich jenseits aller existierenden „Komitees" und „Ausschüsse", wobei er vom Gemeindeausschuß einige Male ausdrücklich Vollmacht erhielt, bestimmte Dinge alleine ins Werk zu setzen.

Überblicksmäßig zusammengefaßt findet man folgende **technischen Maßnahmen**:
- Kanalisierung: Bau eines Entwässerungskanales am neuen Friedhof[643]; Reparatur

---

639 Ebenda.
640 GAO 19.7.1879 Pt. 6 und 27.7.1879 Pt. 1.
641 GAO 22.3.1878 Pt. 1; 7.4.1879 Pt. 1 und 2;
642 Erinnerungen von Wilhelm Strecker (Anm. 598) S. 199.
643 GAO 3.4.1877 Pt. 2.

des bestehenden Kanales in der Neustiftgasse (= Schweizertalstraße)[644]; Verlegung des Kanales / offenen Gerinnes neben der Theresiengasse (= Hietzinger Hauptstraße) in der Weise, daß sich sein Inhalt nicht mehr offen in das Unter St. Veiter Gemeindegebiet ergoß, sondern durch die h. Sommerergasse und h. Tuersgasse zum Wienfluß – dafür gelang es Bürgermeister Strecker sogar noch, die beiden hauptnutznießenden Hausbesitzer Josef Hölzl (h. Hietzinger Hauptstraße 143) und Georg Schneider (h. Hietzinger Hauptstraße 145–147) zum Beitrag von 75% der Baukosten zu verpflichten.[645]

- Wasserbauten: Einwölbung des Marienbaches in der verlängerten Langegasse (= untere Firmiangasse zwischen Auhofstraße und Kai)[646]; Projekt einer Reparatur der Wienufer nach den Hochwässern im Mai 1879 – dieses Vorhaben sagte Bürgermeister Hentschel nach seiner neuerlichen Amtsübernahme im Juli 1879 umgehend als „zu teuer" wieder ab[647]; Rekonstruktion der Wasserleitung aus dem Lainzer Tiergarten nach technischem Projekt Streckers, um die fremdenverkehrsschädliche Wassermisere der letzten Sommer endgültig zu beheben: dabei muß es sich um die Röhrenwasserleitung handeln, die über die h. Ghelengasse und h. Einsiedeleigasse zu einem Auslaufbrunnen beim „Kastnerwirt" Eck Einsiedeleigasse / Trazerberggasse führte[648].

- Straßen- und Brückenbauten: Neubau der damals noch bestehenden Brücke über den Marienbach in der Bogengasse (= Vitusgasse)[649] – er wurde später eingewölbt, 1908 dann in den Kanal unter Schweizertalstraße / Erzbischofgasse umgeleitet; Ausbau des „Lainzer Weges" zwischen der Rohrbacherfabrik und den Glasauergründen (= Schrutkagasse) zur Straße, wegen des Erschließungseffektes für ihre Gründe wird die Wiener Baugesellschaft zu einem namhaften Kostenbeitrag verhalten[650].

- Größere bauliche Reparatur des Gemeindehauses CNr. 195 (= Hietzinger Hauptstraße 164)[651].

---

644   GAO 10.8.1878 Pt. 1.
645   GAO 5.6.1879 Pt. 2: dieser Übelstand war wegen der Verbreitung von Jauchegestank schon seit den Zeiten Bürgermeister Hentschels mehrfach Gegenstand von Beschwerden der Bevölkerung und hatte auch schon zum Einschreiten der Bezirkshauptmannschaft Sechshaus geführt, war jedoch von der Administration Hentschel immer wieder verschleppt worden. Dem Ausschußprotokoll liegt ein vermutlich von Strecker selbst gezeichneter Plan bei, der eine höchst einfache und effiziente Lösung durch Umleitung des problematischen Kanals in ein schon bestehendes Teilkanalisierungssystem für das alte Gemeindehaus bzw. für die neue Schule vorsieht.
646   GAO 15.7.1877 Pt. 6.
647   GAO 5.6.1879 Pt. 1; 20.6.1879 Pt. 1; 19.7.1879 Pt. 7 (Absage durch Hentschel, der ankündigt, sich mit „Palliativmitteln" helfen zu wollen – Mißgunst gegen den Vorgänger?), zum Thema Wienfluß ansonsten s. unten X.C.
648   GAO 11.10.1877 Pt. 2; Josef Donner, Dich zu erquicken, mein geliebtes Wien. Geschichte der Wasserversorgung von den Anfängen bis 1910 (Wien o.J., ca. 1988) 29.
649   GAO 7.10.1878 Pt. 3.
650   GAO 10.1.1878 Pt. 6.
651   GAO 8.5.1879 Pt. 3.

Die Gesamtheit der obigen Baumaßnahmen als Ergebnis einer nur dreijährigen Amtsperiode ist schon beachtlich. Streckers Anregung allerdings, die Initiative zur Einführung der Gasbeleuchtung anstelle der Öllampen zu ergreifen, blieb erfolglos, man vertagte die Frage auf unbestimmte Zeit[652]. Notabene kam es bis zur Eingemeindung nie mehr zu ihrer Einführung[653].

Recht charakteristisch für Alexander Streckers Ordnungsliebe in Verwaltungsdingen war auch, daß er die Einsetzung eines Komitees zur Revision der durch Neubauten schon unübersichtlich gewordenen *Ortsnumerierung* und zur Neuordnung der *Straßenbenennungen* initiierte. Während von den Ergebnissen der Ortsumnumerierung leider keine geschlossene Ausarbeitung erhalten ist (der Heimatforscher täte sich um vieles leichter!), kennen wir das Ergebnis der Straßen(um)benennungen unter Bürgermeister Strecker[654]:

Neubenennungen 1878	heutiger Straßenname
Parkstraße	Ghelengasse
Franz Carl Straße	Cranachstraße
Josefstraße („Straße von der Einsiedelei gegen die bestandene Schießstätte")	Stock im Weg, Hanschweg
Mariensteig	ident
Schützenweg	Hentschelgasse[655]
Winzerstraße	ident
ehem. Gaubmanngasse[656] umbenannt in Sackgasse, diese 1881 neuerlich umbenannt in Bowitschgasse[657]	Bergenstammgasse
Quaigasse	Hietzinger Kai
Amalienstraße	ident

e) Alles muß seine Ordnung haben

Alexander Strecker war ein durch und durch rechtlich denkender Mann, dem alle faktisch eingerissenen rechtswidrigen Zustände offensichtlich zuwider waren. Unter seiner Bürgermeisterschaft wurden Mißstände ohne Ansehen von Rang und Namen abgestellt und wurden Gesetze konsequent vollzogen – genau damit schuf er sich aber, trotz allem Respekt für seine Fähigkeiten, mächtige Feinde.

---

652   GAO 19.4.1879 Pt. 2.
653   GAO 3.9.1887 (Beschluß, Gasbeleuchtung einzuführen); GAO 29.12.1887 (Widerruf dieses Beschlusses, weil Kosten zu hoch).
654   aufgelistet in GAO 25.4.1878 Pt. 2.
655   Spätere Umbenennung des Schützenweges in Hentschelgasse erfolgte 1883: GAO 17.5.1883 nach Pt. 3.
656   Diese Benennung war 1870 nach dem Baumeister und Gemeindeausschußmitglied Josef Gaubmann auf sein eigenes Ansuchen hin erfolgt und gegen Erlag von 30 fl. Gebühr ohne Rücksicht auf Verdienste oder ideelle Gesichtspunkte bewilligt worden (GAO 18.3.1871 Pt. 4; AOV 265/1871); es ist bezeichnend für die Ära Strecker, daß derart gekaufte Straßennamen eliminiert wurden.
657   GAO 10.10.1881 nach TO.

Da ging es etwa der **Branntweinschenke** des Hentschel-Intimus Carl Birner an den Kragen. Noch in den letzten Wochen seiner (ersten) Bürgermeisterzeit hatte Hentschel seinem Freund eine Branntweinkonzession verschafft[658]. Von Beginn an kümmerte sich Birner nicht um die Einhaltung der Sperrstunde, was ihm mehrfache Abmahnungen durch Hietzinger Gendarmen eintrug, eine sogar in der Heiligen Nacht 1876[659]. Diesem Treiben machte Bürgermeister Strecker ziemlich entschlossen ein Ende und teilte dem Branntweiner Birner im Jänner 1877 mit, daß das Ausschenken von Schnaps bis nach Mitternacht, das Singen, Lärmen und all die Belästigungen durch seine Gäste untragbar seien; für den Fall der künftigen Nichteinhaltung der Sperrstunde drohte er ihm die *unnachsichtige Sperre des Locales überhaupt* an.[660]

Sein Amtsvorgänger Karl Hentschel war damals nomineller Obmann der **Schützengesellschaft TELL**, die 1877 ihren Schießbetrieb infolge finanzieller Schwierigkeiten einstellen musste[661]. Der Schützenverein war aber noch Eigentümer der verfallenen Schießhalle im Gemeindewald und zahlte den Pachtzins an die Gemeinde nicht mehr. Also trug Bürgermeister Strecker dem Schützenobmann Hentschel behördlich die Abtragung der Halle und die Rückstellung des Grundstückes auf[662]. Die Freude der ohnedies bankrotten Schützen darüber wird sich in Grenzen gehalten haben.

Am 24. April 1877 trug sich folgender kuriose Vorfall zu: Der „Oberschweizer" von Franz Jauners Meierei Am Himmelhof, Anton David, hatte an diesem Tage riesige Haufen von Reisig und dürren Ästen zusammenschlichten und anzünden lassen. Mächtig stiegen die Rauchsäulen auf und waren wegen des herrschenden Schönwetters kilometerweit sichtbar. Die Folge war, dass sämtliche in Sichtweite liegenden Feuerwehren, von Hütteldorf bis Unter St. Veit, Alarm auslösten und mit eingespannten Feuerspritzen auf den Himmelhof galoppierten, wo ihnen klar wurde, daß ein Fehlalarm vorlag. Ein Fall natürlich für Strecker'sches Einschreiten, der an den Meiereibesitzer Jauner ein amtliches Schreiben richtete: *„...so muß solches Vorgehen Ihrerseits strenge gerügt werden, und werden Sie zur Vermeidung ähnlicher Vorfälle künftig ersucht, Ihre Anzeige dem Gefertigten oder der Gemeindekanzlei zu erstatten"*[663]. Auch Prominente also, wie Franz Jauner, hatten die öffentliche Ordnung zu wahren.

Am Ende seines ersten Amtsjahres nahm Bürgermeister Strecker auch die nachlässige Dienstauffassung der beiden **gemeindeeigenen Sicherheitswachleute** Johann Waihs und Johann Zimmermann ins Visier. Die Gehälter der beiden waren ja ein nicht unerheblicher Ausgabenposten, also stellte sich die Frage nach ihrer Effizienz, die von Alexander Strecker so eingeschätzt wurde: *Umsicht, Takt und Intelligenz, das richtige Erfassen der Situation bei Amtshandlungen [wird] entweder nicht angewendet oder ist nicht vorhanden,*

---

658   im Hause Ober St. Veit Nr. 196 (im Bereich Auhofstraße, existiert nicht mehr), verliehen von der BH am 26.7.1876: AOV 1264/1876.
659   AOV 2189/1876, 156/1877.
660   Schreiben Bgm. Strecker vom 23.1.1877, AOV 156/1877.
661   Dazu s. oben VIII.3.e).
662   Schreiben vom 20.4.1877, AOV 892/1877.
663   Schreiben vom 3.5.1877, AOV 859/1877.

durch brutales Eingreifen wird die Ausdehnung der Excesse mehr provocirt als hintange-
halten[664]. Anstatt auf regelmäßigen Patrouillengängen treffe man die Sicherheitsorgane
hauptsächlich in irgendwelchen Wirtshäusern beim Kartenspiel an, Trunkenheit im Dienst
und Parteilichkeit habe ihre Autorität bei den Ortsbewohnern bereits schwer beschädigt.
Mit dieser Kritik traf Bürgermeister Strecker ganz offensichtlich auf breite Zustimmung.
Der Gemeindeausschuß beschloß einhellig eine Abmahnung der beiden „Wachter" und
verbot ihnen bei sonstiger Kündigung jegliche Wirtshausbesuche in der Dienstzeit[665].

* * *

Bürgermeister Alexander Strecker arbeitete bis zum Ende seiner Amtszeit mit voller
Kraft. Als der Gemeindeausschuß den Wahltermin für die fälligen **Neuwahlen mit 26. Juni
1879** festsetzte, berief Strecker für den 20. Juni eine letzte Ausschußsitzung ein, um noch
rasch zwei offene Materien (einen weiteren Antrag zur Wienufersicherung und einen
Grenzstreit beim Gemeindewald) einer Erledigung zuzuführen, er wollte sichtlich absolut nichts unerledigt zurücklassen. Das Protokoll endet mit folgenden Worten: *Schließlich
erwähnt Vorsitzender* (Strecker, Anm.)*, daß diese Sitzung die letzte in der gegenwärtigen
Wahlperiode sei, und ergreift den Anlaß, den versammelten Ausschußmitgliedern seinen
Dank für die ihm gewährte Unterstützung während seiner bisherigen Amtswirksamkeit
auszusprechen*[666]. Von seiner Absicht, nicht mehr zu kandidieren, weil ihn die ständigen
subtilen Anfeindungen Karl Hentschels amtsmüde gemacht hatten, sagte er damals nichts
– innerlich hatte er es aber schon beschlossen[667].

Mit Alexander Strecker trat der befähigteste und emsigste Bürgermeister ab, den es in
Ober- und Unter St. Veit je gegeben hat.

3. Die Ära Bürgermeister Hentschel II

Nach den Neuwahlen vom Juni 1879 gehörte Alexander Strecker zwar noch für eine
Wahlperiode (bis 1882) dem Gemeindeausschuß als gewähltes, einfaches Mitglied an,
eine Wiederkandidatur als Bürgermeister lehnte er aber ab[668] und so wählte der Gemeindeausschuß wiederum Karl Hentschel. Ob Strecker überhaupt Chancen auf eine Wiederwahl gehabt hätte, wissen wir nicht genau, der Umstand, daß er ausdrücklich ablehnte,
läßt solche Chancen aber vermuten. Die Fortführung der Gemeindegeschäfte durch den
alt-neuen Bürgermeister Hentschel scheint ohne besonderen Bruch eher routinemäßig
weitergegangen zu sein. In finanziellen und technischen Angelegenheiten erkennt man
sogar im Gegenteil, daß die unter Strecker gesetzten Initiativen und die unter seiner Führung eingenommenen Haltungen noch weiter verfolgt wurden. Die Gemeindeausschußmitglieder waren ja zum Teil dieselben und etliche davon waren sicherlich „Strecker-
Sympathisanten". Bevor wir jedoch einige allgemeine gemeindepolitische Ereignisse der

---

664 Amtserinnerung vom 9.10.1878, AOV 1795/1878.
665 AOV 1795/1878.
666 GAO 20.6.1879 nach Pt. 2.
667 Erinnerungen von Wilhelm Strecker (Anm. 598) S. 199.
668 Ebenda.

Jahre bis 1891 in Ober St. Veit Revue passieren lassen, müssen wir einen Blick auf die sich verändernden Siedlungs- und Wirtschaftsverhältnisse der Gemeinde werfen. Ab den 1880er Jahren machte sich immer mehr der Sog der nahen Großstadt bemerkbar und ein Teil des ländlichen Gepräges, das noch die biedermeierlichen Reiseschriftsteller preisen konnten[669], verschwand in Wahrheit schon Jahre vor der Eingemeindung nach Wien.

a) (Weiteres) Wachstum, Industrialisierung, Verstädterung

Den Wachstumsschub 1861–1880 haben wir schon kennengelernt (oben VIII.1.b). Das Wachstum der Häuser- und Bewohnerzahl ging jedoch unablässig weiter und wurde vielfach als „erfreuliche Fortentwicklung" und als „Fortschritt" gesehen[670]. Dem sommerlichen Fremdenverkehr schadete das längerfristig natürlich, ein Zusammenhang, der in den zeitgenössischen Äußerungen aber nicht hergestellt wird.

Das weitere Wachstum des Ortes zeigen die folgenden *Entwicklungszahlen*[671]: Bürgermeister Hentschel gibt in seiner Festschrift zur Eröffnung des Dampftramwaybetriebes an, zwischen den Jahren 1868 und 1887 seien 141 Neu- und 62 Zubauten von Häusern ausgeführt worden. Eine andere Quelle besagt, daß die Häuserzahl Ober St. Veits von 329 im Jahre 1880 auf 600 im Jahre 1914 gewachsen sei[672]. Die Hausneubauten betrafen überwiegend die Errichtung von Villen. Das weit überproportionale Wachstum der Bevölkerungszahl im Vergleich zur Vermehrung der Häuserzahl dürfte mit der Errichtung einiger Mietskasernen für Arbeiterwohnungen im wienflußnahen Teil des Ortes zu erklären sein.

Die Bewohnerzahl des Ortes erhöhte sich von 3456 im Jahre 1880 auf 4077 im Jahre 1890[673]. Die Mitgliederzahl des Gemeindeausschusses, die ja nach einem gewissen Schlüssel von der Bevölkerungszahl der Gemeinde abhing[674], und die stets 18 betragen hatte, wurde ab der Wahlperiode 1882–85 als Folge des Bevölkerungswachstums auf 21 erhöht[675].

Einen Hinweis auf das – durch die Häuservermehrung – ebenfalls angewachsene *Verkehrsaufkommen* gibt uns der Umstand, daß die Gemeinde Ober St. Veit 1885 drei zusätzliche Stellfuhrlizenzen erwarb, die durch die Eröffnung der Dampftramwaylinie Hietzing – Mauer freigeworden waren[676].

---

669   z.B.: Adolf Schmidl, Wiens Umgebungen auf zwanzig Stunden im Umkreise (Wien 1837) 3. Bd. I. Abteilung S. 106 f.; Franz Carl Weidmann, Wiens Umgebungen historisch-malerisch geschildert (Wien 1824–27) 5. Bd. S. 169 f.

670   Karl Hentschel, Ober St. Veit in seiner Entwicklung und seinem Bestande. Festschrift anläßlich der Eröffnung des Dampftramwaybetriebes nach Ober St. Veit (Ober St. Veit 1887) 13; Der Urwähler Nr. 7 (15.3.1872) S. 2.

671   Quellen: Festschrift (wie vorige Anm.); Wiener Vororte-Gemeinde-Kalender (Wien 1884) 176; Special-Ortsrepertorium von Nieder-Oesterreich, hgg. von der kk. statistischen Central-Commission (Wien 1883) 146: hier liegen bereits die Zahlen der Volkszählung von 1880 zugrunde, interessant ist 1880 die Aufteilung in 1650 männliche : 1806 weibliche Bewohner, sowie die Aufschlüsselung in 3390 Katholiken : 42 Protestanten : 24 Israeliten.

672   Haubner u.a., Ober St. Veit (Anm. 537) S. 7.

673   s. dazu Anhang III: Entwicklung der Häuser- und Bewohnerzahlen.

674   § 14 nö. Gemeindeordnung LGBl. 5/1864.

675   Nö. Amtskalender für das Jahr 1883, S. 345.

676   GAO 22.6.1885 Pt. 4.

Abb. 30: Dampftramway bei der Endstation unterhalb der Ober St. Veiter Pfarrkirche.

Die Wagenfabrik Josef Rohrbacher hatte im Jahr 1852 ihr neues Fabriksgebäude in der h. Hietzinger Hauptstraße 119 errichtet und ihren Betrieb erfolgreich entwickelt. Die 1863 gegründete Färberei Winkler & Schindler in der h. Auhofstraße 156–162 vergrößerte sich ebenfalls sukzessive. Beide Fabriken zogen die Ansiedelung von Arbeitern nach sich, hauptsächlich im wienflußnahen Teil Ober St. Veits und erhöhten auch das Verkehrsaufkommen.

Eine Folge der Industrialisierung war bekanntlich die **Verstädterung** des ländlichen Umlandes der Städte. In Ober St. Veit, das heute in seiner baulichen und in seiner sozialen Struktur ein rein städtischer Wohnbezirk geworden ist, können wir die Anfänge dieser Entwicklung schon in den letzten etwa zehn Jahren vor der Eingemeindung beobachten. Auf alten Stadtplänen[677] sieht man, daß die Verbauungsdichte des Ortes ab den 1880er Jahren schon so hoch war, daß man für diese Zeit höchstens noch eingeschränkt von einem (ländlichen) Dorf sprechen kann. Mitte der 1880er Jahre waren die Lebenshaltungskosten in Ober St. Veit schon fast so hoch wie in Wien[678].

Den letzten Entwicklungsschub vor der Eingemeindung löste schließlich die Eröffnung des **Dampftramwaybetriebes** nach Ober St. Veit aus. Bürgermeister Hentschel hatte

---

677 s. die Pläne im Literatur- und Quellenverzeichnis im Anhang.
678 Hentschel, Ober St. Veit (Anm. 670) S. 14.

Abb. 31: Dieses humoristische Gemälde von 1934 (signiert J. Streyc) soll an die Eröffnungsfeier der Dampftramway 1887 erinnern. Die Häuser sind beflaggt, Dampftramway, Kutsche und Stellwagen begegnen sich unterhalb des Wolfrathplatzes, links unten hat der Maler sogar die Büchsen-Resl verewigt.

schon im Herbst 1883 an einer Probefahrt der Dampftramway zwischen Hietzing und Perchtoldsdorf teilgenommen, die ihn von den Vorteilen dieses neuen Verkehrsmittels überzeugte. Auf seine Empfehlung hin richtete die Gemeinde je ein Gesuch an die Direktion der Dampftramway und an das kk. Handelsministerium um Bau einer Linie von Hietzing nach Ober St. Veit[679] und hatte damit Erfolg. Der geplante Eröffnungstag 1.5.1884 erwies sich aber als Illusion[680]. Erst am 12. September 1887 fand die offizielle Probefahrt statt, am 15. September 1887 wurde die neue Linie mit Musik, Dekoration und Abhaltung eines Banketts feierlich eröffnet[681]. Ursprünglich hätte die Tramwayendstelle übrigens in der Hietzinger Hauptstraße vor der Volksschule liegen sollen, dagegen setzte sich der Besitzer der gegenüberliegenden Häuser Hietzinger Hauptstraße 145 und 147, Georg Schneider, mit allen Mitteln zur Wehr[682]. Also entschied man sich nach nochmaliger Kom-

---

679 GAO 29.10.1883 Pt. 1.
680 Nö. Gemeinderevue 4.11.1883, S. 2.
681 Laula – Sternhart, Dampftramway (Anm. 450) S. 9; GAO 3.9.1887 Pt. 9; Nö. Gemeinderevue Nr. 105 (4.9.1887) S. 3.
682 GAO 2.4.1887 Pt. 2; es handelt sich um die Häuser des h. „Altstadterhaltungskomplexes Ober St. Veit" am Eck zur Einsiedeleigasse. Georg Schneider war ein protestantischer Kaufmann, der jahrelang Gemeindeausschußmitglied war und über etlichen Einfluß verfügte.

missionierung, die Haltestelle ein Stück Richtung Kirche auf den Hauptplatz (h. Wolfrath-platz) zu verlegen. Die Folge davon war, daß der dortige öffentliche Auslaufbrunnen weg-gerissen werden mußte[683]. Ab nun war es möglich, in Ober St. Veit (nur) zu wohnen und zu stadtnäheren Arbeitsplätzen zu pendeln – ein typisches Kennzeichen beginnender Verstädterung. Die Fertigstellung der Dampftramway löste eine weitere Welle besonders reger Bautätigkeit aus[684].

Aus den ersten Jahren des Tramwaybetriebes gibt es übrigens noch eine tragische Geschichte mit komischem Nachspiel zu berichten[685]: Am Samstagabend, den 5. Septem-ber 1890, warf sich in Hietzing ein **Selbstmörder** vor einen Tramwayzug, der soeben in Richtung Ober St. Veit abgefahren war. Jener wurde entsetzlich verstümmelt und war sofort tot. Polizei eilte herbei und agnoszierte den Getöteten als den ehemaligen Stell-wagenkutscher Josef Winkler, welcher sich in letzter Zeit arbeits- und unterstandslos her-umgetrieben hatte und deshalb wiederholt mit der Polizei in Berührung gekommen war. Einige umstehende Personen bestätigten das noch. Der Leichnam wurde auf dem Hietzin-ger Friedhof beerdigt, und die auswärtige Heimatgemeinde wurde vorschriftsmäßig von dem Tode des Josef Winkler in Kenntnis gesetzt. Am 10. September besuchte der Hiet-zinger Gastwirt Kudrawatz einen im Penzinger St. Rochus-Spitale befindlichen Kranken. Während er mit seinem Bekannten sprach, rief ein im selben Zimmer liegender anderer Kranker: „Grüß Gott, Herr Wirt, was machen denn Sie da ?" Kudrawatz wandte sich um und erschrak nicht wenig, als er in dem Sprecher den vor wenigen Tagen vermeintlich beerdigten Stellwagenkutscher Josef Winkler erkannte. Winkler erzählte, daß er schon seit acht Tagen als Kranker im Spitale liege, und erfuhr nun aus dem Munde des Hietzinger Wirtes, daß auf dem Hietzinger Friedhof ein Mann beerdigt worden ist, den man für ihn, Winkler, gehalten habe. Die Polizei hatte demnach bei der Agnoszierung einen peinlichen Irrtum begangen, die wahre Identität des Selbstmörders blieb in der Folge ungeklärt.

b) Das Gemeindeleben – eingespielt oder schon verkrustet ?

Die zwölf Jahre der Ära Hentschel II (1879–1891) verrannen in fast einförmiger Routine. Alle drei Jahre gab es **Neuwahlen zum Gemeindeausschuß**: 1882, 1885 und schließlich 1888, die letzten vor der Eingemeindung. Bei jeder dieser Wahlen kamen einige neue Mandatare in den Gemeindeausschuß, zum Teil als Folge demokratischer Erneuerung des Gremiums, zum Teil aber auch nur deshalb, weil in praktisch jeder Wahlperiode ein bis zwei Mandatare aus dem Amt herausstarben und ersetzt werden mußten. Die übri-gen Ausschußmitglieder verblieben ebenso selbstverständlich von Periode zu Periode im Amt, wie Karl Hentschel von Wahl zu Wahl Bürgermeister blieb und man Ober St. Veit schon nahezu mit seiner Person identifizierte.

Der **Wahlkampf 1885** dürfte etwas hitziger ausgefallen sein als üblich. In einem im Juni

---

683   GAO 21.4.1887 Pt. 3.
684   Haubner u.a., Ober St. Veit (Anm. 537) S. 6.
685   Quelle der ganzen Geschichte: Wiener Tagblatt Nr. 291 (12.9.1890) S. 5.

1885 veröffentlichten Rechenschaftsbericht über die Finanzgebarung rühmte sich die Gemeindeverwaltung ihrer Sparsamkeit im vorangegangenen Haushaltsjahr und verwies darauf, daß dadurch die Erhöhung der Gemeindeumlagen vermieden werden konnte[686]. Der Bürgermeister hätte sich wohl kaum zur öffentlichen Verteidigung der angeblich sparsamen Gebarung veranlaßt gesehen, wenn man ihm nicht vorher Gegenteiliges vorgeworfen hätte. Eine Wählergruppe unter Führung von Julius Rohrbacher brachte einen Wahlprotest wegen Wahlmanipulation ein. Die Wahlbehörde annullierte daraufhin die Wahlen des Jahres 1885, der gesamte Wahlvorgang aller drei Kurien mußte wiederholt werden[687].

Die gedruckte Kundmachung der Wahlergebnisse für die Funktionsperiode 1885–88 ist noch erhalten[688]. Wahlsieger Hentschel ließ am Ende des eigentlichen Kundmachungstextes noch eine längere, ironische Bemerkung hinzufügen: *Gelegentlich der diesjährigen Gemeinde-Ausschusswahlen wurde von den Führern der sogenannten Wirtschaftspartei in Wahlplacaten von gewohntem Schuldenmachen etc. gesprochen. Da diese böswilligen Bemerkungen jedenfalls an meine Person andressirt sind, kann ich nicht umhin, der Öffentlichkeit einige Proben von der Sparsamkeit aus jener Zeit, als diese Herren am Ruder standen, zu geben...*; danach führt Hentschel zwei Gebarensbeispiele aus der Ära seines ehemaligen Rivalen Alexander Strecker auf, die seiner Meinung nach für die Gemeinde durchaus nachteilig gewesen wären und bezeichnet sie polemisch als *sonderbare, unaufgeklärte Manipulationen*. Auch wenn es bis zuletzt keine Kandidaturen von Parteilisten, sondern nur von Namenskandidaten gab, offenbart sich hier schon eine deutliche, stark emotionale Parteiung.

Die Gemeindeverwaltung der letzten rund zehn Jahre vor der Eingemeindung kann man als gut eingespielt bezeichnen. Selbst wichtige gemeindepolitische Entscheidungen, die in den Anfangsjahren der jungen Gemeinde noch etwas Bewegendes an sich hatten, um das man in der Gemeindeausschußsitzung lange und dramatisch rang, wurden nun in den Sitzungen ohne viel Aufhebens geradezu heruntergespult. Man hat den Eindruck, daß den Gemeindevätern alles irgendwie schon einmal untergekommen war und sie politisch nichts aus der Fassung bringen konnte – aus der Fassung brachten sie nur noch persönliche Kränkungen und personenbezogene Affären (dazu unten VIII.3.c und X.6). In der Endphase attackierten kritische Zeitgenossen das auch als „verkrustete Paschawirtschaft"[689].

Um das abstrakt Gesagte etwas zu veranschaulichen, sei im Folgenden der Ablauf zweier konkreter und dabei **typischer Gemeindeausschußsitzungen** der Ära Hentschel II in Stichwortform wiedergegeben. Es geht nicht um eine Darstellung des Inhaltes, sondern nur der Art, wie man die Dinge routiniert abhandelt und dabei im Vollgefühl einer gewissen Macht sich nicht die Mühe eingehender Begründungen macht.

---

686 Österreichische Gemeindepost Nr. 285 (24.6.1885) S. 6.
687 Österreichische Gemeindepost Nr. 295 (4.9.1885) S. 3; WStLA Bezirkshauptmannschaft Sechshaus, Einreichprotokoll 4.9.1885 – da der zugehörige Akt fehlt, lassen sich die eigentlichen Gründe für die Wahlwiederholung nicht mehr eruieren.
688 Universitätsbibliothek Wien, Kundmachungen, Sammelsignatur 35.484/Ober St. Veit
689 Wiener Bezirkspost Nr. 651 (20.1.1891) S. 3.

Beispiel 1:

Sitzung 2. September 1882, Vorsitz Bgm. Hentschel

Vor Tagesordnung referiert Vorsitzender über Vergabe von Pilotierungsarbeiten bezüglich Ausmündungskanal Langegasse in die Wien, die Renovierung des Schulhauses und das Ausscheiden des Sicherheitswachmannes Johann Waihs aus dem Dienst.

1) In der Volksschule wurde im 4. Jahrgang eine Parallelklasse eröffnet, ein 10. Lehrzimmer muß geschaffen werden.

2) Grundstücksverkauf an Johann Cöln bewilligt.

3) Verkauf von 2 Straßenparzellen an Ferdinand Kotzian um 6 fl. per Quadratklafter bewilligt (nach Debatte und nur mit Stimmenmehrheit).

4) Verkauf von 1 Straßenparzelle an Franz Schimek um 3 fl. per Quadratklafter bewilligt (stimmeneinhellig) [F. Schimek ist Ausschußmitglied und bekommt Straßengrund wie selbstverständlich billiger als der Außenstehende, Anm.]

5) Bereitschaft der Gemeinde Hacking, für das 10. Lehrzimmer erhöhten Schulzins zu zahlen, wird zur Kenntnis genommen.

6) Vorlage des Präliminare [Budgetvoranschlag, Anm.] für 1883, wird dem Revisionskomitee überwiesen.

7) Beschluß, den Bürgermeister zu ermächtigen, mit dem kk. Handelsministerium wegen Errichtung einer Bahnhaltestelle der Westbahn in Baumgarten gegenüber der St. Veiter Brücke zu korrespondieren.

8) Der verarmten Franziska Hambeck werden 5 fl. monatlich als Unterstützung gewährt.

Nach der Tagesordnung interveniert Franz Schimek wegen Aufstellung einer Straßenlaterne in der Amalienstraße: bewilligt.

Beispiel 2:

Sitzung 1. Dezember 1887, Vorsitz Bgm. Hentschel

1) Präliminare für 1888 vorgelegt und dem Revisionskomitee zugewiesen.

2) Zur Prüfung eines Vertragsentwurfes für die Verlegung der Wiener Neustädter Tiefquellenwasserleitung wird ein Komitee eingesetzt.

3) Der Rohrverlegung für die Wientalwasserleitung wird nur unter der Quaistraße, nicht unter der Auhofstraße zugestimmt [Das Projekt kam nie zustande, Anm.].

4) Josef Menzel wird gegen Erlag einer Aufnahmstaxe von 150 fl. in den Heimatverband der Gemeinde Ober St. Veit aufgenommen.

5) Totenbeschaugebühren des Gemeindearztes Mag. Kopetzky werden erhöht.

6) Die Eintreibung rückständiger Gemeindeumlagen wird dem Steueramt Hietzing übertragen.

7) Gesuch des Vorstandes des Vereines für die evangelische Diakonissensache um Bewilligung der Errichtung einer Diakonissenanstalt wird im Sinne der Zuschrift

bewilligt [Diese evangelische Anstalt bestand tatsächlich eine Zeit lang auf Hietzinger Hauptstraße 145, Anm.].
*Nach Tagesordnung: Pfarrer Pokorny interpelliert Vorsitzenden wegen Einführung
der Gasbeleuchtung, Antwort: ist in Vorbereitung.*

Soweit also ein kleiner, praktischer Eindruck von der Gemeindepolitik.

c) Von Ehrungen und Beleidigtheiten

Ab den 1880er Jahren fällt auf, daß Ehrungen, bei denen man sich wie selbstverständlich gegenseitig half, ebenso stark zunahmen wie persönliche Auseinandersetzungen, bei
denen es um keine politischen Konflikte, sondern einfach um Ehre und Eitelkeit ging –
Auseinandersetzungen in einer Art, die in den ersten Jahrzehnten des Gemeindelebens
praktisch überhaupt nicht feststellbar sind. Der Begriff der Ehre spielte im gesellschaft-
lichen Leben des ausgehenden 19. Jahrhunderts freilich noch eine ganz andere Rolle als
heute – die zahlenmäßig meisten Strafverfahren vor den Bezirksgerichten waren damals
Ehrenbeleidigungsprozesse. Deshalb sei der Ehre und der Beleidigung derselben hier ein
eigenes Kapitel gewidmet, zumal ihre geschichtliche Betrachtung auch ein wenig amü-
sant ist.

aa) Der schroffe Mag. Kopetzky

Gemeindeausschußsitzung 19. Juli 1881, den Vorsitz führt der alt-neue Bürgermeister
Hentschel. Vor Eintritt in die Tagesordnung vermerkt das Protokoll: *Nach Verificirung des
Protokolles aus der letzten Ausschuß-Sitzung vom 9. Juni l.J. ergreift H. Alfred Krammer das
Wort, gibt ein Exposé über die im Schoße des Revisions-Comité ausgebrochene Zwistigkeit
in Beurtheilung des Rechnungsabschlusses des Jahresabschlusses des Jahres 1879, nämlich über den Umstand, daß das Casse-Journal einen Restsaldo von 313 fl 88 x ausweist,
während in der gedruckten Rechnung die Einnahmen mit den Ausgaben äquiparieren,
daß er über diesfalls verlangte Aufklärung seitens des Obmannes des Revisions-Comités,
H. Mag. Franz Kopetzky* **in schroffer Weise** *abgefertigt worden sei, was ihn veranlaßte,
sein Mandat als Mitglied des Revisions-Comités zurückzulegen.*

Die Schroffheit des Mag. Kopetzky mag vielleicht dadurch ausgelöst worden sein, daß
er sich nach all den Finanzkalamitäten der vorvergangenen Jahre gleich verdächtigt fühlte,
und doch – ein schroffes Wort zuviel und der Angesprochene legt gleich seine Funktion
zurück! Mag. Kopetzky konnte in der Sitzung übrigens die plausible Auskunft geben, daß
die Druckerei es verabsäumt hatte, die Bürstenabzüge zur Korrektur vorzulegen, sodaß er
den Letztstand der Kassaprüfung nicht mehr einarbeiten konnte. *Nach kurzer Kontroverse
wurde dieser Fall beigelegt und zur Tagesordnung übergegangen*[690].

---

690   GAO 19.7.1881 vor Pt. 1.

bb) Der Bezirkshauptmann wird nicht Ehrenbürger

In den Jahren 1879/80 unterstützte die Bezirkshauptmannschaft Sechshaus unter Bezirkshauptmann Oscar Lasser Freiherr von Zollheim das Projekt einer Wientalwasserleitung, das ein gewisser Franz Zaillner von Zaillenthal betrieb. Veranlaßt durch ein Gesuch des Zaillner, Wasserleitungsröhren unter den Gemeindestraßen von Ober St. Veit verlegen zu dürfen, sah sich Altbürgermeister und (noch) Gemeindeausschußmitglied Alexander Strecker das Projekt technisch an und kritisierte es vernichtend. Der technische Hauptmangel lag laut Strecker in der Knickgefahr der zu schwach geplanten Röhren beim Befahren der Straßen mit Fuhrwerken. Diesen Standpunkt machte sich die Gemeindevertretung zu eigen und lehnte das Gesuch des Herrn Zaillner gegen den Wunsch der Bezirkshauptmannschaft ab[691]. Da Bezirkshauptmann von Zollheim in dieser Sache kein Weisungsrecht hatte (Vermögensverwaltung, wozu auch die Einräumung einer besonderen Benützung der Straßen gehörte, fiel in den autonomen Wirkungsbereich der Gemeinde) griff er zu einer Repressalie gegen die Gemeinde Ober St. Veit und untersagte ihr die früher stets bewilligte Eisgewinnung aus dem Wienfluß. Daraufhin kam es zu einer persönlichen Aussprache zwischen Bürgermeister Hentschel und dem Bezirkshauptmann von Zollheim, über die Hentschel anschließend im Gemeindeausschuß berichtete, daß dieser *deutlich herausfühlen (ließ), daß dadurch die Autorität der löblichen kk. Bezirkshauptmannschaft alterirt wurde.* Also kein Sachargument, sondern nur „beleidigte Autorität". Hentschel gab in der Aussprache nicht nach, weil er sich zu Recht an den Beschluß seines Gemeindeausschusses gebunden fühlte. In der nachfolgenden Sitzung des Ausschusses wollte er aber doch lieber den Rückzug antreten, weil er glaubte, daß sich die Gemeinde keinen Konflikt mit einem beleidigten Bezirkshauptmann leisten solle. Dem hielt Alexander Strecker in der ihm eigenen Brillianz entgegen, daß die Gemeinde den Staatsinstitutionen nur allgemeine Loyalität schulde und zur Vertretung ihrer konkreten Interessen sehr wohl berechtigt sei. Der Gemeindeausschuß beschloß, in der Sache nicht nachzugeben, aber zwecks klimatischer Entschärfung dem Herrn Bezirkshauptmann *loyale Gesinnung, treue Anhänglichkeit und volle Vertrauenswürdigkeit* zu versichern[692]. Aufgrund irgendeines „höheren Winkes" beantragte Bürgermeister Hentschel Ende 1880 im Gemeindeausschuß, dem Freiherrn von Zollheim zum Abschied aus seinem Amt die Ehrenbürgerwürde zu verleihen. Doch obwohl der unnachgiebige Alexander Strecker fehlte, fand sich für dieses Ansinnen keine Mehrheit und man *ging zur Tagesordnung über.*[693] Aus der Wientalwasserleitung wurde später ohnedies nichts und Bezirkshauptmann von Zollheim wurde Mitte 1881 von Sechshaus nach Baden bei Wien versetzt. Sehr bemerkenswert ist, daß am 21.7.1881 der Unter St. Veiter Gemeindeausschuß eigens nur zu dem Zweck zusammentrat, um denselben Oscar Lasser Freiherrn von Zollheim sehr wohl zum dortigen Ehrenbürger zu ernennen[694]. Es scheint, daß der Freiherr von Zollheim diesbezüglich eitel oder ehrgeizig war und die

---

691   GAO 12.1.1880 Pt. 1.
692   GAO 6.11.1880 Pt. 2.
693   Ebenda.
694   GAU 21.7.1881 einziger Punkt der Tagesordnung.

Gemeinden seines Amtssprengels zu solchen Ehrenbürgerschaftsverleihungen an seine Person diskret angehalten hat.

cc) Gassenbenennung, Ehrenbürger, Auszeichnungen

Ein vollständiger Überblick über alle verliehenen Ober St. Veiter Ehrenbürgerschaften ist nicht möglich, weil diesbezüglich kein Verzeichnis geführt wurde. Die Anlässe der Verleihung waren auch äußerst verschieden: Die älteste feststellbare Verleihung der Ehrenbürgerwürde erfolgte 1861 an den Fabrikanten Rudolf Flesch – er hatte sich diese Würde schlicht um den Betrag von 50 fl. gekauft[695]. 1869 wurde dann dem Hof- und Gerichtsadvokaten Dr. Burghardt Barth diese Würde zuteil mit der Begründung, daß er gegen die Unter St. Veiter Geld- und Gebietsansprüche im Zuge der Gemeindetrennung so verdienstvoll aufgetreten sei[696].

Am Ende der Sitzung des Gemeindeausschusses vom 17. Mai 1883 bat Pfarrer Pokorny (damals Ausschußmitglied und Obmann des Ortsschulrates) den Herrn Bürgermeister, den Saal kurz zu verlassen, worauf er eine Laudatio auf Karl Hentschel hielt und beantragte, die Schützengasse in Hentschelgasse umzubenennen. Nach einstimmiger Annahme des Antrages wurde der Beschluß dem gerührten Herrn Bürgermeister mitgeteilt[697]. Hentschel revanchierte sich, wie es sich gehört und setzte in der Sitzung am 25. August 1883 einen streng vertraulichen Tagesordnungspunkt an, bat den Herrn Pfarrer, den Saal kurz zu verlassen, würdigte kurz das Wirken von Geistlichem Rat Pfr. Wilhelm Pokorny und führte den einstimmigen Beschluß herbei, ihm die Ehrenbürgerwürde zu verleihen, den er sodann dem gerührten Herrn Pfarrer mitteilte...

Im Jahre 1885 errang auch Bürgermeister Hentschel selbst noch die Ehrenbürgerwürde als Anerkennung dafür, daß es ihm gelungen war, für die Wienuferregulierung eine Subvention der Bezirkshauptmannschaft von 5000 fl. loszueisen – der neue Bezirkshauptmann Johann Freiherr von Kutschera sollte natürlich nicht zu kurz kommen und erhielt aus demselben Anlaß ebenfalls die Ehrenbürgerwürde von Ober St. Veit[698]. Die Lokalpresse würdigte das Ereignis sogar[699]. Die Gunst der Stunde versuchte Hentschel zu nützen und mit Hilfe des soeben geehrten Bezirkshauptmannes für sich eine kaiserliche Auszeichnung zu erlangen[700]. Der Versuch schlug aber fehl, denn ausgerechnet, während sich das Gesuch höhernorts in Prüfung befand, brach in Ober St. Veit eine Blatternepidemie aus, die in blamabler Weise das Ungenügen des gemeindeeigenen Notspitales offenbarte und ein sanitätspolizeiliches Einschreiten der Bezirkshauptmannschaft Sechshaus zur Folge hatte. Mit einem Orden für den Bürgermeister war es daraufhin vorbei[701].

---

695 GAS 25.2.1861 Pt. 23.
696 GAO 31.12.1869 Pt. 2.
697 GAO 17.5.1883 nach TO.
698 GAO 22.6.1885 nach Pt. 4.
699 Österreichische Gemeindepost Nr. 286 (2.7.1885) S. 7; Wiener Communal-Presse Nr. 277 (2.7.1885) S. 4.
700 GAO 5.10.1885 nach Pt. 4.
701 Wiener Communal-Bezirks-Zeitung Nr. 9 (31.3.1887) S. 3.

1887 folgten die letzten beiden Verleihungen der Ehrenbürgerschaft, diesmal aus Anlaß der Eröffnung der Dampftramway an deren Direktor Wilhelm Halama und an den Rechtsfreund der Gemeinde, den Hietzinger Hof- und Gerichtsadvokaten Dr. Moriz Baumann[702].

dd) Ehrenbeleidiger Schimeczek

Am 7. September 1889 fand im Gasthaus „Einsiedelei" (=heutiges St. Josefsheim Ecke Stock im Weg / Josef-Kraft-Weg) die alljährliche Abschiedssoirée der Freiwilligen Feuerwehr für die Sommergäste statt. Dabei dürfte sich der Ober St. Veiter Hausbesitzer Josef Schimeczek durch Alkohol etwas enthemmt haben, jedenfalls zog er zu fortgeschrittener Stunde kollektiv über die örtliche Gemeindevertretung her und bezeichnete deren Mitglieder vor Publikum als Schufte und Lumpen. Die Entrüstung des Gemeindeausschusses war grenzenlos und man erteilte dem Herrn Bürgermeister die Ermächtigung, namens der Gemeindevertretung wegen Ehrenbeleidigung zu klagen. Dies geschah auch mit Hilfe eines Rechtsanwaltes[703]. Am 24. Oktober 1889 trat der Gemeindeausschuß sogar zu einer Sondersitzung in der Ehrenbeleidigungscausa Schimeczek zusammen: Letzterer hatte nämlich inzwischen – offenbar in der Erkenntnis, einen Fehler gemacht zu haben – der Gemeinde eine öffentliche Ehrenerklärung und die Zahlung sämtlicher Prozeßkosten angeboten. Der Gemeindeausschuß nahm das Angebot an, interessanterweise nur mit Mehrheitsbeschluß (nicht einhellig), einige hätten also gerne in dieser wichtigen Causa noch weiterprozessiert[704].

d) Unschöne „Hentschel-Geschichten"

Bürgermeister Hentschel sah sich in den letzten Jahren seiner Amtszeit mit häufigen Angriffen der Lokalpresse konfrontiert, die ihren Lesern immer neue, unschöne „Hentschel-Geschichten" servierte. In seinen späten Bürgermeisterjahren war Hentschel zweifellos bereits ein fest im Sattel sitzender, mächtiger Dorfpascha. Wer mit ihm gut stand, hatte Vorteile zu erwarten, wer es sich mit ihm anlegte, bekam seine Macht zu spüren. Etwa ab Mitte der 1880er Jahre hatte er bereits eine Reihe deklarierter Feinde in der Gemeinde, die ihm in etwa Folgendes vorwarfen: Er verhindere die Verlegung einer Leitung mit gutem Trinkwasser im Ortskern, damit sein Spezi und Gastwirt Karl Birner keine Geschäftseinbuße erleide; er dränge sich nach Vormundschaften über vaterlos gewordene Kinder, um sich an schöne Witwen heranmachen zu können; er schanze seinem eigenen Schusterbetrieb alle Gemeindeaufträge zu; er vertusche Hehlereien und sanitäre Mißstände im Gasthaus seines Freundes Birner und so weiter[705]. Der Vorwurf des Zuschanzens von Aufträgen an seinen eigenen Betrieb ist sicherlich der stichhältigste von allen: Anfang 1887 gab es im Gasthaus „Zum Weißen Engel" in Hietzing eine Versammlung des Schuhmachermeister-Vereins

---

702 GAO 3.9.1887 Pt. 10.
703 GAO 16.9.1889 nach TO.
704 GAO 24.10.1889.
705 Wiener Communal-Bezirks-Zeitung Nr. 25 (10.9.1887), S. 3.

„Fortschritt" mit etwa 80 Teilnehmern. Dabei beklagte der Vereinsobmann Heinrich Gerstorfer, daß der Hietzinger Gemeinderat Georg Kurz und der Ober St. Veiter Bürgermeister Hentschel beide in ihren Gemeinden *die Lieferung der aus Gemeindemitteln bestrittenen Beschuhung der armen Gemeindekinder an sich reißen, obwohl bedürftigere Meister im Orte ansässig sind;* die Versammlung beschloß sogar, eine Abordnung zum Bezirkshauptmann zu entsenden und Abstellung dieses Mißbrauches zu verlangen[706].

In die skandalträchtigen Schlußjahre der Ära Hentschel gehört auch die Affäre um den zwielichtigen und letztlich amtsenthobenen Sicherheitskommissär Karl Birner, die an anderer Stelle (unten X.6.c) dargestellt wird. Am Höhepunkt der Skandale hatte übrigens auch der populäre und für seine Güte bekannte Ober St. Veiter Pfarrer Wilhelm Pokorny ziemlich genug: Er legte aus Protest gegen die Mißstände im öffentlichen Leben der Gemeinde Ober St. Veit, zu denen auch der mißlungene Versuch einer Grundstücksspekulation mit einer Wiese aus kirchlichem Besitz zählte, im April 1887 sein Mandat im Gemeindeausschuß und alle Gemeindeämter (Obmann des Ortsschulrates und des Armenrates sowie Budgetrevisor) nieder. Darüber herrschte nun große Betroffenheit und die Gemeindevertretung sandte eilends eine Delegation zum Pfarrer, um ihn umzustimmen. Pfarrer Pokorny ließ sich erweichen und nahm nach einigen Wochen seine Tätigkeit in der Gemeindevertretung wieder auf[707].

Ein Höhepunkt der Anti-Hentschel-Berichterstattung in der Lokalpresse war wohl das Erscheinen eines langen, in breitem Dialekt gereimten Spottgedichtes über „Die zwei Carl von Ober St. Veit", gemeint nämlich die Busenfreunde Hentschel und Birner, in der Wiener Communal-Bezirks-Zeitung vom 10.9.1887[708]. In den Kernpassagen geht das etwa so:

> *Coarl hoassen's, dö zwoa Kampln,*
> *A jöda is a Amtsperson*
> *Und frumm san's wier zwoa g'scherti Lampln,*
> *Dös, sogt mar, g'hert zum guat'n Ton.*
> *Da Oan, dös is a feina Schuasta-*
> *Und a glei' da Burgamasta;*
> *Auf die Gmoan, denkt er si, huast a,*
> *Und auf's Göld auf's guate Paßt a. -*
> *Die Gmoangründ' hot er oll' varschleidart,*
> *Und dazuar no Schuld'n g'mocht,*
> *Owa d'Umlag dö wird nöt erweidert,*
> *Nöt erhöht, bis er o'krocht.*
> *...*
> *Sixtas? Der varflixte Schuasta !*
> *Mehr moch i schon nimma sog'n,*

706 Wiener Communal-Bezirks-Zeitung Nr. 6 (28.2.1887), S. 4.
707 GAO 21.4.1887 nach TO; GAO 5.5.1887 vor TO.
708 Wiener Communal-Bezirks-Zeitung Nr. 25 (10.9.1887) S. 5.

Auf's guati Wossa, auf dös huasta,
Owa d'Weiba d'schön, kunnt er vartrogen !
...

Und in dieser Tonart holpert es noch fast zwei Seiten lang dahin. Es wäre übrigens eine lohnende Aufgabe für Germanisten, den hier wiedergegebenen bäuerlichen Dialekt des alten Ober St. Veit einmal zu analysieren – er ist im Zuge des sozialen Wandels nämlich heute ganz verlorengegangen.

Im Jahr 1888 fand am 22.–24. Juli wieder einmal die Wahl zum Gemeindeausschuß statt. In den Monaten davor kamen teils neue, teils alte Vorwürfe gegen Bürgermeister Hentschel in die Öffentlichkeit. Die Wiener Communal-Bezirks-Zeitung druckte eine vierteilige Serie mit dem Titel „Das Sündenregister der Ober St. Veiter Gemeindevertretung". Das war nun schon eine regelrechte Kampagne[709]. Hauptvorwurf war, daß Bürgermeister Hentschel aus Popularitätshascherei die Gemeindesteuern jahrelang wider besseres Wissen nicht erhöht hätte und das jährliche Defizit durch immer neue Abverkäufe von Gemeindegrundstücken gedeckt hätte; bei dieser Gelegenheit hätten er sich selbst und alle seine Freunde mit günstigen Grundkäufen gleich ordentlich bedient. Diese Vorwürfe des Blattes waren im Kern sicherlich richtig. Bürgermeister Hentschel besaß zeitweise folgende Häuser: Glasauergasse 7 (Stammhaus mit Schuhmacherwerkstätte), Firmiangasse 3, Hietzinger Hauptstraße 170, dazu noch eine ganze Reihe von Wiesengründen im oberen Ortsteil[710]. Wäre er einfacher Schuhmachermeister ohne öffentliches Amt geblieben, hätte er diese Reichtümer nicht anhäufen können.

Der alte Fuchs Hentschel schaffte es jedoch rechtzeitig vor der Wahl, sich mit seinen innergemeindlichen Gegnern zu arrangieren und die Kandidatenaufstellung abzusprechen. Die Zeitung „Gemeinderevue" konnte daher schon drei Wochen vor den Wahltagen ankündigen, daß Hentschels Wiederwahl als Bürgermeister *zweifellos erfolgen wird* – sie behielt Recht[711].

Um die Ehre des alten Ober St. Veit zu retten, muß man relativierend Folgendes hinzufügen: Die „Selbstbedienung im Gemeindeladen" durch die dörflichen Führungsschichten war zu dieser Zeit ein allgemein beklagtes Übel[712]. Karl Hentschel und die Verhältnisse seiner St. Veiter Gemeindeverwaltung standen auch keineswegs als einzige am Pranger der Wiener Vororte-Lokalpresse. Über andere Wiener Vorortegemeinden finden sich noch viel ärgere Skandalgeschichten: „Skandalwirtschaft im Baumgartner Schloßpark"[713] oder „Baumgartner Gemeindegeschichten: Der renitente Schloßherr" lesen wir da etwa an Schlagzeilen über die Nachbargemeinde am jenseitigen Wienufer[714]. 1888 findet sich in der „Österreichischen Gemeindepost" gleich eine lange Artikelserie über einen Fünf-

---

709   Wiener Communal-Bezirks-Zeitung Nr. 6/1888, Nr. 7/1888, Nr. 8/1888, Nr. 9/1888.
710   BG Hietzing, Grundbuch EZ.en 2, 85, 91 u.a. KG Ober St. Veit.
711   Nö. Gemeinderevue Nr. 125 (1.7.1888) S. 3.
712   s. Anm. 585.
713   Österreichische Gemeindepost Nr. 6 (20.3.1887) S. 2.
714   Der Urwähler Nr. 16 (14.8.1887) S. 2.

hauser Finanzskandal, der in der Verhaftung des Vizebürgermeisters gipfelte. Und so weiter und so fort. Die Presse dieser Jahre war praktisch zur Gänze in liberaler Hand. Der politische Liberalismus verfolgte aber damals das Ziel der baldigen Eingemeindung der Wiener Vororte. So erklärt es sich unter anderem, daß in den letzten Jahren vor der dann tatsächlich durchgesetzten Eingemeindung der Vororte so viele Negativgeschichten über die Vororte in der Presse auftauchen: Man wollte damit darstellen, daß die Vorortegemeinden schlecht verwaltet und ihre Ämter in den Händen unwürdiger Leute sind. Die Negativgeschichten an sich sind meistens gut recherchiert und ihrem Inhalt nach einigermaßen glaubwürdig. Ihr augenscheinlicher Zweck ist es aber, beim Leserpublikum Stimmung gegen die Vorortegemeinden und für den Anschluß an Wien zu machen. Ehe man über den nicht immer seriös gewesenen „Dorfpascha Hentschel" ergrimmt den Kopf schüttelt, sollte man auch das bedenken.

e) Diverses aus den letzten Jahren

Anfang der 1880er Jahre unternahm die Gemeinde einen energischen Versuch, das ausufernde *Hausierwesen* zu bekämpfen. Initiator war, mutmaßlich aus eigenem Geschäftsinteresse, der Kaufmann Alfred Krammer, der die Verhängung eines allgemeinen und ausnahmslosen Hausierverbots für Ober St. Veit beantragte. Die Gemeindevertretung wäre ihm gerne gefolgt, mußte sich aber von Gemeindeausschuß Strecker belehren lassen, daß es nicht in ihrer Kompetenz steht, Personen, die mit gesetzmäßigen Hausierpässen der Behörde versehen sind, einfach des Ortes zu verweisen, nur am Betreten privater Haus- und Hofeingänge könne man sie hindern. Daraufhin ließ Bürgermeister Hentschel 200 Kundmachungen drucken und an alle Hausbesitzer verteilen, wonach das Betreten von Eingängen und Einfahrten durch Hausierer verboten sei[715]. Wie lange der Effekt der Maßnahme anhielt, wissen wir nicht.

Die späte Habsburgermonarchie wurde bekanntlich immer wieder von nationalem Hader erschüttert, an dem sie letztlich auch zerbrach. Das kleine Ober St. Veit blieb davon im Wesentlichen unberührt, zumal am Ort keine deutschnationalen Parteien oder Vereine ihre Agitation entfalteten. Aber einmal kam es doch auch hier zum einem *deutschnationalen Zwischenfall*: *Am Sonntag, den 8. des Monats in der Früh prangten in den Straßen Ober St. Veits Plakate, welche in tschechischer Sprache das Publikum zu einem im Gemeindegasthause* [Glasauergasse 2, Anm.] *stattfindenden Kränzchen einluden,* berichtet die Niederösterreichische Gemeinderevue vom 15.7.1883, *einige Gäste stellten den Wirth zur Rede, wie er in einem Orte wie Ober St. Veit, welches 3.456 deutsche Einwohner zählt, tschechische Einladungen anschlagen lassen könne. Der Wirth erklärte, die Verantwortung treffe die Veranstalter des Kränzchens. Die St. Veiter vereinbarten nun, dieses Kränzchen zu meiden und es erschienen nur 2–3 tschechische Köchinnen und Kutscher, während die Einheimischen in Körner's Casino zusammenkamen, wo zum Schlusse das Deutsche Lied gespielt und von den Anwesenden stehend mitgesungen wurde – als Ant-*

---

715   GAO 2.4.1880 nach Pt. 2; 15.5.1880 vor Pt. 1.

Abb. 32: Ein Faschingsumzug in den 1920er Jahren.

wort auf die Provocation. [716] Wie weit die St. Veiter den Boykott tatsächlich „vereinbarten"
oder nicht viel eher von irgendwelchen Stimmungsmachern vom Besuch des Kränzchens
abgehalten wurden, muß mangels anderer Quellen zu diesem Vorfall offen bleiben.

Die Frage der **Sicherheitswache** hatte in jenen späteren Jahren schon eine gewisse Brisanz. Bei einer Einwohnerzahl von an die 4000, zu denen noch einige hundert Sommergäste und je nach Wetter mehr oder minder zahlreiche Ausflügler kamen, funktionierte
das soziale Kontrollprinzip „jeder kennt jeden" längst nicht mehr. In Ermangelung jedwe-
der lokalen Kriminalstatistik ist es nicht möglich, über die Kriminalität in der Gemeinde
Ober St. Veit zusammenfassende Aussagen zu machen. Wie wir aus punktuellen Überlieferungen wissen, gab es unter anderem Raufereien in und vor diversen Wirtshäusern,
Diebstähle, Einbrüche und dergleichen durchaus. Nicht immer ging es hochkriminell zu:
auch Fuhrwerker mußten auf Einhaltung der Fahrordnung überwacht werden, zumal es
immer wieder Fälle von Tierquälerei (Schinden der Pferde) und Verletzungen des sonn-
täglichen Fuhrverbotes für Frachten gab und nicht zuletzt mußten – siehe den autobio-
graphischen Bericht von J. Vinzenz oben VIII.1.d. – schuleschwänzende Kinder aufgespürt
und unter Zwang in die Schule gebracht werden. Für einige Standarddelikte hatte der
Gemeindeausschuß feste Straftaxen festgesetzt: Verunreinigung der Straße durch Was-
serausschütten kostete einen Gulden, nächtliche Ruhestörung zwei, und mutwillige
Beschädigung von fremdem Eigentum fünf Gulden[717].

Das **Vereinswesen** stand noch immer in zeittypischer Blüte, gegenüber dem voran-

---

716   Nö. Gemeinderevue 15.7.1883, S. 4.
717   GAO 28.11.1870 Pt. 1.

Abb. 33: Das Gasthaus Rainer in der Auhofstraße 141. Franz und Ludmilla Rainer hatten es 1883 von Herrn Karl Hübsch übernommen. Franz Rainer ist rechts stehend am Balkon zu sehen. Heute befindet sich die St. Veit Apotheke an dieser Stelle.

gegangenen Jahrzehnt gab es aber gewisse Veränderungen in der Ober St. Veiter Vereinslandschaft. Von den um 1870 schon existierenden Vereinen bestanden folgende bis zuletzt fort: Der Verschönerungsverein, der Krankenunterstützungs- und Leichenverein „Heil der Kranken", der Sparverein „Eintracht", der Männergesangverein, die Schützengilde „Tell" und die vereinsrechtlich organisierte Freiwillige Feuerwehr[718]. Der „Anti-Herr-von-Verein", Leseverein, Turnverein und Aktienspielgesellschaft hatten sich wieder aufgelöst; dafür waren noch ein Krankenverein „zum Hl. Rochus", eine Ortsgruppe des Schulvereines für Deutsche und der 1886 gegründete Gesellikeits- und Humanitätsverein „Drahrer-Club" hinzugekommen[719]. Einige dieser Vereine erlangten keine längerdauernde Bedeutung, einige dagegen wurden zu bedeutenden Bezugspunkten des geselligen Lebens in Ober St. Veit.

Der **Drahrerklub** entwickelte sich zu einer Drehscheibe des fröhlich-geselligen Lebens von Ober St. Veit mit dem Gastwirt Franz Rainer als treibende Kraft: Jahrzehntelang organisierte dieser Verein am Faschingdienstag den alljährlichen Ober St. Veiter Faschingszug, der stets um 3 Uhr nachmittags vom Gasthaus Rainer, Auhofstraße 141, seinen Auszug hielt und tausende Neugierige bis Wien und Umgebung anlockte. Die älteste Nachricht von einem Faschingszug stammt aus 1864, damals suchte der 25-jährige Zimmerer Josef Geiger bei der Gemeinde an, *unter seiner Garantie einen Faschingszug abhalten zu dürfen*, was ihm mit dem Bemerken genehmigt wurde, *daß bei diesem Zuge alle Unsittlichkeiten und das Publikum belästigenden Vorgänge zu vermeiden sind*[720]. Das Vereinsleben und der Faschingszug hielten sich bis 1936[721]. Nur nebenbei bemerkt: Der Gastwirt Franz

---

718 Hentschel, Ober St. Veit (Anm. 670) S. 13.
719 Ebenda; ferner Haubner u.a., Ober St. Veit (Anm. 537) S. 10.
720 AOV 65/1864, ähnlich im Folgejahr: AOV 197/1865.
721 Ausführliche Vereinsgeschichte bei Felix Steinwandtner, 1. Ober St. Veiter Drahrer Klub. In: Das Ober St. Veiter Blatt'l Nr. 16, Ausgabe Winter 2002, S.3; Beispiel eines ausführlichen Genehmigungsaktes mit allen einzuhaltenden Bedingungen ist AOV 3365/1890 für den Faschingszug am 10.2.1891 – der letzte vor der Eingemeindung nach Wien.

Rainer war gar kein gebürtiger Ober St. Veiter. Seine Eltern stammten aus Haag in Niederösterreich, er war 1853 in Fünfhaus geboren und zunächst dort aufgewachsen, 1861 nach Ober St. Veit übersiedelt, wo er seit 1879 sein Gasthaus betrieb und erst 1890 das Heimatrecht erlangte[722].

Der **Männergesangverein** florierte unverändert, hielt Liedertafeln und veranstaltete Feste, seit 1871 auch einen Vereinsball. Nur am Rande sei bemerkt, daß dieser Verein weit über das Ende der alten Gemeinde Ober St. Veit hinaus bestand und erst 1999 aufgelöst wurde[723].

Die **Schützengilde Tell** bestand seit 1869. Gegründet war sie von 16 Männern nach auswärtigen Vorbildern worden, Initiator war der Gemeindearzt Dr. Franz Kopetzky gemeinsam mit dem Fabriksbeamten der Wagenfabrik Rohrbacher, **Raimund Hirt**. Zur Person des Letztgenannten sind ein paar interessante biographische Daten überliefert: Geboren 1837 in Wagstadt bei Troppau (Schlesien), wo sein Vater Sattlermeister war; daselbst erlernte er die Sattlerei und arbeitete ab 1854 als Geselle in einer Wiener Wagen- und Maschinenfabrik Heindörfer. 1855 engagierte ihn Josef Rohrbacher für seine neue Ober St. Veiter Wagenfabrik, wo er zu einer Säule des Betriebes wurde und es bis zum Geschäftsführer brachte[724]. Die Schützengilde veranstaltete zunächst Schießübungen im Gasthaus „Zum Erzherzog Karl" des Gastwirtes und Gründungsmitgliedes Karl Hübsch (Auhofstraße 141, später Gasthaus Rainer). In weiterer Folge entwickelte sich diese Männergilde zu einem Mittelpunkt des damaligen Gesellschaftslebens im Ort. 1870 erwirkte sie die behördliche Bewilligung zum Gebrauch von Handfeuerwaffen, zum Betrieb einer öffentlichen Schießstätte und zur Uniformierung. Als Schießplatz wurde der ehemalige Übungs- und Exerzierplatz der Ober St. Veiter Nationalgarde aus dem Jahre 1848 reaktiviert, der am unteren Ende des Gemeindewaldes am Gemeindeberg lag. Die Reste dieses Schießplatzes an der Zufahrtsstraße zum Gasthaus „Zum Lindwurm" sind heute noch sichtbar. Von 1870 bis 1877 gab es auf diesem Platz einen regen Schießbetrieb, auch Schützenvereine aus Döbling und aus Wien durften ihn mitbenützen. Mit der Pachtung eines Jagdreviers bei Leobersdorf erlitt die Schützengilde allerdings Schiffbruch – das Revier war bereits vor ihnen leergeschossen worden, der hohe Pachtzins brachte sie in finanzielle Schwierigkeiten. 1877 mußte der Schießbetrieb auf dem Platz aus finanziellen Gründen eingestellt werden, die Schießübungen wurden von da an wieder in Form des Zimmerschießens weiter betrieben. Im Leben der Gemeinde Ober St. Veit spielte die Schützengilde insoferne jahrzehntelang eine wichtige Rolle, als sie bei öffentlichen Festlichkeiten stets korporativ präsent war. Sie marschierte vor allem jahrzehntelang bei der Fronleichnamsprozession uniformiert mit, aber auch einige weitere Auftritte sind überliefert: Beim 50-jährigen Priesterjubiläum von Kardinal Othmar Rauscher im Ober St. Veiter Schloß im August 1872 fehlte sie ebensowenig wie beim Empfang von Prinzessin Stephanie von Belgien am Hütteldorfer Bahnhof, als sie am 10. April 1881

722   GAO 13.3.1890 Pt. 6.
723   Holzapfel, Historisches Ober St. Veit (2009) S. 442 ff. und S. 457; wegen der überaus gründlichen Darstellung der Vereinsgeschichte bei Holzapfel wird hier auf die Wiedergabe weiterer Einzelheiten verzichtet.
724   Einbürgerungsgesuch von Raimund Hirt o.D., Beilage zu GAO 7.4.1879 Pt. 5.

Abb. 34: Die Mitglieder der Ober St. Veiter Bürgervereinigung um das Jahr 1900. Darunter befanden sich einige Söhne der zur Zeit der Ober St. Veiter Selbstständigkeit tätigen Gemeindeausschußmitglieder. Diese vom Fotografen Carl Mannheim angefertigte Collage möge als Ersatz für die fehlenden Porträts aus den 1850er bis 1880er Jahren dienen.

als erwählte Braut des Kronprinzen Rudolph eintraf[725]. Die Existenz einer solchen Gilde, die mit schmucken Uniformen repräsentativ auftreten konnte, trug zweifellos dazu bei, den Stolz auf die eigene Ortschaft zu heben und das Zugehörigkeitsgefühl zu stärken.

Nach der Einstellung des Schießbetriebes auf dem Platz am Gemeindeberg fingen einige St. Veiter Bürger dort mit ihren Privatwaffen ohne jedes Reglement zu schießen an. Ein strenges und allgemeines Schießverbot der Gemeinde bereitete diesem Spuk ein Ende[726]. Die Schützengilde Tell überlebte die Eingemeindung übrigens noch um Jahrzehnte und löste sich erst um 1960 herum auf.

Der Verschönerungsverein wurde hauptsächlich von den Gastwirten gefördert und veranstaltete regelmäßig Konzerte und Tanzkränzchen im Gasthaus „Zur Einsiedelei" am

---

725 Geschichte der Schützengilde Tell nach Julius Hirt, Chronik von Ober St. Veit (Wien 1955, Ndr. 1991) 21–24; Julius Hirt († 1961) ist der Sohn des Mitbegründers Raimund Hirt.
726 GAO 29.4.1877 Pt. 4.

Gemeindeberg, zu denen besonders die Wiener Sommergäste eingeladen wurden. Hierüber finden sich einige verstreute Zeitungsnotizen. Im Sommer 1878 hatte man damit jedenfalls furchtbares Pech: Am 20. Juli veranstaltete der Verein in der Einsiedelei ein Abendkonzert, an das sich ein Kränzchen anschließen sollte. Als bereits alle Karten verkauft waren und die Gäste schon erwartungsvoll da saßen, fiel das Konzertorchester aus, die Leute mußten drei Stunden lang untätig warten und gerieten in höchste Empörung, die Stimmung soll nachher im Keller gewesen sein. Um diese Scharte auszuwetzen, organisierte der Verschönerungsverein für 3. August ein nochmaliges Kränzchen. Doch in den letzten Tagen davor verbreitete sich das (falsche) Gerücht, in der Einsiedelei sei ein Knabe an Blattern gestorben. Daraufhin mieden die Sommergäste aus Angst vor Ansteckung die Veranstaltung. Der Ober St. Veiter Verschönerungsverein bestand bis lange über die Eingemeindung hinaus und beging noch 1903 sein – angebliches – 25jähriges Gründungsfest[727], obwohl die Gründung des Vereines in Wahrheit viel länger zurücklag – offenbar war schon damals das genaue Gründungsdatum nicht mehr feststellbar. Angeblich hat der Verschönerungsverein die Reste der frühmittelalterlichen Hausberganlage auf dem Gipfel des Gemeindeberges abtragen und einebnen lassen[728].

Einige **Dauerprobleme** sammelten sich jedoch über die Jahre an, die die Lokalpresse anläßlich der Gemeindeausschußwahlen 1882 wie folgt auflistete: Bessere Kommunikation mit Wien, Wienflußregulierung, Gasbeleuchtung und eine endgültige Regelung des Institutes der Sicherheitswache[729].

Die **Wienflußregulierung**, das heißt gewisse Baumaßnahmen zum Hochwasserschutz, nicht die heute noch vorhandene Verbauung, fand unter koordinierender Mitwirkung des Landesausschusses im Sommer 1883 statt, wobei auf die Gemeinde Ober St. Veit der horrende Kostenanteil von 75.000 fl. entfiel[730]. Bei den Punkten Gasbeleuchtung und Sicherheitswache blieb bis zur Eingemeindung alles beim alten.

---

727   Hietzinger Zeitung Nr. 7/1903, S. 53.
728   behauptet jedenfalls der Altertumsforscher Ludwig Hans Fischer, Eine neolithische Ansiedelung in Wien (Ober St. Veit), Gemeindeberg, in: Mitteilungen der Anthropologischen Gesellschaft Wien 28 (N.F.18) 1898, 107.
729   Wiener Vorortezeitung 18.7.1882 S. 3.
730   GAO 23.5.1885 nach TO; Nachwort zur (gedruckten) Jahresrechnung der Gemeinde Ober St. Veit für das Verwaltungsjahr 1883, in WStLA Gem. XIII/4, A 1/34, o.Zl., aus dem u.a. auch hervorgeht, dass die Schlußabnahme der durchgeführten Arbeiten am 4.12.1883 stattfand. Da der teilregulierte Wienfluß weit weniger Eis und Sand lieferte, gingen anschließend die Einnahmen der Gemeinde aus der Eis- und Sandverpachtung stark zurück: Jahresrechnung für das Verwaltungsjahr 1889, WStLA Gem. XIII/4, A 2/3 o.Zl.

IX.
Unter St. Veit 1870–91

1. Die neue Gemeinde unter Bürgermeister Kremser

Die Geschichte Unter St. Veits in der Trennungsphase (1867–70) haben wir schon kennengelernt (oben VI.5). Erster Bürgermeister des verselbständigten und mit neuen Grenzen versehenen Unter St. Veit wurde nun also der schon so oft erwähnte **Anton Kremser**. Er war im bürgerlichen Beruf Gastwirt, sein Gasthaus „Zum roten Rössel" lag in Unter St. Veit Nr. 8 (= Hietzinger Hauptstraße 72, Ecke St.-Veit-Gasse 33). Gründer dieses Gasthauses war sein Vater Leopold Kremser, der das Haus 1853 erworben hatte[731]. Sohn Anton erhielt daran in einer etwas komplizierten Miterbschaftskonstruktion beim Tode seines Vaters im Jahr 1876 ein Fruchtgenussrecht[732]. Er war von der ersten schriftlichen Eingabe im Jahr 1863 an[733] stets an führender Stelle hinter den Trennungsbemühungen gestanden, hatte als Mitglied des Kirchenbaukomitees maßgeblichen Anteil an der Errichtung der gemeindeeigenen Unter St. Veiter Kirche gehabt[734] und hatte schließlich als behördlich eingesetzter Kurator die Gemeinde Unter St. Veit im Entstehungsstadium 1867/68 bereits einmal rund ein dreiviertel Jahr lang verwaltet[735]. Er war also **der** prädestinierte Kandidat für das Bürgermeisteramt, welches er durch zwei Wahlperioden (1870–76) hindurch bekleiden sollte.

a) Nachwehen der Trennung

Obwohl in den Jahren 1868–70, als Unter St. Veit zwar schon als Gemeinde existierte, aber noch kein geklärtes Territorium besaß, unter Bürgermeister Flesch einiges an infrastruktureller Aufbauarbeit geleistet wurde[736], mußte sich Anton Kremser in den ersten Jahren seiner Amtstätigkeit mit einer ganzen Reihe von Problemen beschäftigen, die noch spezifische Nachwehen der vollzogenen Trennung waren. In der nach dem jahrelangen Trennungs- und Territorialstreit sehr gespannten Atmosphäre zwischen Ober- und Unter St. Veit wurden die nachträglich noch auftauchenden Fragen der Vermögensauseinandersetzung nicht sachlich-konstruktiv gelöst, sondern es gab, was schon nicht mehr verwun-

---

731   Verleihung des Schankgewerbes durch BH Hietzing am 31.12.1853 bereits an Anton (nicht Leopold) Kremser, damals noch wohnhaft Wien-Schottenfeld: ASV 528/1853.
732   AUV 206/1871; BG Hietzing, Grundbuch EZ. 7 KG Unter St. Veit; Emil Mlejnek identifizierte stets das Haus h. Auhofstraße 140 (Ecke Tuersgasse) als das ehemalige Gasthaus Kremser [zuletzt in seiner Gasthäuserliste Herbst 1992, die er für die Ausstellung im Gasthaus „Zum lustigen Radfahrer" anfertigte], wie er dazu kam, ist leider nicht nachvollziehbar.
733   Eingabe des Unter St. Veiter Proponentenkomitees vom 8.10.1863 an den nö. Landesausschuß um Trennung, dazu s. oben V.4.c.
734   Dazu s. oben V.5.
735   Dazu s. oben VI.3.
736   Dazu s. oben VI.5.

Abb. 35: Unter St. Veit vor 1900, Blick durch die Hietzinger Hauptstraße stadteinwärts.

derlich ist, jeweils gleich neue Konflikte.

Die territoriale Vergrößerung des Ortes Unter St. Veit durch die Grenzziehung des Jahres 1870 hatte übrigens zur Folge, daß der Gemeindeausschuß von zwölf auf 15 Mitglieder aufgestockt wurde, bei welcher Anzahl es bis zur Eingemeindung nach Wien dann verblieb. In der ersten Sitzung des 1870 neu gewählten (vergrößerten) Ausschusses wurde allgemein bemängelt, daß in der Vorperiode die von der Gemeinde Unter St. Veit zur Gänze vorgestreckten Kosten der Neuvermessung der Grenze für den amtlichen Kataster von Ober St. Veit nicht anteilig eingefordert worden waren; ferner beschloß man, von Ober St. Veit die in den abgetretenen Gebietsteilen schon im Voraus eingehobenen Gemeindesteuern zurückzufordern[737]. Da Ober St. Veit auf das diesbezügliche Aufforderungsschreiben ablehnend reagierte, zog man mit einem Advokaten vor Gericht. Nach mühsamem Hin und Her endete die Sache schließlich mit einem Vergleich[738]. Umgekehrt blieb Unter St. Veit die ersten beiden Raten der Ausgleichszahlungen laut Teilungsübereinkommen vom 22.6.1867[739] solange schuldig, bis Ober St. Veit ultimativ mit einer Gerichtsklage drohte[740].

Aus der Zeit der josephinischen Wohlfahrtsgesetzgebung (1783) bestand noch ein (Ober) St. Veiter **Pfarrarmeninstitut**, das unter Leitung des Pfarrers stand und durch ehrenamtliche Armenväter die Beteilung Bedürftiger vorzunehmen hatte[741]. Das am

---

737   GAU 17.3.1870.
738   GAU 28.12.1870 Pt. 5, 29.9.1871, 25.10.1871, 3.11.1871.
739   s. Anm. 347 und 201.
740   AUV 360/1870.
741   Näheres zur Institution des Pfarrarmeninstitutes HLW Bd. 2 (1993) S. 440.

3.12.1863 erlassene Heimatrechtsgesetz[742] hatte das Armenwesen längst den Ortsgemeinden zugewiesen und so machte sich die politische Behörde daran, die Auflösung der alten Pfarrarmeninstitute vorzubereiten und ihr noch vorhandenes Vermögen auf die Gemeinden aufzuteilen. 1870 erging eine Anfrage der Bezirkshauptmannschaft, ob auch Unter St. Veit am Ober St. Veiter Pfarrarmeninstitut einen Anteil hätte. Auf die Regelung dieses Problems hatte man bei der Vermögensauseinandersetzung offensichtlich vergessen. Der Gemeindeausschuß deponierte sogleich in geharnischtem Ton, daß Unter St. Veit sehr wohl einen Anteil daran hätte und beauftragte den Bürgermeister mit der weiteren Wahrung aller Ansprüche [743]. Schon wenig später konnte Bürgermeister Kremser berichten, daß er die Übergabe des anteiligen Vermögens des Pfarrarmeninstitutes an die Gemeinde Unter St. Veit erreicht habe[744].

Als letzte Konsequenz aus der Gemeindetrennung nahm man ab 1871 schließlich auch einige *Gassenumbenennungen* vor[745]:

alter Gassenname	Umbenennung 1871	heutiger Name
Reichgasse	Grenzgasse, nach nur fünf Monaten wieder rückbenannt in Reichgasse[746]	Beckgasse
Stallgasse	Franzensgasse	aufgelassen (lag zwischen Lainzerstraße und Eitelbergergasse)
Karlgasse	Kirchengasse	St.-Veit-Gasse
Häuser der Lainzerstraße	behielten alte Nummern mit Zusatz: „Unter St. Veit"	Lainzerstraße (wieder ohne Zusatz)
Adlergasse (bis 1877)	Fleschgasse[747]	Fleschgasse

b) Mehr Infrastruktur für die Gemeindeverwaltung

Noch in den letzten Wochen der Amtszeit von Bürgermeister Flesch hatte man sich dazu entschlossen, anstelle der stundenweisen Schreibaushilfe in der Gemeindekanzlei einen Beamten mit 300 fl. Jahresgehalt anzustellen[748]. Es gab also nun vier *Gemeindebedienstete*: Gemeindesekretär Karl Berger, Gemeindediener Josef Böck, den Nachtwächter Johann Dworschak für Neu-Hietzing, der dort sowohl für den Unter St. Veiter Gebietsteil als auch für die Enklave Neu-Ober St. Veit zuständig war und von beiden Gemeinden gemeinsam entlohnt wurde, sowie einen Sicherheitswachmann namens Anton Wodraschka. Gemeindesekretär Berger wurde 1871 definitiv gestellt, wobei er aber nur

---

742 RGBl. 105/1863.
743 GAU 25.10.1870 Pt. 1.
744 GAU 30.11.1870 Pt. 1.
745 GAU 20.3.1871 Pt. 1.
746 GAU 9.8.1871 Pt. 4.
747 GAU 16.5.1877 Pt. 8: die Umbenennung geschah auf Ansuchen der Fa. Flesch, die dafür 200 fl. in die Gemeindekasse spendete.
748 GAU 30.1.1870.

am Vormittag zur Verfügung stand und am Nachmittag Dienst in der Gemeindekanzlei von Lainz versah[749]. Alle Genannten fühlten sich vergleichsweise schlecht bezahlt und brachten mehrfach Gesuche um Gehaltserhöhung ein, die der Gemeindeausschuß teils abwies, teils in bescheidenem Ausmaß bewilligte[750]. Wenn man den Vorortegemeinden allgemein nachsagte, bei der Ausstattung ihrer diversen Wächter mit Dienstuniformen nie zu sparen, um äußeren Eindruck zu schinden[751], so dürfte das auch für Unter St. Veit gestimmt haben: Der Nachtwächter erhielt zu seinem Grundgehalt allmonatlich 25% Monturszulage dazu[752]!

In den ersten Jahren dürfte der Aktenanfall in der Gemeindekanzlei so gering gewesen sein, daß man auch ohne Register und Ordnungssystem alles fand. Irgendwann drohte der Überblick dann doch verloren zu gehen und so wurde dem Gemeindesekretär Berger Anfang 1871 aufgetragen, über alle seit der Konstituierung Unter St. Veits aufgelaufenen Geschäftsstücke einen ordentlichen Index anzulegen[753].

Bezüglich des Gemeindesekretärs entschloß man sich 1873, das Ausmaß seiner Anstellung auszudehnen, man erhöhte sein Gehalt um ein Drittel und er übernahm dafür nach Bedarf auch die Abhaltung nachmittägiger Amtsstunden[754].

Schon wenige Wochen nach seinem Amtsantritt ergriff Bürgermeister Kremser auch die Initiative, geeignete *Kanzleiräumlichkeiten* anzumieten, da er offensichtlich nicht wie sein Vorgänger Flesch in seinen Privaträumlichkeiten amtieren wollte oder konnte. Im April 1870 wurde eine Gemeindekanzlei angemietet, deren adreßmäßige Situierung aber leider nicht mehr feststellbar ist[755].

Darüber hinaus tätigte die Gemeinde den recht kostspieligen Ankauf von zwei Häusern, die als *Schulgebäude* mit Dienstwohnungen dienen sollten. Das einzig vorhandene, angemietete Klassenzimmer im Haus (h.) Wittegasse 10 – dazu s. oben VI.5. – war ja gänzlich ungenügend und vor allem wollte man ja auch den Status einer Filialschule von Ober St. Veit zugunsten einer eigenen Schule los werden. So kaufte man von der Fleischhauersgattin Maria Eckhart die Häuser Nr. 69 Auhofstraße und 70 Feldgasse, das ist nach heutiger Adresse Auhofstraße 49 / Feldmühlgasse 26 und Feldmühlgasse 24, ein Doppelgrundstück, auf dem heute die 1894 erbaute (neue) städtische Volksschule steht. Der ganze Kauf ist einer der typischen Beispielsfälle, wie die Honoratiorenschicht in den Gemeinden auf Kosten der Allgemeinheit gute Geschäfte machte. Der Ehegatte der Verkäuferin war Paul Eckhart, jahrelanges Gemeindeausschußmitglied, der zweifellos den Kauf einfädelte und mit Bürgermeister Kremser namens seiner Gattin per Handschlag (!)

---

749   AUV 397/1871.
750   GAU 30.11.1870 Pt. 4, 20.2.1872 Pt. 4, 5.2.1873 Pt. 4, 29.2.1888 Pt. 5.
751   Walter Hofer, Rudolfsheim – Eine Darstellung der Geschichte, Strukturveränderungen, Probleme und Lebensverhältnisse eines Wiener Vorortes von den Anfängen bis 1890 (Dipl.Arbeit Wien 1991) S. 19 und S. 21 [Abbildung eines Wächters in Uniform].
752   Monatlich 2 fl Monturszulage und 8 fl Gehalt: GAU 20.2.1872 Pt. 4, 2.12.1872 Pt. 3.
753   GAU 6.3.1871 Pt. 3. Der Index ist im WStLA noch erhalten (Gem. XIII/5, B 3/1).
754   GAU 3.9.1873 Pt. 4: Der Jahresgehalt wurde von 300 fl auf 400 fl erhöht.
755   GAU 28.12.1870 Pt. 2, der eine bereits am 26.4.1870 erteilte Genehmigung des Gemeindeausschusses nur nachträglich protokolliert; der (sehr teure) Jahresmietzins betrug 100 fl.

Abb. 36: Die alte Gemeindevolksschule in Unter St. Veit, Auhofstraße 49. Das Bild zeigt das ehemalige Gasthaus Eckhart, das 1871 gekauft und zur Gemeindevolksschule umgebaut wurde (gezeichnet 1924 vom Lehrer Anton Reischer nach einem alten Foto). Links im Bild ist ein Teil des ehemaligen Gemeindeamtes zu sehen.

abschloß[756]. Die offensichtlich schon seinerzeit nicht arm gewesene Maria Eckhart hatte die beiden Häuser 1860 in öffentlicher Versteigerung um 4.150 Gulden erstanden; nun, 1871, verkaufte man die Realität um 11.500 Gulden an die Gemeinde weiter, die sich in Ermangelung einer größeren Auswahl geeigneter Objekte in einer gewissen Zwangslage befand und dafür ein Darlehen in dieser Höhe aufnehmen mußte. Die Liegenschaft war zuletzt als Gasthaus in Verwendung gestanden, so wurde ausdrücklich die Räumung der Gästezimmer ausbedungen und im übrigen auch die Wohnung der Ehegatten Eckhart[757]. Die Gemeinde mußte in den Folgemonaten noch einige tausend Gulden für den Umbau und die Anschaffung von Einrichtung für die Klassenzimmer ausgeben, wobei die praktische Durchführung dem vom Gemeindeausschuß gewählten Ortsschulrat übertragen wurde; dort kam es allerdings offensichtlich zu größeren Meinungsverschiedenheiten darüber, was nun praktisch geschehen solle. Am 17. Dezember 1871 kam es zum *Eklat*, als Bürgermeister Kremser in seinem Gasthaus dem Ortsschulratsvorsitzenden, dem Schmiedemeister Johann Böddecker vor Zeugen gleich drei Mal ins Gesicht schleuderte, er, Böddecker, sei unfähig, was dieser mit dem sofortigen Rücktritt von seinem Amt quittierte. Daraufhin wurde die weitere Adaptierung und Einrichtung der neuen Schule der Gemeindevorstehung übertragen[758].

Die Schulhausadaptierung dürfte sehr rasch abgeschlossen worden sein. Da man sich im August 1872 bereits mit der Anschaffung der Lehrmittel beschäftigte und ein neues Schulsiegel „Volksschule in Unter St. Veit" anschaffte, ist anzunehmen, daß der Lehrbe-

---

756   Dies berichtet ausdrücklich GAU 27.9.1871 Pt. 1.
757   GAU 27.9.1871 Pt. 1, 25.10.1871 Pt. 1; Dienstbuch St. Veit B 1845–1880 (WStLA Grundbücher 5/7) fol. 232. Der schriftlich nachgefertigte Kaufvertrag datiert vom 29.9.1871.
758   GAU 20.12.1871.

trieb im neuen Gebäude bereits im Herbst 1872 aufgenommen wurde[759].

Das Schulhaus war im Eckgebäude Feldmühlgasse 26 untergebracht. Es waren darin zwei Dienstwohnungen, von denen meistens eine dem Schuldiener und eine dem Gemeindesekretär oder einem Lehrer zugewiesen wurde. Wozu das zweite Haus, Feldmühlgasse 24, im einzelnen verwendet wurde, läßt sich nur teilweise rekonstruieren. 1874 wird es mit beträchtlichem Kostenaufwand als „Gemeindehaus" adaptiert[760]. 1876 wurde daran mit Hilfe einer namhaften persönlichen Spende des Kirchen- und Armenvaters Stephan Witte ein Zubau angefügt, der künftig als **Armenhaus** diente; in der Folgezeit wurden dorthin mehrere Pfründner eingewiesen[761].

c) Probleme mit der Kriminalität

Wegen der sich häufenden nächtlichen Einbrüche ergriff im Jahr 1869 Anton Kremser, damals noch Bürgermeister-Stellvertreter, die Initiative zur grundlegenden Verstärkung des **nächtlichen Wachdienstes**. Alle Hausbesitzer wurden verpflichtet, im Turnus reihum nächtens die Gemeindewache zu begleiten oder einen (männlichen) Begleiter stellig zu machen. Abends von acht Uhr bis Mitternacht hatte ein Mann den Gemeindediener Böck zu begleiten, von Mitternacht bis fünf Uhr früh ein anderer Mann den Nachtwächter Wodraschka. An diesem „Radl" nahmen 69 Hausbesitzer teil. Kremser organisierte das sehr effizient, indem der Gemeindediener jeden Tag tagsüber schon das Haus aufsuchte, das am Abend dran war, nochmals an den Dienst erinnerte und 5 fl. Sicherheitsleistung kassierte, die verfielen, wenn niemand zum Wachdienst erschien[762]. Im übrigen gab es im Ort keinen Gendarmerieposten, wenn man Hilfe benötigte, mußte das Postenkommando in Hietzing angegangen werden.

Nach einer Einbruchsserie in Ober St. Veit und Mauer erging ein Erlaß an alle Gemeinden der Gerichtsbezirke Hietzing und Purkersdorf *auf Bettler und Vaganten ein wachsames Auge zu richten*[763].

1871 brach die bei Bürgermeister Kremser bedienstete, aus Schlesien stammende Magd Johanna Mauser sein Nachtkästchen auf, stahl ihr Dienstbuch und verschwand spurlos. Daß Anton Kremser dafür keine andere Erklärung hatte, als daß die Magd eine geheime Ausforscherin gewesen sei, die mit Diebsgesindel in Verbindung stünde, zeigt das herrschende Klima von Angst und Unsicherheit[764].

Ab 1872 ordnete die Bezirkshauptmannschaft Sechshaus in unregelmäßigen Abständen **nächtliche Streifungen** an, zu denen die Gemeinde Unter St. Veit ihre gesamte Wachmannschaft aufbot, verstärkt noch durch den Wirt Wilhelm Groissinger in seiner Eigen-

---

759 GAU 23.8.1872 Pt. 1; das genaue Datum der Übersiedlung des Schulbetriebes vom alten Klassenzimmer in der Wittegasse in das Schulhaus Auhofstraße / Ecke Feldmühlgasse ist sonst nirgends dokumentiert.
760 Vgl. GAU 15.4.1874 Pt. 1, wo Details von der „Herstellung von Baulichkeiten im Gemeindehaus" die Rede ist, wofür 4000 fl. bewilligt werden.
761 GAU 13.3.1877 Pt. 4 und 6.8.1877 Pt. 1 u.a.
762 GAU 14.11.1869; AUV 470/1869.
763 Der Urwähler Nr. 16/1870 (4.8.1870) S. 63.
764 AUV 121/1871.

schaft als Feuerkommissär. Besonderen Erfolg hatte diese Maßnahme nicht[765]. Außerhalb dieser Streifungen wandten die Gemeindewächter aber tagsüber, und dies ist über Jahre hinweg in den erhaltenen Akten vielfach nachvollziehbar, ihre besondere Aufmerksamkeit dem Aufgriff und der Wegschaffung dubioser Elemente zu, die sich in Unter St. Veit ohne ersichtlichen Grund herumtrieben. In ihnen wurde, sicher zu Recht, ein besonderes Gefahrenpotential für Eigentumsdelikte gesehen.

Im Jahr 1874 statteten sich die Gemeindefunktionäre, die entweder für die Polizeisachen zuständig waren oder an den Streifungen teilnahmen, mit Waffenpässen aus[766].

In einer kalten Februarnacht des Jahres 1875 kam es zu einem unerhörten Vorfall: Gendarmen des Postens Hietzing trafen in der Lainzer Straße den Neu-Hietzinger Nachtwächter Johann Dworschak in betrunkenem Zustand an, wie er mit seiner Signalpfeife scheinbar unmotiviert mehrmals Signal gab. Gleichzeitig sahen sie in der Dunkelheit eine unbekannte Person flüchten. Auf Befragen gab Dworschak an, daß am Promenadenweg (h. Alois Kraus Promenade) zwei Personen rauften. Die Gendarmen begaben sich dorthin, aber es war kein Mensch weit und breit. Da der Nachtwächter keine vernünftige Erklärung seines Verhaltens geben konnte und noch mehrmals pfiff, nahmen sie ihn selbst fest. In ihrem Bericht äußerte die Gendarmerie den bestürzenden Verdacht, es könnte der **Nachtwächter selbst Komplize** von Diebsgesindel sein und dieses durch das Pfeifen gewarnt haben. Johann Dworschak wurde daraufhin entlassen und an seiner Stelle ein gewisser Martin Breunhofer aufgenommen[767].

d) Finanznöte hemmen den weiteren Aufbau

Es verwundert nicht, daß die – sicherlich durch den Aufgabenanfall notwendige – Ausweitung der Gemeindeverwaltung, vor allem aber der Hauskauf für das Schulgebäude, den Ausgabenrahmen des **Gemeindebudgets** in die Höhe trieb: Nach Gesamtausgaben von 2851 fl im Jahre 1869 explodierte das Ausgabenbudget für 1871 auf 4622 fl[768]. Die „Bestallungen" (=Gehälter) waren bis 1869 stets der höchste Ausgabenposten, ab Mitte der 1870er Jahre kippte die Situation und noch höher waren dann bereits die Schuldenrückzahlungen an die Banken[769].

Im ersten Jahr der Existenz war man noch zweckoptimistisch gewesen und hatte beschlossen, die **Gemeindeumlagen** auf dem Niveau von 20% zu belassen (bis 40% wäre zulässig gewesen) und den sogenannten **Zinskreuzer** (eine Abgabe von jeder Mietzinszahlung) mit nur 3 kr. pro Mietzinsgulden zu bemessen[770]. Bei dem geschilderten, explosionsartigen Anstieg der Ausgaben in den ersten drei Jahren nach der Selbständigkeit war diese Zurückhaltung bei den Steuererhebungen aber nicht durchzuhalten. Die Gemeinde Unter

---

765 AUV 35/1872, 150/1872 u.a.
766 Anton Stelzer, Karl Hofbauer, Josef Bauditsch: AUV 605, 606, 607/1874.
767 AUV 103/1875, GAU 10.4.1875 Pt. 6.
768 GAU 20.2.1872 Pt. 1; die Budgetzahlen für 1870 sind nicht überliefert.
769 z.B. Präliminare für 1876, GAU 5.1.1876 Pt. 1.
770 GAU 7.5.1868 Pt. 3; der höchstzulässige Satz wären 5 kr. pro Mietzinsgulden gewesen.

St. Veit mußte sich daher im Rahmen der gesetzlichen Spielräume zu einer **Erhöhung ihrer Steuern** entschließen. 1869 erhob man vier, ab 1870 dann fünf Mietzinskreuzer[771]. Mit Beginn des Jahres 1871 wurde eine Hundesteuer in Höhe von 1 fl. pro Besitzer und Jahr eingeführt, ferner wurde 1872 die Abgabe für Musiklizenzen bei Tanz- oder Konzertmusik von 50 kr. an die Gemeinde und 50 kr. an den Armenfonds auf je 70 kr. erhöht[772]. Darüber hinaus war bei Veranstaltungen, die über Mitternacht dauerten, auch noch eine Gebühr für die „Assistenz des Gemeindedieners" fällig – anscheinend stand Gemeindediener Böck aus gutem Grund gleich am Ort des Geschehens bereit, um Ruhestörungen zu verhindern[773]. Es gab im Jahre 1870 in Unter St. Veit **fünf Gastwirte**: Anton Kremser, Ignaz Kutzenberger, Karl Groissinger, Paul Eckhart, Karl Hofbauer – alle fünf waren im Gemeindeausschuß der Periode bis 1870 vertreten.

Doch auch diese Steuererhöhungen konnten nur die schlimmsten Löcher im Budget der ziemlich armen Gemeinde stopfen. Darüberhinaus reichte es nicht einmal für die Erfüllung aller gesetzlich vorgeschriebenen Erfordernisse. Die Gemeinden Niederösterreichs waren damals theoretisch verpflichtet, ein **Notspital** für Seuchenfälle und für schwerkranke Arme bereitzuhalten. Für die Einrichtung eines solchen fehlten jedoch jegliche Mittel, die Gemeinde berichtete über Aufforderung hierüber an die Bezirkshauptmannschaft, daß sie bei allfälligen Erkrankungen armer Personen ihnen ärztliche Behandlung und Medikamente aus Gemeindemitteln angedeihen lasse, mehr sei leider nicht möglich; um die hartnäckig nachbohrende Bezirkshauptmannschaft zu beruhigen, gab man später das leere Versprechen ab, ein Haus für 10 Notbetten adaptieren zu wollen[774].

1872 ist zwei Mal die Rede davon, daß wegen der Erbauung eines ordentlichen Arrestes mit zwei Zellen endlich etwas geschehen müsse und Bürgermeister Kremser einen Vorschlag machen solle[775]. Gehört hat man davon nie mehr etwas. Es bleibt quellenmäßig leider überhaupt ein Rätsel, wo sich der Unter St. Veiter **Gemeindearrest** bis zum Jahr 1871 befand. Nach dem Ankauf der Häuser Feldmühlgasse 26 und 24 im Jahre 1871 (s. oben IX.1.b), die die einzigen eigenen Gebäude der Gemeinde waren, hat sich der später immer wieder in den Quellen erwähnte Gemeindearrest höchstwahrscheinlich auf Nr. 24 befunden, da das Haus Nr. 26 als Schule diente. Da dort der Schulwart und ein Gemeindediener wohnten, war wohl auch die nötige Bewachung gesichert. Wahrscheinlich umfaßte die 1874 nur allgemein erwähnte „Herstellung von Baulichkeiten im Gemeindehause"[776] um den ziemlich hohen Betrag von rund 4000 fl. auch die Adaptierung eines neuen Arrestes.

Am 1. Oktober 1873 nahm die Gemeinde anstelle von Karl Berger als neuen Sekretär den damals 34-jährigen **Franz Mittermüller** auf, der langjährige treue Dienste leistete und bis zur Eingemeindung nach Wien in seiner Funktion verblieb. 1885 stellte ihn auch die Gemeinde Hacking als ihren Sekretär an, er versah von da weg den Dienst für beide

---

771 GAU 22.12.1869.
772 GAU 26.4.1870 Pt. 5.
773 GAU 28.12.1870 Pt. 6.
774 GAU 28.4.1871 Pt. 6; AOV 298/1871.
775 GAU 19.4.1872 Pt. 6 und 23.8.1872 Pt. 5.
776 GAU 15.4.1874 Pt. 1.

Gemeinden gleichzeitig. Im Jahr seiner Anstellung in Unter St. Veit bezog er eine neu her-gestellte Dienstwohnung im Schulhause[777].

Gegen Ende der Wahlperiode 1873–76 war die finanzielle Lage der Gemeinde trotz deutlicher Sparbemühungen und trotz der Erschließung neuer Einnahmequellen schlecht. Im Budgetpräliminare (Voranschlag) für 1876 mußten bereits 20% aller Ausgaben für die Abstattung von Schulden reserviert werden[778].

Bürgermeister **Anton Kremser erkrankte** in den letzten Monaten seiner Amtszeit schwer und konnte monatelang weder seine Amtsgeschäfte führen noch die Gemein-deausschußsitzungen leiten. Sein Stellvertreter, Gemeinderat Stephan Wiesner, war ganz offensichtlich unfähig, die Geschäfte auch nur irgendwie adäquat zu führen. Einmal erschien er unentschuldigt nicht zur Ausschußsitzung, ein andermal verweigerte er sein Kommen mit der Begründung, er habe zu spät von dem Termin erfahren und provozierte die Beschlußunfähigkeit des Gemeindeausschusses, ein weiteres Mal delegierte er seine Vertreterfunktion an den rangnächsten Gemeinderat Anton Stelzer, der nach langem wie-der eine arbeitsfähige Sitzung zustande brachte. Einige Ausschußmitglieder beschwerten sich über dieses Chaos schriftlich bei der Gemeindeaufsicht[779]. Mit der inoffiziellen Über-nahme der Ausschußleitung durch Anton Stelzer empfahl sich dieser bereits als nächster Bürgermeister.

2. Aus dem Leben in Unter St. Veit nach 1868[780]

a) Schulverhältnisse

Bis 1869 galt noch die „Politische Verfassung der deutschen Schulen in den k.k. deut-schen Erbstaaten" vom Jahre 1805, welche die mariatheresianische und josephinische Schulorganisation in nur leicht modifizierter Form fortführte, und welche vor allem die katholische Kirche mit der Schulaufsicht betraute. Der örtliche Pfarrer war gleichzeitig Schulaufseher, der Dechant „Schul-Districts-Aufseher"[781]. Erst die 1868 unter dem Ein-fluß des Liberalismus erlassenen Schulgesetze trennten die Kirche von der Schule und beschränkten die Geistlichkeit auf die Erteilung des Religionsunterrichtes.

Die Schulverhältnisse in Unter St. Veit waren im Entstehungsjahr der neuen Gemeinde alles andere als rosig: für 41 Knaben und 39 Mädchen gab es einen einzigen Unterlehrer

---

777   GAU 15.4.1874 Pt. 1 und 28.10.1874 Pt. 4; er ist in GAU 29.2.1888 Pt. 6 das letzte Mal erwähnt, weil er fortan anstelle einer Dienstwohnung Quartiergeld bekommen soll, lt. nö. Amtskalender 1891 S. 257 war er bis 1891 Gemeindebeamter.
778   GAU 5.1.1876 Pt. 1.
779   GAU 5.5.1876 und 13.5.1876.
780   Die Beschränkung auf die Jahre 1868–75 ergibt sich aus dem Umstand, daß nur für diese Jahre die Gemeindeamtsakten von Unter St. Veit erhalten geblieben sind. Die Gemeindeausschuß-Sitzungsprotokolle, die auch für die späteren Jahre fast durchgehend noch existieren, bieten beiweitem nicht so viele Einblicke in das Leben im Ort, weil sie überwiegend Personal, Finanz, Bau und andere Angelegenheiten des Verwaltungs-betriebes der Gemeinde abhandeln.
781   Einzelheiten bei Helmut Engelbrecht, Geschichte des österreichischen Bildungswesens, Bd. 3 : Von der frühen Aufklärung bis zum Vormärz (Wien 1984) 227 ff.

und ein einziges gemietetes Lehrzimmer. Darin erteilte der Lehrer vormittags von 8–11 Uhr Unterricht für die dritte Klasse, nachmittags von 1–3 Uhr Unterricht für die erste und zweite Klasse gemeinsam. Mehr Klassen gab es nicht. Dieser Lehrbetrieb war dem Status nach eine **Filialschule** der Ober St. Veiter Pfarrschule. Bis 1867 unterrichtete dort der Lehrer Matthäus Kühtreiber, 1868 kam dann **Josef Mantler**, der bis 1874 der einzige Lehrer war[782]. Zusätzlich gab es in der Hutfabrik Bossi noch eine Fabriksschule. Die Schulaufsichtsbehörde schritt 1868 ein und erteilte der Gemeinde den Auftrag, eine ordentliche Schule mit mindestens zwei Lehrern und mindestens zwei geeigneten Lehrzimmern einzurichten[783]. Aus dem Jahr 1870 ist eine komplette Namensliste aller Unter St. Veiter Schulkinder samt Angabe ihrer Eltern erhalten, die höchst aufschlußreich ist[784]: demnach besuchten 61 Kinder die Filialschule im Ort. 30 Kinder besuchten die **Fabriksschule**, wobei diese Kinder zwischen 9 und 14 Jahre alt sind – das heißt, die Fabriksschule war eine weiterführende Schule <u>nach</u> der Volksschule, die nur 1–2 Stunden Unterricht pro Tag erteilte. Wahrscheinlich arbeiteten die größeren Kinder nebenher bereits im Rahmen des damals Erlaubten bereits in der Fabrik. Die Eltern der Fabriksschulkinder werden fast durchgehend als „Drucker" oder „Taglöhner" angegeben. 1871 stellte Giuseppe Bossi die Entlohnung des Fabriklehrers ein, weil er – wohl zu Recht – der Meinung war, nach den neuen Schulgesetzen sei dieser von der Gemeinde zu entlohnen. Die dadurch verursachte abrupte Einstellung des Unterrichtes trug Bossi zunächst eine Geldstrafe ein[785]. In weiterer Folge erteilte ihm aber der Bezirksschulrat auf neuer Grundlage eine Erlaubnis zum Fortbetrieb der Fabriksschule, wobei der Unter St. Veiter Lehrer Josef Mantler dort fortan alle Lehrgegenstände der Volksschule und der Ober St. Veiter Kaplan Religion zu unterrichten hatte, und im übrigen alle Schulgesetze zu beachten waren.

Das Interessanteste an der oben erwähnten Schülerliste ist, daß sie auch den **auswärtigen Schulbesuch** von 14 Unter St. Veiter Kindern verzeichnet, die entweder in Hietzing oder in ein nicht näher bezeichnetes „Penzinger Institut" zur Schule gingen: unter ihnen findet man die beiden Söhne von Bürgermeister Kremser, Anton jun. und Jakob, ebenso wie die Kinder des Fleischhauers und Gemeinderates Karl Hofbauer oder die Tochter des mit der Familie Flesch verwandten Lederfabrikanten Gottfried Moritz, die als einzige überhaupt in eine Privatschule ging. Wer es sich also leisten konnte, verschaffte seinen Kindern eine bessere Bildung als die, die in Unter St. Veit vermittelt wurde.

Nach der Einrichtung des Gebäudes Feldmühlgasse 26 als neue Schule (s. oben IX.1.b) verlieh der Bezirksschulrat im Oktober 1872 den Status einer selbständigen Volksschule II. Klasse[786]. Gleichzeitig wurde von Seiten der Gemeinde gegenüber dem immer noch verbreiteten „Kinder nicht in die Schule schicken" durchgegriffen, denn jetzt gab es genug Platz und keine Ausreden mehr. Die letzten uneinsichtigen Eltern, die meisten Arbeiter,

---

782 Nö. Amtskalender 1867, 1868, 1875, 1876.
783 AUV 347/1868, 97/1869.
784 AUV 496/1870.
785 AUV 124/1871, 55/1873.
786 GAU 23.10.1872 Pt. 4.

wurden allesamt abgestraft[787]. Im neuen Schulhaus herrschte aber auch nicht gerade Komfort. Im kalten Oktober 1873 schrieb Lehrer Josef Mantler der Gemeindevorstehung: *In dem Lehrzimmer der 1. Klasse hierorts befindet sich kein Ofen zur Beheizung, die kleinen Kinder haben in den ersten Unterrichtsstunden blaue Lippen und klagen über Kälte. Die Schulleitung wäre gezwungen, den Unterricht zu schließen, wenn nicht ehetunlichst für Beheizung gesorgt wird[788]*. 1873 beschwerte sich die Gemeinde beim Bezirksschulrat, daß ihr ein zweiter Lehrer vorenthalten wird, obwohl die Steuerträger der Gemeinde genug Schulumlage bezahlen und führte weiters an, daß bei den vielen Arbeitern im Ort kein Schulgeld eingehoben werden kann, um aus eigenem einen zweiten Lehrer einzustellen[789]. Ab 1874 gab es dann gleich zwei weitere Lehrer. Josef Mantler wurde jetzt zum „Oberlehrer", der er bis über die Eingemeindung hinaus blieb. Die Zahl der ihm beigegebenen Lehrer vermehrte sich bis 1891 auf fünf, ebenso die Zahl der Klassen[790].

Erwähnenswert ist noch das Unter St. Veiter **Rettungshaus für Knaben**, das 1873 erstmalig erwähnt wird. Es war eine Gründung des seit 1844 bestehenden Wiener Schutzvereines für die Rettung verwahrloster Knaben und bestand in der Kirchengasse an der Stelle des heutigen Don Bosco-Hauses[791]. Es war eng mit der Person des dortigen Hausvaters und Lehrers Stanislaus Göbharter verbunden, über den Bürgermeister Kremser einmal berichtet, daß er *ein sehr lobenswertes Wirken entfaltet, ein ruhiger eingezogen lebender Mann (ist), der keinerlei Gesellschaften besucht, sondern den größten Theil seiner Zeit in der obigen Anstalt seinen Berufspflichten widmet[792]*. Es kam auch vor, daß Zöglinge entsprangen und unauffindbar verschwanden[793].

b) Israelitische Gottesdienste

In Ober- und Unter St. Veit waren stets nur wenige Juden ansässig, eine autochthone Gemeinde gab es nicht:

Jahr	Anzahl Israeliten	Quelle
1832	Ober St. Veit 0 Unter St. Veit 0	Pfarrakten[794]
1852	St. Veit gesamt 21	Dekanatsakten Klosterneuburg[795]
1880	Ober St. Veit 24 Unter St. Veit 15	Volkszählung 1880

787 AUV 143/1872.
788 AUV 564/1873.
789 AUV 419/1873.
790 Nö. Amtskalender diverse Jahrgänge 1875–1891.
791 CNr. 108 = St.-Veit-Gasse 25, BG Hietzing Grundbuch EZ. 98 KG Unter St. Veit: das Haus stand von 1869–1922 im Eigentum des Schutzvereins zur Rettung verwahrloster Kinder.
792 AUV 575/1871.
793 z.B. AUV 427/1875.
794 Ausweis über die Religionsverhältnisse in der Pfarre St. Veit a.d.Wien vom 1.12.1832 (wie Anm. 58).
795 Stiftsarchiv Klosterneuburg, Dekanatsakten 1852–53, Karton 2391 Nr. 32.

Territorial gehörten die Orte Ober- und Unter St. Veit zur israelitischen Gemeinde von Fünfhaus dazu, in Unter St. Veit war keine Gemeinde errichtet[796]. In unregelmäßigen Abständen wurden jedoch zu bestimmten jüdischen Feiertagen israelitische Betstunden oder Gottesdienste abgehalten, die nach den damaligen Kultusvorschriften jeweils der Gemeinde anzuzeigen waren.

Für mehrere Tage Anfang Oktober 1867, dann neuerlich für Ende September 1874, mutmaßlich zum

Abb. 37: Das 1853 in spätbiedermeierlichem Stil erbaute Landhaus in der Auhofstraße 47. Zuerst befand sich darin ein israelitischer Betsaal, später das Unter St. Veiter Gemeindeamt. Das Haus wurde 1970 abgebrochen.

jüdischen Laubhüttenfest, zeigt ein Josef Sandek, der seine Berufsbezeichnung mit „Schächter" angibt, die Abhaltung israelitischer Betstunden im Haus Nr. 25 Kirchengasse an[797]. Für September 1888 erhielt der in Fünfhaus wohnhafte Rabbiner Gerson Mechor die Bewilligung, im Haus Unter St. Veit Nr. 16 Feldgasse an den bevorstehenden israelitischen Feiertagen Gottesdienst abzuhalten[798].

1853 kaufte der jüdische Kaufmann Moritz Goldberger das Grundstück h. Auhofstraße 47 und erbaute darauf ein einstöckiges Landhaus in spätbiedermeierlichem Stil[799]. In dieses Haus war ein israelitischer Betsaal integriert. Nachrichten über die dort abgehaltenen Gottesdienste liegen nicht vor. Im Jahre 1885 vererbte die Witwe Rachel Goldberger das Haus der Gemeinde Unter St. Veit, die es als Gemeindeamt adaptierte (dazu näher unten IX.3.c).

c) Gewerbestruktur, Viehstand, Lebensmittelpreise

Die Wirtschaftsstruktur von Unter St. Veit war – abgesehen von drei schon mehrfach erwähnten Fabriken Flesch, Bossi und Menzel – geprägt durch *Kleingewerbe*. Die rela-

---

796 Die zugehörige Synagoge war nach h. Adresse in Wien 15, Turnergasse 22; Christine Lewerenz-Weghuber, Juden in Rudolfsheim-Fünfhaus (Wien 1993) 5 ff.; die Zuordnung Unter St. Veits zur Kultusgemeinde Fünfhaus ergibt sich aus dem nö. Amtskalender Jgg. 1865 ff.
797 ASV 822/1867; AUV 578/1874; derartige Betstunden gab es vermutlich auch in den dazwischenliegenden Jahren, es sind aber dazu keine Akten erhalten.
798 AUV 907/1888, 922/1888; die Adreßbezeichnungen sind nicht entschlüsselbar, weil die Häuser Nr. 16 und 25 weder in der Feld- noch in der Kirchengasse liegen.
799 BG Hietzing, Grundbuch EZ. 62 KG Unter St. Veit.

Abb. 38: Das Lokal in der Auhofstraße 80, hier Auhof-Stüberl, früher Fuchswirt, Aufnahme um 1990.

tive Nähe Wiens und seiner Vorstädte scheint einen gewissen Absatzmarkt garantiert zu haben, der immer wieder Neuzuzügler anzog. Für folgende Gewerbe wurden in den Jahren 1868 bis 1875 Berechtigungen neu erteilt: Verkauf von Schnitt- und Kurzwaren am Markt, Hufschmied, Gemischtwarenhandel, Maurer, Zimmermaler, Drechsler, Warenkommission (Altwarenhandel), Schlosser, Fleischer, Schuhmacher, Lohnfuhrgewerbe, Viktualienhandel, Obst- und Gemüsehandel, Krämerei, Kappenmacherei, Milchverschleiß, Rasierer, Wagnerei, fahrender Kohlenhandel[800].

Am 9.10.1871 stellte ein gewisser Friedrich Kulf einen Antrag auf Erteilung einer Berechtigung zur **Bierausschank** im Haus CNr. 94 (= h. Auhofstraße 80, neben der Verbindungsbahn, das Häuschen steht noch und wurde 2003 generalsaniert). Die Begründung, mit der dieses Gesuch abgelehnt wurde, gewährt einen tiefen Einblick in die Ärmlichkeit der Verhältnisse: *Friedrich Kulf ist nur halber Besitzer des Hauses, welches aus einem Wohnzimmer, einem Gassenladen, einem Hofzimmer und Küche und kleinem halben Keller besteht, in welchem Gassenladen der Oberwähnte die Greißlerei samt Branntweinausschank, im Wohn- und Schlafzimmer den kk. Tabakverschleiß ausübt, das Hofzimmer für seine fünf Kinder bedarf und die Küche zum haushaltlichen Gebrauch samt Keller sehr beschränkt ist, daher ... zur Ausübung einer Bierschank gar kein Raum vorhanden (ist). ... Nachdem sich in Unter St. Veit ohnedies 5 Gasthäuser, 1 Bier- und 4 Branntweinschenken vorfinden, so wäre die Vermehrung von Schankgewerben hier überflüssig*[801]. Friedrich Kulf bekämpfte diesen Bescheid erfolglos durch alle Instanzen, es blieb bei der Ableh-

---

800 GAU Jahre 1868–75.
801 GAU 573/1871.

Abb. 39: Die Auhofstraße 49 an der Ecke zur Feldmühlgasse. Dieses bis ins Jahr 2000 bestehende Haus beherbergte einst die Curschmiede Lackler.

nung. Manche wollten sich die vorhersehbare Ablehnung erst gar nicht schriftlich geben lassen: Ein jüdischer Kaufmann namens Markus Pick betrieb in späteren Jahren in der Kirchengasse 16 (= h. St.-Veit-Gasse 49) eine *befugnislose Branntweinausschank*, zahlte ordentlich seine Steuern und die Gemeinde sah weg. Erst nach einer Anzeige, vermutlich von Konkurrenten, schritt die Bezirkshauptmannschaft von Amts wegen ein. Markus Pick versuchte, sich mit Befürwortung der Gemeinde seine Branntweinschank nachträglich legalisieren zu lassen. Doch die Bezirkshauptmannschaft blieb unerbittlich, verurteilte ihn zu einer hohen Geldstrafe, pfändete sein gesamtes Inventar und verfügte die Zwangsschließung[802].

Wiederholte Versuche, neue *Gasthäuser* zu eröffnen, wurden von den fünf „Platzhirschen" erfolgreich abgewehrt mit der Begründung, daß danach kein Bedarf bestehe[803]. Nicht wehren konnten sie sich aus gewerberechtlichen Gründen dagegen, daß in der Lederfabrik Flesch eine Bierausschank an die Arbeiter gegen Marken bestand, welche am Samstag vom Wochenlohn eingelöst wurden. Hier konnten sie nur – erfolglos – jammern[804].

Aus dem Anfang des 19. Jahrhunderts gab es noch immer verschiedene Wäscher, vor allem Pferdehaarwäscher, die den Wienfluß als Wasserspender und Arbeitsplatz gleichzeitig benützten. Da dessen Wasser mittlerweile auch in den stadtentfernteren Teilen vollständig verseucht war, gab es zunehmend Bestrebungen, die Wienflußwäscherei zu verbieten. Dagegen wehrten sich die Genossenschaften der Färber, Drucker und Weiß-

802 GAU 1.4.1887 Pt. 4; AUV 614/1888.
803 GAU 1.6.1875 Pt. 2; AUV 648/1875; GAU 19.10.1881 Pt. 2; GAU 23.9.1885 Pt. 1.
804 Hietzinger Bezirksbote Nr. 13 (20.11.1878) S. 5.

gerber, aber ein Gutachten des niederösterreichischen Landessanitätsrates ergab, daß die Aufrechterhaltung aus sanitären Gründen nicht mehr zu vertreten war. Mit Erlaß vom 23.11.1872 erließ die nö. Statthalterei endgültig ein **Verbot der Flußwäscherei** im Wienfluß[805].

Erwähnt sei noch, daß 1870 dem Leopold Lackler in Unter St. Veit CNr. 97 (=h. Auhofstraße 49 / Ecke Feldmühlgasse) die Bewilligung für eine Hufschmiede erteilt wurde[806]. Das Gebäude der **Curschmiede Lackler** ist samt Nebengebäuden und dem geräumigen Hof noch bis ins Jahr 2000 gestanden, ehe es einer großen Wohnhausanlage weichen mußte.

Im Jahr 1871 mußte eine **Viehstandsaufnahme** für den gesamten Ort gemacht werden, die die Existenz von 63 Kühen und 10 Ziegen ergab. Die Pferde wurden damals nicht gezählt, müssen aber noch hinzugedacht werden. Die noch erhaltene Tabelle[807] ist höchst aufschlußreich:

Haus CNr.	h. Adresse	Besitzer	Viehstand
1	Feldmühlgasse 2	Theresia Schmölz	6 Kühe
13	Hietzinger Hauptstraße 62	Paul Stecher	32 Kühe, 1 Ziege
14	Hietzinger Hauptstraße 60	Eleonora Stangelmaier	9 Kühe
42	Auhofstraße 33	Johann Selig	1 Ziege
51	St.-Veit-Gasse 50	Josef Leiß	10 Kühe
62	St.-Veit-Gasse 49	Lorenz Haselberger	1 Ziege
63	St.-Veit-Gasse 51	Maria Böck	4 Kühe
64	St.-Veit-Gasse 53	Maria Schneider	1 Ziege
95	Auhofstraße 84	Johann Tintera	4 Ziegen
96	hinter Feldmühlgasse 25	Josef Marawitz	2 Ziegen
102	hinter Feldmühlgasse 9	Josef Schwanzer	2 Kühe, 1 Ziege

Man sieht daraus, daß es nur einen einzigen großen Milchmeier im Haus Nr. 13 und fünf kleine **Milchmeiereien** gab. Die verzeichneten Ziegen waren typisch nur die „Ziege hinter dem Haus", wie sie damals von ärmeren Leuten gehalten wurde. Die Meierei des Paul Stecher beherbergte bis zu 40 Kühen und mehrere Pferde. Stecher war ein geschäftstüchtiger Großmeier in Liesing, der sich in Unter St. Veit bloß einen Nebenbetrieb hielt, welcher für die Gemeinde immer wieder ein Ärgernis war. Da seine Jauchegrube nicht ausgemauert war, wurden die Brunnen der Nachbarhäuser bis zur Ungenießbarkeit verseucht. Seinen Mist lagerte er ungeschützt auf zwei Grundstücken am Weg nach Lainz (h. Münichreiterstraße) ab. Mit seinen Viehpässen und mit Tierseuchen gab es Anstände. 1873 schritt Gemeindearzt Dr. Blickhan gegen ihn sanitätsbehördlich ein und erteilte ihm unter Zwangsandrohung strenge Auflagen bezüglich der Entsorgung von Dünger und

---

805   AUV 303/1873.
806   AUV 458/1870.
807   AUV 484/1872.

Jauche[808]. 1890 fuhr die Unter St. Veiter Milchmeierin Magdalena Breitegger mit einer Ladung von rund 40 Litern Milch nach Wien, um sie dort auf dem Markt zu verkaufen. An der Mariahilfer Linie ging sie einer Milchkontrolle ins Netz und wurde des Wässerns ihrer Milch überführt. Die gesamte Ladung wurde konfisziert, obendrein setzte es eine Strafe von 10 Gulden[809].

Der (einzige) *Fleischhauer* im Ort war seit 1872 Anton Stelzer, der 1876 Bürgermeister wurde. Aus einer späteren Notiz erfahren wir, daß er im Winter ein Stück Rind, im Sommer zwei Stück Rind pro Woche schlachtete; die Unter St. Veiter fuhren zum Fleischeinkauf aber gerne auf den Rudolfsheimer Markt, weil das Fleisch dort billiger war[810].

Die Aufstellung von Statistiken für alles und jedes ist eine Erfindung der Hofräte der späten Habsburgermonarchie. Irgendjemand mußte ihnen natürlich die Basisdaten erheben und da kamen immer wieder die Gemeinden zum Handkuß. Für unsere Zwecke ist das ein Glück, denn so wissen wir für das Jahr 1870 die *Wohn- und Lebensmittelpreise* in Unter St. Veit, die Bürgermeister Kremser damals für irgendeine Behörde zusammenstellen und einschicken mußte[811]:

Mietzins für Zimmer + Küche	80 fl. jährlich	Zum Vergleich (1872)[812]: Monatslohn des Gemeindedieners 35 fl. Monatslohn des Nachtwächters 8 fl.	
Mietzins für Zimmer, Küche, Kabinett	120 fl. jährlich		
1 Pfund Rindfleisch	36 kr	1 Pfund Kaffee	70 kr – 1 fl.
1 Pfund Mehl	13 – 15 kr	1 Pfund Zucker	30 – 36 kr
1 Pfund Butter	72 kr	1 Klafter Hartholz	20 fl.
1 Pfund Gemüse	10 kr	1 Klafter Weichholz	15 fl.
1 Maß Milch	20 kr	1 Pfund Kerzen	44 – 66 kr
1 Pfund Brot	9 kr	1 Pfund Petroleum	26 kr
1 Pfund Schmalz	44 kr	1 Zentner Steinkohle	90 kr – 1 fl.

3. Die Ära Bürgermeister Stelzer und der Vorgärtenkonflikt

Die letzten Monate der Amtszeit von Bürgermeister Anton Kremser waren, wie bereits an anderer Stelle (oben IX.1.d) erwähnt, als Folge seiner monatelangen, krankheitsbedingten Amtsunfähigkeit von Stillstand und Durcheinander gekennzeichnet. In den letzten Wochen vertrat ihn der damalige Gemeinderat Anton Stelzer, der sich dabei sehr im Gegensatz zu anderen vertretenden Gemeinderäten gut bewährte. Nach der Gemeindeausschußwahl am 6. Juli 1876 wurde er als fast logischer Nachfolger selbst zum Bürger-

---

808   AUV 14/1873.
809   AUV 144/1890.
810   AUV 135/1872; GAU 15.9.1874 Pt. 1 und 10.1.1882 Pt. 1.
811   Beilage zu einem nicht mehr erhaltenen Akt, liegt in AUV 1870, nach Nr. 496.
812   GAU 20.2.1872 Pt. 3 und 4.

Abb. 40: Das Haus St.-Veit-Gasse 47 im Oktober 2014. 1876 bis 1886 befand sich darin die Gemeindeverwaltung Unter St. Veits.

meister gewählt. Seine erste Amtshandlung bestand darin, Ende 1876 **neue Kanzleiräume** in der Kirchengasse 14 (=h. St.-Veit-Gasse 47) anzumieten und die Gemeindeverwaltung dorthin zu übersiedeln[813]. Seltsamerweise ist aus seinen Amtsjahren kein einziges Akten-stück erhalten, erst mit der Amtsübernahme durch Heinrich Schönich (1888) setzen die Akten wieder ein. Die geschichtliche Darstellung der Ära Stelzer fällt daher notgedrungen etwas dünner aus.

a) Zur Person Anton Stelzer

Anton Stelzer wurde am 16. 8. 1829 in Floridsdorf geboren und betrieb seit 1872 eine Fleischhauerei in der h. St.-Veit-Gasse 60. Das Haus steht übrigens noch immer, von 1938 bis 1994 befand sich darin die Fleischerei Fankhauser, seither die Glaserei Sagon[814]. Das Wohnhaus der Familie Stelzer lag in der Hietzinger Hauptstraße 54[815]. Nach den Gemein-deausschußwahlen von 1879 und 1882 wurde Anton Stelzer jeweils zum Ortsoberhaupt gewählt. Seine **Kompetenz als Bürgermeister** scheint unbestritten gewesen zu sein. Mit den von ihm im Jahre 1876 sämtlich neu installierten Amtsinhabern der diversen Gemein-defunktionen arbeitete er nach den Wahlen jeweils weiter und ersetzte nur vereinzelte Abgänge durch neue Männer. Im Gegensatz zu Ober St. Veit, das ab 1879 in eine Pro- und

---

813 CNr. 61, das ebenerdige desolate Haus steht noch. GAU 9.8.1876 Pt. 7.
814 Glaserei Dkfm. Eugen Sagon e.U., gegründet 1983, 1994 in die St.-Veit-Gasse 60 übersiedelt.
815 CNr. 46 und 17; AUV 135/1872 (Verleihung Gewerbeberechtigung); mündliche Mitteilung von † Dipl.Ing. Bruno Bohdal (Nachfahre) am 22.11.1989.

Abb. 41: Bürgermeister Anton Stelzer.

eine Contra-Hentschel-Fraktion gespalten war, scheint in der Unter St. Veiter Gemeindevertretung bis in die späten Jahre das geherrscht zu haben, was man heute Teamgeist nennt. 1885 ernannte der Gemeindeausschuß Bürgermeister Stelzer in Würdigung seiner Verdienste einstimmig zum Ehrenbürger von Unter St. Veit[816]. Er starb am 21. 3. 1908 an Gefäßverkalkung und liegt auf dem Ober St. Veiter Friedhof begraben[817].

b) Der unerbittliche Weg in die Verschuldung

Der neue Schwung, den Bürgermeister Stelzer in die Gemeindeverwaltung brachte, ist unübersehbar. Er berief mehrere Gemeindeausschußsitzungen in kurzen Abständen ein und ließ sie alle angesammelten Angelegenheiten abarbeiten[818]. In sämtliche Funktionen der Gemeinde wurden neue Leute gewählt: Josef Zens wurde Polizeikommissär, Baumeister Josef Kopf 1. Baukommissär, Johann Malluschek 2. Baukommissär, Josef Oberrenzer Einquartierungskommissär, Jakob Schweitzer Straßenkommissär. Oberlehrer Josef Mantler, der 1875 den Organistendienst für die Kirche im Unfrieden aufgegeben hatte, wurde als fest besoldeter Organist wiederbestellt[819].

Genauso wie in den Anfängen der Vorgängerära Kremser ging es im ersten halben Jahr der Ära Stelzer beim **Geldausgeben** sehr großzügig zu: Der bisher ehrenamtliche Polizeikommissär erhielt eine Remuneration zugestanden, desgleichen die Baukommissäre, wenn sie als Abgesandte der Gemeinde an Bauverhandlungen teilnahmen. Für das Schulgebäude wurde eine Eingangstafel angeschafft, für die Nachtwächter neue Mäntel, für die Kirche schwarzer Stoff zum Dekorieren bei Trauerämtern. Die Feuerwehr erhielt neue Fackeln, für die Schulausflüge der Volksschulkinder gab es Zuschüsse. Im Garten des Schul- und Gemeindehauses wurde ein neuer Brunnen gegraben. Der Mietzins für die neue Gemeindekanzlei war deutlich höher als für die alte, auch ein neu angeschafftes, prachtvolles Kaiserbild durfte nicht fehlen. Der Budgetposten „Bestallungen" (Gehälter) erhöhte sich von 1876 auf 1877 um rund 50%[820].

Diese lockere Ausgabenpolitik konnte natürlich nicht ohne Folgen bleiben. Über die ersten drei Budgetjahre kam Bürgermeister Stelzer noch ganz gut drüber, indem er alte

---

816   GAU 27.2.1885 Pt. 5.
817   WStLA Totenbeschauprotokoll 21.3.1908.
818   GAU 2.8.1876 (konstituierende Sitzung mit Übergabe von Kasse und Schlüssel), GAU 9.8.1876 (14 Tagesordnungspunkte), GAU 26.9.1876 (13 Tagesordnungspunkte).
819   GAU 8.10.1875 Pt. 3; GAU 9.8.1876, Pte. 4, 5, 10; GAU 26.9.1876 Pte. 1, 5.
820   GAU 9.8.1876, Pte. 8, 9, 11; GAU 26.9.1876 Pte. 7, 12, 13; GAU 27.12.1876 Pt. 2; GAU 31.5.1878 Pt. 2.

Steuerrückstände energisch eintrieb und indem er Einbürgerungen in die Gemeinde teuer verkaufte. Pro Einbürgerungsfall wurde den Neulingen das gesetzlich zulässige Maximum von 100 fl. abgeknöpft, pro Jahr waren es etwa 5 bis 7 Fälle. Da sich das Jahresbudget in der Größenordnung zwischen 6.500 und 7.000 fl. bewegte, war das schon ein netter Einnahmenposten. Ein Werbeargument für die Gewinnung von Neubürgern war, daß in Unter St. Veit die Gemeindesteuern mit niedrigeren Sätzen als in den Nachbargemeinden erhoben wurden, nämlich die Umlagen mit nur 20% (bis 40% waren zulässig und wurden praktiziert)[821]. Desweiteren war Bürgermeister Stelzer in der Vermarktung von Gemeindeleistungen recht kreativ: Der Fa. Sigmund Flesch verkaufte er die Umbenennung der Adlergasse in Fleschgasse um 200 Gulden[822]; wer ein Bauansuchen stellte, dessentwegen sich eine Gemeindekommission an Ort und Stelle bemühen mußte, zahlte dafür ab 1880 jeweils elf Gulden[823]; kleine Straßenstücke, Restparzellen u.dgl. wurden an die Anrainer verkauft; ab 1882 wurde die Hundesteuer von 1 auf 2 Gulden verdoppelt[824]. Nach den zahlreichen Anschaffungen und Sonderausgaben des ersten Stelzer'schen Amtsjahres kehrte dann im übrigen bei den Ausgaben mehr Sparsamkeit ein. Doch längerfristig reichten diese Einnahmenerschließungen nicht aus, sodaß die Gemeinde ab den 1880er Jahren allmählich in eine veritable Budgetkrise hineinschlitterte.

Umgekehrt wurde die Gemeinde Unter St. Veit nämlich auch mit kostspieligen Verpflichtungen konfrontiert, denen sie sich nicht entziehen konnte. Ein Paradefall dafür war die *Kanalisierung der Kirchengasse*. Im Jahre 1872 wurde die Gemeinde durch einen Erlaß der Bezirkshauptmannschaft Sechshaus verpflichtet, in der Kirchengasse, also der am dichtesten besiedelten Hauptstraße, aus sanitätspolizeilichen Gründen alle Senkgruben aufzulassen und stattdessen einen öffentlichen Kanal zu errichten. Die Gemeinde beauftragte also Baumeister Josef Kopf mit den entsprechenden Arbeiten. Als dieser darüber Ende 1876 eine für die Gemeindekassa horrende und unfinanzierbare Rechnung legte, konnte man diese ganz einfach nicht bezahlen. Der Gemeindeausschuß suchte sein Heil darin, die Gültigkeit des noch von der alten Gemeindevertretung geschlossenen Vertrages zu bestreiten und mit Baumeister Kopf über eine Ermäßigung zu verhandeln. Doch die Abrechnung war korrekt, Baumeister Kopf war zu keinen Zugeständnissen bereit und verklagte die Gemeinde Unter St. Veit vor Gericht. Bis 1881 wurde durch alle Instanzen prozessiert, die Gemeinde verlor den Prozeß vollständig und mußte 769 fl. nachzahlen, von den aufgelaufenen Prozeßkosten gar nicht zu reden. Um diese nicht budgetierte Summe aufzubringen, wurden nun allen Anrainern der Kirchengasse zusätzliche Kanalbeiträge vorgeschrieben, wogegen sich diese zum Teil juristisch zur Wehr setzten, zum Teil ganz einfach nicht zahlten. Da solcherart das nötige Geld nicht zusammenkam, blieb der Gemeinde Unter St. Veit zur Vermeidung einer Zwangsvollstreckung in ihr Vermögen nichts anderes übrig, als einen Bankkredit zur Abdeckung ihrer Schulden aufzunehmen[825].

---

821 GAU 31.5.1878 Pt. 1 u.a.
822 GAU 16.5.1877 Pt. 8.
823 GAU 7.5.1880 Pt. 2.
824 GAU 4.5.1881 Pt. 1.
825 GAU 2.12.1872 Pt. 2; 27.12.1876 Pt. 10; 2.10.1877 Pt. 6; 5.8.1880 Pt. 2; 24.11.1880 Pt. 1; 22.11.1881

Die mißliche Finanzlage zwang die Gemeinde ab dem Jahre 1882 zu einer **Erhöhung der Umlagen** auf die Staatssteuern von 20% auf 30%, bei welchem Prozentsatz es bis zum Schluß verblieb[826]. Mit der „Steueroase Unter St. Veit", die Neubürger mit niedrigen Steuersätzen anwerben konnte, war es damit vorbei. Auf der Ausgabenseite führte Bürgermeister Stelzer und sein Ausschuß in den späteren Jahren einen ständigen Abwehrkampf gegen immer wieder gestellte Ansinnen auf irgendwelche Kostenbeteiligungen der Gemeinde. Man lehnte den Bau eines gemeinsamen Bezirksschlachthauses in Gaudenzdorf ebenso ab wie die Beteiligung an einem Bezirksgymnasium in Untermeidling[827]. Die Ablehnung des Bezirksschlachthauses mußte freilich auf Druck der Bezirkshauptmannschaft aufgegeben werden. Das Schlachthaus wurde 1888 in der h. Spittelbreitengasse in Gaudenzdorf eröffnet, die Gemeinde Unter St. Veit wurde daran Miteigentümer und mußte von dem dafür aufgenommenen Baukredit einen Anteil von 8000 fl. (!) übernehmen[828]. Abgewehrt werden hingegen konnte das Drängen auf Beteiligung Unter St. Veits an einem kommunalen Asylhaus, weil im Armenhause in der h. Feldmühlgasse 26 ohnedies noch genug Platz für Unterstandslose war[829]. Etwas kurios liest sich heute die Begründung, mit der Unter St. Veit noch in der Ära Kremser versucht hatte, einer Kostenbeteiligung an der Erneuerung der Wienflußbrücke zwischen Unter St. Veit und Baumgarten (zwischen h. St.-Veit-Gasse und h. Zehetnergasse) auszukommen: Aus historischen Gründen verlief an dieser Stelle die Gemeindegrenze zwischen Unter St. Veit und Baumgarten nicht im Wienflußbett, sondern es gehörten noch einige Grundstücke auf der Unter St. Veiter Uferseite zu Baumgarten, darunter auch das Grundstück, auf dem der Brückenkopf des bestehenden alten Steges auflag. Unter St. Veit erklärte daher den notwendigen Brückenneubau als rein innergemeindliche Angelegenheit von Baumgarten, zu der es nichts beizutragen habe. In der vom Ausschuß beschlossenen „entschiedenen Verwahrung" gegen jegliche Kostenbeteiligung schwang auch ein wenig Neid mit, indem es da hieß, die Gemeinde Baumgarten habe durch Eisgewinnung und Wiengrundverkäufe ohnedies enorme Summen eingenommen[830]. Da Unter St. Veit die Brücke als Verbindung zur Linzer Poststraße viel dringender benötigte als die Gemeinde Baumgarten in der umgekehrten Richtung, kam es mit diesem Formalstandpunkt nicht durch. Nach mehrjähriger Pattstellung, als bereits eine Sperre des schadhaften alten Steges drohte, lenkte Bürgermeister Stelzer notgedrungen ein und beteiligte seine Gemeinde mit (immerhin nur) einem Drittel der Baukosten. 1880 konnte die neue Brücke sodann endlich erbaut werden[831].

1885 brach über die Gemeinde noch eine weitere kostspielige Verpflichtung herein: Die Bezirkshauptmannschaft drängte bereits seit 1871 auf die Errichtung eines **Not-**

Pt. 1 (Darlehensaufnahme); 30.1.1883 Pt. 4; 18.5.1883 Pt. 7 (Endabrechnung mit Baumeister Kopf).
826   GAU 19.3.1886 Pt. 8; 29.12.1888 Pt. 9.
827   GAU 10.1.1882 Pt. 1; 23.6.1882 Pt. 5.
828   GAU 24.7.1888 Pt. 1; Walter Roller, Meidlinger Spaziergänge 1800-1900 (Wien 1985) 12.
829   GAU 1.4.1887 Pt. 6.
830   GAU 3.9.1875 Pt. 3.
831   GAU 14.5.1879 Pt. 1; 23.6.1879 Pt. 2; 5.12.1879 Pt. 1.

spitales für Epidemiefälle[832], die Gemeinde hatte die Sache viele Jahre lang erfolgreich verschleppt und abgewehrt. 1885 erging nun eine derart ultimative Aufforderung der Behörde, dieses Spital endlich einzurichten, daß nichts mehr anderes übrig blieb, als es zu tun[833]. Zuerst suchte man vergeblich ein Gartenhaus in der h. Kupelwiesergasse für diese Zwecke anzukaufen. Dann holte sich Unter St. Veit sowohl bei der Gemeinde Baumgarten als auch bei der Gemeinde Ober St. Veit eine Abfuhr mit dem Vorschlag, aus Kostengründen ein gemeinsames Notspital zu errichten. Schlußendlich wurde dann in der Wiengasse 16[834] ein schon bestehendes Haus um 5000 fl. angekauft und in Zusammenarbeit mit dem Gemeindearzt Dr. Karl Jansch als Epidemiespital eingerichtet[835]. Worin die Ausstattung bestanden hat, ist nicht näher überliefert, aber viel mehr als zwei bis drei Krankenzimmer für den Notfall ohne besondere medizinische Apparate gab es sicherlich nicht. Nachdem das ganze Werk vollbracht war, interessierte sich plötzlich die Gemeinde Hietzing, die auch noch kein Notspital hatte, für eine Mitbenützung des Unter St. Veiter Spitales. Nun verhielt sich Unter St. Veit genauso wie die Nachbargemeinden, bei denen es im Vorjahr abgeblitzt war: Der Gemeindeausschuß faßte den Beschluß, *einen allenfalls zu stellenden Antrag der Gemeinde Hietzing auf Mitbenützung des Nothspitales abzulehnen*. Und man setzte noch eins drauf und beschloß ein hochpreisiges „Verpflegskostenstatut für auswärts zuständige Kranke", defacto gemeint die von Hietzing[836]. Das war genau jener Kantönligeist, mit dem sich die Wiener Vororte ihr eigenes Grab mitschaufelten und den Befürwortern einer Eingemeindung starke Argumente in die Hand gaben.

Die Gemeinde Unter St. Veit war nach dem Baumgartner Brückenneubau und der Einrichtung des Notspitales *vollkommen überschuldet*. Im Frühjahr 1886 mußte (wieder einmal) ein Kredit über 1000 fl. aufgenommen werden, nur um die laufenden Ausgaben decken zu können, im Herbst desselben Jahres benötigte man weitere 3000 fl. Kredit; Anfang 1887 herrschte schon wieder Ebbe in der Kasse, diesmal gewährte Friedrich Flesch ein Privatdarlehen von 1000 fl.[837]. Mit solchen Kreditaufnahmen, hinter denen keinerlei Finanzkonzept stand, ging es bis 1890 so weiter. In diese hoffnungslose Defizitwirtschaft der letzten Jahre ihres Bestehens war die Gemeinde Unter St. Veit im Grunde unverschuldet hineingeraten, weil die staatlichen Gesetze den (ärmeren) Gemeinden viel zu viele Aufgaben aufbürdeten, ohne sie mit den nötigen Finanzmitteln auszustatten. Eine realistische Abzahlungsperspektive gab es für den Unter St. Veiter Gemeindekassier nicht mehr.

c) Das Legat der Rachel Goldberger

Vom Haus CNr. 68 = h. Auhofstraße 47 wurde schon berichtet, daß es dem wohlhabenden

---

832 AUV 204/1871 u.a.
833 GAU 10.4.1885 Pt. 1.
834 CNr. 127 = h. Hietzinger Kai 107.
835 GAU 10.4.1885 Pt. 1; 23.9.1885 Pt. 5; 16.11.1885 Pt. 1; 30.11.1885 Pt. 2; 15.12.1885 Pt. 3; 19.3.1886 Pt. 9.
836 GAU 22.6.1886 Pt. 1; 24.8.1886 Pt. 1.
837 GAU 19.3.1886 Pt. 10; 24.8.1886 Pt. 4; 3.2.1887 Pt. 8.

jüdischen Kaufmann Moritz Goldberger gehörte und einen israelitischen Betsaal hatte (oben IX.2.b). Vor seinem Tode 1876 setzte er seine Witwe Rachel als Alleinerbin seines Vermögens ein und verpflichtete sie testamentarisch, ihrerseits aus diesem Vermögen mindestens 50.000 fl. für wohltätige Zwecke weiterzuvermachen. Rachel Goldberger errichtete daraufhin ein Testament, in welchem sie aus ihrem Vermögen dieses eine Haus in Form eines Legates der Gemeinde Unter St. Veit vermachte; zusätzlich erhielt das Rettungshaus für verwahrloste Knaben in Unter St. Veit eine Geldzuwendung. Das Legat wurde nach dem Tod von Rachel Goldberger der Gemeinde am 31.1.1886 ausgefolgt[838]. Das war für die Gemeinde ein großer Glücksfall. Bei der Bekanntmachung der angefallenen Erbschaft im Gemeindeausschuß erhoben sich die Anwesenden zum Zeichen des [posthumen] Dankes von den Sitzen und beschlossen die Anbringung einer Gedenktafel mit Benennung der Geschenkgeberin auf dem Haus[839]. Der Glücksfall war besonders groß, indem das geschenkte Haus dem schon bestehenden Schul- und Armenhaus an der Ecke Auhofstraße / Feldmühlgasse unmittelbar benachbart war und sich in gutem Zustande befand. Im Laufe des Jahres 1886 übersiedelte das Bürgermeisteramt in das neue Haus. Im Garten wurde das **Glashaus als Sitzungssaal** des Gemeindeausschusses adaptiert – eine höchst originelle Lösung, die die Ausschüsse der Nachbargemeinden vielleicht zum Erblassen gebracht hat. Die schon bestehende Hausmeisterwohnung wies man dem Nachtwächter Puraner als kostenlose Dienstwohnung an mit der Verpflichtung, die Hausbesorgung zu übernehmen[840].

Doch Rachel Goldbergers Vermächtnis an die Gemeinde war mit der Verpflichtung verbunden, den im 1. Stock des Hauses bestehenden **israelitischen Betsaal** zu erhalten und jährlich 200 fl. an die israelitische Kultusgemeinde zu bezahlen. Dieses Geld war für die Abhaltung von jüdischen Gottesdiensten zu gewissen Feiertagen gedacht. Die Drei-Zimmer-Wohnung neben dem Betsaal überließ die Gemeinde pikanterweise ihrem katholischen Messeleser als Dienstwohnung. Um diese Verpflichtungen loszuwerden, nahm Bürgermeister Stelzer Kontakt mit der Kultusgemeinde Fünfhaus auf. Ende 1887 kam eine Einigung dahingehend zustande, daß die Gemeinde Unter St. Veit durch einmalige Zahlung von 4.500 fl. alle auf den jüdischen Gottesdienst bezüglichen Verpflichtungen ablöste[841]. Danach wurde der Betsaal aufgelassen. Das Gebäude bestand noch bis 1972 und wurde dann durch die Stadt Wien als Eigentümer abgerissen – an seiner Stelle befindet sich heute der Turnplatz der Unter St. Veiter Volksschule[842]. Die auf einem alten Foto noch erkennbare Gedenktafel für Rachel Goldberger wurde bei dieser Gelegenheit bedauerlicher Weise vernichtet.

---

838   BG Hietzing, Grundbuch EZ. 62 KG Unter St. Veit; WStLA, BG Hietzing, A 9/2 Testament Nr. 2319 – das zweite Haus der Goldbergers in Unter St. Veit CNr. 38 = h. Kremsergasse 11 wurde an Verwandte weitervererbt.
839   GAU 19.3.1886 Pt. 3.
840   GAU 4.6.1886 Pt. 3.
841   GAU 28.10.1887 Pt. 3.
842   MA 37, Baupolizei, Baueinlage EZ. 62 Unter St. Veit, Abbruchbescheid vom 6.7.1970.

d) Konflikt um die Vorgärtenentfernung

Die (Hietzinger) Hauptstraße war zu Zeiten Maria Theresias als überbreite, repräsentative Allee angelegt worden, die in ihrer vollen Breite von den Gespannen gar nicht benötigt wurde. Da sie nicht gepflastert war, hatte sie im Lauf der Jahre eine ganze Reihe von Besitzern angrenzender Häuser dazu verleitet, auf dem Straßengrund widerrechtlich ihre Vor- und Gemüsegärtchen anzulegen. Im Lauf der Jahre bekamen diese Vorgärten dann den Anschein gewohnheitsmäßiger Rechtmäßigkeit. Mit zunehmender Verbauungsdichte und mit steigendem Verkehr wurden diese Vorgärten ab etwa 1860 immer mehr zum Stein des Anstoßes. Schon 1865 hatte der Ausschuß der noch vereinigten Gemeinde St. Veit an der Wien für die Entfernung plädiert, eine Enteignung gegen Entschädigung aber abgelehnt, weil dafür kein Geld vorhanden sei[843]. Ab 1868 war man sich im Gemeindeausschuß weitestgehend einig, daß die Vorgärten beseitigt werden müßten, wo nicht freiwillig, dort mit behördlicher Zwangsgewalt. Da Widerstand der Hausbesitzer zu erwarten war, benötigte man die Rückendeckung der staatlichen Behörde, vor allem des Bezirksstraßenausschusses, denn die Hauptstraße war keine Gemeinde-, sondern eine Bezirksstraße. 1868 wollte schon Bürgermeister Berthold Flesch die Vorgärtenfrage im Handstreich lösen und schickte allen Vorgartenbesitzern eine Aufforderung ins Haus, diese binnen 14 Tagen bei sonstiger zwangsweiser Räumung zu entfernen. Damit löste er eine Flut von Rekursen an die Oberbehörden aus, die ihn prompt im Stich ließen und den Flesch'schen Aufforderungsschreiben die Überschreitung seines Wirkungskreises attestierten und den Beschwerdeführern Recht gaben[844]. Am 23. Februar 1869 trat darauf der Gemeindeausschuß in einer Sondersitzung zusammen und faßte in einer Resolution die Gründe für die Vorgärtenbeseitigung wie folgt zusammen: Es gibt keine Gehsteige und keine Rinnsale, bei Regen verwandelt sich die Straße in ein Kotmeer, bei den Ausflüglern und Sommergästen herrscht Entrüstung über diese Zustände, der sie schon öfters durch Einreißen von Vorgartenzäunen Ausdruck verliehen haben, die Gasbeleuchtung auf den Häusern dringt wegen der Gärten nicht bis auf die Fahrbahn und letztlich *werden die Winkel und Zwischenräume dieser umzäunten Plätze häufig, besonders beim Gasthause zum Adler* [Ecke h. Fleschgasse, Anm] *in eckelhafter, anstandswidriger Weise als Pissoirs benutzt*[845]. Man stellte auch eine genaue Liste aller betroffenen Hausbesitzer zusammen – und genau darin lag die Crux: in dieser Liste fand sich fast die ganze Hautevolée des Ortes wieder, von der Fürstin Palm-Gundelfingen über die Gräfin Terlago bis hin zum späteren Bürgermeister Kremser und mehreren Gemeindeausschußmitgliedern. Diese versammelte Prominenz verstand es, die im Prinzip längst beschlossene und mit der staatlichen Behörde akkordierte Vorgärtenentfernung jahrelang zu hintertreiben[846]. Nachdem

---

843 WStLA Gem. XIII/5, A 2/1, Schreiben der BH Sechshaus vom 8.2.1869, Zl. 1619.

844 GAU 12.5.1868; Fremdenblatt 31.5.1868 Morgenausgabe, S. 20; WStLA Gem. XIII/5, A 2/1, Erlaß der BH Sechshaus vom 16.2.1869, Zl. 1901.

845 GAU 12.5.1868 Pt. 1; 12.2.1869 und 23.2.1869.

846 Es folgte bis 1879 noch ein nahezu unüberschaubares Gewirr von Gegenrechtsmitteln der Gemeinde und weiteren Anrainerrechtsmitteln, das hier nicht weiter zu interessieren braucht, enthalten in WStLA Gem.

die Sache etwas eingeschlafen war, erhielt der Gemeindearzt Johann Blickhan sogar die Erlaubnis, einen neuen (!) Vorgarten „gegen jederzeitige Entfernung" zu erbauen[847]. Bis zum Ende der beiden Amtsperioden von Bürgermeister Kremser geschah in dieser Angelegenheit absolut nichts mehr. Er ist wohl als der Hauptbremser anzusehen, denn er hätte dann auch seinen eigenen, illegal angelegten Gasthausgarten vor dem „Roten Rössel" entfernen müssen.

So erbte also Bürgermeister Stelzer bei seinem Amtsantritt 1876 das schon seit elf Jahren virulente Problem der Vorgärten und packte es auch an: er ersuchte alle Vorgärtenbesitzer um Entfernung ihrer Gärten oder um Äußerung, woher sie ihr Recht auf einen Vorgarten auf Straßengrund ableiten. Das Ergebnis war vorhersehbar: Niemand entfernte, viele schriftliche Einwendungen liefen ein, die Bürgermeister Stelzer an den Bezirksstraßenausschuß weiterschickte[848]. 1879 ermächtigte der Gemeindeausschuß den Bürgermeister einstimmig, alle nötigen Schritte für die Vorgärtenentfernung einzuleiten[849]. Dies tat er auch, doch nun erhoben mehrere Betroffene Rechtsmittel an die Oberbehörden bis zum Ministerium des Innern, was weitere vier Jahre ins Land gehen ließ[850]. Im Frühjahr 1884 kam die Sache dann endlich in die heiße Phase: Der gesamte Gemeindeausschuß drohte per einstimmigem Beschluß der Bezirkshauptmannschaft seine korporative Amtsniederlegung an, falls sie die Sache noch weiter verschleppen sollte[851]. Das wirkte. Eine kommissionelle Ortsverhandlung wurde angesetzt, bei der den Vorgartenbesitzern eine kleine Entschädigung für ihre Gärten angeboten wurde – so hatte es das Ministerium zum Mißfallen von Bürgermeister Stelzer entschieden. Wer nicht annahm und freiwillig räumte, wurde – 16 Jahre nach dem ersten Beschluß ! – bis zum Sommer 1884 zwangsweise geräumt[852]. Erst ab diesem Jahr war die Hietzinger Hauptstraße (wieder) die beidseits freie Alleestraße, wie wir sie von zahlreichen erhaltenen alten Fotoaufnahmen kennen.

4. Finale mit Bürgermeister Schönich

Während in Ober St. Veit schon der dritte Tag der Gemeindeausschußwahlen 1888 war (24. Juli), tagte in Unter St. Veit noch der Gemeindeausschuß, letztmalig unter Bürgermeister Stelzer, um monatelang angesammelte Agenden abzuarbeiten. Für die Wahlen fand man erst eine Woche später Zeit. Anton Stelzer kandidierte nach drei Gemeinderats- und zwölf Bürgermeisterjahren nicht mehr. An seine Stelle trat nun der Schlossermeister Heinrich Schönich (manchmal auch Schönig geschrieben). Er hätte wegen seines Ansehens und seiner Korrektheit wahrscheinlich auch das Zeug zu einem Langzeitbürgermeis-

---

XIII/5, A 2/1.
847   GAU 30.4.1872 Pt. 1.
848   GAU 6.8.1877 Pt. 6.
849   GAU 12.9.1879 Pt. 6.
850   GAU 10.1.1882 Pt. 1; 10.4.1883 Pt. 4.
851   GAU 3.4.1884 Pt. 2.
852   GAU 25.7.1884 Pt. 5; 3.10.1884 Pt. 1.

Im Uhrzeigersinn:
Abb. 42: Das Stammhaus von Heinrich Schönich
in der St.-Veit-Gasse 24 / Ecke Kupelwiesergasse.
Abb. 43: Porträt Heinrich Schönichs.
Abb. 44: Heinrich Schönich bei der Arbeit.

ter besessen, aber das war ihm wegen des politischen Untergangs seiner Gemeinde im Jahre 1891 nicht mehr vergönnt.

a) Zur Person Heinrich Schönich

Heinrich Schönich wurde am 26.10.1843 in Mährisch Rothwasser (Červena Voda) in Nordostmähren geboren und lernte dort die Schlosserei. Als 22-jähriger Geselle kam er 1865 nach Unter St. Veit und fand Beschäftigung bei einem nicht näher eruierbaren Schlossermeister Eduard Kolb. 1870 legte er die Meisterprüfung ab und er machte sich in Unter St. Veit mit einer eigenen Schlosserei selbständig, 1872 heiratete er in der Ober St. Veiter Pfarrkirche.

Ab 1873 war er zunächst sechs Jahre Gemeindeausschuß, dann ab 1879 neun Jahre Gemeinderat (= Gemeindevorstandsmitglied), während dieser Zeit bekleidete er auch zwölf Jahre lang die Funktion eines Ortsschulratsobmannes. Als er 1888 das Bürgermeisteramt antrat, war er

Abb. 45: Das Grab Heinrich Schönichs am Ober St. Veiter Friedhof.

also in der Gemeindepolitik bereits ein erfahrener Mann. Im Gegensatz zu seinem Vorgänger Stelzer, der eher liberal gewesen sein dürfte, war Heinrich Schönich streng katholisch gesinnt. Er war in seinem bürgerlichen Beruf als Schlossermeister ein tüchtiger Mann, bei dem mehrere später zu Ansehen gekommene Schlossermeister ihre Lehrjahre absolviert hatten. Einer von diesen war der Ober St. Veiter „Stach-Schlosser" (Ludwig Stach), von dem die schönen schmiedeeisernen Gitter auf den Oratorien der Ober St. Veiter Kirche stammen. Sein 1882 erbautes Haus in der St.-Veit-Gasse 34 / Ecke Kupelwiesergasse, in dem er Wohnung und Werkstätte hatte, besteht noch ziemlich unverändert und ist das letzte erhaltene Unter St. Veiter Haus vom Typus des dörflichen Handwerkerhauses[853]. 1914 verlieh ihm Bürgermeister Richard Weiskirchner persönlich in einem kleinen Festakt die Wiener Ehrenbürgerwürde. Heinrich Schönich starb am 14.6.1926, er liegt in einem Ehrengrab auf dem Ober St. Veiter Friedhof begraben[854].

b) Die letzten Jahre

Die drei Bürgermeisterjahre von Heinrich Schönich sind nur noch gekennzeichnet von viel fleißiger und gewissenhafter Administration. Durch die gestiegene Einwohnerzahl und durch immer neue Gesetze hatte sich die Routinearbeit im Gemeindeamt gegenüber früheren Jahren enorm vermehrt. Während es in den Anfangsjahren unter Bürgermeister Flesch etwa 300 Aktenstücke pro Jahr gegeben hatte, am Ende der Amtszeit von Bürger-

---

853   Nach: 125 Jahre Unter St. Veit (Anm. 49) S. 45.
854   Biographische Angaben nach einer handschriftlichen Zusammenstellung seiner Enkelin Adele Machaczek (†) vom Juli 1987), ferner eine biographische Notiz in: Genossenschaftliche Wiener Schlosser-Zeitung Nr. 29 (1914) S. 3.

meister Kremser dann etwa 600–700 pro Jahr, waren es unter Bürgermeister Schönich bereits um die 1200 Stück, die alljährlich bearbeitet werden mußten. Die Gemeinde war für unzählige Angelegenheiten zum verlängerten Arm des Staates geworden: Zustellung von Einberufungsbefehlen für das Militär, Ausstellung von Heimatscheinen, Eintreibung von Mitgliedsbeiträgen der Berufsgenossenschaften (das war besonders bei dem ständig verschuldeten Unter St. Veiter Stellfuhrwerker Wilhelm Fuhrmann eine wahre Sisyphusarbeit), Bearbeitung der vielen Gesuche der Ortsarmen um Pfründengewährung oder -erhöhung und vieles mehr. Dazu kam noch, daß die Bezirkshauptmannschaft Sechshaus einen Berichtsauftrag und einen Erlaß nach dem anderen schickte und jeweils umgehende Entsprechung erwartete. Die ständige Bautätigkeit erforderte auch ständige Abhaltung von Bauverhandlungen und Prüfung der Bauanträge. Dann trudelten auch noch von Seiten der Gendarmerie oder auswärtiger Gemeindewächter allerlei Strafanzeigen gegen die eigenen Gemeindekinder ein: Die Milchmeierin Magdalena Breitegger war am Mariahilfer Linienamt mit gepantschter Milch erwischt worden[855], der pensionierte Ministerialrat Johann Hugetz hält einen gefährlichen Hund und beaufsichtigt ihn nicht ordentlich, ein Gastwirt hat ein Tanzkränzchen ohne Lizenz abgehalten[856], und dann natürlich all die an anderer Stelle (unten X.9.d) noch ausführlicher dargestellten Verkehrsdelikte. Mit einem Wort: die Verwaltung einer Wiener Vorortegemeinde des späten 19. Jahrhunderts war keine Kleinigkeit und mit der ländlichen Ruhe irgendwelcher abgelegener Kleingemeinden Niederösterreichs nicht zu vergleichen.

Zwischen der Gemeindespitze und der *Lehrerschaft* gab es größere Spannungen. Gegen einen Unterlehrer namens Eugen Berger gab es eine Strafanzeige beim Bezirksgericht Hietzing wegen Amtsehrenbeleidigung, begangen durch öffentliche Beschimpfung der Gemeindevertretung. Vor Gericht erklärten sowohl er als auch sein Oberlehrer Josef Mantler, die Gemeindevertretung sei der Lehrerschaft gegenüber feindlich gesinnt und parteilich. Entrüstet faßte daraufhin der Gemeindeausschuß den Beschluß, ... *nachdem diese Behauptung auf einer groben Unwahrheit beruht, von Seite der Gemeindevertretung das Mißfallen über solche Verdächtigungen auszudrücken*[857]. Die Retourkutsche bestand dann darin, Oberlehrer Mantler das Quartiergeld (Zuschuß für seine eigene Wohnung) zu streichen und ihm pro forma eine unansehnliche Dienstwohnung im Gemeindehaus anzubieten[858].

Das einzige Projekt, das 1890 noch offiziell in Angriff genommen wurde, war ein Zubau zur Volksschule. Dies war der Gemeinde aber durch einen Beschluß des Bezirksschulrates aufgetragen worden und ging nicht von ihr aus. Man ließ Baumeister Josef Kopf Pläne zeichnen und einen Kostenvoranschlag machen. Demnach hätte ein neuer Trakt in der Feldmühlgasse mit acht Lehrzimmern und einem Turnsaal um ungefähr 27.000 fl.

---

855 s. Anm. 809.
856 u.a. AUV 961/1888, 1156/1888, 144/1890, 546/1890, 916/1890 (Bauakt über den Wiederaufbau der Bossifabrik nach dem Brand von 1890).
857 GAU 4.6.1889 Pt. 8.
858 GAU 31.1.1890 Pt. 3.

neu entstehen sollen[859]. Man lieferte die Planungen pflichtschuldig ab, verwirklicht wurden sie freilich nie mehr, denn die Gemeinde Wien ließ 1908 dann gleich eine ganz neue Volksschule bauen.

Ende 1890 trat der Gemeindeausschuß in Abwesenheit von Bürgermeister Schönich zusammen und beschloß, ihm die Unter St. Veiter Ehrenbürgerschaft zu verleihen und die Kirchengasse in „Schönichgasse" umzubenennen[860]. Die Gassenumbenennung wurde nie vollzogen[861].

---

859 GAU 11.12.1890 Pt. 2.
860 GAU 27.12.1890, einziger Pt.
861 Laut Mitteilung seiner Enkelin Adele Machaczek (†) hat Heinrich Schönich die Ehrenbürgerwürde angenommen, die Gassenumbenennung aus persönlicher Bescheidenheit aber abgelehnt und somit verhindert.

X.
Aus einigen speziellen Bereichen des Gemeindelebens

1. Feuerwehr

a) Allgemeines

Nach der Aufhebung der Grundherrschaft war die alleinige Verantwortung für das Feuerlöschwesen der Gemeinde zugewachsen (s. oben V.1.). Bis 1870 galt noch die alte Josefinische Feuerlöschordnung von 1782, die vielerlei Verhaltensmaßregeln beim Ausbruch von Bränden enthielt und deren Befolgung von Obrigkeiten und Behörden immer wieder neu eingeschärft wurde[862]. Darin war die Pflicht der Gemeinden und der Hausbesitzer enthalten, eine Minimalausstattung mit Löschgeräten bereitzuhalten und einmal jährlich zusammenzukommen und zur Erhaltung einer guten Ordnung im Brandfalle allen „Hauswirthen und Knechten" im Vorhinein ihre Verrichtungen mitzuteilen – die einen sollten herumlaufen und Feuer schreien, andere das eigentliche Löschen vornehmen, die Zimmerer und Maurer hatten bei Großbränden das Einreißen über[863]. Wenn es brannte, liefen dann alle zusammen, der Bürgermeister, so erreichbar, hatte das Kommando, und man löschte auf teilweise laienhafte Art so gut man konnte. Die Gemeinde St. Veit besaß von ihrer Gründung an immerhin je eine Löschspritze für beide Ortsteile. In Ober St. Veit floß der Marienbach größtenteils noch offen durch den Ort und lieferte Löschwasser. Der grundlegende Mangel aber war das Fehlen einer organisierten und ausgebildeten Löschmannschaft.

Zu dieser Zeit gab es auf gesamtstaatlicher Ebene bereits Bestrebungen, das Feuerlöschwesen auf eine grundlegend neue Basis zu stellen, eine treibende Kraft dahinter waren die Versicherungsgesellschaften, denen die Schadenskosten davonliefen; ferner gab es bereits die aus Deutschland kommenden und nach Verbreitung ihrer Organisation drängenden Turnerfeuerwehren[864]. 1870 beschloß der niederösterreichische Landtag schließlich eine *Feuerpolizeiordnung*[865], die das gesamte Feuerwehrwesen auf eine neue Grundlage stellte: In jeder größeren geschlossenen Ortschaft war durch Freiwilligenaufruf eine Feuerwehr zu bilden, die unter Leitung des Bürgermeisters einen Hauptmann wählte und sich Statuten gab. Die Statuten waren vom Gemeindeausschuß zu genehmigen, der auch das Aufsichtsrecht über die Feuerwehr ausübte. Das weiters bestehende

---

862 Zum Feuerwehrwesen dieser Zeit allgemein: Günter Schneider, Die Entwicklung des niederösterreichischen Feuerwehrwesens bis 1870 und die Einflüsse aus Deutschland (Wien 1991), hier speziell S. 7–12; Bernhard A. Reismann, Das Feuerwehrwesen in der österreichischen Reichshälfte der Habsburgermonarchie. In: Feuerwehr gestern und heute, Burgenländische Landessonderausstellung 29.4–31.10.1998 Schloß Halbturn (Eisenstadt 1998) 103-133.
863 Text der Josephinischen Feuerlöschordnung in der Josephinischen Gesetzessammlung, 1. Band für die Jahre 1780–84 (Wien 1785), S. 323–341.
864 Schneider, Feuerwehrwesen (Anm. 862) S.34 ff.
865 Gesetz vom 1.6.1870, womit eine Feuerpolizei-Ordnung für das Erzherzogthum Österreich unter der Enns mit Ausschluß der Haupt- und Residenzstadt Wien erlassen wird, LGBl. 39/1870.

gesetzliche Recht des Ausschusses, „Unzukömmlichkeiten abzustellen" erlangte nachmalig unter Bürgermeister Hentschel noch größere Bedeutung und führte zu Konflikten. Die Betätigung als Feuerwehrmann war ehrenamtlich, die Sachkosten – ausgenommen die Uniformen – trug allerdings zur Gänze die Gemeinde[866].

b) Ober St. Veit

Im Jahre 1861 fanden sich in Ober St. Veit einige Bürger aus eigener Initiative zusammen und bildeten als erste in der Gegend ein *freiwilliges Löschkorps*, das nur teilweise uniformiert war und noch keine einheitliche Organisation nach dem Muster der späteren Feuerwehr hatte. Die Gemeinde unterstützte dieses Löschkorps durch Beistellung von Uniformen und verschiedenen Requisiten. Die Namen der Gründer sind nicht überliefert, beteiligt war jedenfalls der Schlossermeister Friedrich Stach, den die Gemeinde 1861 und neuerlich 1864 zum Spritzenmeister für den Ortsteil Ober St. Veit bestellte[867].

Auf der Basis der neuen niederösterreichischen Feuerpolizeiordnung beschloß der Ober St. Veiter Gemeindeausschuß 1870 die Errichtung einer *Freiwilligen Feuerwehr* und wählte den damaligen Postmeister Adolf Zeeh zum ersten Hauptmann und den Schmiedemeister Johann Herzig zu seinem Stellvertreter[868]. Diese Feuerwehr war aber nur juristisch eine Neugründung, sie selbst verstand sich als organische Fortsetzung des 1861 gegründeten Löschkorps. 1871 wurde auf Gemeindekosten eine neue Feuerspritze gekauft, die *Uniformen* mußten die Feuerwehrmänner aber selbst anschaffen[869]. Man glaube ja nicht, daß die Uniform in Kosten oder Bedeutung – wie heute – hinter den technischen Löschgeräten kam. *Einer der größten Hemmschuhe gegen den sogenannten Massenbeitritt war die übergroße Bedeutung, welche die zuerst gebildeten Feuerwehren den Äußerlichkeiten zuwandten, nämlich den Uniformirungen, Chargen-Auszeichnungen und Ordnungsübungen,* klagte schon 1870 ein in Feuerwehrdingen erfahrener Ingenieur, *...und wie wird der persönlichen Eitelkeit gefrönt, welche Sucht eine Charge zu sein!*[870] Dadurch wurde, wie übrigens in vielen anderen Orten auch, die Feuerwehr zu einer Sache des wohlhabenden Mittelstandes, denn kein Knecht, kein Taglöhner und kein Fabriksarbeiter konnte die vollen Kosten einer Uniform aufbringen. In der Liste der 39 Gründungsmitglieder finden sich dementsprechend die Ober St. Veiter Großbauern und Gewerbetreibenden ziemlich vollzählig versammelt – nur diese Berufsgruppen hatten auch soweit freie Zeiteinteilung, daß sie an den Übungen, den Einsätzen sowie an den auswärtigen Feuerwehrfesten und Verbandstagen teilnehmen konnten[871]. Ihre Ausrüstung war am 14. August 1872 beendet. Erst

---

866   Ebd. §§ 34-52; mit einer Novelle LGBl. 6/1874 wurde dann noch ein umfassender Versorgungsanspruch für im Dienst verunglückte Feuerwehrleute und deren Familien eingeführt.
867   GAS 22.2.1861 Pt. 18; GAS 8.7.1864; Eingabe der FF Ober St. Veit an die Gemeindevertretung vom 28.3.1886, Beilage zu GAO 15.4.1886 Pt. 2.
868   GAO 6.9.1870 Pt. 8.
869   GAO 9.11.1871 Pt. 6.
870   Moriz Willfort, Abhandlung über die Errichtung von Dorffeuerwehren (Wien 1870) 3 f.; Willfort war Zivilingenieur und Spritzenmeister der Leobersdorfer Turnerfeuerwehr.
871   Reismann, Feuerwehrwesen (Anm. 862) S. 110.

Abb. 46: Die Mitglieder der Freiwilligen Feuerwehr Ober St. Veit während der Feier zum 50-jährigen Bestandsjubiläums 1921, gerechnet ab der formalen Neugründung 1871.

1874 erfolgte übrigens die behördliche Genehmigung der Statuten der FF Ober St. Veit[872].

Leider ist von der Ober St. Veiter Freiwilligen Feuerwehr, im Gegensatz etwa zu Hacking, das Brandeinsatzbuch nicht erhalten geblieben, sodaß wir über ihre Tätigkeit und über ihre Einsätze in den ersten Jahrzehnten recht wenig wissen. Aus einem Bericht der Pfarrchronik über die Ankunft von Kardinal Kutschker im Ober St. Veiter Schloß zum Sommeraufenthalt ist zu entnehmen, daß die Feuerwehr und die Schützen bei der Begrüßung des hohen Gastes ein Spalier bildeten und der Herr Kardinal *unter dem klingenden Spiel der Feuerwehr-Musikkapelle in das Schloß einzog*[873]. Also gab es damals eine Feuerwehrkapelle.

Am Sonntag, den 8. August 1886 wurde das 25-jährige *Gründungsjubiläum* begangen, dieses gerechnet von 1861, dem Gründungsjahr des Löschkorps. Ein solches Jubiläum war das Hochfest jeder Feuerwehr, hier vereinigte sich der Stolz auf die eigene Leistung mit einer öffentlichen Anerkennung durch politische Würdenträger. Pomp und Feierlichkeit dieses Festes waren wirklich enorm: Der ganze Ort wurde mit Blumen geschmückt und beflaggt. Am Vorabend gab es einen Zapfenstreich. Nach der Tagreveille (Böllerschüsse) am Morgen des Festtages folgte der Empfang und Einmarsch der Gäste, ein Festgottesdienst, danach die Weihe der Vereinsfahne und eines neuen Fahnenbandes. Um ein Uhr

---

872   GAO 27.8.1874 Pt. 1.
873   Pfarrchronik Ober St. Veit, Band 1875-1957, fol. 26).

nachmittags ging es weiter mit einem Platzkonzert, der Abhaltung des Bezirksfeuerwehrtages und einer Schauübung der Feuerwehren von Hacking, Hütteldorf, Hietzing, Lainz sowie Ober- und Unter St. Veit. Wer dann immer noch nicht erschöpft war, konnte ab sieben Uhr abends im Ober St. Veiter Casino (h. Hietzinger Hauptstraße 141) noch an einem Konzert mit Tanzkränzchen teilnehmen[874].

Bis 1881 hatte die Feuerwehr ihr Depot im Hause Glasauergasse 2. Nach dem Freiwerden des alten Schulhauses (h. Hietzinger Hauptstraße 164) verlegte sie dieses dorthin[875]; das alte Schulhaus diente ansonsten überwiegend als Gemeindekanzleigebäude. 1881 war übrigens auch das Jahr einer ganz St. Veit bewegenden Feuerwehraffäre, die an anderer Stelle erzählt wird (unten X.6.b). Nach der Auflösung der Gemeinde im Jahre 1891 erhielt die Feuerwehr das Haus in der Hietzinger Hauptstraße zur fast alleinigen Nutzung und baute es zu einer richtigen Feuerwehrgarage um.

Aus dem Feuerwehrwesen wuchs in der zweiten Entwicklungsstufe österreichweit das Rettungswesen heraus, denn wo es brannte, gab es vielfach auch Verletzte, die zu versorgen waren. In Ober St. Veit konstituierte sich 1884 ein **Schutz- und Rettungsverein**, der am Brandplatz dem Kommando des Feuerwehrhauptmannes, ansonsten dem Bürgermeister unterstand[876]. Im Gegensatz zu Unter St. Veit, wo eine ähnliche Rettungsgesellschaft noch große Bedeutung für den ganzen Bezirk erlangen sollte, trat der Ober St. Veiter Rettungsverein nur ein einziges Mal hervor, nämlich als Mitorganisator des 25-jährigen Feuerwehrjubiläums, danach ward von ihm nie mehr etwas gehört.

Die relativ wichtigste Quelle über die weitere Geschichte der Ober St. Veiter Feuerwehr ist eine Festschrift, die sie 1921 zum 50-jährigen Bestandsjubiläum – diesmal gerechnet ab der formalen Neugründung 1871 – selbst herausgegeben hat[877]. Hier ist aber einiges merkwürdig. Zunächst kommt der im Gemeindeausschuß gewählte Gründungshauptmann Adolf Zeeh weder in der Liste der Gründungsmitglieder noch in der Liste der Feuerwehrhauptleute vor. Adolph Zeeh entpuppte sich 1876 als Zentralfigur eines Veruntreuungsskandals (s. oben VIII.2.a) und verlor alle seine Gemeindeämter. Eine damnatio memoriae also? Die erwähnte Liste der Feuerwehrhauptleute enthält 14 Namen für die Zeit von 1871–1921, wobei weder die Reihenfolge noch die Jahre ihrer Hauptmannfunktion angegeben sind. Die Verfasser dieser großmundig als „lokalhistorische Studie" bezeichneten Schrift hätten ihrer Nachwelt einen besseren Dienst erwiesen, wenn sie anstelle einer (von Fehlern nur so strotzenden) allgemeinen Ortsgeschichte wenigstens eine solide Feuerwehrchronik zusammengeschrieben hätten. Immerhin enthält die Festschrift einige interessante Kurzberichte über zurückliegende **Großeinsätze**, von denen sich allerdings nur zwei noch vor der Eingemeindung abgespielt haben:

Am glutheißen 1. Juli 1890 brannte die Färberei Seidel in Hacking, gleich einen Tag

874   GAO 15.4.1886 Pt. 2; Österr. Gemeindepost Nr. 334 (13.7.1886) S. 9; Nö. Gemeinde-Revue Nr. 78 (18.7.1886) S. 3
875   s. Anm. 568 und 576.
876   GAO 5.9.1884 Pt. 2.
877   Franz Haubner, Franz Stromer, August Puraner, Ober St. Veit – eine lokalgeschichtliche Studie (Wien 1921) – gleichzeitig „Feuerwehrfestschrift".

Abb. 47: Die Übergabe der Freiwilligen Feuerwehr Ober St. Veit an die Städtische Feuerwehr am 19. Februar 1927.

darauf brannte die Bossifabrik in Unter St. Veit. Die FF Ober St. Veit war zehn bzw. fünf Stunden im Einsatz, ein paar Tage später mußte sie auch noch in Breitensee bei einem Fabriksbrand zu Hilfe eilen. Für die Jahrzehnte bis 1921 verzeichnete die Feuerwehrchronik insgesamt Einsätze bei 58 Waldbränden, 45 Großfeuern, 16 Kesselexplosionen, 933 kleineren Feuern, 25 Wiesenbränden und 8 Hauseinstürzen (!); auch zwei Entgleisungen der Straßenbahn erforderten ihren Beistand[878]. Die Tätigkeit der Feuerwehr war also im Leben der Gemeinde Ober St. Veit über die Jahre von großer und unverzichtbarer Bedeutung. Die Freiwillige Feuerwehr Ober St. Veit überlebte als einzige ehemalige Gemeindeinstitution die Eingemeindung nach Wien und bestand noch bis zum Jahre 1928[879].

c) Unter St. Veit

In Unter St. Veit gab es in der Zeit vor Inkrafttreten der nö. Feuerpolizeiordnung 1870 keine Vorläuferorganisation wie in Ober St. Veit das freiwillige Löschkorps. Die Gemeinde hatte auf den ehemaligen Feldmühlgründen bei der h. Hügelgasse eine hölzerne „Feuerhütte" stehen, in der Löschrequisiten für den Bedarfsfall zur Entnahme gelagert waren[880]. 1871 wurde eine Kundmachung erlassen, welche Löschgeräte jedes Haus in Bereitschaft

---

878 Ebd. S. 15.
879 Über die letzte Phase ihres Bestehens und die Übernahme durch die Wiener Berufsfeuerwehr ausführlich: Helmut Bouzek, Freiwillige Feuerwehren in Hietzing, Arbeitspapier I (Stand 9.12.1990) des Wiener Feuerwehrverbandes Zl. WLFV-FGM-FF I/A -XIII/3/90, S. 56 f.
880 GAU 23.7.1875 Pt. 2.

haben müsse, danach wurde der ganze Ort von Haus zu Haus einer Revision unterzogen[881]. Noch 1872 wehrte sich die Gemeinde gegen die Gründung einer Feuerwehr und führte ins Treffen, daß sie ohnedies *mit zwei Feuerspritzen, einem Wasserwagen und allen hiezu noch nöthigen Requisiten versehen ist, die hiesige Bedienungsmannschaft bei Feuersbrünsten unentgeltlich mitwirkt, aber dennoch nicht bereit ist, und hiezu auch nicht die Mittel besitzt, sich als Freiwillige Feuerwehr zu constituieren*[882]. Hier ging es zweifellos um die hohen Kosten für Uniformen, Abzeichen und Fahnen.

Nachdem praktisch alle Orte rundherum bereits eine Feuerwehr gegründet hatten, konnte sich auch Unter St. Veit nicht länger entziehen. 1874 wurde nun doch zur Gründung geschritten und zu deren Vorbereitung ein Komitee, bestehend aus den Gemeindeausschüssen Johann Stindl, Johann Zens und Heinrich Schönig eingesetzt[883]. Dieses Komitee arbeitete Statuten aus, die der Gemeindeausschuß und die Statthalterei genehmigten[884]. Danach wurde zur Aufstellung der Truppe geschritten. Als Gründungsjahr der Unter St. Veiter Feuerwehr ist demnach 1875 anzusehen.

Die Nachrichten über diese Wehr sind spärlich. Anläßlich der Neugründung wurde die alte Holzhütte für die Löschgeräte abgegeben und eine neue erbaut. 1876 kaufte die Gemeinde 6 Feuereimer, 1 Zusammenstecktuch und 2 Dachleitern; später kam noch ein gebrauchter Wasserwagen hinzu[885]. Ab 1876 leistete die Feuerwehr Aushilfe bei den Nachtwächterdiensten und erhielt hiefür eine Vergütung in die Feuerwehrkasse[886]. Für die Bespannung des Spritzenwagens mit Pferden hatte man ein ständiges Abkommen mit dem Unter St. Veiter Fuhrwerker Wilhelm Fuhrmann, wonach er auf Verlangen der Feuerwehr zu jeder Zeit gegen einige Gulden Vergütung ein Paar gute Pferde beizustellen hatte[887]. 1880 kaufte die Gemeinde der Feuerwehr einen neuen Wasserwagen[888]. Die Hütte für die Löschgeräte befand sich zuletzt in der h. Auhofstraße 37[889].

Die Unter St. Veiter Freiwillige Feuerwehr überlebte die Eingemeindung nach Wien nur um wenige Jahre und wurde 1897 aufgelöst[890].

2. Die Unter St. Veiter Rettungsgesellschaft

1883 gründete *Franz Mittermüller jun.* eine „Schutzmannschaft" als Nebenorganisation der Feuerwehr[891]. Mittermüller jun. war der Sohn des Gemeindesekretärs Franz Mitter-

---

881 GAU 13.9.1871 Pt. 4.
882 AUV 375/1872, Schreiben der Gemeinde Unter St. Veit an die BH Sechshaus vom 2.7.1872.
883 GAU 28.10.1874 Pt. 3.
884 Bouzek, Hietzinger Feuerwehren (Anm. 879) S. 56; GAU 10.4.1875 Pt. 8. und 23.4.1875 Pt. 3.
885 GAU 24.3.1876 Pt. 4 und 7.5.1880 Pt. 6.
886 GAU 30.10.1876 Pt. 3 und 13.3.1877 Pt. 8.
887 GAU 9.8.1876 Pt. 14.
888 GAU 7.5.1880 Pt. 6.
889 WStLA Handschriften A 293/1, Vermögensübergabeprotokolle 1891: die Adresse der Feuerwehrhütte lautete Auhofstraße 15 alt = 37 neu, EZ. 137 Unter St. Veit.
890 Bouzek, Hietzinger Feuerwehren (Anm. 879) S. 58.
891 GAU 10.4.1883 Pt. 1 und 27.2.1885 Pt. 3; die Angaben in der lokalgeschichtlichen Literatur, daß die Tätigkeit erst 1887 aufgenommen wurde, sind demnach unrichtig.

Abb. 48: Franz Mittermüller jun., der Gründer der Unter St. Veiter Freiwilligen Rettungsgesellschaft.

müller sen. und Fabriksbeamter in der Hutfabrik Bossi. Er war im Gründungszeitpunkt erst 23 Jahre alt und von erstaunlicher Tatkraft und Idealismus erfüllt. Im Gegensatz zu Ober St. Veit, dessen „Schutz- und Rettungsverein" sich als Eintagsfliege erwies (s. oben X.1.b), entwickelte sich durch das Engagement Mittermüllers die Unter St. Veiter Schutzmannschaft in sehr bedeutender Weise. Am 2. Dezember 1887 erfolgte ihre vereinsrechtliche Neugründung unter dem Namen **Unter St. Veiter freiwillige Rettungsgesellschaft**[892]. Stationiert war diese ursprünglich in einem Lokal Ecke Auhofstraße 72 / St.-Veit-Gasse. Erster Chefarzt war der Unter St. Veiter Gemeindearzt Dr. Karl Jansch. Finanziert wurde die Gesellschaft durch Mitgliedsbeiträge und Spenden. Die Betreuung von Kranken und Verletzten erfolgte ehrenamtlich durch eine Mannschaft freiwilliger Rettungsmänner, die ärztlich geprüft waren. Der Transport wurde anfangs per Handwagen vorgenommen. Wurde durch einen Boten im Gemeindeamt ein Unfall gemeldet (ein Telefon gab es zu dieser Zeit ja noch nicht), so begaben sich zwei oder drei Rettungsmänner mit einer Räderbahre zum Verunglückten, versorgten ihn provisorisch und transportierten ihn entweder in seine Wohnung oder in das Penzinger St. Rochus-Spital. Ab Juni 1890 hatte man als große Erleichterung bereits einen pferdebespannten Ambulanzwagen zur Verfügung, der bei einem Fuhrwerksunternehmer in der Nähe untergebracht war. Ab Februar 1891 gab es eine Telefonanlage sowie Alarmglocken zu den einzelnen Mitgliedern. Im Jahre 1891 verzeichnete man bereits den 200. Einsatz.

Nach der Vereinigung der Vororte mit Wien (1891) übernahm die Unter St. Veiter Rettungsgesellschaft den Rettungsdienst für alle Orte des 13. Bezirkes, weil diese keine vergleichbaren Dienste hatten. Der unermüdliche Gründer Franz Mittermüller beendete seine Tätigkeit erst im Jahre 1922[893]. Unmittelbar danach erfolgte, ohne Unterbrechung des Dienstbetriebes, die Neugründung als „Hietzinger Rettungsgesellschaft". Diese wurde schließlich – nach einer vorübergehenden Tätigkeitsunterbrechung in der NS-Zeit – am 1. Februar 1953 auf eigenen Beschluß hin in den Rettungsdienst des Wiener Roten Kreuzes eingegliedert[894].

---

892 Die Geschichte der Unter St. Veiter Rettungsgesellschaft folgt Walter Krumhaar, 75 Jahre hilfsbereit. In: Das Rote Kreuz. Offizielles Organ der Österreichischen Gesellschaft vom Roten Kreuz Heft 4/1962, 9–11.
893 Lebensdaten Franz Mittermüller jun.: *9.3.1860 in Wien, verheiratet seit 6.11.1890, † 20.3.1933 in Unter St. Veit, St.-Veit-Gasse 76 (Sterbebuch der Pfarre Ober St. Veit XI-L, fol. 513); sein Grab auf dem Ober St. Veiter Friedhof besteht noch, das Bezirksmuseum Hietzing verwahrt eine Bronzebüste von ihm.
894 Ebd. und Mitteilung von (†) Dir. Emil Mlejnek; vgl. auch Helga Gibs, Hietzing zwischen gestern und morgen (1996) 36, die aber die verschiedenen Daten unpräzis wiedergibt; der heute noch bestehende Rettungsstützpunkt in Baumgarten, Ecke Zehetnergasse – Baumgartenstraße, ist die ehemalige Rettungsstation der ‚Hietzinger' Rettungsgesellschaft seit dem Jahr 1937, denn bis 1938 bildeten die heutigen Bezirke XIII und

Abb. 49–51: Die Unter St. Veiter freiwillige Rettungsgesellschaft. Oben: Das älteste Foto der Rettungsgesellschaft vor der Station Ecke Auhofstraße / St.-Veit-Gasse. Die Handwägen waren bereits durch Pferdefuhrwerke ersetzt worden. Links unten: Die ersten, im Bürgermeisteramt eingestellten Räderbahren. Rechts unten: Erste-Hilfe-Ausbildung unter der Aufsicht des Unter St. Veiter Gemeindearztes Dr. Karl Jansch.

3. Friedhofswesen

So wenig sich die beiden Ortschaften Ober- und Unter St. Veit zeitweise miteinander vertragen haben mochten, beim Sterben waren sie miteinander untrennbar verbunden. Ursprünglich war das deshalb keine Frage, weil der (ältere) St. Veiter Friedhof im kirchlichen Eigentum stand und für das ganze Pfarrgebiet von St. Veit diente, also für Ober St. Veit, Unter St. Veit und Hacking. Erst als die Gemeinde Ober St. Veit, schon nach der Trennung von Unter St. Veit, im Jahre 1876 einen eigenen (neuen) Kommunalfriedhof errichtete, wurde Unter St. Veit plötzlich zum „Mitbenützer" degradiert. Die Mitbenützung als solche stand nie in Frage, nur die Höhe der zu zahlenden Gebühren geriet bisweilen zum Zankapfel.

XIV einen gemeinsamen Bezirk.

a) Der alte Friedhof an der Rohrbacherstraße

Der ursprüngliche Friedhof war seit dem Mittelalter neben der Pfarrkirche gelegen. Nach der Vollendung des barocken Kirchenneubaues (1745) und im Zuge der damals bereits Platz greifenden allgemeinen Bestrebungen, Bestattungen nur außerhalb des verbauten Gebietes durchzuführen, ging die Grundherrschaft auf die Suche nach einem neuen geeigneten Platz. Am 10. Oktober 1751 weihte Erzbischof Trautson einen neuen Friedhof im Veitinger Feld ein, dessen Areal ungefähr dem heutigen Streckerpark zwischen Auhofstraße und Rohrbacherstraße entspricht. Am westlichsten Punkt der Friedhofsmauer an der Auhofstraße erbaute man ein Totengräberhaus. Eigentümer des Friedhofes war das Erzbistum Wien, die Friedhofsverwaltung lag in den Händen des St. Veiter Pfarrers. Dieser Friedhof war in der 2. Hälfte des 19. Jahrhunderts bereits zu klein geworden und mittlerweile ebenfalls bereits im verbauten Gebiet gelegen[895]. Trotz der Eröffnung des neuen Kommunalfriedhofes am Gemeindeberg im Jahre 1876 wurde der alte Friedhof an der Rohrbacherstraße längst nicht aufgelassen, sondern nur seine Neubelegung eingestellt. Durch eine kuriose juristische Panne wuchs der Gemeinde im Jahre 1880 auch noch das Eigentum am alten Friedhof zu und das ging so: Als das Bezirksgericht Hietzing die neuen Grundbücher anlegte, fand man in den alten Dienstbüchern keinen Eigentümer des Friedhofes verzeichnet. Das kam daher, weil es sich um Eigentum des ehemaligen Grundherren (Erzbistum Wien) handelte und grundherrliches Eigentum vor 1849 nicht in die öffentlichen Bücher eingetragen wurde. Der damit befaßte Hietzinger Gerichtsadjunkt Clemens Höberth vermutete daraufhin, wohl wegen der zuletzt üblichen Bestellung des Totengräbers durch die Gemeinde, daß der Friedhof auch ihr gehören müsse und trug sie als Eigentümerin ein. Per Edikt ließ er allfällige andere Eigentümer auffordern, sich zu melden, falls das nicht stimmen sollte. Weder der Ober St. Veiter Pfarrer noch das erzbischöfliche Rentamt bekamen das mit, die Ediktsfrist verstrich und die Gemeinde wurde rechtskräftig Eigentümerin. Als den kirchlichen Stellen das Versäumnis auffiel, war es unwiderruflich zu spät[896]. So hatte die Gemeinde Ober St. Veit bis zum Ende ihres Bestandes in Wahrheit zwei Friedhöfe zu verwalten. Der alte Friedhof konnte noch bis 1879 belegt werden. Die offizielle Auflassung erfolgte per 31.12.1889, die Abräumung der Gräber zog sich wegen des Widerstandes der Betroffenen aber noch bis Ende 1903 hin. Zahlreiche Grabsteine wurden bei der Wienflußregulierung als Baumaterial wiederverwendet. Man findet sie heute noch etwa auf der Höhe der Hackinger Rußpeckgasse stadteinwärts zu in den Boden eingelegt. Die Demolierung der Friedhofsmauer und die Umwandlung des ehemaligen Friedhofes in die heutige Parkanlage erfolgte schließlich im Jahr 1908[897].

Mit dem alten Friedhof verschwanden auch zahlreiche künstlerisch und historisch *interessante Gräber*, vor allem die Gruftreihe entlang der Rohrbacherstraße, unwieder-

---

895 Dazu im einzelnen: 700 Jahre Pfarre Ober St. Veit (Wien 1987), 16; Elisabeth Zych, Friedhöfe und Grabmäler in Ober St. Veit als historische Quellen (Dipl.Arbeit Wien 1990) 2-10.

896 Eintragung vom 22.7.1878 in der Pfarrchronik Ober St. Veit, Band 1875–1957, fol. 22.

897 Hietzinger Zeitung Nr. 4/1903, S. 29; Franz Knispel, Zur Geschichte der Friedhöfe Wiens Bd. I (Wien 1992) 195.

Abb. 52: Totengräberhaus und Leichenkarren vor dem alten St. Veiter Friedhof an der Auhofstraße.

bringlich. Erstaunlich viele Wiener Prominente hatten sich hier begraben lassen, etwa die Hofopernsänger Maria Link und Gaëtano Faldi-Massini, der prominente Jurist Moriz von Stubenrauch oder die Witwe des berühmten Naturforschers Pascal von Ferro[898]. Von drei Gräbern wissen wir konkret, daß sie auf den neuen Friedhof am Gemeindeberg übertragen wurden:

- die Gruft von Anna Milde, der 1840 verstorbenen Mutter des Fürsterzbischofs Vinzenz Eduard Milde, ein reichgeschmücktes plastisches Kunstwerk der Biedermeierzeit, das mangels eines Eigentümers im Jahr 1983 leider achtlos abgetragen wurde[899];
- das Grab des französischen Erzbischofs (von Valence) Gabriel Melchior Comte de Messey: er war ein Flüchtling vor den Verfolgungen nach der französischen Revolution, der im erzbischöflichen Schloß Ober St. Veit 1806 im Exil starb[900]. Er wurde unter Setzung eines neuen Grabsteines, auf dem allerdings sein Name nicht draufsteht, umgebettet. Dieses Grab wurde auf die Privatinitiative von Dr. Herbert Klötzl hin im Jahre 1996 gerettet und mit einer erklärenden Zusatztafel versehen[901];

---

898   Vollständige Liste der bedeutenden Gräber in: Gräberbuch über die Friedhöfe Wiens und der Vororte", WStLA Handschriften A 111/1, S. 158-163.
899   Mündl. Mitteilung von (†) Dir. Emil Mlejnek; der lateinische Text ihres ehemaligen Grabes lautete: Piae bonae matri Annae Milde natae Augustin filius gratus Vincentius eduardus princeps archiepiscopus. Nata brunae xxviii maii mdcclv denata viennae xxiv decembris mdcccxl (Pfarrchronik Ober St. Veit, Band 1784–1875, pag. 534); heutiges Grab Shefqet M. Fanni in der Randgruppe (RG).
900   Seine Lebensgeschichte findet sich bei Joseph Nadal, Histoire Hagiologique du Diocèse de Valence (o.O., o. J. ca. 1930), 440–451, wo es allerdings ganz falsch heißt, Erzbischof Messey sei in den Katakomben des Wiener Stephansdomes begraben; weitere Einzelheiten bei Zych, Friedhöfe (Anm. 895) S. 11 ff.
901   Bezirkszeitung – Stadtjournal Hietzing Nr. 7/1996, S. 5; Lage: Gruppe H 273.

Abb. 53: Das heute noch bestehende Ehrengrab Leopold Sommerers auf dem Ober St. Veiter Friedhof, fotografiert im Februar 2007.

• das nach wie vor bestehende Grab des langjährigen verdienten Oberlehrers von Ober St. Veit, Leopold Sommerer, das über Ansuchen seiner mittellosen Witwe auf Gemeindekosten verlegt und ehrenhalber auf Friedhofsdauer gewidmet wurde; die Überführung seiner Überreste erfolgte 1890 im feierlichen Zug mit Pfarrer und Bürgermeister an der Spitze[902].

b) Der neue Friedhof auf dem Gemeindeberg

1873 begann die Gemeinde Ober St. Veit mit der Suche nach einem geeigneten Platz für die Anlegung eines neuen Kommunalfriedhofes[903]. Zunächst wurde eine Grundfläche in der Sommerhagenau als ideal geeignet befunden, aber der Grundeigentümer weigerte sich, zu verkaufen. Die gemeindeeigenen Herndlgründe (Wiesengründe zwischen der h. Joseph-Lister-Gasse und der alten Tiergartenmauer beim Hörndlwald) wurden sanitätsbehördlich nicht als Friedhofsplatz genehmigt, weil ihre Grundwasserströme die Brunnen des Ortes Lainz speisten[904]. Schließlich fiel die Wahl auf die Gründe am Gemeindeberg, hinter der Einsiedelei, h. Gemeindeberggasse 72, welche von dem Ober St. Veiter Fuhrwerker und Grundbesitzer Johann Caspar Kümmerle angekauft werden konnten; gleichzeitig wurde die Neuanlegung einer Straße dorthin beschlossen[905]. Die Sanitätsbehörde erteilte nunmehr die Bewilligung zur Friedhofsanlegung und im Frühjahr 1876 wurden die Bauarbeiten für das **Totengräberhaus** und die gemauerte Umfriedung ausgeschrieben. Dabei passierte es, daß ein auswärtiger Niemand namens Ernst Lachner völlig unerwartet Bestbieter wurde und den Ober St. Veiter Baumeister Josef Gaubmann, dem der Auftrag offensichtlich zugedacht war, mit seinem Offert überrundete. Darüber herrschte höchste Aufregung, denn in ständiger Praxis verteilten die Ober St. Veiter Gewerbetreibenden die Gemeindeaufträge stets unter sich, auch wenn für die Gemeindeaufsichtsbehörde pro forma eine öffentliche Offerteinziehung nachgewiesen werden mußte. Anstatt den Auftrag an den Maurermeister Lachner zu vergeben, setzte der Gemeindeausschuß ein Prüfkomitee ein, welches durch Herumdeuteln an dem Offert und durch Nachverhandlungen dann doch den Weg für die Beauftragung Gaubmanns ebnete. Die Professionistenarbeiten an Schlosser und Spengler wurden geson-

---

902   GAO 29.8.1889 Pt. 4; Allgemeine Wiener Communal-Bezirks-Zeitung Nr. 14 (15.10.1890) S. 4; Lage des Grabes: Gruppe E 3-2.
903   GAO 31.12.1873 Pt. 4.
904   GAO 27.8.1874 Pt. 3, 15.10.1874 Pt. 1 und 11.11.1874 Pt. 1.
905   GAO 24.4.1875 Pt. 6

dert vergeben[906]. Im Juli 1876 kam es bekanntlich zum Sturz Hentschels und zur Wahl Alexander Streckers zum neuen Bürgermeister (s. oben VIII.2.a). Bürgermeister Strecker vertiefte sich sofort in die Friedhofsangelegenheit und kam zu dem Schluß, *daß sowohl bezüglich der Vorarbeiten als der Offertverhandlungen sehr mangelhaft gebart wurde*[907]. Unverzüglich setzte er Einsparungen bei den noch nicht ausgeführten Arbeiten durch, vor allem wurde der Bau einer Umfriedungsmauer auf die Straßenfront und die Stützung der Bergseite beschränkt, für die restliche Umfriedung hatten Holzplanken zu genügen. Das geplante schmiedeeiserne Friedhofskreuz wurde zu einem schlichten Holzkreuz. Beim Hauptportal ließ er sich gerade noch zwei betende Gußengel abhandeln, aber sie mußten preiswerte Konfektionserzeugnisse sein[908]. Trotz aller nachträglichen Sparbemühungen betrugen die Gesamtkosten der Friedhofsanlegung samt Errichtung eines Totengräberhauses rund 40.000 fl. und stürzten die Gemeinde in eine schwere Finanzkrise (s. oben VIII.2.c). Am Allerseelentag 1876 fand schließlich die Einweihung des Friedhofes durch den Hütteldorfer Dechant Emanuel Paletz statt. Die Pfarrchronik berichtet darüber: *In feierlicher Prozession wurde unter zahlreicher Teilnahme der Pfarrgemeinde bei heiterem Wetter von der Kirche ausgezogen, daselbst angekommen hielt der H. Dechant eine erhebende Ansprache, danach [weihte er das Friedhofskreuz und den ganzen Friedhof].... In feierlicher Prozession wurde zur Kirche zurückgezogen*[909].

Bei der Eröffnung umfaßte das **Friedhofsareal** nur den Kernbereich des heutigen „alten Teiles", nämlich die vier ungefähr quadratischen Gräberfelder rund um das genau in der Mitte stehende Hauptkreuz im Ausmaß von 4.200 Quadratklafter (15.120 m²). Alle anderen Gräbergruppen kamen sukzessive dazu, wobei die genauen Jahre der Anlegung nicht mehr für alle Gräbergruppen rekonstruierbar sind. Jedenfalls wurden in den Jahren ab 1883 die heute noch bestaunten Mausoleen in der obersten Reihe angelegt. 1890 wurde eine Gesamtregulierung der Gräbergruppen vorgenommen, 1895 folgte der Bau der Terrasse mit Stützmauer in der obersten Reihe bei den Mausoleen. 1903 folgte die dreiecksförmige Erweiterung in Richtung Einsiedelei (h. St. Josefsheim)[910]. Bis zur Eingemeindung gab es keine Leichenhalle, die Toten wurden in ihren Sterbehäusern oder in der Pfarrkirche aufgebahrt und von dort in feierlichem Zug zum Friedhof gebracht. Über diese teils kilometerlangen Märsche mokierten sich einige auswärtige Zeitgenossen, die über die Schwierigkeiten der Friedhofsanlegung nicht näher Bescheid wußten. Der heute sogenannte „Neue Teil" wurde erst in den Jahren ab 1947 wie folgt belegt: Gruppe J bis 1953, Gruppe K 1957, Gruppe S 1964, Gruppe T 1966. 1969 waren die Erweiterungsflächen voll aufgeschlossen und der Friedhof somit komplett belegt[911]. Im Jahre 1907 errichtete die Stadt Wien eine **Leichenhalle** und eine **Einsegnungskapelle**, das Totengräberhaus wurde renoviert und adaptiert. 1913 stiftete die Unter St. Veiterin Magdalena Stelzer ein – leider

---

906 GAO 5.2.1876 Pt. 3, 4.3.1876 Pt. 2.
907 GAO 3.8.1876 Pt. 1.
908 GAO 21.9.1876 Pt. 1, 30.9.1876 Pt. 2.
909 Band 1875–1957 fol. 16.
910 WStLA H.A. Kleine Bestände Fasz. 35/4, Mappe 8/3 „Ober St. Veiter Friedhof".
911 Freundliche Mitteilung der MA 43, OBR Dipl.Ing. Johannides vom 21.2.1989.

Abb. 54: Die Mausoleen in der obersten Reihe des Ober St. Veiter Friedhofs, fotografiert im März 2006.

nicht mehr erhaltenes – Altarbild für diese Kapelle. Zwischen 1964 und 1966 wurde im Auftrag des Wiener Magistrates (MA 43) der gesamte alte Gebäudebestand durch den heutigen Neubau ersetzt[912].

So wie der alte Friedhof allen im Pfarrgebiet von Ober St. Veit gelegenen Orten, also auch Unter St. Veit und Hacking gedient hatte, war von Anfang an klar, daß der neue Friedhof auch diesen mittlerweile selbständigen Gemeinden zur Mitnutzung offensteht. Unbestritten war auch, daß die Gemeindebürger von Unter St. Veit und Hacking dafür höhere **Grabgebühren** würden zahlen müssen als die Ober St. Veiter, da ihr Gemeindebudget ja zur Errichtung nichts beigetragen hatte. Alexander Strecker tüftelte hiefür noch vor der Eröffnung einen Tarif aus, den er mit einer Rentabilitätsrechnung unter Bedachtnahme auf die jährlichen Regiekosten von rund 1000 fl. unterlegte. Demnach hatten in den ersten Jahren zu zahlen[913]:

- Einheimische   5 fl.
- Hackinger und Unter St. Veiter   7 fl.
- Fremde (soferne sie hier starben)   10 fl.

Längerfristig entwickelte sich die Grabstellenvergabe für die Gemeinde tatsächlich zu einer ansehnlichen Einnahmequelle. Im Budget des Jahres 1880 etwa sind die Friedhofseinnahmen mit 2.933 fl. der zweitgrößte Einnahmenposten nach den Steuereinnahmen[914]; da es so gut lief, erhöhte man ab 1881 die Grufttarife deutlich[915].

---

912 Franz Knispel, Zur Geschichte der Friedhöfe in Wien Bd. I (Wien 1992) 198; Die Baueinlage der MA 37, Baupolizei, EZ. 587 Ober St. Veit enthält über den baulichen Altbestand nur rudimentäre Informationen, leider ist auch kein Foto der ursprünglichen Friedhofsgebäude erhalten.
913 GAO 16.8.1876 Pt. a.
914 Gedruckte Jahresrechnung für 1880, Beilage zu GAO 15.12.1881.
915 GAO 31.12.1881 Pt. 4.

Aus Anlaß der Friedhofseröffnung wurde der gelernte Maurer Franz Moßbacher als *Totengräber* aufgenommen (s. oben VIII.1.d).

Der Ober St. Veiter Friedhof galt schon den Zeitgenossen als herrlich angelegter Parkfriedhof, dessen Schönheit allgemein gewürdigt wurde. Seine Ästhetik wird noch heute dadurch ausgemacht, daß er an einem leichten Abhang, teils in Terrassenform, angelegt ist und oberhalb der unverbaute Gemeindeberggipfel sichtbar ist. Von den meisten Gräbern aus hat man einen schönen Fernblick nach Wien. Etliche reiche Wiener ließen es sich deshalb schon im 19. Jahrhundert sehr viel Geld kosten, hier bestattet zu werden. Ein jammervolles technisches Problem trat aber entgegen allen Fachgutachten im Bewilligungsverfahren schon im ersten Betriebsjahr doch auf: der *Grundwasserspiegel* war zu hoch, die frisch ausgehobenen Gräber füllten sich mit Wasser, Särge und Leichen wurden nach oben geschwemmt. Der Gemeinde blieb nichts anderes übrig, als auch noch um viel Geld eine Kanalisierung zur Ableitung dieser Wässer bauen zu lassen, an der später noch mehrfach herumgebessert werden mußte[916]. Das Wasser des Friedhofsbrunnens blieb dennoch gesundheitsgefährlich und man mußte die Kinder vor dessen Genuß warnen[917].

Die Gräber des St. Veiter Friedhofes sind heute ein einmaliger *Spiegel der Sozialwelt* des alten Ober- und Unter St. Veit. Wer einen Rundgang durch den Friedhof macht, wird unzählige der in diesem Buche vorkommenden Namen auf diversen Grabsteinen wiederfinden. Freilich konnte sich nur ein Teil der Bewohner seinerzeit eigene Gräber mit mehr oder minder kunstvollen Grabsteinen leisten: Einerseits das wohlhabende Dorfpatriziat, die Glasauer, die Wimpissinger, die Premreiner und wie sie alle heißen. Andererseits die großbürgerlichen oder kleinadeligen Zuwanderer des 19. Jahrhunderts, die in ihren hiesigen Villen starben und schon zu Lebzeiten Grabdenkmäler mit maximalem Repräsentationsanspruch hatten vorbereiten lassen. Die ärmeren Schichten hingegen, all die Landarbeiter, Fabriksarbeiter, Dienstboten, Hausmeister, Kleinsthandwerker und so fort, konnten sich keine eigenen Grabsteine setzen lassen – ihre Namen sucht man daher auf dem Friedhof heute vergeblich. Man sollte aber auch ihrer gedenken.

4. Öffentliches Sicherheitswesen

Das alte St. Veit war keine romantische Welt, auch wenn die vorhandene heimatkundliche Literatur dies manchmal gerne glauben machen möchte. Nirgends zeigt sich das so deutlich wie im Bereich der Kriminalität, unter der besonders Unter St. Veit zu leiden hatte. Es ging hier weniger um Wirtshausraufereien und Trunkenheitsexzesse, wie sie immer schon vorgekommen waren, sondern hauptsächlich um die in den 1860er Jahren zunehmenden nächtlichen Einbruchsdiebstähle, aber auch um nächtliche Überfälle auf späte Heimkehrer.

Die *Ursachen für die Kriminalität* waren mehrschichtig: Unter den Arbeitern und Taglöhnern der Unter St. Veiter Fabriken Flesch, Menzel und Bossi, die meistens von Auswärts stammten, gab es immer wieder einmal dubiose Elemente, die nicht gleich als sol-

---

916   Insbes. GAO 3.4.1877.
917   Hietzinger Bezirksbote Nr. 4 (1.7.1878) S. 5.

che erkannt wurden. Im untersten Teil der h. Amalienstraße, dort wo sie seitlich an die Bossifabrik anstieß (also etwa das Gelände des heutigen Merkurmarktes und die Häuser gegenüber) gab es eine Elendssiedlung, das sogenannte *Zigeunerdörfel*. Es gehörte politisch zu Ober St. Veit, wurde wegen seiner Abgelegenheit aber nächtens nicht überwacht und war ein Unterschlupf für vazierendes Gesindel aller Art. Von dort ging die relativ größte kriminelle Bedrohung aus. Letztlich war aber Unter St. Veit selbst mehrheitlich ein Wohnort der Unterschichten und unter ihnen gab es auch etliche vorbestrafte, kriminelle Existenzen, die man aber genau kannte, weshalb sie wohl für den Ort selbst weniger eine Gefahr waren als für die fernere Umgebung.

Ein typischer Fall eines solchen *ortseigenen Kleinkriminellen* war Johann Rodelsberger: Taglöhner, Analphabet, ledig, im Jahre 1872 bereits acht Mal wegen Diebstahles vorbestraft, 39 Jahre alt. Immer, wenn er eine seiner meist kurzen Kerkerstrafen abgesessen hatte, wurde er behördlich in seinen Heimatort Unter St. Veit abgeschoben, wo man mit ihm natürlich nichts anzufangen wußte. Einer seiner Schubscheine trägt den Vermerk: *Gesund, ohne Bildung, Benehmen anständig, ohne Reue und mit wenig Besserungsaussicht*[918].

Schwereren Burschen war man sicherheitstechnisch nicht unbedingt gewachsen: *In der Nacht vom 20. auf den 21. März 1861 um 3 Uhr morgens wurde durch den Gemeindediener Karl Lautzky und den Feuerwächter Karl Weidner in Unter St. Veit ein verdächtiges Subjekt arretirt und daselbst ... in das vorläufig bis zur Herstellung des Gemeindearrestes in Miethe genommene Locale eingesperrt. Aus diesem Notharreste ist er unter Aufsprengung der Türe geflüchtet*, musste Bürgermeister von Köhler dem Bezirksamt berichten[919]. Das „verdächtige Subjekt" wurde nie mehr gefunden.

Die bereits 1868 eingeführte (teure) Gasbeleuchtung des gesamten Ortes Unter St. Veit, die es in Ober St. Veit bis zur Eingemeindung nicht gab[920], hatte zweifellos auch den Zweck, die nächtlichen Straßen sicherer zu machen.

Am 12. Juli 1868 ertappte die Ortswache in Ober St. Veit einen aus Ungarn stammenden 21-jährigen Pferdeknecht bei einem Einbruchsversuch in das Sommerhaus des Wiener Arztes Dr. Ludwig von Karajan. Der Einbrecher landete natürlich sofort im Gemeindekotter. Man fand bei ihm Schmuck, den die Beamtensgattin Betti Kalseis als ihr Eigentum erkannte. Als der Delinquent trotzdem hartnäckig leugnete, was nicht mehr zu leugnen war, führte man ihn dem Gemeindearzt Dr. Kopetzky vor, der feststellte, er sei *vollkommen gesund und vertrage 16−20 Stockstreiche*, welche man ihm sodann als Strafe für das hartnäckige Leugnen (!) verpaßte, danach folgte die Überlieferung an die Strafjustiz[921].

Im August 1870 gab es einen größeren nächtlichen Einbruch in die Metallwarenfabrik Menzel in der ehemaligen Feldmühle, bei dem das gesamte Pferdegeschirr von zwei Pferden sowie einige Sitzpolster aus den Kutschen gestohlen wurden[922].

Im November 1871 wurde ein Kutscher auf dem mitternächtlichen Heimweg nach

---

918   AUV 50/1871, 238/1872, 351/1872.
919   Bericht o.D. in ASV 375/1861.
920   s. Anm. 421.
921   Protokolle vom 12.7. und 13.7.1868, WStLA Gem. XIII/4, A 2/2.
922   AUV 472/1870.

Rudolfsheim in der Nähe der Neuen Welt von zwei Gassenstreichern überfallen und mißhandelt, er trug Stirnwunden und ein blutunterlaufenes Auge davon. Im Dezember warnte das Gendarmeriepostenkommando Hietzing, daß in letzter Zeit wiederholt Einbruchsdiebstähle vorgekommen seien und mahnte zu erhöhter Wachsamkeit[923].

Auch *„volltrunkenes Liegen im Freien"* führte immer wieder zu Aufgriffen durch die Wachmänner, das waren aber die eher harmlosen Fälle ortsansäßiger Arbeiter und Kutscher, die dann jeweils *umgehend ihrem Dienstherren zugeführt* wurden[924]. Manchmal waren auch arme Teufel darunter, wie etwa jener 17jährige Ausreißer aus Schlesien, der auf einem Auge blind, auf dem anderen sehbehindert war und zu Fuß bis in die Kaiserstadt gelangen wollte. Unterwegs hatte ihn noch ein Hund gebissen und mit einer schlecht verheilten Wunde landete er völlig erschöpft und heruntergekommen in Unter St. Veit – wo man ihn aufpäppelte und wieder heimschickte[925]. Es kam natürlich auch umgekehrt vor, daß in Unter St. Veit heimatzuständige Personen auswärts aufgegriffen und per Schub zurückexpediert wurden: so etwa der 19jährige *Johann Lautzky*, Sohn des Unter St. Veiter Wachmannes und Schuldieners Karl Lautzky, ausgelernter Schuster, der sich im Sommer 1874 unter dem Falschnamen „Johann Nowak" ein bißchen in der Welt umschauen wollte. Er kam nur bis Melk, dort wanderte er wegen Landstreicherei acht Tage in den Arrest und kam mit einem Schubtransport der Gendarmerie wieder in seinen Heimatort zurück[926]. Seine Person sei deshalb namentlich erwähnt, weil Johann Lautzky später solid wurde und jahrzehntelang den Mesnerdienst an der Unter St. Veiter Kirche versah.

1874 ertappte die Hietzinger Polizei in der Neuen Welt zwei Schulknaben aus Unter St. Veit, Brüder, zehn und sechs Jahre alt, die sich bei der Schießhalle Lachmaier herumtrieben. Sie hatten gerade einen tapezierten Kinderwagen gestohlen und gestanden im Verhör weitere Diebstähle von Geldbörsen ein. Schließlich stellte sich auch noch heraus, daß sie mit einem Messer einen Blumenstock in der Neuen Welt boshaft beschädigt hatten. Da sie noch strafunmündig waren, wurden diese gemeindeeigenen Früchtchen ihrer Mutter übergeben[927].

Die Unter St. Veiter Wachmänner hatten ständig etwas zu tun. Nicht alle Vagabunden konnten wegen volltrunkenen Liegens im Freien friedlich zusammengeklaubt werden. Manche randalierten mitten in der Nacht ganz fürchterlich[928] oder prellten obendrein die Zeche[929].

Tagsüber galt es auch immer, den – vor allem im Sommer lebhaften – Verkehr auf der Hauptstraße im Auge zu behalten, wo Schnellfahrer mit schwerer Last die Passanten gefährdeten[930] oder der Unter St. Veiter Stellfuhrwerker Wilhelm Fuhrmann trotz seiner

---

923   AUV 693/1871.
924   z.B. AUV 288/1870, 431/1873, 634/1873, 5/1875.
925   AUV 288/1870.
926   AUV 464/1874.
927   AUV 557/1874.
928   z.B. AUV 52/1875.
929   z.B. AUV 71/1875.
930   z.B. AUV 152/1875.

häufig lahmenden Gäule noch riskant überholte[931].

Aus heutiger Sicht interessant ist auch, daß es gelegentlich schon **Umweltdelikte** gab: Der Hietzinger Bäckermeister Pirkner wurde ertappt, wie er den Inhalt seiner Senkgrube in einem Wagen in die Reichgasse fuhr und dort auf Unter St. Veiter Gemeindeterritorium ausschüttete[932], desgleichen der Unter St. Veiter Milchmeierssohn Josef Schmölz, den Gendarmen schon beim Versuch stoppen konnten, mit dem Senkgrubeninhalt seines Elternhauses illegal auf die Felder zu fahren[933].

Im Spätwinter 1885 häuften sich die **Einbrüche** in leerstehende Ober St. Veiter Villen, aber auch in Penzing und in Hietzing derart, daß die Wiener Polizeidirektion Fahndungsmaßnahmen ergriff. Polizeiagenten konnten in Erfahrung bringen, daß sich in einer Altmannsdorfer Branntweinschenke *mehrere offenbar gerichtsbekannte Individuen aufhalten, welche über die Verübung von derlei Diebstählen wiederholt das Gespräch führten,* sowie daß dort *der Taglöhner Johann Müller mehrere abgestrafte Individuen unangemeldet beherberge, unter denen sich die Täter der fraglichen Einbruchsdiebstähle befinden dürften*[934]. Der Bezirkshauptmann reagierte sofort und organisierte eine Kommandoaktion von Polizei und Gendarmerie, die die Bande aushob[935].

Es würde hier viel zu weit führen, alle sonst noch in den Akten aufgezeichneten Vorfälle aufzulisten. Bei den kleinen Ordnungsstörungen gab es nachher ein Strafverfahren vor dem Bürgermeister, größere Delikte wurden dem Bezirksgericht angezeigt. Irgendeine örtliche Kriminalstatistik aus jener Zeit ist jedoch nicht erhalten, auch die Strafakten des Bezirksgerichtes Hietzing wurden zur Gänze skartiert, sodaß ein geschlossener Überblick über die vorgekommenen Delikte nicht möglich ist[936].

5. Militärstellung

Für das Militär- und Rekrutenwesen der k.u.k. Armee hatten die Gemeinden eine wichtige Hilfsfunktion: Sie mußten daran mitwirken, die wehrfähigen jungen Männer auszumitteln und die als Rekruten ausersehenen Männer der Militärstellung zuführen. Auch wurden alle amtlichen Schriftstücke des Militärs, vor allem die Einberufungsbefehle, in der Regel an die Gemeindekanzlei gesandt und waren sodann vom Gemeindediener an den Empfänger gegen Übernahmsbestätigung auszuhändigen. Die westlichen Vorortegemeinden Wiens gehörten stets in den Rekrutierungsbezirk des 1715 gegründeten niederösterreichischen Infanterieregiments Nr. 49, das ab 1844 „Freiherr von Heß" hieß. Der für die Rekrutierung zuständige Stab befand sich in St. Pölten, wo es heute noch eine „Hes-

---

931   AUV 49/1875.
932   AUV 574/1872.
933   AUV 588/1872.
934   WStLA Bezirkshauptmannschaft Sechshaus A 1/6, Zl. 98 Pr/1885, Bericht der Polizeidirektion Wien an die BH Sechshaus vom 20.5.1885.
935   Ebenda, Aktenvermerk der BH Sechshaus vom 23.5.1885.
936   Zu den von Bgm. Strecker aufgezeigten und gerügten Mängeln des gemeindlichen Sicherheitswesens s. oben VIII.2.e).

serkaserne" gibt[937]. Die verschiedenen Divisionen waren über mehrere Orte der ganzen Monarchie verstreut und wurden immer wieder je nach Bedarf verlegt. Gegenüber dem Wiener Westbahnhof, zwischen den Fahrbahnen des Mariahilfer Gürtels, erinnert heute noch das Hesserdenkmal an dieses Regiment, in der danebenliegenden Lazaristenkirche befindet sich die Gedenkstätte für seine gefallenen Soldaten.

Der Vorgang der **Rekrutenaushebung** war (im gesamten Zeitraum von ca. 1850 bis zur Eingemeindung nach Wien) folgender: Alljährlich wurde der männliche Teil eines bestimmten Geburtenjahrganges von den Militärbehörden „aufgerufen", in der Regel waren das die im letzten Jahr zwanzig Jahre alt Gewordenen. Daraufhin hatte der Bürgermeister ein genaues Verzeichnis dieser Männer einzusenden, soweit sie in seiner Gemeinde heimatzuständig waren, egal ob sie hier auch wirklich wohnten oder sich auswärts niedergelassen hatten. Gemeinsam einberufen wurden die Männer nach Heimatzuständigkeit und nicht nach tatsächlichem Wohnort[938]. Dies hat übrigens, nur nebenbei bemerkt, den nur eingeheirateten Ober St. Veiter Milchmeier Leopold Döltl bewogen, sich in Ober St. Veit einbürgern zu lassen, kurz bevor seine Söhne zur Stellung mußten, denn er wollte es ihnen ermöglichen, gemeinsam mit ihren Jugendfreunden einzurücken und nicht der ihnen fremden Kompanie seiner Herkunftsgemeinde zugeteilt zu werden[939].

Die jährliche Stellung fand sodann allljährlich in den Monaten März und April vor **Stellungskommissionen** statt, die zu diesem Zweck in die Hauptorte der Stellungsbezirke reisten. Für den Stellungsbezirk Hietzing, zu dem alle Gemeinden des heutigen 13. Wiener Gemeindebezirks gehörten, war das Stellungslokal meistens das Gasthaus „Zum goldenen Lamm" in Hietzing[940], oder später dann das Gasthaus „Zum weißen Engel" am Hietzinger Platz (=h. Brandauer's Schloßbräu), Beginn war jeweils um 9 Uhr[941]. Einige Tage vor der eigentlichen Stellung fand die Losung statt. Dabei mußte jeder Stellungspflichtige entweder selbst oder durch einen beauftragten Vertreter eine Nummer ziehen, die über die Reihenfolge seiner Stellung entschied. Die k.u.k. Armee benötigte damals keineswegs alle Stellungspflichtigen eines Jahrganges auch wirklich und wer beim Nummernziehen Glück hatte, kam nur in die Reserve und mußte faktisch nie einrücken. Einige Tage später fand dann die eigentliche Stellung vor einem Offizier, einem Militärarzt und einem Vertreter der zivilen Behörde statt. Hiezu durfte auch die Gemeinde einen Vertreter entsenden[942]. Für

937 K.k. Militärschematismus für 1855, S. 320; nö. Amtskalender 1890, S. 90.
938 Zum Vorgang der Rekrutenaushebung und -stellung Ferdinand Petrossi, Das Heerwesen des österreichischen Kaiserstaates (Wien 1865) 304 f. und Karl Glüdemann, Das Heerwesen der österreichisch-ungarischen Monarchie (Wien[12] 1911) 32–35.
939 GAO 1.2.1879 Pt. 2.
940 Neugasse 105 = h. Wattmanngasse 7; das „Goldene Lamm" stammte noch aus der biedermeierlichen Glanzzeit Hietzings und hatte geräumige Ballsäle, die für Zwecke einer Militärstellung zweifellos bestens geeignet waren. Zur Erinnerung trägt das Gründerzeithaus, das heute an seiner Stelle steht, ein großes Fassadenmedaillon mit einem Lamm.
941 ersichtlich aus den diversen Stellungsaufforderungen und -kundmachungen in den Gemeindeakten. Die an den späteren Speisinger Bürgermeister Ferdinand Weinrother als jungen Mann ergangene Stellungsaufforderung vom 28.2.1857 befindet sich im Original im Bezirksmuseum Hietzing. Beispiel einer amtlichen Stellungskundmachung (u.a.) für den Bezirk Hietzing: Wiener Zeitung 6.3.1867, Amtsblatt S. 1.
942 wie Anm. 938.

Unter St. Veit wissen wir konkret, wie sich das abspielte[943]: Sowohl zum Termin der Aus-losung als auch zum Termin der Stellung wurden die Rekruten des jeweiligen Jahrganges durch den Gemeindediener hingeführt. Zum Stellungstermin ging obendrein der Bürger-meister oder ein von ihm bestimmter anderer Gemeindevertreter mit. Für das Jahr 1868 ist die Unter St. Veiter Stellungsliste erhalten und weist insgesamt zwölf stellungspflichtige Burschen aus. Für jeden Rekruten wurde aus der Gemeindekasse ein Zehrgeld von 4 fl. und zusätzlich ein Handgeld von 3 fl. entnommen, das der Gemeindevertreter in bar beim Stellungstermin für alle mithatte. Wenn man vergleicht, daß der Monatslohn des Gemein-dedieners 50 fl. betrug, war das ein ganz ordentlicher Betrag. Der Bürgermeister oder sein Vertreter zahlte dieses Geld nach seinem Ermessen unmittelbar vor oder nach der Stellung an die Rekruten aus. Für den Gemeindediener und für den teilnehmenden Gemeindever-treter gab es eine kleine Pauschalentschädigung für die Fahrtkosten nach Hietzing und das Mittagessen[944]. Nach gut vorübergebrachter Anspannung und Aufregung setzten alle Beteiligten das Zehrgeld anschließend gleich in den Hietzinger Wirtshäusern um.

Die Soldaten des Infanterieregimentes Nr. 49, kurz die „Hesser" genannt, sahen viele **Kriegsschauplätze** der Monarchie aus nächster Nähe. Vom Italienfeldzug 1848/49 blie-ben sie verschont, dafür wurden sie im italienischen Krieg von 1859 eingesetzt, wo sie die Schlachten von Montebello (20. Mai 1859) und Solferino (24. Juni 1859) mit zu schlagen hatten und auch Blutzoll bezahlten. Auf dem Schlachtfeld von Königgrätz (1866) wurden sie in völlig ungeeigneter Weise eingesetzt und hatten relativ viele Tote zu verzeichnen. Ihren letzten Einsatz vor dem Ersten Weltkrieg verzeichneten sie bei der Okkupation Bos-niens (1878), wo sie im Hinterland Banden zu bekämpfen hatten – dieser Einsatz soll besonders reich an Mühsalen gewesen sein[945]. Die Sterbematriken des Hesser-Regiments sind noch vollständig erhalten. Daher wissen wir, daß nicht ein einziger aus Ober- oder Unter St. Veit stammender Soldat zwischen 1848 und 1891 im Felde starb[946]. Aus dem ganzen heutigen Bezirk Hietzing forderte einzig der Bosnieneinsatz von 1878 zwei Tote, und zwar starben der Hietzinger Fleischergeselle Rochus Klein und der Lainzer Milchmei-erssohn Karl Gober an Typhus – der eine in Sarajevo, der andere in Kiseljak, beide waren erst 22 Jahre alt[947]. Verglichen mit dem schrecklichen Blutzoll der Hesser im Ersten Welt-krieg, von dem heute noch Gedenktafeln in Lainz, Ober St. Veit und Hacking künden, waren das also geradezu paradiesische Jahrzehnte.

Natürlich konnte man mit der Kriegsberührung der Hesser im Jahr 1859 nachträglich

---

943 GAU 20.8.1869 Pt. 2; für Ober St. Veit ist nichts Näheres bekannt, es wird sich aber kaum wesentlich anders abgespielt haben.
944 AUV 351/1868.
945 Gedenkbuch für die Angehörigen des k.u.k. Infanterieregimentes Freiherr von Heß Nr. 49, hgg. über Auftrag des Regimentes im Verlage des Invaliden-, Witwen- und Waisenfonds (Wien 1918) 19 f.
946 Österreichisches Staatsarchiv, Abt. Kriegsarchiv, Sterb-Register des kk. 49. Baron Heß Linien-Infanterie-regimentes Tom. VI (1850–1859), Tom. VII (1859–1875), Tom VIII (1876–1915), die Zeit von 1850 bis 1892 wurde von mir vollständig durchgesehen.
947 Ebd. Tom. VIII fol. 30 (Gefreiter Rochus Klein aus Hietzing, Fleischer, gest. 29.12.1878 im Feldspital zu Sarajevo an Typhus, beerdigt auf dem kath. Friedhof von Sarajevo); Tom VIII fol. 38 (Gemeiner Karl Gober aus Lainz, Milchmeier, gest. 22.11.1878 im Feldspital zu Kiseljak an Typhus, nicht versehen, beerdigt auf dem Notfriedhof in Kiseljak).

auch Schindluder treiben und damit auch noch in die Annalen eingehen. Da gab es in der Einsiedeleigasse einen Hausmeister namens Sebastian Hartmannsberger, allgemein bekannt als der **Packsteil-Wastl**[948]. Er war ein einbeiniger Teilinvalide. Im Sommer saß er den ganzen Tag vor seinem Haus in der Einsiedeleigasse, wo die Ausflügler und Sommerfrischler vorbeiströmten, die zum Gasthaus „Zur Einsiedelei" unterwegs waren. J. Vinzenz hat uns seine Geschichte überliefert: *Er hatte eine alte Militärkappe auf seinem borstigen Schädel, eine Kriegsmedaille auf dem Rock, rauchte aus einer langen Pfeife und grüßte die vorbeikommenden Leute, jedoch nicht die Ortsinsassen, sondern nur die Fremden*[949]. Ihnen entbot er einen militärischen Gruß, zog dabei die Kappe und hielt sie bedeutungsvoll mit dem Inneren nach oben. *Die Menschen sahen die Kappe, den Stelzfuß, die Medaille und nickten wohlwollend: ‚Ah, ein braver Invalid?' – ‚Ja, ja, im Neunafuzgerjahr hat's mi dawischt', röchelte der Wastl. Und es träufelten die Silberzehnerln...*[950]. Die ahnungslosen Fremden dachten, der bedauernswerte Invalide hätte bei Solferino oder Montebello sein Bein verloren, also öffneten sie ihre Geldbörsen. Die Einheimischen wußten es natürlich besser: der arbeitsscheue und trunksüchtige „Packsteil-Wastl" hatte überhaupt nie bei der Armee gedient. Ein abrollender Baum hatte ihm beim Heumachen auf einer Ober St. Veiter Wiese das Bein zerschlagen, zufällig im Kriegsjahr 1859 – und diesen Zufall nützte er jahrelang für die militärische Mitleidsmasche aus. Daß er die Einheimischen grundsätzlich nicht grüßte, war wohl seine Reaktion auf die Verachtung, mit der sie ihn wegen seines Bettelbetruges allgemein straften.

6. Ober St. Veiter „Affären"

Ober St. Veit mochte weniger gemeine Kriminalität gehabt haben als Unter St. Veit, dafür war es aber umso reicher an „Affären", die den ganzen Ort bewegten, weil sie (vermeintlich) ehrbare Bürger betrafen. Manchmal hatten diese Affären auch eine kriminelle Berührung.

a) Postmeisterin Tannenberger

Nach dem wenig rühmlichen Postmeister Adolph Zeeh, der als Folge seiner Veruntreuung von Gemeindegeldern (oben VIII.2.a) die Postmeisterei verlor und schlußendlich wegen Disziplinlosigkeit auch als Feuerwehrhauptmann abgesetzt wurde („Feuerwehrrevolte" – unten X.6.b) erhielt Ober St. Veit 1876 eine neue Postmeisterin, Ludovica Tannenberger. Sie war eine junge Frau von erst 23 Jahren mit angeblich „einnehmenden Gesichtszügen"[951]. Die Gemeinde vermietete ihr bereitwillig eine Wohnung im Gemein-

---

948 Wohnungsbögen zur Volkszählung 1880, WStLA Gem. XIII/4, A 7/2, CNr. 150: Sebastian Hartmannsberger, geb. 10.12.1818 in Atzgersdorf, Taglöhner, seine Frau Anna, geb. 1821 in Gottersberg bei Regensburg, ist offenbar die bei J. Vinzenz als rohes Weib und Kinderschreck beschriebene „Packsteil-Wastlin".
949 J. Vinzenz, Erlebtes und Erlauschtes (Anm. 2) S. 43 f.
950 Ebd. S. 44.
951 Hietzinger Bezirksbote Nr. 7 (15.8.1878) S. 5.

dehaus Hietzinger Hauptstraße 164[952]. Auch diese Postmeisterin sollte sich schon bald als schwerer Mißgriff erweisen.

Im Frühjahr 1878 veruntreute sie in ihrer Postmeisterei große Beträge an Postgeldern. Um das zu vertuschen, fingierte sie einen Einbruch und erstattete eine falsche Anzeige. Die Gendarmerie kam bei ihren Ermittlungen aber bald hinter die Wahrheit und am 22. Mai 1878 wurde die junge Postmeisterin samt Vater und Bruder verhaftet und ins Wiener Landesgericht eingeliefert. Im August desselben Jahres stand sie wegen Mißbrauch der Amtsgewalt und Veruntreuung vor den Geschworenen. Im Prozeß stellte sich heraus, daß sie von ihrem schwer verschuldeten Vater zu dem Verbrechen gedrängt worden war. Der Staatsanwalt empfahl sie deshalb der Milde des Gerichtshofes. Mit drei Monaten Kerker kam sie tatsächlich sehr glimpflich davon. Vater Josef Tannenberger hingegen mußte drei Jahre hinter Gitter[953].

Die Ober St. Veiter Postmeisterei war nun erneut frei und wurde diesmal an einen gewissen August Wetschl vergeben, der der Gemeinde Ober St. Veit bis zum Ende ihres Bestandes erhalten blieb. Über sein Wirken und über seine Streitereien mit der Gemeinde wird an anderer Stelle berichtet (unten X.8.a).

b) Feuerwehrrevolte

Ende der 1870er Jahre gab es eine von Disziplinlosigkeit und Wirtshausraufertum geprägte, wenig rühmliche Ära der Ober St. Veiter Feuerwehr, mit der erst ein radikaler behördlicher Zwangseingriff Schluß machen konnte. Es waren dies die letzten Amtsjahre des berüchtigten Feuerwehrhauptmannes Adolph Zeeh, der uns als Defraudant der Gemeindekasse schon begegnet ist (oben VIII.2.a). Er war ein abgerüsteter Offizier und ursprünglich als Postmeister nach Ober St. Veit gekommen, wo er unter dem Anschein der Ehrbarkeit die Funktionen des Gemeindekassiers und des Feuerwehrhauptmannes errungen hatte. Nach dem Auffliegen seiner Veruntreuungen entzog ihm die staatliche Postverwaltung 1876 die Postmeisterei. Ihn gleich in einem Aufwaschen auch als Feuerwehrhauptmann abzusetzen, war unmöglich, da er in diese Funktion statutengemäß von der Mannschaft gewählt war und von ihr wieder hätte abgewählt werden müssen – dort saßen aber hauptsächlich von ihm rekrutierte zweifelhafte Freunde, die ihm die Stange hielten. In weiterer Folge dürfte sich Adolph Zeeh stark dem Trunke ergeben haben und war immer wieder in Wirtshausraufereien verwickelt. Er war geboren 1836 in Wien-Roßau, ledig und wohnte im Haus Firmiangasse 3 mit der damals 32-jährigen Marie Ronge, geb. Zeeh (vermutlich seine Schwester) zusammen, die in den Volkszählungsbögen als „Haushälterin" bezeichnet wird.[954]

Am 21.12.1878 berichtete der „Hietzinger Bezirksbote" von folgendem skandalösen Vorfall: *Ein k.k. Gardereiter-Wachtmeister, ein seit Jahren hier bekannter und geachteter*

---

952 GAO 3.12.1876 vor TO.
953 Hietzinger Bezirksbote Nr. 3 (5.6.1878) S. 2 und Nr. 7 (15.8.1878) S. 5.
954 Hausbögen zur Volkszählung 1869, WStLA Gem. XIII/4, A 6/1, CNr. 125.

Mann, der im Begriffe ist, eine Ober St. Veiter Hausbesitzerstochter zu ehelichen, wurde,
als er ein hiesiges Gasthaus verließ, von drei Personen überfallen, seiner Waffe beraubt
und so fürchterlich geprügelt und zugerichtet, daß er bewußtlos am Platze liegen blieb.
Trotz des bedeutenden, ziemlich lange andauernden Lärmens bei dieser Schlägerei ließ
sich weder ein Sicherheitsorgan noch sonst ein anständiger Bürger des Ortes sehen, der
zu Gunsten des Wachtmeisters interveniert hätte – der Anführer der Raufcohorte aber ist,
man höre und staune, der Hauptmann der hiesigen Feuerwehr[955].

Das Maß von Adolph Zeeh war jetzt offenbar voll und irgendwann danach erhielt die
Feuerwehr einen neuen Hauptmann in der Person von Karl Ressel. Dieser fand dort vor
allem die alten „Zeeh-Spezeln" vor, die disziplinlos und ihm gegenüber illoyal waren, und
eine eigene Gruppe gegenüber neu aufgenommenen Männern bildeten, sodaß die Feuerwehr in eine tiefe Spaltung hineingeriet. Die Zustände spitzten sich offenbar gegen Jahresende 1880 zu und, wie so oft, brachte dann der berühmte Tropfen das Faß zum Überlaufen.

Aus Gablitz war die Nachricht vom Ausbruch eines Feuers gekommen. Gablitz lag
wegen seiner Entfernung außerhalb des Rayons, in dem die Ober St. Veiter Feuerwehr
noch assistenzpflichtig war, dennoch beschloß die Mannschaft hinzufahren, wohl aus Ehrgeiz oder ähnlichen Motiven. Bürgermeister Hentschel eilte aus seiner Amtsstube hinun-
ter ins Feuerwehrdepot, wo gerade eingespannt und gerüstet wurde und untersagte in
aller Form die unnötige und riskante Ausfahrt. Die Mannschaft revoltierte und verweigerte den Gehorsam. Feuerwehrhauptmann Ressel blieb zum Bürgermeister loyal und
verbot ebenfalls die Ausfahrt. Doch auch das nützte nichts, die Chargen setzten sich auch
über seinen Befehl hinweg und fuhren ohne Hauptmann in rasendem Galopp mit der
Feuerspritze nach Gablitz los. Sie kamen nicht einmal bis Purkersdorf, dann brach eines
der übermäßig gehetzten Wagenpferde zusammen und verendete. Die Feuerspritze und
diverse Requisiten landeten im Straßengraben und wurden schwer beschädigt. Der Schaden für die Gemeindekasse war enorm.

Auf einer anschließenden Feuerwehrversammlung in einem Wirtshaus, bei der wahrscheinlich der Alkohol in Strömen floß, zeigten die Feuerwehrleute aber nicht etwa Einsicht und Reue, sondern beschimpften lautstark die politische Gemeindevertretung und
den Bürgermeister im speziellen. Und um ein für alle mal klarzustellen, daß sie sich von
ihm in Zukunft nichts mehr befehlen lassen, faßte die Versammlung gegen alles Recht und
Gesetz den Beschluß, Bürgermeister Hentschel als nominelles Oberhaupt der Feuerwehr
abzusetzen. Das war endgültig zuviel. Nun mußte die Gemeindeführung handeln.

Nach vorheriger Rückversicherung bei der Bezirkshauptmannschaft beschloß der
Gemeindeausschuß am 20. Jänner 1881, *bei dem Umstande, als die Excedenten und*
Unruhestifter derzeit die Majorität bilden, die Auflösung und Neu-Consolidierung [der
Feuerwehr] mit würdigen und achtbaren Persönlichkeiten[956]. Die Durchführung der Auflö-
sung und Neugründung übernahm ein Sonderausschuß unter Leitung von Altbürgermeis-
ter Alexander Strecker, der mit gewohnter Gründlichkeit keinen Stein auf dem anderen

---

955 Hietzinger Bezirksbote Nr. 15 (21.12.1878) S. 3.
956 Beschluß samt Vorgeschichte in GAO 20.1.1881 Pt. 2.

Abb. 55: Klassenfoto der 4. Klasse des Schuljahres 1883/84 der Volksschule Ober St. Veit. In der Mitte Lehrer Franz Kroutilik, links neben dem Lehrer Maximilian Ronge, geboren am 9. November 1874 in Wien-Mariahilf, 1917–18 letzter Geheimdienstchef der Monarchie. Zu dieser Zeit wohnte die Familie Ronge in Ober St. Veit CNr. 24 = Vitusgasse 3.

ließ: die gesamte Mannschaft wurde degradiert und abgerüstet, das Feuerwehrvermögen provisorisch sichergestellt. Danach wurden 26 neue, vertrauenswürdige Feuerwehrleute geworben. Von der Altmannschaft wurden nach mannweiser Überprüfung weitere 11 Leute in die neue Truppe übernommen, die also nun 37 Mitglieder zählte. Bereits am 19. März 1881 konnte Strecker die neue Mannschaft vollzählig in der Gemeindekanzlei versammeln und unter seiner kommissarischen Aufsicht wählte sie den Spenglermeister Alexander Mikloska zum neuen Hauptmann. Die alte Streitfrage der Befugnis zu auswärtigen Ausfahrten löste Alexander Strecker durch einen salomonischen Kompromiß, mit dem sich alle einverstanden erklärten: bis eine Meile im Umkreis durfte der Feuerwehrhauptmann selbst über die Ausfahrt entscheiden, darüber hinaus war die Erlaubnis dazu dem Bürgermeister oder seinem Stellvertreter vorbehalten[957].

Die Feuerwehrfestschrift von 1921 (Anm. 877) erwähnt diese ganze Geschichte mit keinem Wort – ob man alles schon vergessen hatte oder es lieber verschweigen wollte, können wir hier nicht entscheiden.

c) Sicherheitskommissär Birner

Mitte der 1880er Jahre gab es in der Gemeinde Ober St. Veit ein Thema, das die Gerüchteküche zum Brodeln brachte und gleichzeitig den Ruf von Bürgermeister Hentschel ankratzte: der skandalöse Lebenswandel des öffentlichen Sicherheitskommissärs und

---

957   GAO 31.3.1881 Pt. 2.

Gastwirtes Karl Birner[958]. Sein Gasthaus, die „Eselgrube", befand sich in dem (heute durch einen Neubau ersetzten) Haus Glasauergasse 16. Er war aufs engste mit Bürgermeister Karl Hentschel befreundet und wurde bei den Gemeindewahlen 1882 erstmals in den Gemeindeausschuß gewählt. Im Gemeindeausschuß saß damals auch über mehrere Wahlperioden hinweg Pfarrer Wilhelm Pokorny, der stets Gemeindeämter im Bereich des Armenwesens und der Schulaufsicht innehatte. Dank der Unterstützung durch den Bürgermeister wurde Birner vom Gemeindeausschuß in das doch recht bedeutungsvolle Amt des öffentlichen Sicherheitskommissärs gewählt. Als solchem oblag ihm die Handhabung der örtlichen Sicherheitspolizei und waren ihm die Gemeindewachmänner unterstellt. Bei Verdacht auf Vorliegen einer Straftat oder in flagranti konnte er jedermann verhaften lassen. Besonders verdächtige Subjekte wie Bettler und Vagabunden wanderten damals viel leichter und häufiger in den Arrest als heutzutage.

Bei einem so mächtigen Mann, der dieses Amt mit vordergründiger Honorigkeit ausübte, interessierten sich die Leute jedoch bald dafür, ob er in eigenen Angelegenheiten auch streng rechtliche Maßstäbe anlegte, was, wie bald von Mund zu Mund ging, nicht unbedingt der Fall war. Als Karl Birner bei den Gemeindewahlen 1885 neuerlich kandidierte, kam es zu einer nächtlichen Plakatieraktion, in der Birner an allen Hausecken vorgeworfen wurde, in seinem Gasthaus Fleisch von verendeten Schweinen verkocht zu haben. Birner reagierte darauf mit völligem Stillhalten und schaffte noch einmal die Wahl in den Gemeindeausschuß und die neuerliche Bestellung durch denselben zum Sicherheitskommissär.

Nun kamen aber mehr und mehr Geschichten in Umlauf, die Birners Lebenswandel als skandalös und ihn selbst in seinem Amte als untragbar erscheinen ließen. Dem Sicherheitskommissär wurde mehrfach Hehlerei vorgeworfen, einmal habe er einem einschlägig vorbestraften Hausdiener diverses wertvolles Geschirr, das dieser seiner Herrschaft gestohlen hatte, abgekauft, ein andermal drei Liter Petroleum, das ein Klosterknecht entwendet hatte, in Sicherheit gebracht, wieder ein anderes Mal einen Posten Seife aufgekauft, den ein jugendlicher Taugenichts zu Hause seinen Eltern weggenommen hatte. Auch sollte er angeblich gewilderte Hasen erstanden haben. Daneben galt es als bekannt, daß Birner Frauengeschichten aller Art hatte, wobei er sich besonders darauf verstand, mit Hilfe gleichgesinnter Freunde die Väter unverheirateter Mädchen nachts unter falschen Vorwänden aus dem Haus wegzulocken. Der Volkszorn dürfte schon gekocht haben. Besonders peinlich war, daß der selbst an sich in die Geschichten nicht verwickelte Bürgermeister seinen alten „Spezl", wie es allgemein hieß, immer noch stützte, anstatt endlich reinen Tisch zu machen. Schließlich brach sich die Volksmeinung lautstark in der Öffentlichkeit Bahn.

Am Abend des 2. Februar 1887 betrat der schon alkoholisierte Hausmeister Karl Loth das Gasthaus Eselgrube. Der Name Loth taucht in den alten Akten immer wieder auf:

---

958 Die folgende Geschichte stützt sich auf: Wiener Communal-Bezirks-Zeitung Nr. 7 (10.3.1887) S. 3, Nr. 9 (31.3.1887) S. 3, Nr. 12 (30.4.1887) S. 3, Nr. 16 (10.6.1887) S. 3, Nr. 22 (10.8.1887) S. 3; Nö. Gemeinderevue Nr. 99 (5.6.1887) S. 2, Nr. 103 (7.8.1887) S. 3; s. auch Anm. 707.

Abb. 56: Karl Birners Weinschank in einem Zeitungsinserat. Zu dieser Zeit war sie noch in der Rudolfsgasse (= heutige Glasauergasse) 18.

Die Loth's waren jahrelang ein Sozialfall gewesen, eine früh verwitwete Mutter mit drei Buben, die nur mit Unterstützungen aus der Armenkasse überleben konnte. Bruder Heinrich Loth machte wegen Lehrentweichung schon als Vierzehnjähriger erstmals Bekanntschaft mit dem Gemeindekotter. Karl Loth, der keinen Beruf erlernt hatte, konnte in einer Herrschaftsvilla in der Veitlissengasse als Hausmeister unterkommen. Als damals 38-Jähriger dürfte er einer der größten Zechbrüder des Ortes gewesen sein[959].

Besagter Karl Loth fing an diesem Abend mit einigen Gästen Streit an und wurde deshalb von Karl Birner persönlich auf die Straße gesetzt – in seiner Eigenschaft als Sicherheitskommissär und als Gastwirt in einem. Dort begann er wüst zu schimpfen, beschuldigte in voller Lautstärke den Sicherheitskommissär alles dessen, was bis dahin nur hinter mehr oder weniger vorgehaltener Hand kolportiert worden war und brüllte schließlich, er werde Birner erstechen. Der Skandal war perfekt. Am Fenster seines gegenüberliegenden Hauses (Glasauergasse 7) wurde der Bürgermeister persönlich Ohrenzeuge der vor einer inzwischen angewachsenen Zuhörerschaft weitergehenden Beschimpfungen. Als Loth ihn sah, beschimpfte er auch ihn gleich damit, daß er der größte Falott sei und sein Haus angezündet gehöre. Schließlich endete er mit den Worten: *Und ich sag's, weil sich sonst keiner was sagen traut!*

Die beiden Karl, Hentschel und Birner, waren nun in einer Klemme: Sollten sie eine Ehrenbeleidigungsklage einbringen und riskieren, daß der Wahrheitsgehalt der Vorwürfe

---

959   AUV 416/1873; GAO 31.12.1875 Pt. 2. Wohnungsbögen zur Volkszählung 1880, WStLA Gem. XIII/4, A 7/3, CNr. 282: Karl Loth, geb. 26.6.1851 in Ober St. Veit, wohnhaft (h.) Veitlissengasse 6.

dann vom Gericht geprüft wird oder sollten sie schweigen und in Kauf nehmen, daß die Leute dann erst recht glauben würden, daß alles, was man sich so erzählte, ja doch stimmt? So entschlossen sie sich schließlich zu einem halbherzigen Taktieren. Sie klagten zwar wegen Ehrenbeleidigung, verspäteten sich jedoch zum angesetzten Verhandlungstermin „rein zufällig" um zwanzig Minuten. Als der Injurienrichter des Bezirksgerichtes Hietzing die Sache aufrief, meldete sich folglich niemand, womit die Klage als zurückgezogen galt.

Im März 1887 stellte schließlich der Fuhrwerker Josef Zirg im Gemeindeausschuß den Antrag auf Absetzung des öffentlichen Sicherheitskommissärs, weil ein Mann, über den so beharrlich so viele Anschuldigungen im Umlauf seien, in öffentlicher Stellung untragbar wäre. Obwohl sich Bürgermeister Hentschel noch immer für Birner einsetzte und alles zu erklären suchte, war die Mehrzahl der Gemeindeausschüsse anderer Meinung. Birner mußte zur Abstimmung das Sitzungszimmer verlassen und wurde mit großer Mehrheit seines Amtes als Sicherheitskommissär enthoben und durch Martin Puraner ersetzt. Auch wurde Birners Mitgliedschaft zum Gemeindeausschuß bis zur Klärung der gegen ihn erhobenen Vorwürfe suspendiert.

Birner aber gab nicht auf. Wegen der bei der Ausschußsitzung gegen ihn erhobenen Anschuldigungen brachte er eine neuerliche Ehrenbeleidigungsklage ein und zwar gegen das Ausschußmitglied Zirg, dem er seine Absetzung verdankte, gegen den ihm unterstandenen Sicherheitswachmann Johann Zimmermann und gegen das ehemalige Ausschußmitglied Jakob Kitzler, einen der profilierten Hentschel-Gegner. In diesem Verfahren boten die Angeklagten die Abgabe einer – freilich sehr allgemein gehaltenen – Ehrenerklärung an. Birner nahm diese aus einem offenkundigen Bedürfnis heraus sofort an und zog die Klage zurück.

In der Gemeindeausschuß-Sitzung am 3. September 1887 wurde die ganze Affäre schließlich zu einem Abschluß gebracht: Der Ausschuß erachtete Birner durch die abgegebene Ehrenerklärung soweit als rehabilitiert, daß er die Suspendierung von dessen Mitgliedschaft aufhob. Bürgermeister Hentschel schrieb in einer längeren Rede seinem Freund sogar eine „glänzend wiederhergestellte Ehre" zu und bezeichnete die Gerüchte als „umhergetragene Lügen" und „haltlosen Ortstratsch"[960]. Ganz so glänzend dürfte das Ansehen des Gastwirtes Karl Birner aber dennoch nicht mehr gewesen sein. Birner erhielt das Amt des Sicherheitskommissärs nicht mehr zurück. Der Sicherheitswachmann Zimmermann, der sich auf seinen Dienstgängen als Hauptverbreiter der Gerüchte betätigt hatte, erhielt sogar einen strengen Verweis. Zu einer eigentlichen Klärung des Wahrheitsgehaltes der verschiedenen Vorwürfe ist es offensichtlich nie mehr gekommen.

d) Amtsehrenbeleidigung oder nicht?

In den letzten Jahren seiner langen Amtszeit gab es immer wieder die schon berichteten Vorwürfe im Ort über Verfehlungen von Bürgermeister Hentschel. Es mag Übertreibung dabei gewesen sein, frei erfunden war sicher nicht alles. Es schwang sicherlich auch Ärger

---

960   Nö. Gemeinderevue Nr. 105 (4.9.1887) S. 3.

und politische Opposition gegen den allmächtigen und fest im Sattel sitzenden Bürgermeister mit, der mit Hilfe eines festgefügten Netzwerks an Freunden und Unterstützern ein ums andere Mal wiedergewählt wurde.

In den Zusammenhang dieser Auseinandersetzungen gehört auch ein aufsehenerregender Strafprozeß im Jänner 1889 im Bezirksgericht Hietzing, bei dem das Gemeindeausschußmitglied Jakob Kitzler, ein Ober St. Veiter Hausbesitzer, der Amtsehrenbeleidigung des Herrn Bürgermeisters angeklagt war. In der Sitzung am 15. Dezember 1888 war es zu Unmutsäußerungen der Zuhörer gegen Hentschels „Paschawirtschaft" gekommen, es muß sehr turbulent hergegangen sein, die Sitzung löste sich dann schon auf und Gemeindeausschuß Kitzler schloß sich den Kritikern lautstark an und überhäufte Hentschel vor den Ohren des gesamten Gemeindeausschusses mit Vorwürfen[961]. Amtsehrenbeleidigung beging man nach damals geltendem Strafrecht dann, wenn man ein öffentliches Amtsorgan in seiner Amtsfunktion beleidigte, diesfalls hatte der Staatsanwalt die Anklage zu erheben. In allen anderen Fällen handelte es sich um eine private Ehrenbeleidigung, die der Beleidigte selbst, also privat, anklagen konnte oder auch nicht. Im Prozeß vor dem Bezirksgericht Hietzing stellte sich nach den Zeugeneinvernahmen heraus, daß der Angeklagte Kitzler seine Beleidigungen zwar in Anwesenheit der Ausschußmitglieder, aber erst nach dem förmlichen Ende der Sitzung ausgestoßen hatte. Folglich trat die juristische Feinheit ein, daß es keine „Amts"-, sondern nur eine private Ehrenbeleidigung war. Daraufhin ließ der Staatsanwalt die Anklage fallen und Jakob Kitzler wurde freigesprochen – eine peinliche Blamage für Karl Hentschel[962]. Merkwürdigerweise, oder wie übelwollende Zeitgenossen meinten, bezeichnenderweise, erhob Hentschel nun aber keine private Ehrenbeleidigungsklage gegen Kitzler, denn dieser hätte nun den Wahrheitsbeweis für seine Vorwürfe erbringen können – dieses Risiko war dem Herrn Bürgermeister zu groß, denn Butter am Kopf hatte er in irgendeiner Weise ja wohl schon. Bürgermeister Hentschel steckte die Niederlage also ein, aber er merkte sich gut, wer damals gegen ihn war. Und unter seine wirklichen oder vermeintlichen Gegner reihte er auch den altgedienten und angesehenen Gemeindesekretär Michael Friedl ein, der ganz offensichtlich der Schlüsselzeuge für die Frage gewesen war, ob Kitzler vor oder nach dem formellen Ende der Sitzung die beleidigenden Vorwürfe von sich gegeben hätte, und der ganz offensichtlich die dem Bürgermeister nachteilige Wahrheit ausgesagt hatte, daß es nachher war. Anfang 1890 erkrankte der schon alt gewordene Gemeindesekretär schwer und war monatelang nicht oder nur eingeschänkt dienstfähig. Nun zahlte es ihm Hentschel zurück (vielleicht hatte er auch aus anderen Gründen Ressentiments angehäuft) und kürzte ihm trotz über 20jähriger tadelloser Dienstleistung den Gehalt von 900 auf 600 Gulden pro Jahr, dazu strich er ihm den Zuschuß für Licht und Beheizung. Michael Friedl rief nach diesem gegen jede soziale Gerechtigkeit verstoßenden Akt die Aufsichtsbehörde zu Hilfe

---

961   Die nachfolgende Darstellung stützt sich auf: Wiener Bezirkspost Nr. 651 (20.1.1891) S. 3; Nö. Gemeinderevue Nr. 141 (3.3.1889) S. 5.
962   Darauf bezogen erschien neben anderen Presseberichten auch eine Satire „Kitzliche und ernste Sachen aus Ober St. Veit" in: Wiener Communal-Bezirks-Zeitung Nr. 1 (15.1.1890) S. 3.

– mit welchem Erfolg wissen wir leider nicht. Um sich Rückendeckung zu holen, wollte Bürgermeister Hentschel die Maßnahme durch den Gemeindeausschuß absegnen lassen. Angeblich war in der Einladung zur Sitzung der bezügliche Tagesordnungspunkt mit einem Papierstreifen überklebt, um die Hentschel-Gegner nicht vorzeitig zu mobilisieren. Doch es klappte nicht. Ein alter Hentschel-Parteigänger, der Wirt Franz Kastner, der in der Sitzung den Referenten und Antragsteller in der Angelegenheit Friedl hätte spielen sollen, meldete sich krank – der Tagesordnungspunkt platzte und wurde nie mehr wieder behandelt[963]. Infolge der Kränklichkeit von Gemeindesekretär Friedl wurde zusätzlich der junge Karl Sommerer, ein Sohn des ehemaligen Oberlehrers Leopold Sommerer, als Hilfssekretär aufgenommen und verblieb in dieser Funktion bis zur Eingemeindung.

e) Der jähzornige Kaufmann Hofer

Heinrich Hofer war „der" Kaufmann am Platz. Ursprünglich hatte er 1871 in Unter St. Veit eine kleine Krämerei eröffnet[964], der Geschäftserfolg erlaubte es ihm, schon einige Jahre später sein Hauptgeschäft nach Ober St. Veit, Hauptplatz 9 (=h. Hietzinger Hauptstraße 170) zu verlegen, in der Auhofstraße eröffnete er noch eine Filiale[965]. Die Geschäfte waren damals noch anders strukturiert als heute: Es gab für die meisten Waren je ein kleines Spezialgeschäft, also die Milchfrau, die Gemüsehandlung, den Bäcker, den Fleischhauer, die man beim Einkaufengehen der Reihe nach aufsuchen mußte. Alles übrige, was diese nicht hatten, von der Kerze bis zum Salz, gab es dann „beim Kaufmann", bei Heinrich Hofer also. Das Geschäftslokal existiert übrigens in stark umgebauter Form heute noch, auf Kaufmann Hofer folgte für viele Jahre Johann Melan und den älteren Ober St. Veitern ist das Geschäft noch als Kaufhaus Franz Schuldmayer bis in die 1960er Jahre in Erinnerung – zuletzt befand sich darin die Drogerie „Zum Eisbären", seit deren Auszug steht das Lokal leer.

Am 11. November 1878 sandte Kaufmann Hofer seinen jugendlichen Gehilfen und seinen Lehrburschen mit einem Handwagen auf den Hütteldorfer Bahnhof um eine größere Menge Salz zu holen[966]. Es hatte bereits geschneit und der Weg dorthin war miserabel. Auf dem Rückweg blieben die Beiden mit dem überladenen Wägelchen im Schnee stecken. Beim Versuch, vorwärts zu kommen, brach ihnen plötzlich der Wagen. Zufällig kam der Kommandant des Gendarmeriepostens Hietzing vorbei und notierte sich den Vorfall wegen der offensichtlichen Überlastung der beiden Burschen. Auf sein Befragen nannten sie den Namen ihres Dienstherren, den der Gendarm ebenfalls notierte. Als die beiden endlich mit einem zerbrochenen Wagen und nur einem Teil des Salzes nach Hause kamen und auch von dem Einschreiten des Gendarmen erzählten, geriet Heinrich Hofer so in Zorn, daß er beiden eine Tracht Prügel verabreichte und sie dann aus dem Haus sperrte, sodaß sie im Haus des Sicherheitskommissärs Franz Dangl die Nacht verbringen mußten.

963 GAO 13.11.1890 Pt. 5.
964 AUV 500/1871: Unter St. Veit CNr. 9 = h. Hietzinger Hauptstraße 68.
965 Rekonstruiert aus Inseraten im Hietzinger Bezirksboten Jg. 1878.
966 Nach Berichten im Hietzinger Bezirksboten Nr. 13 (20.11.1878) S. 5 und Nr. 15 (21.12.1878) S. 3.

Am nächsten Tage gingen die beiden Burschen zu Fuß bis nach Sechshaus, um sich bei der dortigen Bezirkshauptmannschaft zu beschweren. Von dieser erging eine sofortige Weisung an das Bürgermeisteramt Ober St. Veit, sich der Sache anzunehmen. Bürgermeister war zu dieser Zeit Alexander Strecker und er *entledigte sich in gewohnt correcter Weise dieses Auftrages,* wie der Hietzinger Bezirksbote am 20.11.1878 berichtete, aber *leider hatte dies bei Herrn Hofer wenig Erfolg.* Er schlug seine Burschen in einem neuerlichen Anfall von Zorn und sperrte sie diesmal nicht aus, sondern ein, damit sie sich nicht neuerlich beschweren gehen konnten. Doch die beiden zeigten Kampfgeist: Sie gingen ans Fenster und riefen um Hilfe. Auf den Hilferuf erschien der Gemeindearzt Dr. Franz Kopetzky am Schauplatz und auch die inzwischen herbeigerufene Mutter der beiden Buben. Ihr rief Herr Hofer „Schaun's, daß hinauskommen" zu und blieb unerbittlich. Inzwischen hatte sich die Sache zu einem Spektakel mit zahlreichen Schaulustigen ausgewachsen. Um diese Schaulustigen zu beruhigen und von seinem Standpunkt zu überzeugen, trat Kaufmann Hofer vor die Türe seines Geschäftes und las ihnen den Entwurf eines groben Briefes vor, den er bereits an Bürgermeister Strecker geschrieben hatte. Das genaue Ende der Geschichte ist leider nicht überliefert. Sicher ist, daß es den jähzornigen Kaufmann Hofer rasch reute und er den Brief an Bürgermeister Strecker nicht absandte, sondern vernichtete. Irgendwie gelang es ihm auch (durch einen Rückzieher?) Frieden zu schaffen und seine Reputation wieder herzustellen. Im Folgejahr kandidierte er sogar erfolgreich für den Gemeindeausschuß.

f) Eine kleine Köpenickiade

Am 10. August 1866 erschien in der Gemeindekanzlei ein fescher Oberleutnant in der Uniform des Freiwilligen Tiroler Schützenkorps „Comini". Er sei unterwegs, um für seine in der Schlacht von Königgrätz (3. Juli) verwundeten und ungenügend versorgten Kameraden ein paar milde Gaben zu sammeln, damit sie bessere Betreuung erhielten. Bürgermeister Josef Hauer hatte überhaupt keine Bedenken und stellte den Gemeindediener Schnabel zur Verfügung des angeblichen Oberleutnantes. Gemeinsam zogen die beiden nun von Haus zu Haus zum mildtätigen Spendensammeln, auf Wunsch des Oberleutnants vornehmlich zu den Häusern, in denen wohlhabende Sommerparteien wohnten. Es klappte vorzüglich und mit einem Spendenerlös von insgesamt etwa 50 Gulden verabschiedete sich der angebliche Tiroler Schützenleutnant wieder vom Bürgermeister, der ihn noch mit den besten Wünschen entließ.

Nur zwei Wochen später fiel der Gemeindevorstand aus allen Wolken, als er einen Brief des Wiener Straflandesgerichtes erhielt, in welchem soeben ein Betrüger namens Johann Tauber aus Weidenau in Böhmen eingeliefert worden war: Man ersuchte diensthöflich um Erhebung und Mitteilung, welchen Sommerparteien er welche genauen Beträge betrügerisch entlockt habe, um gegen ihn die Anklage erheben zu können. Bürgermeister Hauer blieb nichts übrig, als die Betrugsopfer aufzuklären und die peinliche Liste der entlockten Beträge zusammenzustellen: Die Gräfin Terlago, die Fürstin Palm, der

Freiherr von Pidol, Doktoren und Exzellenzen, alle standen sie auf der Opferliste – und der Gemeindediener hatte noch den unfreiwilligen Komplizen abgegeben[967].

7. Die gemeindeeigene Kirche von Unter St. Veit

Die Erbauung der Unter St. Veiter Kirche in der St.-Veit-Gasse 48 wurde schon im Rahmen der allgemeinen Ortsgeschichte dargestellt (oben V.5). Unter den Kirchen der Wiener Vororte war sie ein Unikum, was ihren rechtlichen Status betrifft: Grundstück und Gebäude waren, was nach der Entstehungsgeschichte nur folgerichtig ist, Eigentum der Gemeinde[968]. Kirchenrechtlich war sie eine Filialkirche der Pfarrkirche von Ober St. Veit, bei welchem Status es übrigens 83 Jahre lang, bis 1968, bleiben sollte. Am 19. Oktober 1867 bewilligte das erzbischöfliche Ordinariat die Abhaltung regelmäßiger Gottesdienste durch einen **Messeleser**, wobei die Meßzeiten an Sonn- und Feiertagen so festgesetzt werden mußten, daß sie sich nicht mit den Meßzeiten der Pfarrkirche überschnitten. Mit Schreiben des Ordinariates vom 23.3.1869 wurde diese Erlaubnis auch auf die „Karwochen-Funktionen sowie die feierliche Abhaltung der Auferstehung und des Fronleichnamsfestes" erweitert[969]. Diese beiden Erlaubnisse bildeten lange Jahre Grundlage und Rahmen der Meßordnung an der Filialkirche[970]. Obendrein war es faktisch so, daß Taufen und Trauungen in der Unter St. Veiter Kirche abgehalten wurden, wenn Eltern oder Ehegatten dies im Einzelfall wünschten. Die Leichen von in Unter St. Veit Verstorbenen wurden in der Unter St. Veiter Kirche eingesegnet und danach auf den Ober St. Veiter Friedhof transportiert. Die dabei anfallenden Gebühren flossen in die Unter St. Veiter Kirchenkasse[971].

Alle äußeren Kirchenangelegenheiten fielen demnach in die Zuständigkeit der Gemeinde, also Verwaltung und Erhaltung des Gotteshauses, die jährliche Erstellung der Kirchenrechnung, die Anstellung von Organisten und Mesnern. Aber auch die an der Kirche tätigen Priester wurden von der Gemeinde mit einer Art Dienstvertrag angestellt, die Erzdiözese Wien erteilte hernach lediglich die geistliche Jurisdiktionsgewalt[972]. Für die laufenden Geschäfte der Kirchenverwaltung bestellte die Gemeinde einen ehrenamtlichen **Kirchenvater**. Es war dies viele Jahre lang der auch im Armenwesen hochverdiente Stephan Witte, dem 1879 Josef Franzis, 1882 Matthias Wildfellner nachfolgte[973]. Als **Mesner** fungierte der gemeindeeigene Schuldiener, es war dies jahrelang Karl Lautzky, nach ihm sein Sohn Johann Lautzky.

---

967 Ganzer Vorgang in ASV 749/1866 und 1060/1866.

968 BG Hietzing, Grundbuch EZ. 47 KG Unter St. Veit.

969 Diözesanarchiv Wien, Pfarrakten Unter St. Veit, Kassette 1800–1899, Bewilligungsschreiben des Ordinariates vom 19.10.1867.

970 Das Gebäude der alten Filialkirche bestand bis 1965, dann wurde es wegen Baufälligkeit abgerissen und durch den heutigen Neubau ersetzt.

971 Diözesanarchiv, Pfarrakten Ober St. Veit, Kassette 1800–1899, Bericht der Kirchenvorstehung Ober St. Veit vom 20.1.1875.

972 GAU 19.4.1869 Pt. 2. Vgl. 125 Jahre Unter St. Veit (Anm. 49) S. 14 ff., wo die weitere Entwicklung bezüglich dieser angestellten „Gemeinde"-Priester im Detail dargestellt ist.

973 GAU 18.7.1879 Pt. 2; 1.12.1882 Pt. 5

Da sich die Gemeinde zwei Jahre nach der Kirchweihe das Recht erkämpft hatte, eine mit Ober St. Veit konkurrierende *Fronleichnamsprozession* abzuhalten, war es Ehrensache des ganzen Ortes, diese so prächtig und beeindruckend als möglich auszugestalten. Einige Wochen vor dem Fest wurde alljährlich ein Prozessionskomitee gebildet und ein Mitglied des Gemeindeausschusses abgeordnet, das von Haus zu Haus Spenden für die Prozession sammeln ging. Mit dem Geld wurde dann die Ausschmückung des Ortes und eine Musikkapelle bezahlt. Der Bürgermeister und die Gemeindevertretung nahmen stets korporativ an der Prozession teil. *Würdevoll und selbstsicher traten [sie] auf. Sie schritten vor dem ‚Himmel', durchdrungen von dem hohen Amte, das sie heute ausüben durften*[974]. Die katholischen Bewohner des Ortes waren so gut wie vollzählig auf den Beinen. Verschiedentlich gab es noch weiteren personellen Aufputz, etwa die Teilnahme des „Erzherzog Friedrich Veteranenvereins" aus Penzing[975]. Gegen mehrfache Versuche der Ober St. Veiter Pfarrer, die Prozessionen von Ober- und Unter St. Veit zusammenzulegen, wehrten sich die Unter St. Veiter mit Erfolg.

Es war keine leichte Aufgabe für die Gemeinde, stets einen Priester zu finden, der diesen nach kirchlichen Maßstäben minderen und schlechtbezahlten Posten auszufüllen bereit war. Für den Anfang kam den Unter St. Veitern zufällig ein weltgeschichtliches Ereignis zu Hilfe: In dem schon erwähnten Preußisch-Österreichischen Krieg von 1866 hatten sich die Preußen nebenbei auch das Königreich Hannover einverleibt und den dortigen König Georg V. ins Exil nach Wien vertrieben, wo er im Kaiserstöckl des Schlosses Schönbrunn (Hietzinger Hauptstraße 1, heute Postamt 1130) ein erstes Quartier fand. Am 17. Juli 1867 kam ihm einer seiner treuesten Untertanen – ebenfalls unfreiwillig – ins Exil nach: der katholische Stadtpfarrer von Hannover, *Joseph Schlaberg*. Dieser hatte als einziger Kleriker der ganzen Diözese dem Preußenkönig den abverlangten Huldigungseid verweigert und wurde daraufhin des Landes verwiesen. Sein ehemaliger König nahm ihn bei sich in Wien in freie Station auf und überließ ihm eine Wohnung in einem Nebengebäude des Braunschweig'schen Villenbesitzes in Unter St. Veit (Adlergasse 87 = h. Fleschgasse 2). Pfarrer Schlaberg trug sich in großzügiger Weise an, in der soeben geweihten Unter St. Veiter Kirche unentgeltlich den Gottesdienst zu besorgen und tat dies bis zu seinem Tode. Nach einigen Jahren beschloß der Gemeindeausschuß dann doch, ihm freiwillig eine jährliche Remuneration von 200 fl. zu bezahlen[976]. Während seiner Unter St. Veiter Exiljahre verfaßte Pfarrer Schlaberg ausführliche Eingaben an die preußische Regierung, an seinen Bischof und an die römische Kurie, in denen er vehement um seine Rückkehr in die Heimat kämpfte – zeitlebens vergeblich. Er starb am 3. März 1873 in Unter St. Veit im 57. Lebensjahr an Typhus und wurde umgehend auf Kosten König Georgs, der sich mittlerweile Herzog von Cumberland nannte, nach Hannover überführt, wo ihm ein triumphales Begräbnis wenigstens posthum Gerechtigkeit verschaffte[977].

---

974   J. Vinzenz, Die Bank auf dem Kirchenplatz. In: Das kleine Volksblatt Nr. 80 (5.4.1953) S. 3.
975   z.B. GAU 16.5.1877 Pt. 5, 7.5.1880 Pt. 3, 18.5.1883 Pt. 1, 15.5.1885 Pt. 2, 4.6.1886 Pt. 4.
976   GAU 30.11.1870 Pt. 2.
977   Hermann Seeland, Pastor Joseph Schlaberg – ein echt niedersächsischer Priester. In: Unsere Diözese, Jahrbuch des Vereins für Heimatkunde im Bistum Hildesheim, Jg. 31 (1962) 68–79.

Als nächster folgte der Weltpriester der Diözese Leitmeritz, **Anton Fischer**, der in seinem noch erhaltenen Bewerbungsgesuch besonders betonte, auch „geprüfter Lehrer der Stenographie und praktischer Bienenzüchter" zu sein[978]. Er übernahm zugleich den Religionsunterricht an der 1872 verselbständigten Volksschule, wo sich auch eine Dienstwohnung für ihn fand. In seinem Dienstvertrag wurden ihm von der Gemeinde die Meßlese- und Unterrichtsverpflichtungen genau vorgeschrieben und hiefür ein Jahresgehalt von 400 fl. vereinbart[979].

Bald nach dem Amtsantritt des Hw. Fischer unternahm der Gemeindeausschuß einen Vorstoß zur juristischen **Verselbständigung der Kirche**. Nach der konfliktreichen Abspaltung der Ortsgemeinde von Ober St. Veit wollte man auch kirchlich nicht länger eine Filiale bleiben. Eine von Anton Kremser verfaßte Eingabe an das erzbischöfliche Ordinariat forderte die Errichtung einer „Lokalkuratie oder Pfarre", wurde aber abschlägig beschieden mit der Begründung, daß es dafür an einem geeigneten Pfarrhof und an sicheren Geldmitteln für den Unterhalt des Priesters fehle. Der Gemeindeausschuß ließ nicht locker und trug postwendend neue Argumente vor, aber es nützte nichts. In weiterer Folge stellte die Gemeinde als Repressalie den bisher freiwillig an die Pfarre Ober St. Veit bezahlten Unterhaltsbeitrag für einen Kaplan mit 1. Jänner 1878 ein[980]. Pfarrer Pokornys Notiz darüber in der Pfarrchronik deutet darauf hin, daß das Verhältnis zwischen ihm und der Unter St. Veiter Gemeindevertretung in jener Zeit gespannt war.

Aber auch mit dem eigenen Messeleser Anton Fischer gab es Mißhelligkeiten: Wegen wiederholten ersatzlosen Ausfalles von Messen sprach die Gemeinde 1878 seine Kündigung aus. Nach einem fast kniefälligen Bittgesuch stellte ihn die Gemeinde einige Wochen später wieder ein, allerdings mit gekürztem Gehalt und der ausbedungenen Verpflichtung, daß er sich im Verhinderungsfalle selbst um eine Meßaushilfe zu kümmern habe. 1879 drohte die Gemeinde ihrem Messeleser neuerlich mit Kündigung, falls er seinen Verpflichtungen zur Abhaltung des Religionsunterrichtes nicht ordentlich nachkomme[981]. Dahinter steckte aber, wie sich herausstellte, keine Nachlässigkeit, sondern ein schweres Rückenleiden, weshalb Pfarrer Pokorny „aus Menschenfreundlichkeit" selbst den Religionsunterricht übernahm, um die Kündigung zu verhindern[982]. Anton Fischer verstarb am 15. Juli 1881 im Amte. Danach fand sich ein pensionierter Pfarrer aus der Diözese Königgrätz, **Josef Svoboda**, der seinen Ruhestand aus verwandtschaftlichen Gründen in Unter St. Veit verbringen wollte und bis 1886 hier tätig war.

Von den nachfolgenden Unter St. Veiter Messelesern ist nicht viel mehr feststellbar als ihr Name und die Zeit ihres Wirkens: 1886 – 1888 *Franz Murent*, der danach Pfarrer in

---

978   AUV 163/1873.
979   GAU 4.4.1873 Pt. 1.
980   Eingaben der Gemeinde Unter St. Veit vom 27.5.1874 und vom 24.10.1874, ferner (abschlägiges) Schreiben des Ordinariates vom 14.10.1874, Diözesanarchiv, Pfarrakten Ober St. Veit Kassette 1800 – 1899; GAU 12.11.1877 Pt. 4.
981   GAU 28.5.1879 Pt. 1.
982   Diözesanarchiv, Pfarrakten Ober St. Veit, Kassette 1800 – 1899, Bericht Pfr. Pokorny vom 8.6.1889 über die Seelsorgsverhältnisse in Unter St. Veit.

Retz wurde; 1888–1889 *Johann Jungbauer* aus der Diözese Budweis, über den Pfarrer Pokorny dem Ordinariat berichtete, er wäre besser nie nach Unter St. Veit gekommen. Er stellte schon bald ein Enthebungsgesuch und begründete es offenherzig damit, daß ihm die Stelle zu anstrengend und die Bezahlung dafür zu gering sei. Und das, obwohl er eine weit höhere Jahresremuneration erhielt, als alle seine Vorgänger, nämlich 600 Gulden. Per 30. Oktober 1889 wurde seinem Gesuch stattgegeben[983].

Den unerwarteten Abgang des Messelesers Jungbauer nützte die Gemeinde unter Führung von Bürgermeister Heinrich Schönich zu einem neuerlichen Vorstoß beim Ordinariat um Erhebung zur Pfarre. Ohne auf Details einzugehen, führte die Gemeinde Klage über den fortwährenden Wechsel der Priester, über schlechte finanzielle Verhältnisse und „eine Menge sich daraus ergebender Unbillen". Und dann ging man aufs Ganze: Die Gemeinde sei gezwungen, das Gotteshaus zu schließen, wenn nicht eine dauerhafte Ordnung durch *Errichtung einer Lokalpfarre* geschaffen werde. Gleichzeitig bot man dem Ordinariat aber einen Zuschuß zum Gehalt des Priesters an, um ihm ein Mindesteinkommen von 800 fl. pro Jahr zu sichern, sowie eine Drei-Zimmer-Dienstwohnung im 1. Stock des Gemeindehauses (Auhofstraße 47). Das Ordinariat ließ sich aber weder durch die Drohung mit der Kirchenschließung noch durch die Versprechungen beeindrucken. Durch Rückfrage bei Pfarrer Pokorny brachte es außerdem in Erfahrung, daß die angebotene Pfarrerdienstwohnung im Gemeindehause Auhofstraße 47 direkt neben dem jüdischen Betsaal liegen würde und keine weiteren Räume für die Pfarrgeschäfte (Matrikenführung und dergleichen) zur Verfügung stehen würden. Pfarrer Pokorny sprach sich daher vehement gegen die Pfarrerhebung aus. Das Ordinariat ließ also die Unter St. Veiter Eingabe unbeantwortet, die Gemeinde urgierte – vergeblich. Nach der Wegversetzung von Pfarrer Pokorny im September 1889 hoffte der Gemeindeausschuß offenbar, daß jetzt ein Hindernis weggefallen war und erneuerte die Eingabe, doch es half alles nichts[984]. Nachdem die Gemeinde eine monatelange Vakanz mit aushelfenden Kaplänen aus den Nachbarpfarren Lainz und Ober St. Veit überbrückt hatte, fügte sie sich in das Unabänderliche und stellte 1890 wieder einen Messeleser alten Typs an, *Dr. Anton Wojcikowski* aus der Diözese Lemberg, einen Polen. In seine bis 1894 währende Amtszeit fiel bereits die Eingemeindung nach Wien.

8. Postwesen

a) Allgemeines

Die Briefpost wurde für die Ortschaften der Umgebung Wiens bis ins 18. Jahrhundert mehr schlecht als recht durch die wenigen bestehenden Stationen der Fahrpost besorgt. Für unseren Bereich bestand eine Fahrpostlinie auf der Linzer Reichsstraße mit Stationen

---

983   Ebenda, Schreiben des Ordinariates vom 30.10.1889.
984   Eingabe der Gemeinde Unter St. Veit vom 31.5.1889, 2 undatierte Urgenzschreiben hiezu, Bericht von Pfarrer Wilhelm Pokorny vom 8.6.1889, Diözesanarchiv, ebd.

in Wien und Purkersdorf[985]. Immer wieder wurde um- und neu organisiert, um den Post-
verkehr mit den bevölkerungsmäßig stark zunehmenden Wiener Umlandgemeinden auf
eine einigermaßen tragfähige Basis zu stellen. Die letzte Neuorganisation des Postwesens
vor unserem Betrachtungszeitraum fand im Jahre 1847 statt: Den Geschäftsbetrieb leitete nun das Hofpostamt im Briefpostgebäude in der Wiener Wollzeile. Ihm unterstanden
96 Briefsammlungen in der Stadt und den Vorstädten und 27 *Landbriefsammlungen* in
den Vororten und Randgemeinden. Diese Briefsammelstellen lagen in den Händen privater Betreiber, die mit der staatlichen Postverwaltung einen Vertrag hatten.

Für St. Veit an der Wien wird ab 1796 in den Schematismen und Postlexika angegeben, daß es zum Postbestellungsbezirk Wien gehört und im Ort eine Briefsammelstelle
(Postabgabestelle) existiert[986]. Wer diese Briefsammelstelle betrieb und wo sie lag, ist
nicht mehr rekonstruierbar. Sowohl vom Stadtpostamt als auch von der Sammelstelle in
(Ober) St. Veit ging zwei Mal täglich an Arbeitstagen ein Brieftransport ab, und zwar um
10 Uhr vormittags und um 3 Uhr nachmittags. Die eingelangten Briefe wurden in St. Veit
zwei Mal täglich zugestellt und zwar noch am Tag ihres Einlangens[987].

Die mit Einführung der Briefmarken per 1. Juni 1850 stark zunehmende Korrespondenz
erforderte eine Verdichtung des Netzes der Postämter, die man in ärarische und nichtärari-
sche unterschied[988]. Bei den ärarischen werkten dekretmäßig ernannte kaiserliche Beamte
bzw. Diener, bei den nichtärarischen ein vertraglich gebundener Privater, der meist die
Bezeichnung „Postmeister" führte. Er mußte sich das Amtslokal selbst organisieren und
selbst das nötige Personal anstellen; hiefür erhielt er allenfalls Pauschalien oder Beihilfen,
wirtschaftete ansonsten aber auf eigene Rechnung. Der 2002 in Österreich aus Rationali-
sierungsgründen eingeführte private Postpartner ist also, historisch gesehen, nichts Neues.

b) Ober St. Veit

In Ober St. Veit wird 1864 erstmals ein nichtärarisches Postamt verzeichnet, dessen Inhaber bis 1868 ein gewisser Karl Pollermann war; als Postbestellungsbezirk wird nun nicht
mehr Wien, sondern Ober St. Veit selbst angegeben[989]. Nach Karl Pollermann übernahm
der damals 49-jährige Oberlehrer und Gemeinderat Leopold Sommerer die Poststelle als
Nebenerwerb dazu, und richtete das Postlokal gleich im Schulhaus (h. Hietzinger Hauptstraße 164) ein, wo er auch wohnte[990]. Vermutlich gelang es ihm nicht, seine Postmeis-

---

985 Dazu und zum Folgenden: Willibald Tettinek, Die Briefpost in den Randgemeinden Wiens im 18. und
der ersten Hälfte des 19. Jahrhunderts. In: Unsere Heimat 1994, 78–87.
986 zuletzt: Niederösterreichischer Dominien-Schematismus für das Jahr 1847, S. 162; Topographisches
Post-Lexicon des Kronlandes Österreich unter der Enns für das Jahr 1851 S. 127; Franz Raffelsperger, Allgemeines geographisch-statistisches Lexicon aller österreichischen Staaten, Bd. 6 (Wien² 1853) 620.
987 Adolf Schmidl, Wiens Umgebungen auf 20 Stunden im Umkreis, Bd. 1 (Wien 1835), Anhang.
988 Tettinek, Briefpost (Anm. 985) S. 83 f.
989 Nö. Amtskalender 1868, S. 435 und 1869, S. 319; das genaue Jahr seines Tätigkeitsbeginnes ist nicht
rekonstruierbar; Topographisches Post-Lexicon des Kronlandes Österreich unter der Enns für das Jahr 1864,
S. 222.
990 GAO 3.11.1868 Pt. 12.

Abb. 57: Ansicht der Hietzinger Hauptstraße unbekannten Datums. Links das ehemalige Gemeindeamt Hietzinger Hauptstraße 164 mit dem zu dieser Zeit darin befindlichen Postamt inkl. Briefkasten davor.

tersverpflichtungen mit seinen Lehrverpflichtungen in Einklang zu bringen, denn schon ein Jahr später gab er die Poststelle wieder ab[991].

Ihm folgte 1869 der bereits in den Ruhestand getretene, hochverschuldete k.u.k. Oberleutnant Adolf Zeeh als Ober St. Veiter Postmeister. Er betrieb die Postmeisterei in seinem Wohnhaus (h.) Firmiangasse 3. Adolf Zeeh versah ab 1874 auch die Kassierstelle in der Gemeinde, wo er sich alsbald in einen Veruntreuungsskandal verwickelte (dazu oben VIII.2.a). Daraufhin wurde ihm von der staatlichen Postverwaltung 1876 der Vertrag entzogen. Danach folgte die erst 23-jährige Ludovica Tannenberger, die für Postamtszwecke im mittlerweile aufgelassenen Schulhause Hietzinger Hauptstraße 164 eine Erdgeschoßwohnung von der Gemeinde mietete[992]. Dort wohnte und arbeitete sie. Doch auch diese Postmeisterin war ein Mißgriff, sie wurde 1878 wegen Unterschlagung von Postgeldern verhaftet und ihr anschließend die Postmeisterei entzogen (dazu oben X.6.a). Unmittelbar nach ihrer Verhaftung versah der Postamtspraktikant Franz Langer interimistisch die Ober St. Veiter Postmeisterstelle[993].

Per 1. Dezember 1878 schließlich folgte als Postmeister **August Wetschl**, ein Galiziendeutscher, der sein Amt korrekt verwaltete und der Gemeinde Ober St. Veit bis zum Ende erhalten blieb[994]. Für den Gemeindeausschuß war er allerdings ein Querulant, mit

991   Nö. Amtskalender 1870, S. 333.
992   GAO 3.12.1876, vor TO.
993   AOV 1485/1878.
994   Laut Volkszählungsbogen 1880: August Wetschl, geb. 30.4.1841 in Tarnopol (heutige Ukraine), heimatzuständig nach Wien, deutschsprachig, Gattin Maria, geb. 1853 in Venedig; Ernennungsvorgang: AOV 2030,

dem es immer neuen Zank und Hader gab. Zunächst übernahm er das Erdgeschoßlokal mit Wohnung und Postamtszimmer im ehemaligen Schulgebäude von seiner Vorgängerin Tannenberger. Schon nach wenigen Monaten schrieb er der Gemeinde einen langen Brief mit Forderungen, was sich dort – auf Gemeindekosten versteht sich – alles ändern müsse: Das an die Postmeisterei angrenzende Arrestlokal für gefangene Weiber müsse weg, das Hofzimmer sei trockenzulegen, der stinkende Misthaufen vor seinem Hoffenster habe zu verschwinden und schließlich möge ihm die Gemeinde auch den vorhandenen Schulhausofen in die Zwischenwand zwischen Wohnung und Amtslokal umsetzen, damit er beides zusammen leichter heizen könne; sollten seine Forderungen nicht erfüllt werden, würde er kündigen[995]. Mit Ausnahme des Wunsches nach Versetzung des Ofens beugte sich die Gemeinde allen seinen Wünschen.

Ende 1879 mietete Postmeister Wetschl eine weitere Wohnung im selben Haus für den von ihm angestellten Briefträger dazu[996]. Bei dieser Gelegenheit beanstandete er, daß die Trockenlegung seiner Wohnung im Frühjahr 1879 gänzlich ungenügend war. Es folgte weitere, im Ton immer gereizter werdende Hin- und Herkorrespondenz mit der Gemeinde, deren Schlußpunkt ein Schreiben des Postmeisters vom 1. Februar 1881 war, in welchem er der Gemeinde alle Räume aufkündigte, weil er die Feuchtigkeit und Kälte im alten Schulhause gesundheitlich nicht mehr aushalte; die Gemeinde wies die vorzeitige Kündigung als ungerechtfertigt zurück und stellte sich auf den Standpunkt, keine ihrer Pflichten verletzt zu haben[997]. Sie hätte wahrscheinlich besser daran getan, sich bei dieser Gelegenheit von ihrem Postmeister friedlich zu trennen. So aber blieb August Wetschl noch ein volles Jahr lang Wohnungs- und Amtslokalmieter, und nörgelte den Postkunden gegenüber ungefragt über die Zustände in der Gemeinde herum. Im Sommer 1881 erhob die Gemeinde gegen den Postmeister eine **Beschwerde an die Postdirektion** über verschiedene angebliche Unregelmäßigkeiten. Nach genauer Untersuchung stellte die Postdirektion in allen Punkten fest, daß Postmeister Wetschl keinerlei Vorschriftsverletzungen begangen hatte; übrig blieb einzig *die von Wetschl öffentlich abgegebene Äußerung, daß er die Geheimnisse von ganz Ober St. Veit wisse, da er hiedurch, obwohl er damit bloß einen Scherz verbinden wollte, die Vermuthung aufkommen ließ, daß er Einblick in die Correspondenzen nähme*[998]. Hiefür erhielt er einen Tadel der Direktion.

Am 27. Juli 1882, als die Sommerfrischesaison gerade ihrem Höhepunkt zustrebte, brachte das Neue Wiener Tagblatt folgenden Bericht aus Ober St. Veit: *Die Sommerfrische in Ober St. Veit (läßt) noch sehr Vieles in Betreff eines guten, ausreichenden Trinkwassers, von nicht vorhandenen schattigen oder nicht schattigen Spaziergängen, der schlechten ungepflegten Ortswege und Straßen, eines den Anforderungen eines Stadtpublikums ent-*

2043/1878.

995   GAO 8.5.1879 Pt. 3 mit beiliegendem Schreiben von Postmeister Wetschl.

996   GAO 29.11.1879, nach TO.

997   GAO 5.2.1881 Pt. 1 mit beiliegender Korrespondenz.

998   Schreiben der k.k. Postdirection für Wien und Umgebung vom 16.9.1881 an die Gemeindevorstehung Ober St. Veit, AOV 2073/1881.

sprechenden guten Gasthauses, u.dgl. mehr, zu wünschen übrig[999]. Das war für damalige Verhältnisse eine Ohrfeige **gegen die Ehre der Gemeinde**, und obendrein eine Gefährdung ihrer wirtschaftlichen Interessen, da die Wiener Sommerfrischler eine wichtige Erwerbsquelle des Ortes waren. Obwohl die Zeitung den Namen ihres Informanten nicht nannte, war er leicht zu erraten, indem es weiter hieß: *Dagegen ist es das wohleingerichtete Post- und Telegraphenamt, welches durch die prompte, höfliche und zuvorkommende Bedienung seitens seines Leiters, des Herrn Postmeisters August Wetschl, eine besondere Anerkennung und Erwähnung verdient*[1000]. Das wollten sich die Gemeindevertreter nun wirklich nicht gefallen lassen. Einige Tage später trat der Gemeindeausschuß zusammen, drückte seine Empörung aus und beschloß, an die kk. Postverwaltung für Niederösterreich eine Eingabe zu richten und um Enthebung des Postmeisters Wetschl von der Leitung des hiesigen Postamtes zu ersuchen[1001]. Am 11. August ging das **Gesuch um Abberufung** des Postmeisters ab, man trug es vorsichtshalber eigens nach Hietzing aufs dortige Postamt. Tatsächlich erschienen in den folgenden Wochen Revisoren der Postdirektion und durchleuchteten die gesamte Geschäftsführung und Gebarung der Wetschl'schen Postmeisterei bis ins Kleinste. Ergebnis: Alles untadelig, absolut nichts zu beanstanden. Am 12. Oktober 1882 schrieb man daher der Gemeinde zurück, es gäbe keinerlei Grund für die Abberufung des Postmeisters von Ober St. Veit[1002]. Postmeister Wetschl war also offensichtlich ein schwieriger Zeitgenosse, aber in seinem Amt fachlich perfekt und somit unangreifbar.

Nachdem Postmeister Wetschl den Versuch, ihn loszuwerden, gut überstanden hatte, setzte er ein Zeichen ganz anderer Art, das wohl ein „Hier-geh-ich-noch-lang-nicht-weg" signalisieren sollte: er verfaßte im Frühjahr 1883 im Selbstverlag eine kleine Broschüre mit dem **Titel „Skizzen von Ober St. Veit an der Wien"**, die er über sein Postamt vertrieb. Nach einer eher belanglosen topographischen und historischen Einleitung ist ein gutes Drittel der Broschüre der Darstellung der Leistungen seines Postamtes gewidmet, danach beschreibt er noch kurz den Sicherheitsdienst, die Feuerwehr, die örtliche Geschäftswelt und bringt einige Annoncen lokaler Gewerbetreibender. Es handelt sich dabei um eine hervorragende Leistung frühgründerzeitlichen „Marketings" und heute um eine erstrangige lokalgeschichtliche Informationsquelle. Seine Lektion aus der Affäre um die Gemeindebeschimpfung im Neuen Wiener Tagblatt hatte Postmeister Wetschl freilich gelernt: Im topographischen Vorspannkapitel war nicht mehr vom fehlenden Schatten und von den ungepflegten Ortswegen die Rede, sondern er schrieb nun ganz manierlich, daß *die Umgebung des Ortes voll Reiz und Naturschönheit [ist]* und *angenehm gangbare Wege nach allen Richtungen führen*[1003]. Das Heftchen dürfte jahrelang an die Kunden des Ober St. Veiter Postamtes verkauft, vielleicht auch verschenkt worden sein und erlebte 1888

---

999   Neues Wiener Tagblatt Nr. 204 (27.7.1882) S. 4.
1000 Ebenda.
1001 GAO 4.8.1882, außer TO.
1002 GAO 27.11.1882, beiliegende Korrespondenz.
1003 August Wetschl, Skizzen von Ober St. Veit an der Wien (Ober St. Veit 1883) 1; das Heftchen ist sehr rar, die Nationalbibliothek besitzt ein Exemplar.

sogar noch eine aktualisierte Neuauflage.

Ende 1882 lief der Mietvertrag des Postamtes im Gemeindehaus ab und wurde nicht verlängert[1004]. August Wetschl verlegte sein Postamt mit 1. Mai 1883 in das Haus Hauptplatz 9 (h. Hietzinger Hauptstraße 170)[1005]. 1890 übersiedelte das Postamt neuerlich, und zwar in das Eckhaus h. Vitusgasse 1 / Wolfrathplatz 4, das spätere Wäschereilokal der Fa. Prankl, wo es bis zum Jahr 1900 verblieb[1006].

Blättern wir in August Wetschls „Skizzen" das Kapitel über den **Postdienst** auf: Das Postamt war täglich, auch am Sonntag, vormittags und nachmittags geöffnet, und zwar für den Postbetrieb von 8 bis 12 Uhr und von 2 bis 6 Uhr nachmittags, nur am Sonntag war die Öffnungszeit etwas verkürzt. Die Wiener Privat-Telegraphengesellschaft betrieb im Postamt eine Telegraphenstation, die täglich von 7 Uhr früh bis 9 Uhr abends zum Senden und Empfangen von Telegrammen geöffnet war. Ab 1. Mai 1888 übernahm das staatliche Telegraphenamt dann den Betrieb bei unveränderten Öffnungszeiten. Kurz nach 6 Uhr morgens langten die Morgenzeitungen, gegen 5 Uhr nachmittags die Abendzeitungen am Postamt ein. Die Abonnenten konnten die Blätter dann entweder selbst beheben oder gegen einen halben Kreuzer Aufschlag pro Exemplar sich auch durch einen Boten ins Haus bringen lassen. Das Ober St. Veiter Postamt war zwischen 6 Uhr früh und 6 Uhr abends durch fünfmaligen Posttransport mit der Wiener Hauptpost verbunden, jeweils eine halbe Stunde vor Abfahrt dieser Postkurse, also fünf Mal täglich (!), wurden die drei Briefkästen des Ortes geleert und ihr Inhalt gleich weiterbefördert. Man konnte also etwa in der Früh einen Brief in die Stadt schicken und am Abend schon die Antwort in Händen halten. Ankommende Briefe, Pakete und Geldsendungen lagen grundsätzlich (nur) am Postamt zur Abholung bereit, die Zustellung durch den Briefträger ins Haus mußte eigens gewünscht und mit 1 Kreuzer pro Brief extra bezahlt werden. Der Briefträger ging vormittags und nachmittags je eine Zustelltour. Briefmarken waren auch bei den Kaufleuten Johann Melan und Alfred Krammer erhältlich[1007]. Zu den irgendwie erstaunlichen Tatsachen gehört, daß man damals Pakete bis zu einem Höchstgewicht von 50 kg aufgeben konnte, obwohl die gesamte Manipulation mit Menschen- oder Pferdekraft erfolgte, während die heutige Post trotz vollmechanisierter Beförderungslogistik das absolute Höchstgewicht von Paketen mit 31,5 kg limitiert[1008].

Gegen seine Kundschaft war Postmeister August Wetschl je nachdem auch mißtrauisch und konnte sehr unangenehm werden. Im März 1885 erkundigte sich der in Ober St. Veit, Wiengasse CNr. 284 (h. Tuersgasse 5) neu zugezogene Schuhmachergehilfe Ignaz Wingert

---

1004 GAO 5.2.1881 Pt. 1; AOV 2356/1881.
1005 770/1883.
1006 Der nö. Amtskalender weist in den Jahren bis 1891 die Postämter nicht mit Adressen aus, erst für die Jahre 1892 bis 1900 ist die im Text angeführte Adresse erweisbar; In Wetschl's „Skizzen", S. 7 (1. Aufl. 1883) bzw. S. 13 (2. Aufl. 1888) wird die Adresse des Postamtes nur mit „Am Platze" angegeben. Die Übersiedlung im Jahre 1890 ergibt sich aus AOV 2471/1890, worin die Gemeinde eine von Wetschl eigenmächtig und bauordnungswidrig angebrachte Außentüre auf dem neuen Postamtslokal beanstandet und einen behördlichen Umbauauftrag erteilt.
1007 Ebenda, S. 6–10 und 2. Auflage (1888) S. 11–14.
1008 Abfrage von: http://www.post.at am 28.12.2013.

an mehreren Tagen nacheinander auf dem Postamt, ob nicht aus der Steiermark ein schon längst erwartetes Paket für ihn eingelangt sei. Paket war keines da, aber die mehrmalige Nachfrage erregte so sehr das **Mißtrauen des Postmeisters**, daß er der Wiener Polizeidirektion eine „vertrauliche Mitteilung" machte, in welcher er darauf hinwies, daß Ignaz Wingert in die Wohnung eines Schlossergehilfen eingezogen sei, der wegen sozialistischer Umtriebe ausgewiesen worden war. Das sei doch ein verdächtiger Zusammenhang... Über Ersuchen der Polizei beauftragte Bezirkshauptmann von Kutschera daraufhin tatsächlich die unauffällige Überwachung des Verdächtigen, welche vom Postmeister höchstpersönlich, diesmal aber im amtlichen Auftrag unter Beiziehung des Gendarmeriepostens Hietzing vorgenommen wurde. Als sich bis 30. Mai 1885 nicht der geringste Hinweis auf „sozialistische Umtriebe" ergab und auch kein verdächtiges Paket einlangte, veranlaßte die Hietzinger Gendarmerie den Abbruch der Aktion. Heraus kam nichts[1009].

Im Jahr 1900 übersiedelte das Ober St. Veiter Postamt neuerlich, und zwar in das Haus Hietzinger Hauptstraße 148[1010]. August Wetschl blieb insgesamt 30 Jahre (bis 1908) Postmeister von Ober St. Veit, er überlebte also sogar noch um 17 Jahre den Untergang der Gemeinde, die ihn einst loswerden wollte[1011]. Als letzter Ober St. Veiter Postmeister folgte ihm noch ein gewisser Heinrich Reif bis 1914[1012]. Dann wurde das Ober St. Veiter Postamt ein ärarisches (staatliches) Post- und Telegraphenamt und übersiedelte in das damals neu erbaute Wohnhaus Einsiedeleigasse 5, wo es sich bis zur Schließung im Mai 2013 befand[1013]. Beim Umbau der Jahre 1982/83 hat man leider die gesamte, damals noch erhaltene Originaleinrichtung des Jahres 1914 vernichtet.

c) Unter St. Veit

Über die Postverhältnisse in Unter St. Veit gibt es in Ermangelung von Quellen weit weniger zu berichten als über diejenigen in Ober St. Veit. Es ist nicht nachzuweisen, inwieweit die seit 1796 genannte St. Veiter Briefsammelstelle[1014] auch den neu entstehenden Ortsteil Unter St. Veit mitbediente. In den Jahren vor 1877 gehörte Unter St. Veit jedenfalls zum Bestellungsbezirk des Postamtes Hietzing. Anläßlich der Verselbständigung der Gemeinde Unter St. Veit wurden im Jahr 1870 durch die neue Grenzziehung eine ganze Reihe von Häusern der neuen Gemeinde zugeschlagen, die nach bisherigem „historischen Verständnis" zu Ober St. Veit gehört hatten. Trotz ihrer Umgemeindung mußten diese Häuser weiterhin ihre Briefsendungen am Ober St. Veiter Postamt beheben, wogegen sich die Betroffenen gemeinsam bei der Postdirektion beschwerten, weil sie es nach

---

1009 WStLA Bezirkshauptmannschaft Sechshaus, A 1/6, Akt 56 Pr/1885.
1010 Nö. Amtskalender 1901, S. 425; siehe dazu auch das rare Foto des Postamtes in der Hietzinger Hauptstraße 148 aus dem Jahr 1907 in: Karl Fischer, Wien in alten Ansichtskarten – Hietzing und Schloß Schönbrunn (Zaltbommel 1989) Bild Nr. 31.
1011 Der nö. Amtskalender 1909, S. 599 weist das Ober St. Veiter Postamt erstmals als nicht mehr von August Wetschl geleitet aus.
1012 Nö. Amtskalender 1910, S. 615.
1013 Hietzinger Bezirksblatt Nr. 23 (1.10.1914).
1014 s. dazu Anm. 986.

Hietzing näher und bequemer hätten[1015]. Die Postdirektion ließ daraufhin eine genaue Liste der betroffenen Häuser anlegen und verfügte, daß diese mit 1. April 1870 in den Bestellungsbezirk des Postamtes Hietzing überzugehen hätten[1016].

Mit 1. Juni 1877 wurde in Unter St. Veit eine **Postexpedition** eröffnet. Diese diente nur der Annahme von Postsendungen aller Art, Paketen und Geldsendungen. Die Zustellung der von auswärts eingelangten Post wurde weiterhin durch das Postamt Hietzing besorgt[1017]. Postexpedient in Unter St. Veit war von 1877 bis 1881 Matthias Sommerer, ihm folgte Carl Reif[1018]. Im Herbst 1886 nahm die Unter St. Veiter Postexpedition auch den Briefabgabedienst dazu und wurde damit zum **nichtärarischen Postamt**; Carl Reif führte von da an den Titel Postmeister[1019]. Einen Versuch, die politisch zu Unter St. Veit gehörenden Häuser der Lainzerstraße aus dem Unter St. Veiter Postrayon herauszunehmen und Hietzing zuzuschlagen, verhinderte die Gemeinde erfolgreich[1020]. 1888 erhielt das Unter St. Veiter Postamt – gleichzeitig mit dem Ober St. Veiter übrigens – eine Telegraphenstation[1021]. Per 6. August 1888 verlegte Postmeister Reif das Amtslokal in die Zwerggasse (h. Wittegasse) 8 und stellte gleichzeitig zwei neue Briefkästen im Ort auf[1022]. 1892 finden wir das Postamt neuerlich verlegt, und zwar in die Kremsergasse 11[1023]. In diesem heute noch bestehenden Haus sind in der Einfahrt noch Bemalungen aus der Zeit der Verwendung als Postamt erhalten. Carl Reif versah sein Amt noch bis 1910, dann folgte ihm als letzter Unter St. Veiter Postmeister ein gewisser Franz Schmid[1024]. Im Jahr 1914 wurde auch das Unter St. Veiter Postamt in ein ärarisches (staatliches) Post- und Telegraphenamt umgewandelt und übersiedelte in die Hietzinger Hauptstraße 56[1025].

9. Wahre Geschichten aus dem Unter St. Veiter Leben

a) Berthold Flesch gegen Ritter von Heine

Der in Wien ansässige Inhaber und Herausgeber der Tageszeitung „Fremdenblatt", Gustav Ritter von Heine, besaß in Unter St. Veit ein Landhaus, das er oft aufsuchte[1026]. An der Amtsführung der Gemeinde und speziell an Bürgermeister Berthold Flesch paßte ihm

---

1015 Abschrift dieser Beschwerde in AUV 123/1870.

1016 Schreiben der nö. Postdirektion vom 22.3.1870 samt Liste der „von Ober St. Veit nach Unter St. Veit zugefallenen Häuser", ebenfalls in AUV 123/1870.

1017 Wochenblatt für den politischen Bezirk Sechshaus und die Wiener Vororte Nr. 21 (27.5.1877) S. 5; die mit „Hauptstraße Nr. 30" angegebene Adresse dieser Postexpedition ist mit den vorhandenen Möglichkeiten leider keiner heutigen Adresse zuordenbar.

1018 Nö. Amtskalender 1878, S. 381 und 1882, S. 405.

1019 GAU 17.9.1886 Pt. 2; nö. Amtskalender 1887, S. 430.

1020 GAU 2.5.1887 Pt. 2.

1021 Nö. Amtskalender 1889, S. 421.

1022 AUV 796/1888.

1023 Nö. Amtskalender 1892, S. 425.

1024 Nö. Amtskalender 1912, S. 631.

1025 Nö. Amtskalender 1915, S. 599.

1026 CNr. 4 = h. Hietzinger Hauptstraße 80, durch Gustav R.v.Heine gekauft 1856; BG Hietzing, Grundbuch EZ. 3 KG Unter St. Veit.

so manches nicht. Für seinen Ärger hatte er ein einfaches Ventil: er kritisierte in seiner eigenen Zeitung, was ihm in Unter St. Veit mißfiel. Die Lederfabrik Flesch war ihm ein besonderer Dorn im Auge, wie vielen anderen Bewohnern Unter St. Veits übrigens auch. So entwickelte sich eine tiefe Feindschaft zwischen ihm und dem Fabriksbesitzer und Bürgermeister Berthold Flesch.

Diese Feindschaft mündete 1868 in einen offenen Krieg, als das Fremdenblatt konkret gegen den Erlaß des Bürgermeisters, wonach alle auf öffentlichem Grund der Hietzinger Hauptstraße errichteten Vorgärten zu entfernen seien[1027], zu Felde zog. Polemisch hieß es dort: *Der jetzige Bürgermeister besitzt zwar keinen Vorgarten vor seinem Haus, dafür aber eine Gärber-Fabrik, deren Dünste den Ort und dessen Umgebung im wahren Sinn des Wortes verpesten. Es wird wohl niemandem einfallen, dem Herrn Ukasschreiber zuzumuthen, daß er seine die Luft verpestende Fabrik aus Sanitätsrücksichten abreißen soll, aber zu erwarten wäre wenigstens, daß Derjenige schweige....*[1028]. Daraufhin holte Berthold Flesch in seinem Zorn zu einem Gegenschlag aus, der mit einem Amtsmißbrauch verbunden war und ihn noch in arge Bedrängnis bringen sollte. Er streute unter seinen Fabriksarbeitern aus (oder ließ ausstreuen), daß das Fremdenblatt die Fabrik als „stinkende Lederburg" beschimpft hätte und sie sich das nicht gefallen lassen sollten. Auf diese Weise stiftete er sie zu einer Katzenmusik vor der Villa Heine an, wie man sie seit dem Revolutionsjahr 1848 in der Gegend nicht mehr erlebt hatte[1029].

Am Abend des 13. Juli 1868 fuhr Ritter von Heine von der Stadt nach seinem Unter St. Veiter Landhaus. Als er sich auf der Hauptstraße dem Ort näherte, traf er auf einen Volkshaufen, hauptsächlich bestehend aus Arbeitern der Fleschfabrik. Ohne sich um die Leute zu kümmern, fuhr er bis zu seiner Villa, wo er sich nach der Ursache dieser tumultartigen Zusammenrottung erkundigte. Nun erfuhr er, daß seit dem Nachmittag schon bis über Hietzing hinaus das Gerücht gehe, diese Leute hätten ihm eine abendliche Katzenmusik zugedacht. Herr von Heine bewahrte in dieser Situation noch seinen Humor und erklärte, daß *zur Ausführung dieser Produktion noch einige Teilnehmer fehlten*, fuhr sogleich nach Hietzing zurück und verlangte beim Bezirksamte sicherheitspolizeiliche Hilfe zur Abwehr der Ausschreitung. Ein Sicherheitsorgan der Gemeinde Unter St. Veit war weit und breit nicht zu sehen – im Gegenteil, war ja doch Bürgermeister Flesch selbst der Anstifter.

Während Herr von Heine in Hietzing den Leiter des Bezirksamtes, Statthaltereirat Baron Haerdtl, mobilisierte, der sich schleunigst in Begleitung mehrerer Gendarmen nach Unter St. Veit begab, brach die Katzenmusik auf der Hietzinger Hauptstraße auf Höhe der h. Nummer 80 los. Die Menge begann zu johlen, zu heulen, zu pfeifen, kurz einen Höllenlärm zu machen. Einige Gergesellen waren schon ziemlich alkoholisiert. Ein Mann legte eine Leiter an und es sah so aus, als sollte das Haus über den Balkon gestürmt werden, wozu es aber dann doch nicht kam. Andere Tumultuanten machten Anstalten, das

---

1027 Dazu s. oben Abschnitt IX.3.d.
1028 Fremdenblatt 31.5.1868, Morgenausgabe S. 20.
1029 Der folgende Bericht stützt sich auf AUV 152/68 und 155/68; ferner: Fremdenblatt 14.7.1868 Abendausgabe S. 3 und Fremdenblatt 21.7.1868 Morgenausgabe S. 4.

Vorgärtchen mit Gewalt abzuräumen, wurden aber von besonneren Teilnehmern daran gehindert. Im hinteren Teil des Hauses hatte sich das Kindermädchen mit den Kindern verbarrikadiert und verging fast vor Angst. Da erschien gerade noch rechtzeitig, bevor Ärgeres passierte, der Bezirksvorsteher mit den Gendarmen und konnte durch scharfe Androhung behördlicher Gewalt die Ruhe wieder herstellen. Die ganze Nacht über patrouillierte dann noch Gendarmerie durch Unter St. Veit, am nächsten Morgen war es wieder ruhig.

Es war klar, daß diese Sache ein behördliches Nachspiel haben mußte. Bürgermeister Flesch wurde einige Tage später aufs Bezirksamt zitiert und mußte sich dort hochnotpeinlich rechtfertigen. Er leugnete, seine Fabrikarbeiter zu dem Tumult angestiftet zu haben, gestand aber ein, jegliches sicherheitsbehördliche Einschreiten unterlassen zu haben. Die Szene mit der angelegten Leiter erklärte er als Mißverständnis, das sei bloß der Laternanzünder gewesen, der die Gasflamme vor der Heine'schen Villa in der Abenddämmerung in Betrieb gesetzt hätte. Anwesend bei dem Termin war auch Gustav Ritter von Heine, der bereits am Tag nach dem Vorfall eine Privatklage eingereicht hatte und mit dem sich Bürgermeister Flesch nun in irgendeiner Weise arrangieren mußte. Es blieb ihm nichts anderes übrig, als vor mehreren Zeugen, darunter auch der Hietzinger Gerichtsleiter und zwei Unter St. Veiter Gemeindeausschüsse, folgende Erklärung abzugeben: *Sowohl in meiner Eigenschaft als Bürgermeister wie auch als Fabriksbesitzer bedaure ich den vor der Villa Heine am Abend des 13. d.M. vorgefallenen Exzeß, dies umso mehr, als daran viele meiner Arbeitsleute teilgenommen haben.* Das Fremdenblatt druckte diese Erklärung am folgenden Tag im Wortlaut ab und erklärte die Auseinandersetzung als beendet. Das böse Wort von der „stinkenden Lederburg" war übrigens im Fremdenblatt gar nicht gebraucht worden[1030].

Für das Bezirksamt war die Sache damit aber noch nicht beendet: Alle Tumultuanten, deren Personalien festgestellt worden waren, erhielten eine schriftliche Verwarnung zugestellt. Der Gemeinde Unter St. Veit wurde schriftlich aufgetragen, in Hinkunft die Ortspolizei ordentlich zu handhaben, widrigenfalls ohne weitere Mahnung ihre Autonomie gemeindeaufsichtlich eingeschränkt werden würde.

b) Die Fräulein's Gaul

Zu den gesetzlichen Aufgaben der Gemeinde gehörte damals auch die Wahrnehmung der sogenannten Gesindepolizei. Darunter verstand man die Aufsicht über die Dienstgeber von Hausgesinde, ob sie die Vorschriften über Lohnzahlung, Arbeitszeiten und Kündigungsfristen einhielten. Im allgemeinen war das eine heikle Sache, denn die zu überwachenden Dienstgeber waren ja meistens sozial höher gestellte Gemeindeangehörige. In Wirklichkeit tat die Gemeinde Unter St. Veit von sich aus aktiv nichts, um dieser Aufgabe gerecht zu werden, sondern nur, wenn Dienstboten aufs Gemeindeamt kamen, um sich über ihre Herrschaft zu beschweren, wurde eben reagiert. Diese Fälle waren gar nicht so

---

1030 Eine Durchsicht des Fremdenblattes von Jänner bis Juli 1868 verlief diesbezüglich negativ.

selten. Meistens handelte es sich um fristlose Entlassungen von Dienstboten nach irgend-einem Streit. Diese liefen dann im Zustand höchster Aufregung direkt von daheim in die Gemeindekanzlei und verlangten Beistand, denn nach damaligem Gesetz durften sie nur mit 14 Tagen Frist gekündigt werden oder, wenn sie schon das Haus sofort verlassen mußten, stand ihnen noch 14 Tage lang der Lohn zu. Hier war auf der Gemeinde Finger-spitzengefühl gefragt, denn die Emotionen beider Streitteile waren normalerweise noch ganz frisch. Manchmal gelang es, die Angelegenheit zu kalmieren, ansonsten mußte mit beiden Teilen ein Protokoll aufgenommen und an das Bezirksgericht Hietzing eingesendet werden. Die noch erhaltenen Akten über die Dienstbotensachen sind eine Fundgrube für Einblicke in das wahre Leben dieser Zeit. Es begegnet einem der betrunkene Knecht der Fleschfabrik, der mit offenem Wagenschlag losfährt und dabei den Vorgartenzaun eines Gasthauses in Trümmer legt. Es begegnet einem der die Pferde unsäglich langsam einspannende Knecht des Metwallwarenfabrikanten Benedikt Menzel, der seinem Herrn sagt, er solle selber einspannen, wenn er schneller sein wolle, worauf er die „Fristlose" erhält, und andere Typen mehr.

Einen wegen seiner Begleitumstände besonders köstlichen Fall wollen wir uns ein wenig genauer ansehen[1031]: In der Reichgasse (h. Beckgasse) wohnten im Jahre 1872 auf Nr. 6 die Schwestern Louise und Marie Gaul, 31 und 33 Jahre alt, beide ledig, mit ihrer Köchin Johanna Strelinger und den drei Kindern von Louise Gaul. Sie waren aus Wien zugezogene, wohlhabende Bürgerstöchter, die keiner bestimmten Beschäftigung nach-gingen. Eines Tages gerieten sie mit ihrer Köchin in einen heftigen Streit, der mit dem sofortigen Hinauswurf der bedauernswerten Köchin samt ihren Habseligkeiten endete. Johanna Strelinger eilte unverzüglich in die Gemeindekanzlei, wo sie den Bäckermeister und Gemeinderat Stephan Wiesner antraf, der gerade den abwesenden Bürgermeister Kremser vertrat. Dort gab sie ihre Klage zu Protokoll, daß ihr beim Hinauswurf der schul-dige Lohn für die nächsten 14 Tage vorenthalten worden sei. Gemeinderat Wiesner schrieb eine sofortige Vorladung an die beiden Schwestern und drückte sie dem Gemeindediener Wodraschka in die Hand, er möge den Schwestern Gaul die Ladung überbringen und sie gleich in die Gemeindekanzlei vorführen. Die Köchin hieß er einstweilen zu warten. Herr Wodraschka begab sich daraufhin in die Reichgasse und befahl den beiden Fräulein's – anscheinend in etwas rüdem Ton – mitzukommen. Darüber echauffierten sich die beiden aufs Höchste und versuchten unnützerweise, den Gemeindediener davon zu überzeugen, daß sie ihre Köchin zu Recht entlassen hatten. Nach längerem Hin und Her gaben sie schließlich der Drohung mit einer Vorführung durch die Gendarmerie nach und gingen mit. Als die drei endlich am Gemeindeamt ankamen, hatte sich Gemeinderat Wiesner in einer anderen Angelegenheit bereits entfernt und Gemeindesekretär Karl Berger mußte die Sache nun in die Hand nehmen. Als dieser nun den Schwestern Gaul die Vorwürfe ihrer Köchin vorhielt, um deren Stellungnahme dazu zu erfahren, erregten sich die bei-den nur maßlos über die Impertinenz ihrer Köchin und nach einem heftigen Wortwechsel

---

1031 Quelle der folgenden Geschichte: AUV 486/1872 und 637/1872.

gingen sie tätlich auf sie los. Die Gemeindebeamten Berger und Wodraschka mußten die Frauen mit Brachialgewalt trennen, um eine handfeste Rauferei in der Gemeindekanzlei zu verhindern. Nach dieser Szene sah sich Gemeindesekretär Berger die Personalien der Schwestern Gaul etwas näher an. Dabei fiel ihm auf, daß sich Louise Gaul auf dem seinerzeitigen Meldezettel als Witwe angegeben hatte; wieso dann die Schwester denselben (Mädchen-) Namen haben konnte, kam ihm spanisch vor. Er witterte Meldebetrug und ließ Louise Gaul einen Identitätszeugen stellig machen, der in Gestalt eines Baron von Sieber auch prompt erschien. Der identifizierte sie zwar als die Nämliche, legte aber offen, daß sie nicht Witwe, sondern ledig sei und ihre drei Kinder unehelich. Nach dieser peinlichen Enthüllung setzte es für Louise Gaul eine Geldstrafe wegen falscher Meldeangaben.

Die Aktenfortsetzung über den Lohnstreit mit der Köchin ist leider nicht erhalten geblieben, sodaß wir den Ausgang dieser Sache nicht kennen. Aber die Geschichte ist noch nicht zu Ende. Die Schwestern Gaul hatten nämlich nachher noch die Stirn, sich bei der Bezirkshauptmannschaft über das „unsolide Betragen" der Gemeindeorgane und über „Nötigung" durch den Gemeindediener zu beschweren. Ihre Beschwerde wurde zwar vollinhaltlich abgeschmettert, aber nun sah sich die Aufsichtsbehörde ihrerseits den Akt etwas genauer an. Und stellte fest, daß die Übertragung derartiger Amtshandlungen auf den Gemeindesekretär völlig unstatthaft ist. Die Gemeinde mußte sich rechtfertigen, warum Bürgermeister Kremser und seine drei in Frage kommenden Stellvertreter nicht persönlich tätig geworden waren. Da diese Rechtfertigung wenig überzeugend ausfiel, endete die Sache mit einer schriftlichen Zurechtweisung des gesamten Unter St. Veiter Gemeindevorstandes.

c) Der Fall Franz Huber

In Unter St. Veit CNr. 14 (=h. Hietzinger Hauptstraße 60) lebte die mäßig wohlhabende, zweifach verwitwete Hausbesitzerin Eleonora Stangelmaier. Ihren Lebensunterhalt bestritt sie von einer Milchmeierei mit neun Kühen[1032]. Bei ihr lebte auch ihr Sohn aus erster Ehe, Franz Huber, ein völlig mißratenes Subjekt und ein Problemfall erster Ordnung. Franz Huber war ein Alkoholiker, der im Rausch äußerst aggressiv werden konnte und wegen verschiedenster Gewalttaten schon vielfach abgestraft war[1033]. Einer geregelten Beschäftigung ging er nicht nach. Seine Mutter und seine Schwestern hatten sehr unter ihm zu leiden und mußten ihn auch noch finanziell aushalten, ansonsten er ihnen das benötigte Geld mit Gewalt abpreßte. Im September 1868 bedrohte er in der Nacht Mutter und Geschwister mit einem Stock und mit den Worten „ein paar müssen hin sein" und provozierte das Einschreiten der Nachtwache. Vorfälle dieser Art gab es immer wieder. Als sich die gefährlichen Drohungen und die Gewalttätigkeit zunehmend gegen unbeteiligte Gemeindebewohner richteten, begannen schon unter Bürgermeister Flesch Bemühungen

---

1032 Viehstandsaufnahme 1871, AUV 484/1872.
1033 Die folgende Geschichte ist entnommen einer Zusammenschau von AUV 258/1868, 24/1869, 299/1869, 340/1869, 25/1870, 394/1872.

der Gemeinde, diesen Franz Huber endgültig in ein „Korrektionshaus" (Arbeitshaus) zu bringen und so loszuwerden. Eleonora Stangelmaier unterstützte diese Bemühungen und erklärte sich ausdrücklich bereit, die Unterbringungskosten ihres Sohnes in einer solchen Anstalt monatlich zahlen zu wollen. Anfang 1869 gab es wieder einmal einen besonders schweren Vorfall: Franz Huber lief mit einem scharfen Messer und einer Mistgabel in der Hand an einem Samstag abends herum und bedrohte wahllos Leute. Den Ortswächtern war es nicht möglich, mit der gefährlichen Situation fertig zu werden, erst einer zu Hilfe geholten Gendarmeriepatrouille aus Hietzing gelang die Arretierung. Bürgermeister-Stellvertreter Anton Kremser berichtete über den Vorfall und charakterisiert die Person Hubers folgendermaßen: *Sparsamkeit, Arbeitslust oder Ordnungsliebe sind ihm gänzlich unbekannt. Seine schwache Seite ist, daß er sich besonders dem Trunke ergibt. ... Er hat im vorigen Jahre eine Erbschaft im Betrage von 1200 fl. in unglaublich kurzer Zeit durchgebracht. Franz Huber achtet weder ein gutes Wort noch das Gesetz. ... Huber ist sehr rauflustig und verwegen, er ist in unserer Gemeinde eine äußerst gefürchtete und gehaßte Person,* weshalb er, Kremser, dessen Einweisung in eine Korrektionsanstalt beantrage. Das Bezirksgericht Hietzing blieb sehr zum Mißfallen der Gemeinde untätig. Nur zwei Wochen später benahm sich Franz Huber wieder exzessiv gegen seine Mutter und seine vier Schwestern, sodaß sie auf die Straße flüchten mußten, danach mußte die Ortswache die ganze Nacht vor dem Haus stehen, um die Bedrohten zu schützen. Das Gericht blieb weiterhin untätig.

Nach einigen Monaten beging Huber im August 1869 wiederum eine schwere Körperverletzung, indem er dem Ortsbewohner Michael Bruckner eine Heugabel derart in die Schamteile stieß, daß dieser sofort ins Spital gebracht werden mußte. Nun kam er endlich ins Korrektionshaus, dessen Kosten von 24 fl. monatlich die Mutter sodann regelmäßig überwies.

Nach drei Jahren wurde er wieder freigelassen und kehrte zu seiner Mutter Eleonora Stangelmaier nach Unter St. Veit zurück. Am 10. Juli 1872 wurde der Gemeindearzt Dr. Blickhan dringend zu Frau Stangelmaier gerufen und fand sie mit verletztem Arm und ausgerenktem Ellbogen vor. Nun stellte sich heraus, daß Franz Huber soeben seinen fünften (!) Selbstmordversuch begangen hatte. Die Mutter und eine Schwester hatten ihn, schon am Strick hängend, aber noch lebend, vorgefunden und heruntergeschnitten. Dabei hatte er sich so heftig gewehrt, daß die Mutter verletzt zurückblieb. Dr. Blickhan sorgte nun für seine Einweisung in eine Anstalt für Geisteskranke, wo Franz Huber wahrscheinlich gestorben ist, denn danach reißen die Nachrichten über ihn endgültig ab.

d) Jagd auf Verkehrssünder

Ab 1868 galt in Niederösterreich ein früher Vorläufer der heutigen Straßenverkehrsordnung, nämlich die niederösterreichische Straßenpolizeiordnung, deren Einhaltung von den Sicherheitsorganen der Gemeinden zu überwachen war[1034]. Diese Straßenpolizei-

---

1034 Gesetz vom 24. Oktober 1868 womit eine Straßenpolizeiordnung für die öffentlichen, nicht ärarischen Straßen des Erzherzogthumes Österreich unter der Enns mit Anschluß der Haupt- und Residenzstadt Wien

ordnung enthielt nur sehr wenige, ganz allgemeine Regelungen über das Befahren der Straßen, die meisten davon waren zeittypisch. So etwa war das schwerste Delikt, das ein Kutscher überhaupt begehen konnte, das Schlafen auf dem Kutschbock während der Fahrt. Verboten war im Ortsgebiet auch das Schnalzen mit der Peitsche. Für alle Arten von Fuhrwerken und Karren galt Linksfahrordnung. Spezielle Verkehrsgebote oder Verkehrszeichen gab es zunächst für Unter St. Veit nicht. Mit der Verbauungsdichte und mit dem florierenden Ausflugs- und Fremdenverkehr stieg jedoch der Verkehr ganz bedeutend an und damit auch die Notwendigkeit, hier ortspolizeilich auf Ordnung zu sehen. 1884 beschloß der Gemeindeausschuß, *daß das Befahren der Trottoirs in der Gemeinde Unter St. Veit mit was immer für einem Fuhrwerke, daher auch mit Schiebekarren und von Menschen oder Hunden gezogenen Wägelchen, sowie auch das Reiten oder das Führen und Treiben von Vieh auf den Trottoirs in der Gemeinde Unter St. Veit bei strenger Ahndung und Strafe verboten ist*[1035]. Spazierritte auf dem Trottoir waren übrigens eine alte Unsitte der Galanteriewarenfabrikantensgattin Anna Weidmann gewesen, deretwegen sich sogar Bürgermeister Heß von Hacking bei seinem Unter St. Veiter Amtskollegen beschwert hatte, er möge das abstellen, das Trottoir sei für die Promenierenden, aber nicht für die Pferde errichtet[1036].

Lange Jahre war die Verkehrsüberwachung offenbar kein Gegenstand des besonderen Augenmerks der beiden Unter St. Veiter Wachmänner. Mit 1. März 1888 wurde der alte Wachmann Anton Wodraschka gekündigt und nach öffentlicher Ausschreibung der Stelle der neue **Sicherheitswachmann Josef Mohr** aufgenommen[1037]. Nun wehte plötzlich ein ganz anderer Wind. Wachmann Mohr war in den Ausrüstungs- und Verkehrsvorschriften für Fuhrwerke und Gespanne aller Art bestens geschult und er besaß sichtlich Ehrgeiz. Zweifellos spielte auch eine Rolle, daß der neue Wachmann für sich den sehr hohen Jahresgehalt von 400 fl. zuzüglich Quartiergeldersatz herausgehandelt hatte (der Gemeindediener Böck erhielt 50 fl.!) und seinem neuen Dienstgeber beweisen mußte, daß er „sein Geld wert" war. Und so hagelte es bis Jahresende 1888 insgesamt 35 (erhalten gebliebene, vermutlich noch mehr) Anzeigen wegen Verkehrsdelikten[1038]. Für damalige Verkehrsverhältnisse und für eine so kleine Gemeinde eine ungeheure Anzeigenflut. In den ersten Monaten schrieb Wachmann Mohr noch jede Anzeige händisch, dann ließ er sich ein Anzeigeformular drucken, in das er nur noch den Namen des Delinquenten und die begangene Tat einsetzen mußte. Die Zusammenschau dieser 35 Anzeigen ergibt ein buntes Bild des damaligen Verkehrslebens.

Die häufigste Anzeige lautete auf „Schnellfahren über die Kreuzung". Rein formal war die Querung der (Hietzinger) Hauptstraße durch die Kirchengasse, h. St.-Veit-Gasse, eine „Kreuzung". Nur nahm das kaum ein Kutscher als Kreuzung wahr, denn die Hauptstraße lag breit und gerade vor ihm und lud einen geradezu ein, die Pferde ein bißchen anzu-

erlassen wird, LGBl. 15/1868.
1035 GAU 30.1.1884 Pt. 2.
1036 AUV 308/1874.
1037 GAU 3.2.1888 Pt. 1 und 29.2.1888 Pt. 5.
1038 Alle in AUV Fasz. 1888 erliegend, aus diesem Konvolut schöpft die folgende Darstellung.

treiben. Wachmann Mohr brauchte sich daher nur einige Häuser weiter hinter einen Vorsprung zu stellen und schon fuhr ihm die Beute vor den gezückten Notizblock. Bog einer zu forsch aus der Kirchengasse in die Hauptstraße ein, dann beging er eben das Delikt „Schnellfahren über die Ecke". Standardmäßig kostete Schnellfahren einen Gulden, der in die Gemeindekasse floß. Manchmal beanstandete Wachmann Mohr in den Abendstunden auch nichtbeleuchtete Fuhrwerke. Einmal mußte er sogar ein gemeingefährliches Gespann der Hütteldorfer Brauerei zum Stehen bringen, dessen Kutscher während der Fahrt eingeschlafen war.

Die auswärtigen Fahrer und Kutscher zahlten üblicherweise widerspruchslos, wollten sich sichtlich mit einem ihnen unbekannten Wachmann auf nichts einlassen, vor allem wenn sie sozial höhergestellt waren, wollten sie wohl auch kein Aufsehen erregen. Und Wachmann Mohr strafte ohne Ansehen von Rang und Namen ab: den Kutscher des Unter St. Veiter Bäckermeisters Löffler, den Hetzendorfer Fleischhauer Endlweber, den Baumgartner Fleischermeister Kosteletz, den Ober St. Veiter Villenbesitzer Schulda, sogar den reichen Fünfhauser Essigfabrikanten Czernay, um nur einige Namen zu nennen. Doch bei den routinierten Lohnkutschern der näheren Umgebung, die wahrscheinlich sehr bald über die neuen Verhältnisse Bescheid wußten und sicher keine „Waserln" waren, traf er bald auf Widerstand. Ein Sechshauser Kutscher nannte dem Wachmann eine Phantasieadresse, unter der er nie ausgeforscht werden konnte. Die Kutscher des Hietzinger Fuhrwerkers Karl Fuhrmann ließen ihre Strafverfahren an die Gemeinde Hietzing delegieren, wo sie meist – vermutlich dank der guten Beziehungen ihres Dienstherren – der Bestrafung entgingen. Oder sie erfanden kuriose Rechtfertigungen: Ein Rudolfsheimer Fleischkutscher, der zu schnell durch die enge Fleschgasse gefahren war, behauptete, dort sei seinem Pferd einmal ein Ziegel auf den Kopf gefallen, seither scheute es immer an dieser Stelle und fange von selbst unbändig zu galoppieren an...

Nach rund einjährigem Wirken von Wachmann Mohr sah sich der Gemeindeausschuß genötigt, die Aufstellung von **Warntafeln** wegen Langsamfahrens über die Kreuzungen und bei dem Schulgebäude zu beschließen[1039]. Kurz bevor die Aufstellung erfolgte, kam es noch einmal zu einer regelrechten Wildwestszene: Am 23. Juni 1888 ließ sich ein Kutscher auf der Unter St. Veiter Hauptstraße das berühmte „Schnellfahren über die Kreuzung" zuschulden kommen – nach Ansicht von Wachmann Mohr jedenfalls. Der Betroffene sah das anders, er fahre seit 16 Jahren, aber er habe hier noch nie eine Kreuzung gesehen, widersprach er dem Wachmann. Als er seine Personalien angeben sollte, hieb er wortlos in die Pferde hinein und fuhr in schnellstem Tempo Richtung Hietzing davon. Wachmann Mohr enterte ein in der Nähe stehendes Fuhrwerk und jagte ihm nach. Zufällig stand in Hietzing gerade der dortige Wachmann Josef Frömel, der die Situation sofort erfaßte und die Straße sperrte. Gemeinsam überwältigten sie den Flüchtenden. Nun gab er gezwungenermaßen doch seine Personalien an: Karl Huber, Bedienter bei Baron Sina. Seine Strafe fiel saftig aus.

1039 GAU 29.5.1888 Pt. 3.

Nach nur elf Monaten schied Josef Mohr aus dem Dienst der Gemeinde Unter St. Veit wieder aus, warum wissen wir nicht. An seine Stelle trat der Sohn des alten Wachmannes Wodraschka, Josef Wodraschka. Die Zahl der Anzeigen wegen Verkehrsdelikten sank daraufhin sofort deutlich ab. Josef Mohr überlebte aber in den von ihm entwickelten Unter St. Veiter Anzeigeformularen, die der junge Wodraschka bis zur Eingemeindung weiterverwendete.

e) Die Vaterschaft des Herrn Hadelmayer

In Oberwaltersdorf bei Wiener Neustadt scheiterte irgendwann im September 1860 die Ehe des Anton und der Anna Maria Hadelmayer – warum, verraten die Akten nicht. Damals galt für Katholiken noch kirchliches Eherecht, eine Scheidung war rechtlich nicht möglich, nur faktisch konnten die Ehegatten einander verlassen. Dies tat Herr Hadelmayer auch und übersiedelte alleine nach Unter St. Veit, seine Angetraute blieb in Oberwaltersdorf zurück. Herr Hadelmayer muß sehr wohlhabend gewesen sein, er konnte es sich leisten, zu privatisieren, was in seinem Falle so aussah, daß er tagtäglich reihum die Unter St. Veiter Wirtshäuser frequentierte und zwischendurch immer wieder einmal auf Reisen ging. Acht Jahre nach der Trennung bekam Anton Hadelmayer völlig unerwartete Post vom Oberwaltersdorfer Pfarrer, der ihm mitteilte, daß er am 11.9.1868 soeben glücklicher Vater einer ehelichen Tochter namens Maria Hadelmayer geworden sei und er sich in Anbetracht seiner Ortsabwesenheit um deren Unterhalt kümmern möge.

Herr Hadelmayer fiel aus allen Wolken. Klarerweise war er nicht der natürliche Vater dieses Mädchens. Aber er hatte die gesetzliche Vermutung des bürgerlichen Rechts gegen sich, daß jedes in aufrechter Ehe geborene Kind als ehelich gilt, solange nicht in einem Gerichtsverfahren das Gegenteil bewiesen wird. Also nahm er sich einen Advokaten und brachte beim Bezirksgericht Hietzing eine „Ehelichkeitsbestreitungsklage" ein[1040]. Da es in dieser Zeit noch keine medizinischen Vaterschaftstests gab, konnte ein Mann den Beweis seiner Nichtvaterschaft nur durch strengen, lückenlosen Nachweis erbringen, daß er in der fraglichen Zeit vor der Geburt mit seiner Frau niemals zusammengekommen sein konnte. Diesen Beweis versuchte Herr Hadelmayer also anzutreten. Zu diesem Zwecke bemühte er die Unter St. Veiter Gastwirte als Zeugen: Bürgermeister und „Rösselwirt" Anton Kremser sowie der Gastwirt Paul Eckhart traten vor dem Bezirksgericht in der Trauttmansdorffgasse auf und bestätigten, daß der Kläger bei ihnen permanent gezecht habe. Sie mußten aber zugeben, daß der Kläger manchmal auf einige Wochen aus dem Ort verschwunden war und niemand genau wußte, wo er gerade herumreist. In den Gasthäusern Groissinger und Kutzenberger („Zum Schwarzen Adler") scheint Herr Hadelmayer nicht verkehrt zu haben, oder jedenfalls brachte er von dort keine Zeugen zustande. Hingegen brachte er noch einen Zechkumpanen namens Karl Seif als Zeugen mit, der schwankend vor Gericht erschien und mit schwerer Zunge behauptete, er habe

---

1040 Der Prozeßakt ist noch erhalten und diente als Grundlage der ganzen hier erzählten Geschichte: WStLA Bezirksgericht Hietzing, Akt III 609/1869.

die letzten neun Monate vor der Geburt mit dem Kläger so gut wie Tag und Nacht durchgezecht, was freilich dem Hietzinger Bezirksrichter wenig glaubwürdig erschien. Da half dann auch der Zeuge Anton Stelzer nichts mehr, der das häufige Einkaufen des Herrn Hadelmayer in seiner Fleischerei bestätigte.

Um nun vor Gericht nicht ganz unterzugehen, bemühte sich der Anwalt des Klägers darum, der Gattin Anna Maria Hadelmayer gerichtlich eine Eidesablegung auftragen zu lassen, wonach sie niemals Ehebruch begangen habe. Das Kalkül dahinter war wohl, sie unter Gewissenszwang zum Eingeständnis eines solchen zu bringen. Dieser Antrag ging durch alle Instanzen bis zum kk. Obersten Gerichtshof – erfolglos. Rund drei Jahre nach der unerwarteten Geburt bekam es Herr Hadelmayer von den Höchstrichtern schriftlich, daß es im Ehelichkeitsprozeß zwar zulässig sei, daß die Frau ihren Ehebruch gestehe, daß es aber unzulässig sei, sie das Gegenteil per Eid schwören zu lassen. Da die Unter St. Veiter Gastwirte, sein Zechkumpan und der Fleischhauer mit ihren Aussagen nicht genügten, um seine Vaterschaft ausschließen zu können, sei eben er, Anton Hadelmayer, vor dem Gesetz der Vater. Und als solcher habe er die Alimente für drei Jahre nach- und für die Zukunft weiterzuzahlen. Zwischen den Zeilen hört man aus der Urteilsbegründung allerdings das Mitgefühl der Richter mit dem bedauernswerten Kläger heraus, der zum Schaden noch den Spott hatte. Immerhin erließen sie ihm „aus Billigkeitsgründen" den gesamten Prozeßkostenersatz. Als das Bezirksgericht Hietzing eine Art Schlußverfügung zustellen wollte, um seinen Akt abschließen zu können, war sie unzustellbar und der Herr Hadelmayer bereits unauffindbar verschwunden.

10. Armenwesen

a) Die dörfliche Unterschicht

Von der sozial vielfältig gestuften Bewohnerschaft der Dörfer Ober- und Unter St. Veit ist die Unterschicht quellenmäßig am schwersten faßbar, zahlenmäßig ist sie überhaupt nicht genau bestimmbar. Gemeint sind hier die mit wenig Bildung und gar keinem Vermögen versehenen Leute, die in irgendeiner – unsicheren – Lohnabhängigkeit ihren Unterhalt fanden. Im Bereich von St. Veit waren es hauptsächlich die Knechte und Mägde der Meiereien, dann die Dienstboten und Tagelöhner. Diese Bevölkerungsgruppe war das Hauptreservoir, aus dem sich die Ortsarmen rekrutierten – dann nämlich, wenn sie durch Alter oder Krankheit nicht mehr erwerbsfähig waren, und wenn auch keine Familienangehörigen oder Versorgungskassen ihren Unterhalt übernehmen konnten. Als Ortsarme mußten sie dann von der Gemeinde versorgt werden.

Eine zahlenmäßig bedeutende Gruppe waren auch die **Fabrikarbeiter** der Wagenfabrik Rohrbacher, der Lederfabrik Flesch, der Hutfabrik Bossi und der Färberei Winkler & Schindler. Sie bestanden überwiegend aus auswärtigen Zuwanderern, die zwar im Gemeindegebiet wohnhaft waren, hier aber kein „Heimatrecht" erhielten (dazu näher unten 10.b). Diese Gruppe trat zwar mit mancherlei Unterschichtverhalten, wie ungehemmtem öffentlichem Alkoholismus, in Erscheinung, aus ihren Reihen kamen auch etliche Kleinkriminelle. Soweit diese Leute zu ihren Herkunftsgemeinden heimatzuständig waren, mußten sie die hiesigen Gemeinden aber im Armutsfalle **nicht** versorgen.

Diesen Unterschichten entstammte eine Reihe ganz **markanter sozialer Typen**, die in der örtlichen Erinnerung lebendig geblieben sind. Neben verschiedensten Überlieferungen in der Heimatliteratur hat ihnen vor allem J. Vinzenz ein literarisches Denkmal gesetzt[1041]. Zu ihnen zählen etwa die **„Büchsen-Resl"**, eine schrullige Alte, die ständig mit einer Sammelbüchse für die Armen unterwegs und der Schrecken aller Dorfkinder war[1042]; oder der **„Brummer Peterl"**, ein alter zittriger Mann, der sich bei einem Trödler eine Dienstmannkappe gekauft hatte und bei der Endstation der Stellwägen aus Wien den ankommenden Fahrgästen seine Dienste anbot[1043]. Erwähnenswert ist auch der bei J. Vinzenz mit mehreren Geschichterln verewigte **„Perl-Hatschi"**: Mit richtigem Namen hieß er Karl Perl und war eines von acht Kindern des Leonhard Perl[1044]. *Unser Hatschi war ein etwas in Mißkredit stehender Einwohner meines Heimatortes, ... sozusagen unser Dorflump. Mein Gott, ein bisserl halt, daß er sich gegen das siebente Gebot vergangen, und so war er halt öfter im ‚Kotterl' zu Gast. Ansonsten aber war er ein friedliebender Mensch*[1045]. Sein Strafakt beschreibt ihn viel nüchterner: *Ledig, Augenfarbe blau, Lohnarbeiter, arm, 2 Zähne fehlen, Bartanflug, schmächtig*[1046].

Vater Leonhard Perl war gelernter Druckergeselle und einige Jahre in der Druckfabrik Bracht & Königs in Penzing angestellt. Später scheint er dann als Teichgräber und dann nur noch als Taglöhner auf. Er war ein schwerer Trinker, der im Rausch gewalttätig wurde, besonders mißhandelte er Frau und Kinder – Sohn Karls hinkender Gang, auf den der Spitzname „Hatschi" gemünzt ist, könnte durchaus von einer Mißhandlung im Kindesalter herstammen. Der Einweisung in das Arbeitshaus entging der Vater nur deshalb, weil die Gemeinde davor zurückschreckte, dann seine vielen Kinder aus der Armenkasse erhalten zu müssen[1047]. Ein Bruder des Hatschi, Michael, wurde ein schwerkrimineller Gewalttäter, der jahrelang in der Strafanstalt Suben einsaß[1048]. Der „Hatschi" war tatsächlich, wie J. Vinzenz es beschreibt, nur ein Kleinkrimineller, sein Standarddelikt waren kleinere

1041 Soweit die Vinzenz-Geschichten nicht im Sammelwerk „Erlebtes und Erlauschtes aus Wiens Vorstadt" (Anm. 2) enthalten sind, sind sie auf zahlreiche Zeitungsfeuilletons, meistens im „Kleinen Volksblatt", verstreut und nur schwer auffindbar.

1042 Felix Steinwandtner, Die Büchsen-Resl – ein Ober St. Veiter Original. In: Das Ober St. Veiter Blatt´l, 7. Ausgabe (Herbst 1999), nicht paginiert; Die Büchsen-Resl ist ferner unter der Überschrift „Ober St. Veiter Typen" dargestellt in: Ober St. Veiter Caricaturen, zum Besten des Ober St. Veiter Verschönerungsvereines herausgegeben von Fritz Sallmann (Nr. 1, 1887) [nur diese einzige Nummer erschienen, einziges erhaltenes Exemplar im BM Hietzing].

1043 Wohnungsbögen zur Volkszählung 1880, WStLA Gem. XIII/4, A 7/3, CNr. 281: Peter Brummer, geb. 5.8.1821 in Ober St. Veit, Dienstmann, wohnhaft (h.) Bowitschgasse 3; auch der Dienstmann Peter Brummer ist in den Ober St. Veiter Caricaturen (Anm. 1042) dargestellt.

1044 Wohnungsbögen zur Volkszählung 1880, WStLA Gem. XIII/4, A 7/3, CNr. 334: Karl Perl, geb. 6.1.1857, früherer Wohnort CNr. 63 = Hietzinger Hauptstraße 148.

1045 J. Vinzenz, Erlebtes und Erlauschtes aus Wiens Vorstadt (Anm. 2), 33.

1046 Auskunftstabelle Karl Perl vom 7.12.1891 in AOV 1891/o.Zl.

1047 ASV 24/1852, 350/1853.

1048 AOV 1989/1874.

Abb. 58 und 59: Die „Büchsenresl" und der „Perl-Hatschi", zwei Typen aus der sozialen Unterschicht Ober St. Veits.

Diebstähle. Bis zu seinem 34. Lebensjahr hatte er es damit schon auf sieben gerichtliche Vorstrafen gebracht. 1891 verübte er mit zwei Komplizen erstmals einen schweren Diebstahl, wofür er ein Jahr schweren Kerkers erhielt, danach wurde er unter Polizeiaufsicht gestellt[1049].

Generell tut man sich schwer mit Informationen über das Leben dieser Leute. In Akten oder Berichte fanden sie meist nur dann Eingang, wenn sie etwas angestellt hatten oder einen Antrag auf Armenversorgung stellten – ein eher zufälliger Ausschnitt aus ihrer Lebensgeschichte. Am Ende ihres Lebens konnten sie sich auch keine Grabsteine leisten, sodaß uns auch die alten Gräber des Ober St. Veiter Friedhofes im wesentlichen nur einen historischen Spiegel der dörflichen Ober- und Mittelschichten zeigen.

b) Die Armenversorgung

Bis zur Mitte des 19. Jahrhunderts befand sich das System der Armenpflege noch in jenem Zustand, den die Reformen Kaiser Josefs II. geschaffen hatten[1050]. 1783 hatte er als

---

1049 Auskunftstabelle (Anm. 1046).
1050 HLW Bd. 2 (1993) S. 440 f., Stichwort „Fürsorge"; grundlegend: Magistrat der Stadt Wien (Hg.), Das öffentliche Armenwesen in Wien – eine Skizze seiner geschichtlichen Entwicklung (Wien 1946) 11–40.

grundlegenden Träger der Fürsorge die **Pfarrarmeninstitute** ins Leben gerufen, je eines in jedem Pfarrsprengel, an dessen Spitze der Pfarrer stand, dem ein Armenvater und mehrere Rechnungsführer zur Seite standen. Sie hatten die ganze praktische Kleinarbeit der Almosensammlungen und -beteilungen unentgeltlich zu führen. Auch in der Pfarre St. Veit bestand, für Ober- und Unter St. Veit gemeinsam, ein solches Pfarrarmeninstitut. 1870 wurden die Pfarrarmeninstitute in ganz Niederösterreich aufgelöst und ihre Aufgaben auf die Gemeinden übertragen[1051]. Bei dieser Gelegenheit wurde das noch vorhandene restliche Vermögen zwischen den Gemeinden Ober- und Unter St. Veit geteilt[1052].

Parallel zu den Pfarrarmeninstituten gab es aber seit 1850 eine **gemeindeeigene Armenfürsorge**, denn nach dem provisorischen Gemeindegesetz von 1849 hatten die Gemeindeangehörigen das *Recht auf Versorgung nach Maßgabe der nachgewiesenen Bedürftigkeit*[1053]. Die Gemeinde St. Veit faßte bereits 1851 den Grundsatzbeschluß, den unterstandslosen Ortsarmen unter 60 Jahren 4 Kreuzer, denjenigen über 60 Jahren 6 Kreuzer täglich zu verabfolgen, soferne ihre Erwerbsunfähigkeit ärztlich bestätigt war[1054]. Das Heimatrechtsgesetz von 1863 bestätigte schließlich die grundlegende Regelung, dass das Heimatrecht in einer bestimmten Gemeinde dieser gegenüber einen Anspruch auf Armenversorgung gewährt[1055]. Das Nebeneinander der Fürsorge durch das Pfarrarmeninstitut einerseits und durch die Gemeinde andererseits in der Periode zwischen 1850 und 1870 ist im Falle von St. Veit nicht mehr genau nachvollziehbar. Als erste von der Gemeinde bestellte Armenväter finden wir 1861 Anton Kemptner (für Ober St. Veit) und Anton Stelzer (für Unter St. Veit)[1056]. Spätestens seit 1863 betrieben beide Ortsgemeinden jedenfalls ein vollumfängliches System der Armenversorgung. Das Pfarrarmeninstitut St. Veit scheint ab diesem Zeitpunkt bis zu seiner formellen Auflösung (1870) keine Rolle mehr gespielt zu haben.

Wegen des Rechtsanspruches auf Armenversorgung wehrten sich Ober- und Unter St. Veit konsequent gegen alle Einbürgerungswünsche nicht wohlhabender Personen[1057]. Ähnlich ablehnend scheinen auch die auswärtigen Gemeinden verfahren zu sein, in welchen sich aus St. Veit gebürtige, mittellose Personen niederließen. So entstand der Zustand, daß die von der Gemeinde Ober St. Veit zu versorgenden „Ortsarmen" zu einem guten Teil über auswärtige Orte verstreut waren, vor allem Ottakring und Meidling, wo sich billige Mietskasernen befanden[1058], während alle nicht wohlhabenden Zuwanderer in Ober- und Unter St. Veit auf Dauer „Fremde" blieben.

1051 nö. Landesgesetz betreffend die Übergabe des Vermögens der Pfarrarmeninstitute in die Verwaltung der Gemeinden, LGBl. 21/1870.
1052 Einzelheiten des Vorganges s. oben IX.1.a) und Anm. 745.
1053 § 22 Zif. 3 Provisorisches Gemeindegesetz RGBl. 170/1849.
1054 GAS 5.5.1851 Pt. 2.
1055 Zum Heimatrecht im Einzelnen s. oben Abschn. VII.
1056 GAS 21.1.1861 Pt. 19.
1057 Beispiele für Ablehnungen von Einbürgerungen wegen Mittellosigkeit des Bewerbers: GAS 28.5.1851, GAS 2.6.1851 ; GAO 28.4.1868 Pt. 7; GAO 5.9.1877 Pt. 3; GAU 23.6.1882 Pt. 4; GAU 29.2.1888 Pt. 2.
1058 Dies ist aus den zahlreichen, im Gemeindeausschuß abgehandelten Unterstützungsanträgen auf Versorgungsleistungen ersichtlich.

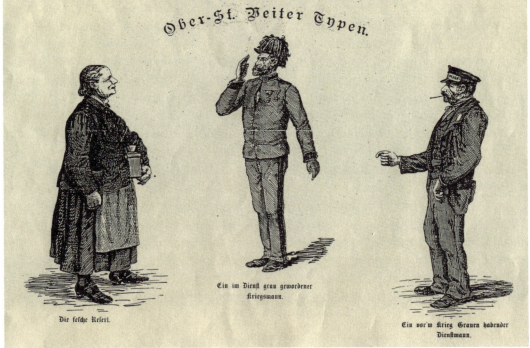

Abb. 60 und 61: Teil des Titelblattes und ein Ausschnitt aus der Seite 2 der „Ober St- Veiter Caricaturen"
vom 4. September 1887. Im Titelblatt wurde die Feier zur Inbetriebnahme der Dampftramway verarbeitet
(siehe auch Kapitel VIII.3.a), der Ausschnitt aus Seite 2 gibt einen Eindruck von den Ober St. Veiter Typen,
darunter wieder die „Büchsenresl" (links) und der „Brummer Peterl" (rechts).

Ab 1863 war das gemeindliche Armenwesen definitiv so organisiert, daß es einen
eigenen Armenausschuß mit mindestens drei Mitgliedern gab, der aus seiner Mitte einen

Vorsitzenden wählte – in alter Tradition nannte man ihn **Armenvater**, obwohl es diese Bezeichnung offiziell nicht mehr gab. Der Armenausschuß wurde jedesmal nach Neuwahlen des Gemeindeausschusses aus seiner Mitte neu bestellt – in der Regel also alle drei Jahre[1059]. Das Amt des Armenvaters war mit hoher sozialer Verantwortung verbunden und wurde nur angesehenen Männern übertragen, es war strikt unentgeltlich auszuüben[1060].

Unter den Armenvätern ragt die Persönlichkeit des **Stephan Witte** besonders heraus. Er war ein gebürtiger Ungarndeutscher, der im Alter von sechs Jahren Waise geworden und von einer Gräfin Orczy, geborene Pejacsevich, in ihrem Budapester Hause aufgezogen worden war. Dieser Gräfin diente er dann bis zu ihrem Tode als Haushofmeister, wobei er später die Wohnsitzverlegung der Gräfin nach Wien mitmachte. Er scheint von seiner Gräfin eine namhafte Erbschaft erhalten zu haben, und verbrachte als wohlhabender Mann die Pension in Unter St. Veit, wo er ein Haus in der Zwerchgasse 8 ankaufte. Dort engagierte er sich mit ganzer Kraft in der Armenfürsorge[1061]. Sein eigenes Schicksal als Vollwaise, der durch adeliges Gönnertum zum angesehenen Mann geworden war, dürfte ihm dabei die Triebfeder gewesen sein. 1870 wurde er erstmals zum Armenvater gewählt[1062]. Gleich zu Beginn seiner Amtszeit setzte er durch, daß die Gemeinde der Armenkasse ein Darlehen von 300 fl. gewährte, um den Standard der Armenfürsorge anheben zu können[1063]. Das Geld dürfte er durch energisches Spendensammeln in der Folge wieder hereingeholt haben. 1876 spendete er aus eigenem Geld 500 fl. für den Bau des Unter St. Veiter Armenhauses[1064], wofür er mit der Ehrenbürgerschaft ausgezeichnet wurde[1065]. Nach seinem Tod im Jahre 1886 hinterließ er den Unter St. Veiter Ortsarmen ein bedeutendes Vermächtnis[1066].

Die jährliche **Armenrechnung** war ein paralleler Rechnungskreis außerhalb des Gemeindebudgets. Der Armenausschuß führte dazu eine eigene Armenkasse, zu der nur der Armenvater und ein Mitsperrer den Schlüssel hatten. Der Großteil der Einkünfte wurde aus mildtätigen Gaben wohlhabender Bürger bestritten, ferner aus den Zinsen einiger Stiftungssparbücher. Außerdem flossen alle einbezahlten Strafgelder für Polizeiübertretungen direkt in die Armenkassa. In Ober St. Veit waren überdies die Erträgnisse des alljährlichen **Armenballes** eine der bedeutendsten Einnahmen der Armenkassa. *Der Armenball war die vornehmste Veranstaltung des Faschings, wer ihn besuchte, ließ sich's etwas kosten,* berichtet uns der Chronist Vinzenz. *Die Mägdeleins mit Heiratsabsichten erschienen da nicht in einem billigen Fähnchen, da wurde die Schneiderin mobilisiert, die*

1059 Einzelheiten s. §§ 9-17 nö. LGBl. 21/1870.
1060 Liste der noch eruierbaren Armenväter s. Anhang I.
1061 Stefan Witte, geb. 19.8.1809 in Erdőkövesd, Komitat Heves, 1815 verwaist, 1841 nach Wien übersiedelt (Angaben nach dem Text auf der Rückseite seines Portraits, das die Gemeinde Unter St. Veit 1884 von ihm anfertigen ließ – heute im Besitz des Bezirksmuseums Hietzing); gest. 24.11.1886 in Unter St. Veit, Zwerchgasse 8 an Lungentuberkulose (Sterbebuch der Pfarre Ober St. Veit VII-G, fol. 293, wo St. Witte als „Witwer und Privatier" bezeichnet wird).
1062 GAU 30.11.1870 Pt. 6.
1063 GAU 19.1.1871 Pt. 1.
1064 GAU 27.12.1876 Pt. 5.
1065 GAU 27.12.1876 Pt. 6; zur Erbauung des Armenhauses s. oben IX.1.b.
1066 GAU 3.2.1887 Pt. 1.

Abb. 62: Der Unter St. Veiter Armenvater Stephan Witte in einem Porträt aus dem Jahr 1884.

ein Ballkleid aufbaute, auf dem alles hing, was gut und teuer war. ... Der Herr Vater hatte die vertrauenerweckende Brieftasche zu sich gesteckt. Es ließ sich da niemand spotten[1067]. Die Spenden aller Ballgäste für die Ortsarmen verzeichnete man feinsäuberlich in einer Liste, die sodann gedruckt und veröffentlicht wurde. In dieser Liste vorzukommen war Ehren- und Prestigesache, kein namhafter Ortsbürger fehlte darin. Die Spenden beim Armenball deckten allein ungefähr ein Viertel des Jahresbudgets der Armenkassa, welche etwa im Jahr 1886 Einnahmen von 910 fl. 97 x aufwies[1068]. Auch Unter St. Veit hatte übrigens seinen Armenball, er war aber – der fehlenden Wohlhabenheit des Ortes entsprechend – unbedeutend[1069].

c) Pfründner

Für Leute, die vollständig bedürftig waren, aber noch irgendwo ein eigenes Obdach hatten, gab es feste monatliche Geldzuwendungen. Man nannte diese Geldleistung die **Pfründe**. Wer eine solche in Anspruch nehmen wollte, mußte sich einer genauen Untersuchung durch den Armenvater unterziehen. Dabei wurde vor allem festgestellt, ob nicht noch irgendwelche unterhaltspflichtige Angehörige, vor allem erwerbsfähige Kinder, vorhanden waren. War die körperliche Arbeitsunfähigkeit nicht völlig offensichtlich, untersuchte auch der Gemeindearzt den Bewerber. Sodann erhielt die betreffende Person das „Armutszeugnis" und damit das Recht, eine monatliche Pfründe in Geld zu beziehen. Die letzte Entscheidung über Gewährung oder Ablehnung einer Pfründe fiel stets im Gemeindeausschuß in öffentlicher Sitzung. Wenn alles klar war, wurde die Pfründe ohne Wenn und Aber gewährt[1070]. In Zweifelsfällen wurde eine noch genauere Prüfung angeordnet, die dann regelmäßig mit Ablehnung endete – die erfahrenen Gemeindeväter dürften ein gutes Gefühl für die Unterscheidung von echter Armut und bloßer Arbeitsscheu gehabt haben[1071].

Die Höhe der monatlichen Pfründe war sehr bescheiden – einige wenige Gulden pro Monat, gerade genug, um notdürftig zu überleben. Als 1883 die **Fürstin Leopoldine von Palm-Gundelfingen** starb, vermachte sie den Ortsarmen von Unter St. Veit ein Legat von 10.000 fl. Bei der offiziellen Bekanntgabe dieser Zuwendung, die höher war als ein gan-

---

1067 J. Vinzenz, Fasching im alten Ober St. Veit. In: Volkszeitung 27.2.1938, S. 68.
1068 Eine solche Spendenliste samt „Rechnungsausweis des Armen-Institutes Ober St. Veit" liegt etwa der gedruckten Jahresrechnung für das Verwaltungsjahr 1886 bei (UB Wien, Sammelsignatur 35.484/Ober St. Veit).
1069 GAU 27.2.1885 Pt. 2.
1070 Beispiele für Gewährungen: GAS 21.11.1865 Pt. 7 (Weber'sche Kinder); GAO 19.1.1870 Pt. 3 (Witwe Breyer); GAO 6.9.1870 Pt. 6 (Billy'sche Kinder); GAU 19.4.1872 Pt. 3 (Elisabeth Hubauer), detto Pt. 5 (Josef Loisl); GAU 26.9.1876 Pt. 4 (Rosalia Berescher); GAU 12.11.1877 Pt. 3 (Anna Herrmann); GAO 26.7.1878 Pt. 2 (Anna Perl); GAU 5.3.1880 Pt. 5 (Barbara Zeemann, Anna Bruckner); GAU 30.1.1884 Pt. 9 (Katharina Reis, Cäcilia Hegenberger); GAO 3.7.1886 Pt. 2 (Karoline Linner); GAU 25.7.1884 Pt. 4 (Wilhelm Schrammel); GAO 3.9.1887 Pt. 1 (Witwe Grininger, Josefa Reigl, Maria Klimesch).
1071 Beispiele für Ablehnungen: GAO 28.4.1868 Pt. 4 (Kind der Therese Loth); GAO 16.12.1874 Pt. 4 (Eheleute Konrad: spekulierten nur auf Hilfe wegen ihrer Körpergebrechen, haben erst kürzlich ihr Haus verkauft, es liege überhaupt keine unverschuldete Armut vor); GAU 5.3.1880 Pt. 5 (Andreas Hegenberger).

zes Jahresbudget der Gemeinde, waren die Gemeindeväter ausgesprochen gerührt und *drückten den Dank durch Aufstehen von den Sitzen aus*[1072]. Man konnte es sich nun leisten, die Pfründe sämtlicher Ortsarmen auf 3 Gulden pro Monat anzuheben[1073]. In Ober St. Veit bewegte sich die monatliche Pfründe zwischen 3 und 5 Gulden.

Daneben gab es noch eine bunte Palette von vorübergehenden oder anlaßbezogenen **Unterstützungsleistungen**, die hier nicht alle einzeln durchgegangen werden können. Dazu gehörte unter anderem eine Ermäßigung der Leichengebühren für „bezeugnißte Ortsarme" auf die Hälfte[1074]; oder die Bewilligung von Erziehungsbeiträgen für verwitwete Frauen, die noch minderjährige Kinder zu versorgen hatten. Diese Erziehungsbeiträge umwehte bisweilen ein Hauch von Sozialbetrug, indem die Witwen das Geld ohne Rücksicht auf das Alter der Kinder einfach solange bezogen, als es ihnen die Gemeinde gab. 1883 führte man daher in Ober St. Veit die Verpflichtung für die Witwen ein, zu den Auszahlungsterminen die Taufscheine ihrer Kinder mitzubringen, um deren Geburtsdatum kontrollieren zu können[1075]. Und dann war auch noch das Weihnachtsfest Anlaß für allerlei Beteilungen Bedürftiger: arme Kinder erhielten von der Gemeinde Kleider und Schuhe, die Lederfabrik Flesch verteilte alljährlich 20.000 Lohziegel als – minderwertiges, aber kostenloses – Brennmaterial an die Leute, weitere 3000 Lohziegel lieferte sie kostenlos an die Unter St. Veiter Volksschule[1076].

Zwei Einzelschicksale seien beispielhaft herausgegriffen. Da wäre einmal **Anna Delling**: 1833 geboren, elternlos ins nö. Findelhaus gekommen. Dann nahm sie eine mildtätig gesinnte Dame in Pflege. Als Anna Delling heranwuchs, stellte sich eine geistige Behinderung heraus. Die Tochter der mildtätigen Dame, ebenfalls Anna mit Namen, heiratete 1856 nach Ober St. Veit zu einem gewissen Karl Peukert. Dorthin nahm sie das bedauernswerte Geschöpf als „Kindermadel" mit. Peukerts wohnten in Ober St. Veit CNr. 137 (= h. Auhofstraße 134). 1870 verwitwete Anna Peukert und wurde in den folgenden Jahren selbst so kränklich, daß sie die Betreuung nicht mehr ohne Hilfe leisten konnte. 1876 gewährte ihr die Gemeinde Ober St. Veit einen monatlichen Zuschuß aus der Armenkasse in Höhe von 1 fl. 50 x[1077]. Sehr bemerkenswert ist auch der Armutsfall **Franziska Hambeck**, der zeigt, daß auch einstmals sozial hochgestellte Leute nicht vor Armut gefeit waren. Sie war die Gattin des letzten Verwalters der Herrschaft St. Veit, Vinzenz Hambeck, gewesen. Als die Herrschaft 1850 ihren Betrieb einstellte, wechselte ihr Mann vorübergehend in den Dienst der Bezirkshauptmannschaft Hietzing. Danach fand er eine Anstellung als Bahnbeamter der Kaiserin Elisabeth-Westbahn. 1869 verstarb er, noch im Dienst, und hinterließ zwei Kinder im Alter von 7 und 2 Jahren. Wegen zu kurzer Dienstzeit bei der Bahn erwarb er keinen Pensionsanspruch für seine Witwe Franziska, die sich und ihre beiden Söhne nach seinem Tod recht und schlecht mit Näh- und Handarbeiten durchbringen

---

1072 GAU 18.5.1883 Pt. 2.
1073 GAU 18.5.1883 Pt. 3.
1074 GAO 29.4.1877 Pt. 2.
1075 GAO 21.3.1883 Pt. 2.
1076 AUV 581/1873.
1077 GAO 25.11.1876 Pt. 1.

mußte. Frau Hambeck zog in eine Ottakringer Mietskaserne, war aber wegen ihrer Heimatzuständigkeit weiterhin von der Gemeinde Ober St. Veit zu versorgen. Als sie ab etwa 1875 lungenkrank wurde und sich nicht mehr selbst erhalten konnte, war sie bis zu ihrem Tod im Jahre 1882 auf die kärglichen Fürsorgeleistungen der Gemeinde angewiesen[1078].

Dann gab es noch die unversorgten minderjährigen Kinder, deren Eltern aus irgendwelchen Gründen ausfielen, weshalb sie aus der Armenkassa erhalten werden mußten. So etwa im tragischen Fall der **Nusterer-Kinder**: Heinrich und Juliane Nusterer hatten miteinander drei kleine Kinder. Heinrich war der Sohn des angesehenen Zimmermeisters und Hausbesitzers Josef Nusterer. Die Ehe war unglücklich, 1878 verließ Heinrich Nusterer Frau und Kinder und verschwand spurlos im eben okkupierten Bosnien. Die zurückgebliebene Juliane konnte ihre Kinder nicht ernähren und erlag der Versuchung, durch Betrügereien und Bettelei das nötige Geld zusammenzubringen. Nach einer recht milden Erststrafe wurde sie schwer rückfällig und landete in der Strafanstalt Wiener Neudorf, wo sie im Alter von nur 33 Jahren starb. Ihre Kinder kamen zu Pflegeeltern, die jahrelang „Erziehungsbeiträge" aus der Ober St. Veiter Armenkasse bezogen[1079].

d) Armenhäusler

Wer nicht nur arm, sondern auch obdachlos war und keine Möglichkeit hatte, irgendwo untergebracht zu werden, wurde von der Gemeinde ins Armenhaus aufgenommen. Manche Leute brachte man dort auch wegen ihrer Krankheit oder ständigen Pflegebedürftigkeit unter[1080]. Vor der Einweisung in das Armenhaus erfolgte, wie bei den Pfründnern, eine genaue Überprüfung des Falles durch den Armenvater und den Gemeindearzt, die Einweisung selbst war einem Beschluß des Gemeindeausschusses vorbehalten[1081].

In Ober St. Veit war das **Armenhaus** bis 1857 in der h. Vitusgasse 2 eingerichtet, dann befand es sich bis 1879 auf Rudolfsgasse 2, und schließlich bis zur Eingemeindung auf Rudolfsgasse 4. Unter St. Veit erhielt erst 1876 ein eigenes Armenhaus, welches sich in einem Zubau in der h. Feldmühlgasse 24 befand[1082]. Eine Beschreibung der Lebensverhältnisse im Armenhaus ist uns leider nicht überliefert. Im Sommer 1876 veranlaßte Bürgermeister Strecker eine kommissionelle Inspektion des Armenhauses durch den Armenrat Josef Rohrbacher. In dessen Bericht heißt es, daß *eine polizei- und sanitätswidrige Unterkunft unserer Ortsarmen vorgefunden wurde,* in welcher dringend die allernötigsten Reparaturen vorzunehmen seien, vor allem, *damit das gesundheitswidrige Kochen im Zimmer eingestellt wird*[1083]. Im November desselben Jahres kam man dann zum Schluß,

---

1078 GAO 29.5.1875 Pt. 3 (ausführliches Gesuch beiliegend); GAO 1.12.1877 Pt. 2, GAO 1.2.1879 Pt. 4, GAO 12.1.1880, GAO 10.10.1881 Pt. 4, GAO 2.9.1882 Pt. 8, GAO 27.11.1882 Pt. 8.
1079 AOV 882/1882, 2054/1882, 1453/1886 (Todfallsaufnahme); GAO 21.3.1883 Pt. 3.
1080 Zum Armenhauswesen s. Das öffentliche Armenwesen in Wien (Anm. 1050) S. 29 ff.
1081 Beispiele für Armenhauseinweisungen: GAU 13.3.1877 Pt. 4 (Ludwig Haimerl); GAU 16.5.1877 Pt. 2 (Alois Zwick); GAU 6.6.1877 Pt. 1 (Paul Kovarik), GAO 3.3.1879 Pt. 4 (Leopold Eisenbauer); GAU 19.10.1881 Pt. 1 (Maria Pfeifer).
1082 s. Anhang II: Historische Standorte der öffentlichen Einrichtungen.
1083 GAO 3.8.1876 Pt. 3.

daß *die Unterbringung der männlichen Pfründner äußerst mangelhaft ist und eine Abhilfe längst dringend gebothen erscheint,* diese aber in den bestehenden Räumlichkeiten nicht zu bewerkstelligen sei und daher eine Umsiedlung in das Haus CNr. 75 (h. Glasauergasse 4) stattfinden solle[1084]. Für Unter St. Veit fehlen jegliche Hinweise auf die Situation im Armenhaus – sehr viel komfortabler wird es aber auch dort nicht gewesen sein.

Armenhäusler zu sein war die unterste Stufe der sozialen Existenz innerhalb der Dorfgemeinschaft. Noch aus alten Zeiten der kirchlichen Armenfürsorge stammte der Brauch, daß die Armenhäusler bei der Fronleichnamsprozession korporativ hinter der Figur des **Armeleuteherrgotts** mitgingen. *„Schäbig is er schon, frei schama muaß ma sich mit eahm auf der Gassen",* soll die Armenhäuslerin Puchhammer einmal über die Prozessionsfigur geklagt haben[1085]. Aus den Protokollen der Volkszählungen von 1869 und 1880 kann man noch Namen und Anzahl der Armenhäusler feststellen, allzu viele waren es nicht: In Ober St. Veit acht (1869) bzw. elf Personen (1880)[1086].

Über den **„alten Rauch"**, einen Ober St. Veiter Armenhäusler, mit richtigem Namen Johann Rauch hat uns J. Vinzenz ein paar Impressionen überliefert: *Er sah höchst abenteuerlich aus, in seiner geflickten und wieder zerrissenen Gewandung. Sein verknittertes Gesicht, sein gelblichweißer, borstiger Bart, in den eine heitere Schnapsnase gebettet lag, seine tränenden, rotgeränderten Augen boten keinen schönen Anblick. ... Er schimpfte, wo er ging und stand, also auch im Armenhause. Die Weiber waren darüber empört...*[1087]. Besonders die „Büchsen-Resl" soll sich über ihn sehr aufgeregt haben. Die recht zahlreich über ihn erhaltenen Akten zeichnen dagegen recht nüchtern das Bild eines unsteten Lebens: Geburtsjahrgang 1818, gelernter Kammacher, der sich in jungen Jahren in der Welt herumtrieb, ohne es zu etwas zu bringen; unzählige Male wurde er wegen „Herumtreiberei" und „Subsistenzlosigkeit" arretiert und mit Schubtransport nach Ober St. Veit zurückverfrachtet. Mit 51 Jahren landete er bereits im Armenhaus und verbrachte die meiste Zeit mit Bettelei in den Nachbargemeinden, wofür er immer wieder im Arrest landete[1088]. Schon über 70-jährig, kam er eines Tages bei dem Versuch, sich an einem Weidenast über die Wien zu schwingen, schwer zu Sturz und ertrank im Fluß.

Den Pfründnern gleichermaßen wie den Armenhäuslern stand unentgeltlich der **Armenarzt** zur Verfügung. Im Regelfall war dies der Gemeindearzt, der für die Behandlung der mittellosen Patienten eine Pauschalvergütung aus der Gemeindekassa erhielt[1089]. In Ober St. Veit nahm diese Funktion jahrzehntelang der aus Böhmen gebürtige Magister

---

1084 GAO 25.11.1876 Pt. 5.

1085 J. Vinzenz, Umgang im alten Ober St. Veit. In: Ober St. Veiter Pfarrnachrichten 1.6.1953, S. 1 f.; Laut Wohnungsbogen 1880 (Anm. 1086 unten) schrieb sie sich Anna Burghammer.

1086 WStLA Gem. XIII/4, A 6/1 Hausbögen 1869 CNr. 74, und A 7/1 Wohnungsbögen 1880 CNr. 75; für Unter St. Veit sind die Volkszählungsbögen nicht erhalten.

1087 Vinzenz, Erlebtes und Erlauschtes (Anm. 2) S. 36 f.; Johann Rauch, geb. 24.2.1818 in Unter St. Veit, verwitweter Taglöhner, ist sowohl 1869 als auch 1880 als Insäße des Armenhauses verzeichnet.

1088 z.B. AOV 541/1858 (Abschiebung), 16/1859 (Abschiebung), 118/1859 (Wachebeleidigung), 443, 987, 2335/1877 (Bettelei und Volltrunkenheit), 665, 1759/1880 (Abstrafung wegen hartnäckigen Bettelns); ferner Registervermerke über nicht mehr erhaltene Akten: AOV 299, 389, 579/1860 (Exzeß im Armenhaus).

1089 z.B. GAO 18.3.1871 Pt. 2 (200 fl. jährliche Vergütung).

der Chirurgie Franz Kopetzky wahr, der seine Ordination in der h. Glasauergasse 10 hatte. In Unter St. Veit amtierte Dr. Johann Blickhan, ab 1883 Dr. Karl Jansch[1090]. Aus Ober St. Veit gibt es dazu noch eine kuriose Geschichte zu berichten: Als Doktor Kopetzky schon alt geworden war, häuften sich die Beschwerden darüber, daß seine Behandlungen mangelhaft seien. Schließlich gipfelten diese Beschwerden in einer schriftlichen Eingabe der Ortsarmen, die ihnen ein anonym gebliebener Wohltäter aufgesetzt hatte, und in der die Abberufung des Doktor Kopetzky als Armenarzt gefordert wurde. Der Gemeindeausschuß einigte sich nach einigem Hin und Her schließlich darauf, den Ortsarmen Gutscheinmarken für kostenlose ärztliche Behandlung in die Hand zu geben, die sie bei dann bei jedem Arzt in der Gemeinde einlösen konnten[1091]. Wieviele Patienten der alte Kopetzky dadurch verlor, ist nicht überliefert.

11. „Exzesse"

Ein gängiger Begriff jener Zeit war der Exzeß. Darunter verstand man jede Form des öffentlichen Sich-Daneben-Benehmens, egal ob in Form von Ruhestörung, Ärgerniserregung, Wachebeleidigung, gar Körperverletzung oder was auch immer. An Exzessen aller Art gab es im alten St. Veit keinen Mangel, manche waren so arg, daß man sie heute wahrscheinlich mit einem modischen Wort als „Ausrasten" bezeichnen würde. Wir wollen hier ein bißchen in der Chronik der Exzesse blättern, es handelt sich durchwegs um amüsante Geschichten mit glimpflichem Ausgang. Es soll dadurch keineswegs der Eindruck entstehen, im alten St. Veit sei es nur so zugegangen, was absolut nicht stimmen würde, aber solche Geschichten gab es halt auch...

a) Trunkenheitsexzesse

Am häufigsten kamen die Trunkenheitsexzesse vor, die ihren Ausgang meist spätnächtens von irgendwelchen Wirtshäusern nahmen. So etwa in der Nacht vom 26. auf den 27. August 1855 um ¾ 2 Uhr morgens, als der Maurergeselle Michael Zeif und die Brüder Michel und Andreas Nußbaumer, unstete Gelegenheitsarbeiter, alle drei von Ober St. Veit, sturzbetrunken aus der **Buschenschank** Nr. 12, h. Schweizertalstraße 14, herauskamen. Bürgermeister Schmid schilderte der Polizei später folgenden Hergang[1092]: *[Sie sind dann] ganz betrunken durch alle Gassen in St. Veit mit einem unsinnigen Lärmen und Dudeln herumgezogen, was alle Bewohner, auch den Gefertigten, aus dem Schlaf geweckt und genöthiget hat, denselben diesen Unfug zu verbieten, allein Michael Zeif rief im keckesten Tone, der Gefertigte möchte ihn am Arsch lecken und schrie und lärmte unaufhörlich fort. ... Auch sonst pflegen solche lärmenden Gesellschaften spät in der Nacht die Bewohner von St. Veit zu beunruhigen, was die Sommerpartheien, namentlich Se. Eminenz den H. Erzbischof sehr*

1090 GAU 4.9.1883 Pt. 1.
1091 GAO 29.8.1885 Pt. 5.
1092 Bericht o.D. an Polizeikommissariat Hietzing, ASV 197/1855.

unangenehm afficirt. Daher bat Bürgermeister Schmid um Abstrafung der Ruhestörer. Hinsichtlich des Taglöhners Michel Nußbaum griff die Polizei einige Monate später tatsächlich hart durch, arretierte ihn wegen Bettelei in betrunkenem Zustande, und, da das schon sein sechster polizeilicher Aufgriff dieser Art war, steckte man dieses *gemeinschädliche Individuum* ins Zwangsarbeitshaus; die Gemeinde reagierte auf diesbezügliche Mitteilung der Polizei mit der Bitte, ihn dort so lange als möglich zu belassen[1093].

Trunkenheitsexzesse konnten auch tragische familiäre Hintergründe haben. So etwa hatte der **Viktualienhändler Alois Reithofer** aus der Auhofstraße das Pech, einen völlig mißratenen Sohn, Gustav, zu haben, der ein arbeitsscheuer Alkoholiker war und den Vater immer wieder bedrohte und ihm Geld abpreßte. Aus Angst vor Schaden für sein Geschäft, vielleicht auch aus Scham, verschwieg der Vater die Vorfälle, bis es ihm eines Tages doch zu viel wurde. *Am 26. Mai l.J [=1881] kam mein nunmehr für großjährig erklärter Sohn Gustav Reithofer, im Hause Nr. 318 zu Ober St. Veit[1094] wohnhaft in meine Wohnung in betrunkenem Zustande und verlangte Geld,* gab Vater Reithofer später auf der Gemeinde zu Protokoll[1095]. *Ich wies ihm die Thüre und steckte ihn schließlich hinaus. In einer kurzen Zeit kam er wieder, schimpfte mich auf der Gasse ›Dem bladen Hund trenn ich die Wange auf, heute muß von uns zwei einer sterben, wenn ich ihn erwisch, bring ich ihn um‹. Ich wollte mir Ruhe schaffen, ging aus der Wohnung heraus, wollte ihn nach Hause jagen, allein er vergriff sich an mir, schlug mich und stach mich schließlich mit einem Messer oberhalb des rechten Auges in die Schläfe. Die Verletzung war nur leichter Art. ... Beim rohen Charakter meines Sohnes fürchte ich um mein Leben.* Der damals 23-jährige, schon mehrfach wegen Exzessen und Wachebeleidigung vorbestrafte Gustav Reithofer wurde daraufhin verhaftet und dem Gericht eingeliefert, danach verlieren sich seine Spuren[1096].

b) Gemeinderätlicher Eklat

Aus dem Jahr 1861 ist ein Exzeß ganz anderer Art überliefert, nämlich ein ehrenbeleidigender Eklat zwischen den Gemeinderäten Andreas Stangelmayer und Leo von Klemenchich, der es in sich hatte. *Am Freitag den 30. Mai d.J. kam der Gemeinderath und Straßenkommissär H. Leo von Klemenchich in die Gemeindekanzlei und zeigte mir an, daß er, um den Gang der Fronleichnamsprozession nicht zu hemmen, den bestehenden Fußsteig, angrenzend an den Wiesengrund des Herrn Stangelmayer habe planieren lassen, wodurch sich jedoch derselbe beschwert fühlte,* berichtet Bürgermeister von Köhler[1097]; daher habe Gemeinderat Klemenchich den Gemeinderat Stangelmayer eingeladen, sich nachmittags in der Gemeindekanzlei einzufinden, und wollte ihm dabei anhand eines genauen Planes erklären, dass an jener Stelle immer schon ein öffentlicher Weg bestanden habe und der planierte Fußsteig keineswegs das Eigentum des Herrn Stangelmayer gewesen war. Dabei

---

1093 ASV 167/1856.
1094 h. Tuersgasse 7.
1095 Protokoll vom 28.5.1881, AOV 1280/1881.
1096 Bericht der Gemeinde vom 29.5.1881 an das BG Hietzing, AOV 1280/1881.
1097 Bericht 3.6.1861 an das Bezirksamt Hietzing, ASV 654/1861.

artete Andreas Stangelmayer auf die exzessivste und roheste Weise aus, indem er derart zu schreien und schimpfen begann, daß die in der Nähe des Gemeindehauses wohnhaften Sommerpartheien aufmerksam wurden und die Fenster des Gemeindehauses geschlossen werden mußten. In Gegenwart des Gemeindebeamten Hauer und des Gemeindedieners Böck schrie er zweimal nacheinander ‚Sie sind ein dummes Viech, beschweren Sie sich nun' und war gar nicht zur Ruhe und Vernunft zu bringen[1098]. Über die gegen ihn erstattete Anzeige wegen Schädigung von Amtswürde und Ansehen der Gemeinde verhängte Bezirksvorsteher Berger über den „ausgearteten" Gemeinderat Stangelmayer 14 Tage Hausarrest, den er von 1. bis 15. Oktober 1861 unter „unauffälliger Überwachung durch den Bürgermeister" abbüßte.

Während Herr Stangelmayer noch in seinem eigenen Haus dunstete, erfuhr die Sache eine Weiterung: Unter Führung des Gemeinderates v. Klemenchich weigerten sich sieben Ausschußmitglieder, an den weiteren Sitzungen des Gemeindeausschusses teilzunehmen, weil sie sich nicht der „Gefahr von Ehrenbeleidigungen" durch den cholerischen Gemeinderat Stangelmayer aussetzen könnten, es sei nämlich unerhört, dass diesem sein Amt noch immer belassen werde[1099]. Bürgermeister von Köhler hatte offenbar nicht die Persönlichkeit, dieses Kasperltheater mit einem Machtwort zu beenden, vielmehr zeigte er dem Bezirksamt formgerecht die Beschlußunfähigkeit der Gemeindevertretung an und ersuchte um Ausschreibung von Neuwahlen – abgelehnt natürlich![1100] Irgendwie müssen dann die Kampfhähne miteinander wieder weitergetan haben, wie ist nicht überliefert.

c) Raufhändel im Wirtshaus

1861 gab es einen zünftigen Raufhandel im Gemeindegasthaus Dummel (h. Glasauergasse 2): Heinrich Sturm, Taglöhner in Ober St. Veit Nr. 40, kam ins Lokal und versetzte dem dort befindlichen Leopold Etzelsdorfer ohne Anlaß einen Schlag auf den Rücken. Daraus entstand eine Rauferei, bei der 3 Fenster und das Türschild zerschlagen wurden, berichtet das Protokoll über die Strafverhandlung[1101]. Der Täter zeigte sich geständig, berief sich aber darauf, von Etzelsdorfer provoziert worden zu sein – was zweifellos stimmte, denn auch Etzelsdorfer war kein unbeschriebenes Blatt. Er erhielt 3 Tage Arrest und den Schadenersatz für die zerschlagenen Fenster aufgebrummt. Dafür saß später, im Jahr 1865 Etzelsdorfer wieder einmal im Arrest, zuerst 8 Tage wegen Widersetzlichkeit gegen die Ortswache, dann 14 Tage wegen Ehrenbeleidigung und versäumte dabei die Geburt seines Kindes[1102]. Beide, Sturm und Etzelsdorfer, waren übrigens, wie man aus den Protokollen sieht, Analphabeten.

Im Jahr 1863 musste Gemeindearzt Dr. Blickhan dringend ins **Gasthaus Eckhart** in

---

1098 Bericht, ebd.
1099 Brief Klemenchich an Bgm. Köhler vom 10.10.1861, Anzeige Bgm. Köhler an BA über eingetretene Beschlußunfähigkeit des Gemeindeausschusses, in: ASV 1227/1861.
1100 einschlägige Korrespondenz vom Okt. 1861 in: ASV 1227/1861.
1101 Protokoll des Gemeindeamtes St. Veit vom 30.8.1861, ASV 1030/1861.
1102 ASV 560, 833, 969/1865.

Unter St. Veit[1103] ausrücken und fand dort den Schlossergesellen Ferdinand Bohmann mit blutunterlaufenen Augen, Hautabschürfungen, einer klaffenden Wunde an der Unterlippe und einer leichten Gehirnerschütterung vor. Der Geschäftsführer der Metallwarenfabrik Menzel, Josef Maier, hatte ihn im Streit zusammengeschlagen, offenbar war er der stärkere, wofür er dem Gericht angezeigt wurde[1104].

Bei der Rekrutenstellung des Jahres 1865 entstanden zwischen den Ober St. Veiter Jungmännern Josef Geiger und Josef Mosbacher Meinungsverschiedenheiten über die gerechte Aufteilung des Kostgeldes, die sie mit den Fäusten austrugen[1105]. Noch am Rekrutierungstag rauften die beiden zum ersten Mal im Gasthaus Weigl, am selben Abend ein weiteres Mal im **Gasthaus Pichler** in Ober St. Veit. Bis zum folgenden Sonntag, den 28. April 1865, sammelten beide Streithähne Anhänger und suchten die endgültige tätliche Abrechnung, die dann an jenem Sonntag spätnachts im **Lichtenberg'schen Casino**, h. Hietzinger Hauptstraße 141[1106], stattfand. Der Zeuge Johann Zaubeck, ein Zeitungsausträger, sagte später aus: *Geiger hetzte seine Collegen zur Rauferei an, welches jedoch nicht gleich gelang. Später bestellte sich Karl Praitner [ein Sekundant der Gegenpartei, Anm.] bei dem Musiker einen Tanz, und als der Musiker spielen wollte, fing Josef Geiger und noch mehrere so zu poltern und lärmen an, daß er nicht spielen konnte. Das war das Zeichen zur Rauferei und es ging auch bald drunter und drüber...* Ein ebenfalls angepöbelter Militärurlauber namens Georg Pichler konnte mit seiner Geliebten gerade noch flüchten, danach brach eine **Massenrauferei** aus. Nach einer knappen halben Stunde war endlich der herbeigerufene Polizeiwachtmeister Josef Moyser mit den Gemeindewächtern zur Stelle. Der 21-jährige Färbergeselle Andreas Richter wurde vorweg gleich wegen Wachebeleidigung arretiert und dem Bezirksamt überstellt. Die übrigen, die „nur" gerauft hatten, ohne die einschreitende Wache zu beleidigen, nämlich Josef Geiger, Karl Puraner, Josef Mosbacher und Karl Praitner, wanderten in den Gemeindekotter und wurden schon am folgenden Tag von Bürgermeister Hauer mit – milden – je 12 Stunden Arrest bestraft.

Ein ganz besonderer Brennpunkt der Wirtshausexzesse jener Jahre war Wenzel Limpach's **Gasthaus „Zum Hirschen"**, h. Firmiangasse 47[1107]. Am 10. November 1864 geriet der 30-jährige Johann Kutscher, Knecht beim Unter St. Veiter Bäckermeister Zehngraf, mit einem Unbekannten in Streit und Handgreiflichkeiten. Der zu Hilfe gerufene Gemeindearzt Dr. Blickhan fand ihn vor *mit Rotz und Blut bedeckt, eine klaffende Wunde im rechten Mundwinkel und so betrunken, daß er keinerlei Auskünfte geben konnte*[1108]. Das Opfer wurde noch an Ort und Stelle notversorgt und genäht, den Täter wollte keiner gekannt haben.

1103 Unter St. Veit Nr. 69 = h. Auhofstraße 49, Ecke Feldmühlgasse.
1104 ASV 1240/1863.
1105 Die ganze folgende Episode ist nach den Protokollen und Berichten im Akt ASV 416/1865 dargestellt.
1106 Die h. Hietzinger Hauptstraße 141 ist jetzt ein dm-Markt; Das „Casino" hatte verschiedene Pächter, die ihm den Namen gaben, bis 1850 Michael Bergmann (AOV 286/1850), danach Josefine Lichtenberg, ab ca. 1875 Johann Frischholz.
1107 Ober St. Veit Nr. 196, das Haus steht noch weitgehend unverändert, in den ehemaligen Gasthausräumen befindet sich heute der Fitnessclub Alvarez, auch die Kellergewölbe des ehemaligen Gasthausbetriebes existieren noch.
1108 Protokoll vom 10.11.1864, ASV 1122/1864.

Im Frühjahr 1866 machte dann ein **besonders schwerer Vorfall** das Maß des „Hirschen" voll[1109]: *Am Sonntag, den 18. März 1866 abends kam es im Gasthaus des Herrn Wenzel Limpach in Ober St. Veit Nr. 196 wegen einem Mädchen zwischen mehreren Burschen zum Wortwechsel. Als die Gemeindediener Josef Schnabel, Martin Huber und Jakob Linner in Begleitung des Polizeiwachtmeisters Josef Moyser in das genannte Gasthaus eintraten, fielen sämtliche Burschen über sie her und brachten ihnen die im beiliegenden Parere angegebenen Verletzungen bei und mußten sie sich flüchten.* Die beiden im Lokal anwesenden Kutscher Georg Lauer und Josef Schabel sowie der Ober St. Veiter Krämer Ernst Schopper kamen den Angegriffenen zu Hilfe und bewahrten sie vor dem schlimmsten, denn die Angreifer *drohten unter Schwingung eines Weinmessers, d e m   G e m e i n d e d i e n e r   S c h n a b e l   d i e   O h r e n   a b z u s c h n e i d e n.* Es wurde von den geflüchteten Ordnungshütern hierauf eine Gendarmeriepatrouille aus Hietzing herbeigeholt, welche den als einzigen am Tatort noch greifbaren Hausbesitzersohn Georg Brummer arretierte und in den Gemeindearrest einlieferte. Der Briefträger Julius Lugg, der Kutscher Michael Geiger und der Taglöhner Michael Eisenbauer wurden als weitere Exzeßbeteiligte eruiert und angezeigt. *Nach der Arretirung des Georg Brummer kamen in der Nacht dessen Mutter Eva Brummer und deren 2. Sohn Josef Brummer und Karl Puraner vor das Gemeindehaus und verlangten die Befreiung des Georg Brummer. Als diese nicht erfolgte, s p r e n g t e n   s i e   d a s   T h o r   d e s   G e m e i n d e h a u s e s   m i t   G e w a l t   a u f,* entfernten sich wieder und kamen später in Begleitung des Gemeinderathes Hentschel, um den Georg Brummer, welcher verwundet wurde, zu besichtigen. Gemeinderat Karl Hentschel, damals zuständiger Sicherheitskommissär der Gemeinde, gestattete den Häftlingsbesuch und schickte die Mutter mit Wachmann Schnabel zusammen in die Zelle. Kaum wurde der Arrestant ihrer ansichtig, wurde er tätlich *und versetzte dem Schnabel mehrere Ohrfeigen*[1110]. Die ganze Sache wurde daraufhin dem Strafgericht übergeben, dessen Akten leider nicht mehr erhalten sind.

In administrativer Hinsicht reagierte das Bezirksamt als zuständige Gewerbebehörde äußerst rasch auf den Vorfall: Bereits am Montag nach der blutigen Sonntagnacht verfügte es *mit Rücksicht auf den ... stattgehabten Raufexzess samt Widersetzlichkeit gegen die Wache und thätliche Wachebeleidigung* die **Sperrung** des Gasthauses „Zum Hirschen", welche noch am selben Tag durch behördliche Versiegelung vollzogen wurde[1111].

Auch die **Branntweinschenke Pick**[1112] ging durch schwere Gewalttätigkeit in die Annalen ein: Am 11. Dezember 1876, um ½ 10 Uhr nachts, wurde der Sicherheitswachmann Waihs wegen einer Rauferei dorthin gerufen. Bei seinem Eintreffen fand er nur noch die Verletzten vor, die Täter waren schon geflohen. Eine Person hatte leichte Kopfverletzungen, nicht weiter besorgniserregend. Dagegen saß der im selben Haus wohnhafte Perlmutterdrechsler Ferdinand Wildschek zusammengekauert auf einem Sessel und klagte

---

1109 Quelle des Folgenden: Bericht des Gemeindevorstandes St. Veit an das BA Hietzing 20.3.1866 samt diversen Vernehmungsprotokollen und Beilagen, ASV 245, 248/1866.
1110 Alle Zitate aus dem Bericht vom 20.3.1866, wie Anm. 1109.
1111 Verfügung des BA Hietzing vom 19.3.1866, ASV 248/1866
1112 Branntweinschenke Franz Pick, Kreuzstraße Nr. 9, h.Adresse nicht eruierbar.

Abb. 63: Das Ober St. Veiter Casino in einer Ansichtskarte 1909.

über heftige Schmerzen. Gemeindearzt Dr. Kopetzky eilte herbei und wurde stutzig, als sich der Verletzte vor lauter Schmerzen nicht aufrichten konnte. Helfer trugen ihn im zusammengekrümmten Zustand in seine Wohnung hinauf und entkleideten ihn. Nun sah man in seinem Rücken ein Messer stecken, das Dr. Kopetzky vorsichtig herauszog. Die Verletzung war offensichtlich lebensgefährlich und man brachte den Verletzten sofort ins Penzinger Rochusspital. Aufgrund eines vertraulichen Hinweises konnte die Hietzinger Gendarmerie die Täter, vier übel beleumundete Burschen, in Hetzendorf ausforschen und verhaften[1113].

Auch das **Ober St. Veiter Casino**[1114] war unter seinem Pächter Johann Frischholz in den 1870er Jahren eine Brutstätte für Ärgernisse aller Art, bis Bürgermeister Strecker dazwischenfuhr[1115]: *Anlässig der so häufig wiederkehrenden Unregelmäßigkeiten und Exzesse in Ihren Gasthaus-Localitäten*, schrieb er an den Casinowirt Frischholz, *hervorgerufen durch die ständigen Sonn- und Feiertagskränzchen, der hieraus resultierenden ausgedehnten Amtshandlungen und Unannehmlichkeiten für die Gemeindebevölkerung, hat der Gemeinderath in seiner Sitzung am 10. April l.J. den einhelligen Beschluß gefaßt, Ihnen die Abhaltung von Sonn- und Feiertagskränzchen ein für allemal strengstens zu verbiethen.* Für den Fall des Zuwiderhandelns wurde der Entzug der Gasthauskonzession angedroht – das dürfte gewirkt haben, denn von da an sind keinerlei Zwischenfälle im Casino mehr aktenkundig.

1113 Bericht des SW Waihs in AOV 2071/1876.
1114 s. Anm. 1106.
1115 Schreiben Bgm. Strecker vom 10.4.1878, AOV 640/1878.

d) Öffentliche Beschimpfungen

Die öffentliche Verletzung der Ehre war in einem Ort, wo sich die meisten Leute kannten, keine harmlose Sache, zumal damals der Ehrbegriff viel höher gehalten wurde als heute. Die öffentliche Beschimpfung des (späteren) Gemeindearztes Dr. Franz Kopetzky etwa blieb nicht ohne Nachspiel. *Gestern Mittwoch den 13. Juli [1864] ½ 4 Uhr ging ich aus Pichler's Gasthaus,* gab Dr. Kopetzky später zu Protokoll[1116], *und begegnete dem Besitzer des Hauses Nr. 15 Jakob Puraner. Ich stopfte mir meine Pfeife und mußte zufällig ausspucken. Hierauf fing dieser an, mich einen Rotzbuben, Lausbuben, hergelaufenes Gesindel etc. zu schimpfen und verfolgte mich schreiend über den ganzen St. Veiter Hauptplatz, sodaß sehr viele Leute zusammenliefen und ich [mich] durch diese öffentliche Beschimpfung aufs Höchste in meiner Ehre gekränkt fühle.* Der ebenfalls vorgeladene Jakob Puraner gab sich reuig und geständig, die über ihn verhängte Strafe von 5 Gulden erlegte er sogleich und er *versprach, nie mehr einen öffentlichen Exceß zu begehen.*

Doch das war noch harmlos im Vergleich zu dem, was das Mundwerk der Gasthauskellnerin Antonia Moßbacher so von sich geben konnte. Sie war ein Sproß der uralt eingesessenen Baumgartner/St. Veiter Familie Moßbacher, wohnte in der (h.) Glasauergasse 16 und hatte eine Aversion gegen die „Zuagrasten". An einem Augusttag des Jahres 1878 lüftete sie die Bettwäsche eines an Blattern verstorbenen Kindes, angeblich ungereinigt, am Fenster aus. Darüber beanstandete sie ihr im selben Hause wohnhafter, aus Böhmen zugewanderter Hausherr, ein gewisser Johann Herlitzka, weil er fürchtete, dass auch seine Kinder mit Blattern infiziert werden könnten. Na, mehr brauchte er nicht, seine Beschwerde löste eine wahre **Verbalorgie** der Moßbacher aus, die daraufhin laut später eingebrachter Klage wie folgt ausfällig wurde[1117]: „*Ihr erstes Wort war, Sie können mich am A*** lecken, Sie böhmische Sau, Esel, Sie Aff, Sie alter dünner Kerl, ich kann meine Sachen hinhängen, wo ich will, auf so einen Hausherrn wie Sie sind wird g'schissen, der seine Kinder betteln schickt, damit sie was zu fressen haben, so ein Klumpert möchte auch noch was werden, sind nackert mit Krampen und Schaufel nach Ober St. Veit kommen, und haben sich bei der Omnibusgesellschaft ein Haus erstohlen, aus unserem Geld haben's ihre Schulden zahlt, sonst hätten's ihnen ohnedies schon alles weggenommen, pfui /:und spuckte vor meiner aus:/ Kein so einen Hausherrn fürcht ich nicht, so eine Bagasche, so ein Bettelgesindel, denen muß man es nur fest herunterputzen, er soll mich nur klagen, den Glasauer fürcht ich so wenig als in Hietzing die Gendarmen, dann werde ich mir erst recht das Maul ausleeren...*" und so ging es weiter dahin. Es sammelten sich neugierige Hausparteien und Sommergäste, die das Spektaktel miterleben wollten. Schließlich blieb dem gescholtenen Herlitzka nichts anderes übrig, als zu verschwinden, weil er die Frau Moßbacher nicht anders zur Ruhe bringen konnte. Schon tags darauf trafen die beiden am Bürgermeisteramt wieder zusammen und brachten erstaunlicherweise einen Vergleich zustande[1118].

1116 Protokoll des Gemeindeamtes St. Veit vom 14.7.1864, ASV 687/1864.
1117 Ehrenbeleidigungssache Johann Herlitzka contra Antonia Moßbacher, AOV 1489/1878.
1118 Ebd.

e) Konflikte mit Wache und Staatsgewalt

Im Alltag hatte man es in St. Veit mit folgenden Vertretern der Obrigkeit zu tun: mit der Ortswache, mit dem Bürgermeister oder seinem Stellvertreter und mit den Hietzinger Gendarmen. Auch wenn den Bürgern damals kein direkt unterwürfiger Umgangston abverlangt wurde, schließlich war die Habsburgermonarchie kein diktatorischer Willkürstaat, so hatte man doch einen angemessenen Respekt an den Tag zu legen. Beleidigende Äußerungen gegen die Wache und andere Behördenvertreter wurden als Amtsehrenbeleidigung bestraft, und zwar von der Gemeinde. Steigerte sich das Verhalten allerdings bis zur Widersetzlichkeit gegen konkrete Amtshandlungen, dann lag Widerstand gegen die Staatsgewalt vor und die Täter wurden der Justiz überliefert. Auch dafür findet sich in den St. Veiter Akten reiches Anschauungsmaterial.

Eher noch harmlos waren folgende Vorfälle von **Wachebeschimpfung:** Am 31. Mai 1874 um 9 Uhr abends beanstandete Sicherheitswachmann Waihs einen Passagier, der auf dem von Wien ankommenden Stellwagen in gefährlichster Weise auf dem obersten Dachsitz saß und hieß ihn, sofort abzusteigen[1119]. Daraufhin mischte sich der mitreisende Beamtensohn J. Meier, obwohl ihn das eigentlich nichts anging, ein mit den Worten: *›Was haben Sie sich darum zu kümmern, wollen Sie etwa eine neue Ordnung für die Stellwägen einführen ?‹.* Daraufhin zurechtgewiesen, wurde er noch frecher und sagte zu dem Wachmann, *er solle sich nicht lächerlich machen, er sei keine so bedeutende Persönlichkeit, die hier etwas zu reden habe.* Und als wegen des beginnenden Tumultes unter den Passagieren auch der Wachmann Zimmermann herbeieilte, setzte der junge Mann noch eins drauf mit den Worten, *er werde solchen Neulingen schon Dienst machen lernen.* Das war zuviel – Anzeige wegen Wachebeschimpfung.

Noch am selben Abend gab es schon den nächsten Vorfall[1120]: *Am 31. Mai l.J [1874] trafen die Gefertigten um 12 Uhr Nachts in der Auhofstraße zwei Männer, wovon der eine laut sang. Als wir ihm bedeuteten, daß es unstatthaft sei, um diese Zeit noch zu singen, war er momentan ruhig, kaum aber einige Schritte entfernt, fing er an, laut zu schreien: ›wenn man die ganze Woche arbeitet, sagt so ein Tagedieb nicht, man solle aufhören, wenn man aber singt, wird man gleich angesprochen, zur Polizei gehen ohnehin nur lauter Tagediebe, die zum Arbeiten zu faul sind, und dann wollen sie uns etwas vorschreiben‹. Wir gingen denselben nach, mahnten abermals zur Ruhe.* Vergeblich. Also identifizierten die beiden Wachmänner den Störenfried und Schimpfer durch Nachgehen bis in sein Haus als den Hausmeister des Fuhrwerkers Kümmerle und zeigten ihn wegen Wachebeschimpfung an.

Im schon genannten **Gasthaus „Zum Hirschen"**[1121] gab es auch öffentlichen Tanz mit Musik, für den eigene Tanzkarten gekauft werden mußten, meist bis spät in die Nacht. Sperrstundenüberschreitungen und „Ausartungen" des Tanzbetriebes waren notorisch.

1119 Meldung des SW Johann Waihs vom 1.6.1874, AOV 920/1874.
1120 Meldung der SW Franz Polz und Johann Waihs vom 1.6.1874, AOV 919/1874.
1121 s. Anm. 1107.

Am späten Abend des 13. September 1865 überwachte der Bürgermeister (Hauer) persönlich die Einhaltung der Sperrstunde. Um Punkt 11 Uhr nachts untersagte er behördlich jedes Weiterspielen der Musiker, die mitten während eines Tanzes abbrechen mußten. Empörung der Gäste, die ihr Billet für diesen Tanz schon voll bezahlt hatten, war die Folge. Den meisten Widerstand leistete ein 21-jähriges Wäschermädel namens Barbara Rausch, die gerade mit ihrem Geliebten zu tanzen begonnen hatte. Sie bestand lautstark darauf, daß die Musik weiterspielen müsse und widersetzte sich der Anordnung, die Tanzfläche zu verlassen. Als ihr die Arretierung angedroht wurde, leistete sie auch noch körperlichen Widerstand, wurde überwältigt und in den Gemeindearrest überführt. Bei ihrer Vorführung am nächsten Morgen gab sie sich völlig uneinsichtig und meinte, ihr Widerstand sei *gar nicht so übel gewesen*. Daraufhin wurde das dumme Kind, anders kann man es nicht nennen, wegen Widerstandes gegen die Staatsgewalt dem Gericht eingeliefert[1122].

Widerstand gegen die Staatsgewalt konnte unter Alkoholeinfluss aber auch noch ganz andere Formen annehmen: Am 13. September 1880 nahm Sicherheitswachmann Waihs den Maurer Anton Haselhofer aus der Rudolfsgasse wegen **„Straßenskandals und Trunkenheit"** fest und brachte ihn in den Gemeindekotter. *Im Arrestlokale schrie und lärmte er, hieß mich einen Lausbuben, schrie, der Waihs ist der elendste Kerl, lauter Kameltreiber seid ihr sammt eurem Bürgermeister,* berichtet Wachmann Waihs[1123], *und er schlug mit den Fäusten und Füßen fortwährend an die Arrestthüre, sodaß er selbe zu zertrümmern drohte. Da er meiner mehrmaligen Aufforderung, sich ruhig zu verhalten, nicht Folge leistete, wurden ihm unter Zuziehung von SW Zimmermann und Gemeindediener Schnabel die Fußeisen angelegt, wobei er fortwährend schimpfte... Und als wir dann schon das Arrestlokale verließen, wiederholte er nochmals, lauter Lausbuben seid ihr und der Waihs ist der elendste Kerl, daß er mich arretirt.* Als Haselhofer wieder nüchtern war, wurde er in das Haftlokal des Bezirksgerichtes Hietzing überstellt und erhielt dort seinen Prozeß.

Zum Abschluß dieses Kapitels noch kurz die nette Geschichte von der offenbar sehr resoluten **Milchfrau Anna Prunner**: Sie hatte sich mit ihrem Mundwerk eine Verurteilung wegen Wachebeleidigung eingehandelt, die Geldstrafe konnte sie nicht zahlen, also ging es nun darum, wann und wie sie die aufgebrummten 3 Tage Ersatzarrest absitzt. Da sie vormittags ihre Milch verkaufen mußte, um (über-)leben zu können, und spätestens zu Mittag nochmals ihr Kleinkind zu versorgen hatte, einigte sie sich mit Bürgermeister Schmid darauf, dass sie ihren Arrest immer nur nachmittags auf Raten absitzen würde. Dem Bürgermeister war aber bei dieser Idee juristisch nicht wohl zumute, und so reichte er sicherheitshalber bei der Bezirkshauptmannschaft Hietzing um Genehmigung dieser Vorgangsweise ein. Prompt kam die kalte Dusche in Form eines Erlasses, daß *derley völlig unstatthaft ist, weßhalb die Delinquentin für 3 ununterbrochene Tage in den Arrest einzurücken haben wird.*[1124]

1122 Protokoll vom 14.9.1865 o.Zl., aufgenommen von der Gemeinde St. Veit, in: ASV A 1/15 (1865).
1123 Meldung vom 14.9.1880, AOV 1670/80.
1124 ASV 267/1850.

XI.
Eingemeindung nach Wien

1. Die Vorgeschichte

Die Vororte waren ein recht uneinheitliches Konglomerat von insgesamt 40 Gemeinden rund um die Großstadt Wien. Einige von ihnen, wie Ottakring, Fünfhaus oder Rudolfsheim waren industrialisiert und verstädtert, obendrein grenzten sie direkt an das Stadtgebiet an. Andere wiederum, darunter etwa Grinzing oder eben Ober St. Veit, hatten ihren ländlichen Charakter bewahrt, lagen weit von der Stadt entfernt, ja waren sogar von ihr noch durch weite, unverbaute Felder getrennt. Ihnen allen war eines gemeinsam: Sie lagen außerhalb der „Linie", an der kaiserliche Steuerbeamte von allen in die Stadt eingebrachten Waren die sogenannte *Verzehrungssteuer* erhoben[1125]. Diese war eine beträchtliche Einnahmequelle für den Staat, auf die die zeitgenössischen Finanzminister auf keinen Fall verzichten wollten. Die Folge dieser Art von Steuer war, daß das Leben innerhalb der Stadt Wien (samt Vorstädten) teurer war als in den Vororten. Wien empfand das – verständlicherweise – als steuerliche Ungerechtigkeit, gegen die es seit dem Jahr 1869 ankämpfte. Man hätte gerne das ganze Umland in den Steuerrayon einbezogen gesehen, wo dann alle eine mäßige, pauschale Verzehrungssteuer hätten zahlen sollen. Umgekehrt hing die gewerblich-industrielle Blüte der Vororte, ihr Bevölkerungszuwachs, ja ihr ganzes Wohlstandsgefüge an der Verzehrungssteuerfreiheit, weshalb sich die Vororte – genauso verständlich – mit Händen und Füßen dagegen wehrten, durch Hinausschiebung der Linien in das Wiener Verzehrungssteuergebiet einbezogen zu werden[1126]. So waren also die Eingemeindungsfrage und der Streit um die Hinausrückung der Linienämter eng miteinander verbunden.

Das Bestehen der zahlreichen, selbständigen Vorortegemeinden mit autonomen Vertretungskörpern und ganz verschiedenartigen Einrichtungen neben der Gemeinde Wien hatte, aus überörtlicher Sicht betrachtet, einige weitere Nachteile: Es gab keine einheitliche Lenkung kommunaler Angelegenheiten wie der Wasserversorgung, der Kanalisierung oder des überregionalen Verkehrswesens, von einer einheitlichen Wienflußregulierung gar nicht zu reden[1127]. Die Finanzen der Vorortegemeinden waren in den letzten Jahren zunehmend überfordert. Ende des Jahres 1889 hatte Ober St. Veit einen Schuldenstand von 77.755,05 Gulden (bei einem jährlichen Budgetvolumen von ungefähr 18.000 fl.), Unter St. Veit einen solchen von 27.747,97 Gulden (bei rund 10.000 fl. Budgetvolumen)[1128].

1125 Näheres zur Verzehrungssteuer bei Rudolf Till, Geschichte der Wiener Stadtverwaltung in den letzten zweihundert Jahren (Wien 1957) 93 f.; genaue Darstellung der Rechtsgrundlagen und Tarife der Verzehrungssteuer bei Wolfgang Mayer, Gebietsänderungen im Raume Wien 1850–1910 (Diss. Wien 1972) 105–112.
1126 Maren Seliger, Karl Ucakar, Wien politische Geschichte, Teil 1: 1740–1895 (Wien 1985) 391 ff.
1127 Mayer, Gebietsänderungen (Anm. 1125) S. 121.
1128 (Gedruckte) Zusammenstellung der Activa und Passiva der Vororte-Gemeinden nach dem Stande am Schlusse des Jahres 1889, nicht paginiert, Wiener Stadtbibliothek B 22.848.

Abb. 64: Die Hietzinger Hauptstraße vor 1908. Gepflastert waren nur der Gleiskörper der Dampftramway, der rechte Gehsteig und ein Straßenübergang.

Diese Finanznöte hatten auch einige ***Entwicklungsrückstände*** im Bereich der Infrastruktur zur Folge: Man muß sich nur die zahlreichen überlieferten Straßenphotos dieser Zeit ansehen[1129]: die Straßen ungepflastert, Kothaufen säumen ihre Ränder, Straßenbeleuchtungskörper sind nur sporadisch vorhanden. In den Orten des späteren Bezirks Hietzing hatte am Vorabend der Eingemeindung kein einziger ein zusammenhängendes Wasserleitungs- oder Kanalnetz. Um diese Probleme zu beheben, hätte man freilich nicht gleich alle diese Orte nach Wien eingemeinden müssen, es hätte auch eine Subvention des Landesausschusses genügt, wie sie schon früher des öfteren gewährt worden war[1130].

Das Damoklesschwert der Eingemeindung schwebte eigentlich schon lange über den Wiener Vororten – so lange, daß man sich daran bereits gewöhnt und damit leben gelernt hatte. Schon 1849 hatte der Minister des Innern, Graf Franz Stadion, anläßlich der Schaffung des provisorischen Gemeindegesetzes, die Idee einer solchen Vereinigung. Sie verschwand wieder in der Schublade. Ab 1872 arbeitete eine Kommission unter der Federführung des Finanzministeriums konkrete Pläne zur Ausweitung der Verzehrungssteuerlinie rund um Wien aus. Die Eingemeindung der Vororte war darin nicht zwingend vorgesehen, wurde aber von den Fachleuten als unvermeidliche Folge erwartet. Eine

---

1129 am besten bei Helfried Seemann, Christian Lunzer: Hietzing Album (Wien 1992) Abb. 32–59.
1130 z.B. für den Ausbau der Feuerwehr: Wiener Vororte-Zeitung Nr. 24 (11.2.1876) S. 2; oder für die Wienuferverbauung: Nö. Gemeinderevue Nr. 29 (27.6.1884) S. 4, vgl. auch Anm. 698.

Indiskretion der lange Zeit geheimen Vorbereitungen in der „Wiener Communal-Presse" am 15.5.1877 brachte den Plan in die Öffentlichkeit. Polterszenen im Wiener Gemeinderat und Protestdeputationen der Vororte zum Kaiser waren die Folge[1131]. Damit war das Projekt gestorben.

In den Sitzungsprotokollen der Gemeindeausschüsse von Ober- und Unter St. Veit verrät in jenen und in den folgenden Jahren kein Wort auch nur den Funken eines Bewußtseins, daß man möglicherweise seine politische Existenz nur noch „auf Abruf" führt. Erst als Ende der 1880er Jahre neuerliche Bestrebungen nach einer Vereinigung der Vororte mit der Stadt Wien einsetzten, wurden die örtlichen Gemeindevertreter wieder wachgerüttelt. Diesmal war klar, daß es ernst war.

Ein verwaltungsgeschichtliches Faktum muß im Rahmen der „Vorgeschichte" noch des Verständnisses halber berichtet werden: Per 1. Jänner 1890 wurde aus den Gerichtsbezirken Hietzing, Purkersdorf und Neulengbach das Gebiet einer neuen ***Bezirkshauptmannschaft Hietzing*** gebildet[1132]. Der (Gerichts-) Bezirk Hietzing, von dem im Folgenden noch öfter die Rede sein wird, umfaßte das Gebiet von 16 Gemeinden, wovon die zwölf folgenden zur Eingemeindung vorgesehen waren: Hietzing, Hacking, Unter St. Veit, Ober St. Veit, Lainz, Speising, Hetzendorf, Altmannsdorf, Penzing, Baumgarten, Breitensee und Hütteldorf. Mit dem endgültigen Vollzug der Eingemeindung wurde diese Bezirkshauptmannschaft obsolet, da Wien eine Stadt mit eigenem Statut war und der Wiener Magistrat in seinem Gebiet ohnedies die bezirkshauptmannschaftlichen Agenden besorgte. Die Bezirkshauptmannschaft Hietzing wurde daher mit Wirkung vom 31.12.1891 wieder aufgelassen – die ministeriellen Behördenorganisatoren hatten die Eingemeindung also ganz offensichtlich nicht eingeplant gehabt[1133].

2. Wer wollte die Eingemeindung?

Die bewegte Geschichte des jahrelangen Kampfes für und gegen die Eingemeindung der Wiener Vororte samt Hinausschiebung der Wiener Verzehrungssteuergrenzen ist in der Wiener stadtgeschichtlichen Literatur schon ausgiebig beschrieben worden[1134]. All die abgehaltenen Enqueten, Kommissionen, Landtags- und Gemeinderatsdebatten zu diesem Thema wollen wir hier übergehen und uns damit begnügen, nur noch kurz danach zu fragen, welche politischen Anschauungen und welche Interessen eigentlich hinter den

---

1131 Einzelheiten dieser Episode bei Mayer, Gebietsänderungen (Anm. 1125) S. 122 ff.
1132 VO des Ministeriums des Innern vom 5.10.1889 betreffend die Theilung der politischen Bezirke Hernals und Sechshaus und die Errichtung zweier neuer Bezirkshauptmannschaften in Währing und Hietzing, RGBl. 160/1889; Bericht über Aufnahme der Amtstätigkeit, Personalstand und Amtsstunden der neuen BH Hietzing in: Österreichische Gemeindepost Nr. 521 (19.1.1890) S. 2.
1133 VO des Ministeriums des Innern vom 14.12.1891 betreffend die Auflassung der Bezirkshauptmannschaften Hernals, Hietzing, Sechshaus und Währing und Errichtung von zwei neuen Bezirkshauptmannschaften Tulln und Hietzing-Umgebung, RGBl. 179/1891.
1134 Stellvertretend seien hier nur genannt: Österreichisches Städtebuch Bd. 7: Die Stadt Wien, hgg. von Peter Csendes, Ferdinand Opll (Wien 1999) 259 ff.; Maren Seliger, Karl Ucakar, Wien politische Geschichte, Teil 1: 1740–1895 (Wien 1985) 390 ff.

am Ende des Jahres 1890 flächendeckend durchgepeitschten Eingemeindungen standen.

Hinter der dann tatsächlich verwirklichten, radikalen Vereinigungslösung stand grundsätzlich und jedenfalls einmal der **politische Liberalismus**. Von 1861 an beherrschte er durch seine Mehrheit den Wiener Gemeinderat und stellte alle Bürgermeister bis kurz vor dem Amtsantritt Dr. Karl Luegers (1897)[1135]. Im niederösterreichischen Landtag und im gesamtösterreichischen Reichsrat war er ebenfalls stark vertreten. Hinter ihm standen industrielle Kreise und wohlhabende Wirtschaftstreibende, auch gehobenes Bildungsbürgertum, das von der Beseitigung administrativer Schranken und Grenzen eine Aufwärtsentwicklung der Wirtschaft erwartete[1136]. Der österreichische Liberalismus war sehr zentralistisch eingestellt. Die später verwirklichte Bildung großflächiger, relativ rechtloser Bezirke und die völlige Auflösung aller Verwaltungsstrukturen in den einzelnen Orten, sollte dann seine Handschrift tragen. Die dominant **liberale Presse** jener Zeit unterstützte, nicht verwunderlich, zum allergrößten Teil die Eingemeindungsbemühungen auf der publizistischen Ebene[1137].

Für die Eingemeindung waren auch große Teile der **Wiener Stadtbevölkerung**, der man eine Senkung ihrer Lebenshaltungskosten in Aussicht stellte. Sie wurde übrigens darum ähnlich betrogen, wie die Österreicher 2002 um alle Verbilligungsversprechen bei Einführung des EURO: die Preise in den eingemeindeten Vororten stiegen auf Stadtniveau, in der Stadt blieb alles gleich teuer[1138].

Für die Eingemeindung waren auch **einige Vororte**, allen voran die bereits gänzlich verstädterten und nahe am Linienwall gelegenen Gemeinden Rudolfsheim und Untermeidling; einige weitere Gemeinden, darunter die ebenfalls schon sehr verstädterten Orte Währing, Ottakring und Fünfhaus konnten sich ebenfalls eine Vereinigung mit Wien vorstellen und wollten dafür Bedingungen stellen[1139].

Ein wohlwollender Beteiligter des Vorhabens war weiters das **k.k. Finanzministerium**, das an steuerlichen Ertragssteigerungen und Einhebungsvereinfachungen interessiert war und für den Reichsrat einen – dann tatsächlich beschlossenen – Gesetzesentwurf über die Hinausrückung der Wiener Verzehrungssteuerlinien und über die Reform dieser Steuer ausarbeitete[1140]. Dieses Gesetz, das ein Jahr nach Regelung der Gemeinde(steuer)frage in Kraft treten sollte, war gleichsam die staatliche Rutsche, auf der das große Eingemeindungsvorhaben schließlich den Zieleinlauf schaffte.

All diesen Kräften, die sich jahrelang mit mäßigem Erfolg zwischen immer neuen Kommissionspapieren, Stellungnahmen und Willensbekundungen hin und her bewegt hatten, kam als Glücksfall zu Hilfe, daß im Oktober 1889 ein neuer Statthalter von Niederösterreich sein Amt antrat: Graf **Erich Kielmansegg**, ein tüchtiger Spitzenbeamter, der

---

1135 Till, Geschichte der Wiener Stadtverwaltung (Anm. 1125) S. 100.
1136 Mayer, Gebietsänderungen (Anm. 1125) S. 98.
1137 Till, Geschichte der Wiener Stadtverwaltung (Anm. 1125) S. 92.
1138 Maren Seliger, Karl Ucakar, Wien politische Geschichte, Teil 1: 1740–1895 (Wien 1985) 411.
1139 Till, Geschichte der Wiener Stadtverwaltung (Anm. 1125) S. 96.
1140 Gesetz wegen Änderung der Wiener Linien- und wegen Einführung der Linienverzehrungssteuer in mehreren Vororten von Wien vom 10.5.1890, RGBl. 78/1890; Mayer, Gebietsänderungen (Anm. 1125) S. 145.

wußte, wie man Verwaltungsreformen nicht nur fordert und diskutiert, sondern sie auch umsetzt. Er war ein aus dem Hannoveranischen gebürtiger, deutscher Adelssproß protestantischer Konfession, ein nüchtern-rationaler Verwaltungsmann, ein verhalten Liberaler, der bei seinem Amtsantritt das Anliegen der Eingemeindung der Wiener Vororte vorfand und sich sogleich zu eigen machte[1141]. Er sah in der großflächigen Einbeziehung der Vororte einfach die wirtschaftlichen und administrativen Vorteile. Lokalpatriotische Gefühle in den Ortschaften oder die Ängste der zahlreichen Gemeindefunktionäre vor dem Verlust von Amt und Ansehen waren für ihn überhaupt keine Kategorie. Kielmansegg wußte durch seine Stellung auch sehr gut, in welche politischen Kanäle man das Anliegen einspeisen mußte. So wurde er in der letzten Phase der Eingemeindungsbestrebungen zu deren Motor[1142].

Den treibenden Kräften und Personen für die Eingemeindung standen auch *Gegner* gegenüber. Schon 1871 hatte der niederösterreichische Landesausschuß einmal Stellungnahmen etlicher Vorortegemeinden zu ihrer eventuellen Vereinigung mit Wien eingeholt, Ober- und Unter St. Veit waren damals nicht unter den befragten Orten. Vertreter aller Gemeinden des politischen Bezirkes Sechshaus versammelten sich daraufhin am 21. April 1871 und faßten den Beschluß: *Die Versammlung erklärt sich gegen eine Einbeziehung mit Wien, weil dieselbe die Interessen der Gemeinden schädigen würde.* Am 6.5.1871 traten die Vertreter aller Gemeinden des politischen Bezirkes Hernals zu einer ebensolchen Versammlung zusammen. Hier beschloß man einen ähnlichen Resolutionstext: *Es ist nicht in dem Wunsche der heute versammelten Gemeindevertreter gelegen, daß der Anschluß der Vororte an die Großcommune erfolge.*[1143] Die Hauptursachen für diese ablehnende Haltung der Betroffenen waren vor allem die Angst vor Erhöhung der Lebenshaltungskosten durch Ausdehnung des Verzehrungssteuerrayons (womit sie später Recht behalten sollten), vor Erhöhung der Miet- und Grundpreise, vor wirtschaftlicher Schädigung des Kleingewerbes, vor einer höheren Belastung mit Gemeindeabgaben; auch die Aufgabe der Autonomie, persönliche und lokalpatriotische Interessen der einzelnen Gemeinden und ihrer Vertreter, die den Verlust repräsentativer Ämter fürchteten, waren wesentliche Gründe der Abneigung[1144].

Die *Christlichsozialen* unter ihrem Anführer Dr. Karl Lueger opponierten im Herbst 1890 im Wiener Gemeinderat heftigst gegen den Entwurf eines neuen Gemeindestatuts für Groß-Wien, beteuerten zwar mehrfach, nicht prinzipiell gegen die Eingemeindung der Vororte zu sein, lehnten aber die vorgesehenen Regelungen in den meisten Einzelheiten ab; mit ihren Anträgen, die neu zu schaffenden Bezirke mit bedeutenden Autonomierechten auszustatten, gingen sie gegen die liberale Gemeinderatsmehrheit unter[1145]. Im nie-

---

1141 Mayer, ebd. S. 147
1142 Rudolf Till, Erich Graf Kielmansegg und die Wiener Stadterweiterung 1890. In: Festschrift für Josef Anselm Weißenhofer (Wien 1954) 95.
1143 Anton Zauner, Die Frage des Anschlusses der Vororte an die Groß-Commune Wien (Wien 1871) 6 f.
1144 Mayer, Gebietsänderungen (Anm. 1125) S. 100 f.
1145 Till, Geschichte der Wiener Stadtverwaltung (Anm. 1125) S. 96; Mayer, Gebietsänderungen (Anm. 1125) S. 170 f.

derösterreichischen Landtag plädierte der Abgeordnete Josef Schöffel, der berühmte „Retter des Wienerwaldes", nochmals vergeblich für ein föderalistisches System großer Bezirksautonomie. In den letzten Wochen vor der Beschlußfassung im niederösterreichischen Landtag über das Eingemeindungsgesetz schwenkten die Christlichsozialen auf Totalopposition gegen die Vorortevereinigung um. Ihre Mandatare organisierten im Spätherbst 1890 in allen Bezirken und Vororten Wiens Versammlungen ihrer Anhänger. Dort wetterten sie gegen die Vereinigung der ländlichen Vororte mit Wien, weil sie nur *zur Allmacht der liberalen Volksbedrücker und -ausbeuter führen und diese Vororte völlig ruinieren würde*[1146]. Eine solche Versammlung fand auch für die Gemeinden Penzing, Hietzing, Lainz, Baumgarten, Speising, Hütteldorf, Hacking und Ober- /Unter St. Veit am 17. November 1890 in einem Hietzinger Gasthaussaal statt, dabei trat der christlichsoziale Landtags- und Reichsratsabgeordnete Ernst Vergani als Hauptredner auf[1147]. In den Rahmen der christlichsozialen Kampagne gegen die Eingemeindungspläne der Liberalen gehört auch ein Leitartikel in der neugegründeten, den Christlichsozialen nahestehenden „Hietzinger Bezirkszeitung" vom 1. November 1890, in welchem zusammenfassend die Position bezogen wird: Eingemeindung stadtnaher Vororte – ja, Einbeziehung von entfernteren Landgemeinden – nein ! Unter die Landgemeinden wurden dabei ausdrücklich alle Gemeinden des Bezirkes Hietzing gerechnet[1148].

Zu einem Zeitpunkt, als die Eingemeindung im Prinzip längst beschlossene Sache war, wurden alle vorgesehenen Gemeinden nochmals, jede für sich, von der Statthalterei mit Erlaß vom 26. Juli 1890 zu einer Stellungnahme laut mitgesandtem Fragebogen aufgefordert. Ihre Situation ähnelte bereits der eines zum Tode Verurteilten, der gefragt wird, ob er den Strang oder das Beil bevorzuge. Den Realitäten ins Auge blickend, erklang der Chor der Antworten diesmal wesentlich vielstimmiger als noch im Jahr der einhelligen Ablehnung 1871. (Nur) zwei Gemeinden stimmten bedingungslos zu – Untermeidling und Rudolfsheim. 23 Gemeinden sprachen ein „Ja – aber" und versuchten Bedingungen zu stellen. Keine einzige der gestellten Bedingungen wurde übrigens später erfüllt. Ein harter Kern von 13 Gemeinden blieb kompromißlos beim „Nein"[1149].

Bei der *Landtagsabstimmung* über das Eingemeindungsgesetz am 9. Dezember 1890 verließ die christlich-soziale Opposition den Saal, das Gesetz wurde mit 37 gegen 7 Stimmen angenommen[1150].

1146 Österreichischer Volksfreund Nr. 46 (16.11.1890) S. 4.
1147 Ebd. S. 7.
1148 Hietzinger Bezirkszeitung Nr. 3 (1.11.1890) S. 1.
1149 Till, Geschichte der Wiener Stadtverwaltung (Anm. 1125) S. 96; Mayer, Gebietsänderungen (Anm. 1125) S. 96.
1150 Stenographische Protokolle des nö. Landtages, VII. Wahlperiode, Sitzung vom 9.12.1890, S. 805.

3. Reaktionen am Ort

a) Unruhe und Widerstand

Am 17. April 1889 gab es im Rathaussaal von Fünfhaus eine *Informationsveranstaltung* für alle Gemeindevertreter des Bezirkes Sechshaus, bei der ihnen die Ergebnisse der soeben abgeschlossenen „Verzehrungssteuerenquete" dargestellt werden und Gelegenheit gegeben werden sollte, zu der ganzen Angelegenheit Stellung zu nehmen. Gleich eingangs der Versammlung kam es dabei zu einem Eklat: der Hernalser Bürgermeister Helbling *wies den aggressiven Ton, dessen die Vertreter der Commune Wien den Vororte-Delegirten gegenüber sich befleißigen, zurück...*[1151]. Die Vorortevertreter deponierten ihre Ablehnung der geplanten Verzehrungssteuerreform, die Versammlung wurde relativ bald geschlossen, *ohne daß ein positiver Beschluß gefaßt worden wäre*[1152]. Zu dieser Versammlung war weder Ober St. Veit noch Unter St. Veit eingeladen worden. Man erfuhr von den Verzehrungssteuer-Reformplänen offiziell erst nachträglich durch eine informierende Zuschrift der Vorortedelegierten. Ober St. Veit *verwahrte sich entschieden gegen jede Hinausschiebung der Verzehrungssteuer-Linie*[1153], Unter St. Veit beschloß, *gegen die [geplante] Regelung der Verzehrungssteuer der Vororte zu stimmen*[1154]. Ansonsten war man in den Gemeinden des geplanten Bezirkes Hietzing hauptsächlich auf Informationen aus der Zeitung angewiesen. Die Lokalblätter berichteten über die Vorortefrage immer wieder in allgemeiner Form, teilweise voll emotionaler Polemik gegen die Wiener Stadtverwaltung[1155].

Zu einer Positionierung der Gemeinden Ober- und Unter St. Veit und überhaupt der Gemeinden des vorgesehenen Stadtbezirkes Hietzing kam es erst in den letzten Monaten vor Fassung des Gesetzesbeschlusses über die Eingemeindung. Es war dies bereits die heiße Phase, in der die Weichen im Hintergrund schon gestellt waren, und in welcher es im Grunde fast nichts mehr zu beeinspruchen gab.

Mit dem schon erwähnten Erlaß vom 26. Juli 1890 forderte die Statthalterei von allen Vororten (teils nochmals) Stellungnahmen ein. Ehe diese Stellungnahmen abgingen, berief der Hietzinger Bürgermeister Franz Hanselmayer für 7. August 1890 eine *Versammlung aller Bürgermeister* des Bezirkes Hietzing in den Hietzinger Gemeinderatssaal ein. Für Ober St. Veit nahm daran Bürgermeister Hentschel, für Unter St. Veit Bürgermeister Schönich teil. *Es wurde von mehreren Rednern ausgeführt, daß die Landgemeinden unter den erwachsenden, bedeutenden pecuniären Anforderungen zusammenbrechen müßten, und beschlossen, ein Comité an den Statthalter zu entsenden, welches auf die Schwierigkeiten hinzuweisen hätte, welche diesen Gemeinden aus der Vereinigung mit Wien erwachsen*

1151 Wiener Communal-Bezirks-Zeitung Nr. 12 (26.5.1889) S. 2.
1152 Ebenda.
1153 GAO 14.6.1889 Pt. 5.
1154 GAU 4.6.1889 Pt. 4.
1155 z.B. „Vororte-Angelegenheiten", Artikelfolge in der Allgemeinen Wiener Communal-Bezirkszeitung 1883, Nr. 7 und Nr. 12; „Der neueste Faustschlag der Großcommune Wien gegen die Wiener Vororte", in: Wiener Vororte-Zeitung 3.2.1888, S. 1 f.

würden. Gleichzeitig soll die Deputation dem Wunsche dieser Gemeinden, im bisherigen Status zu bleiben, Ausdruck geben[1156].

Ehe die Deputation abging, versammelte Bürgermeister Hanselmayer die **Hietzinger Bürgermeister** am 18. August 1890 ein weiteres Mal in seinem Gemeindehaus, um die Stellungnahmen zu den Fragen des Statthalters noch näher abzustimmen. Bei diesem zweiten Mal war nur noch Unter St. Veit (durch Bürgermeister Schönich) vertreten, nicht jedoch Ober St. Veit, was die Presse dahin interpretierte, Ober St. Veit habe es sich inzwischen überlegt und sei mit der Vereinigung vollkommen einverstanden[1157]. Das stimmte so freilich nicht. *Nach längerer Debatte wurde beschlossen, eine Deputation, bestehend aus den Herren Bürgermeistern Maresch (Liesing), Hanselmayer (Hietzing) und Dr. Fries (Inzersdorf) an den Statthalter, Grafen Kielmansegg, zu entsenden um demselben die Verhältnisse klarzulegen und zu bitten, von der Vereinigung der [Hietzinger] Gemeinden mit Wien Abstand nehmen zu wollen*[1158]. Bürgermeister Maresch von Liesing, der gleichzeitig Landtagsabgeordneter war, versprach außerdem, den Wunsch nach Nichteingemeindung im Landtag zu vertreten.

Für einige Wochen gingen die Wogen des Widerstandes ziemlich hoch, wobei von den zwei Hietzinger Bürgermeisterversammlungen die Vorreiterrolle ausging und der Widerstand sich auf die ländlichen Gemeinden konzentrierte, die nicht unmittelbar an Wien angrenzten[1159]. Für kurze Zeit schien das Projekt der Vorortevereinigung nochmals gefährdet[1160].

Nur einen Tag nach den Hietzinger Bürgermeistern versammelten sich Vertreter aller **Hietzinger Feuerwehren** in Lainz in einer ähnlich emotional-ablehnenden Stimmung. Der biedere Vorschlag des Hackinger Feuerwehrhauptmannes Neumann, die Versammlung möge verlangen, daß sich Wien verpflichte, die Feuerwehren mit ihren jetzigen Rechten und Bezügen zu übernehmen, stieß auf tumultartigen Widerstand. Stattdessen formulierte Hauptmann Modern von Speising die Gegenposition: *Er sehe gar nicht ein, wie die Vororte-Feuerwehren dazu kommen, bittlich an die Groß-Commune heranzutreten. Wenn Wien uns braucht, soll es herantreten. Wenn uns die Bedingungen nicht recht sein werden, lassen wir es einfach stehen und ziehen die Uniformen aus*[1161]. In diesem Sinne lautete dann auch der Beschluß der Versammlung.

Am 28. August 1890 fand in Dornbach im Gasthaus „Güldene Waldschnepfe" eine weitere **Protestversammlung der Landgemeinden** statt, die von den Bürgermeistern von Dornbach und Neuwaldegg einberufen worden war mit dem Ziel, die Vereinigung mit Groß-Wien zu verhindern[1162]. Von den 28 ländlichen Gemeinden, die für die Einge-

---

1156 Wiener Tagespost Nr. 185 (9.8.1890) S. 4.
1157 Wiener Tagespost Nr. 193 (20.8.1890) S. 2 f.
1158 Wiener Tagblatt Nr. 229 (20.8.1890) S. 2.
1159 Till, Geschichte der Wiener Stadtverwaltung (Anm. 1125) S. 96; Wiener Tagblatt Nr. 244 (4.9.1890) S. 2.
1160 Rudolf Till, Erich Graf Kielmansegg und die Wiener Stadterweiterung 1890. In: Festschrift für Josef Anselm Weißenhofer (Wien 1954) 94.
1161 Wiener Tagblatt Nr. 228 (19.8.1890) S. 2.
1162 Ausführliche, in allen wesentlichen Punkten übereinstimmende Berichte über diese Versammlung in: Wiener Tagblatt Nr. 29 (30.8.1890) S. 2 und Illustrirtes Wiener Extrablatt Nr. 238 (29.8.1890) S. 2.

meindung vorgesehen waren, hatten 19 ihre Bürgermeister und zahlreiche Gemeinderäte entsendet. Etwa 400 Vorortevertreter nahmen teil. Hietzing, Lainz, Speising und Hacking waren unter den Teilnehmern, Ober- und Unter St. Veit nicht (mehr). Den Vorsitz übernahm der in derlei Versammlungen bereits routinierte Hietzinger Bürgermeister Franz Hanselmayer. Hauptredner war diesmal der Hof- und Gerichtsadvokat Dr. Heinrich Steger, den die versammelten Gemeinden zu ihrer Unterstützung engagiert hatten. Dieser nahm in einer rund einstündigen Rede *Stellung gegen die Vereinigungspläne und erklärte, das Anfrageschreiben, welches an die betreffenden Landgemeinden gerichtet worden ist, habe ein Gefühl peinlichster Überraschung hervorgerufen, weil bis dahin das Thema der administrativen Vereinigung der Landgemeinden mit der Groß-Commune Wien eigentlich gar nicht diskutiert worden sei* – das stimmte, tatsächlich waren frühere Einladungen zur Stellungnahme nur an die stadtnahen Industriegemeinden ergangen. *Im schlimmsten Falle bleibt der Weg zum Reichsgerichte offen, dort werden wir Recht und Gerechtigkeit finden*[1163]. Mit 16 zu 3 Stimmen beschloß die Versammlung schließlich Folgendes: *Jede der in dieser Versammlung vertretenen Gemeinden habe in einer baldigst einzuberufenden Ausschußsitzung zu beschließen, daß die Gemeinde (folgt der Ortsname) gegen die Einverleibung der Landgemeinden zu Groß-Wien protestiert und den Bürgermeister beauftragt, die diesbezüglich geeignet erscheinenden Maßnahmen zu ergreifen*[1164].

Lainz, Speising, Hietzing und Hacking stimmten dafür, die von den Gemeinden des Hietzinger Bezirks geplante Deputation zum Kaiser sollte unabhängig davon weiterbetrieben werden. Auf weitere, vergleichbare Widerstandsversammlungen der nordwestlichen Landgemeinden mit Schwerpunkt Grinzing – Sievering – Neuwaldegg ist hier nicht weiter einzugehen.

Für 25. September 1890 waren in den niederösterreichischen Landgemeinden die **Landtagswahlen** angesetzt. Bürgermeister Josef Maresch von Liesing und Bürgermeister Dr. Emil Fries von Inzersdorf kandidierten beide für den Landtag. Ihre Rädelsführerschaft im Kampf der Gemeinden des Hietzinger Bezirkes gegen die Eingemeindung war für sie gleichzeitig ein Stück Wahlkampf. Bei einer Wählerversammlung am 5. September 1890 im Saal des „Weißen Engel" in Hietzing wetterte Josef Maresch gegen die *gänzlich ungerechtfertigte Einbeziehung der Landgemeinden* in die Eingemeindungspläne[1165]. Das Eintreten gegen die Eingemeindung war wohl als Beweis des Einsatzes für die wahren Interessen der Wähler gedacht, mit dem Maresch und Fries am Wahltag punkten wollten[1166].

Wenn man in den von Statthalter Kielmansegg handschriftlich hinterlassenen „Beiträgen zur Geschichte der Vereinigung der Vororte mit Wien"[1167] nachliest, was sich am

---

1163 Ebenda.
1164 Ebenda.
1165 Ausführlicher Bericht über diese Wählerversammlung in: Wiener Bezirkspost Nr. 538 (14.9.1890) S. 1 f.
1166 „Randglossen zu den Landtagswahlbewegungen", in: Wiener Communal-Bezirks-Zeitung Nr. 12 (10.9.1890) S. 2.
1167 Unter diesem Titel hat Erich Graf Kielmansegg kurz vor Jahresende 1890 den Ablauf der Vorortevereinigung in den Jahren 1889–90 aufgezeichnet, damit, wie er in der Einleitung sagt, auch die Dinge der Nachwelt überliefert werden, die man in den Akten nicht findet. Das einzige Original von Kielmanseggs Aufzeichnungen erliegt im NöLA Statthalterei, Stadterweiterungsakten Karton M 2962 a.

Höhepunkt der „Widerstandszeit" im August 1890 aus seiner Sicht abgespielt hat, so ist man eher verblüfft: Nichts! Kielmansegg und mit ihm das halbe politische Wien waren von Anfang August bis zum 8. September auf Urlaub. In dieser Zeit konnte sich der Widerstand der Landgemeinden in Versammlungen und durch Zeitungsartikel ungemein aufplustern, ohne sofortigen Gegenwiderstand auszulösen, weil die Gegner einfach ein paar Wochen lang nicht da waren. *Die Agitation gegen die Schaffung von Groß-Wien und die Vereinigung der Vororte-Gemeinden mit der Reichshauptstadt nimmt täglich zu. Eine Vorortgemeinde nach der anderen erklärt sich gegen die Verschmelzung mit der Hauptstadt,* berichtete die „Illustrirte Wiener Volkszeitung" am 31. August 1890 ihren Lesern[1168]. Und die Widerständler waren überzeugt, man könne *heute schon behaupten, daß die Vereinigung Wiens mit den Vororten gewiß nicht zustandekommen wird*[1169]. Sie sollten sich schwer täuschen.

b) Ablehnung in der Lokalpresse

Anfang September 1890 begann auch die Lokalpresse Verständnis für die Eingemeindungsgegner zu zeigen, vor allem für die Wünsche der rein ländlichen Gemeinden an der Peripherie, die nicht zur Stadt (werden) wollten. Das „Wiener Tagblatt" sekundierte den Gemeinden des Bezirkes Hietzing, die sich als erste und am lebhaftesten gegen die Vereinigung ausgesprochen hatten: *In der That haben die Bewohner dieser Landgemeinden nicht dieselben Interessen wie die Bewohner der Stadt Wien. Sie erblicken daher keinen Vorteil für sich aus der Vereinigung mit Wien, sie fürchten nur Nachtheile. Es ist dies nun, unserer Ansicht nach, kein unbedingtes Erfordernis, daß diese elf Landgemeinden und auch noch einige weitere Landgemeinden an den nördlichen Grenzen Wiens zu Groß-Wien geschlagen werden. ... Es ist noch immer möglich, diese protestirenden Landgemeinden auszuschließen, es ist sogar möglich, die Verzehrungssteuerlinie so zu ziehen, daß wenigstens ein Theil dieser Gemeinden außerhalb des neu geschaffenen Verzehrungssteuergebietes bleibt*[1170]. Die Aussicht, daß sich die äußeren Orte nun bezirkeweise aus dem Vereinigungsprojekt absetzen könnten, muß für die Betreiber der Eingemeindung doch eher ungemütlich gewesen sein.

Am 10. September 1890 begann die „Wiener Communal-Bezirks-Zeitung", ein in den Vororten weit verbreitetes Blatt, eine Fortsetzungskampagne unter dem Titel **Der Kampf gegen die Vereinigung mit Wien**, in deren Einleitung es hieß: *Die meisten Landgemeinden, die von Seite der Regierung in der Combination zur Vereinigung mit Wien einbezogen worden sind, sträubten sich dagegen und wollen von einer Vereinigung mit Wien nichts wissen und wir müssen ihnen vollkommen Recht geben. ... Wir eröffnen an dieser Stelle eine Rubrik über Beschwerden, die mit stichhältigen Argumenten versehen gegen die Ver-*

1168 Nr. 128 (31.8.1890) S. 5.
1169 Der Österreichische Volksfreund Nr. 35 (31.8.1890) S. 5.
1170 Wiener Tagblatt Nr. 244 (4.9.1890) S. 2.

einigung mit Wien gerichtet sind[1171]. Den Anfang machte eine lange und faktenreiche Darstellung des in Speising ansäßigen k.u.k. Konsuls a.D. Dr. Karl Schedl, der ein leidenschaftliches Plädoyer gegen die Eingemeindung aller Gemeinden des Hietzinger Bezirkes hielt: Zunächst führt Konsul Schedl nochmals die bekannten wirtschaftlichen Argumente an, die zu erwartende Teuerung, die Steuererhöhungen, den Verlust des Standortvorteiles für das Gewerbe und prophezeit den Niedergang der Hietzinger Landgemeinden. Danach malt er in recht origineller Weise den bevorstehenden Zusammenbruch des Sommerfremdenverkehrs an die Wand (und sollte damit übrigens im Ergebnis Recht behalten): *Unsere Einverleibung mit Wien würde die unausweichliche Folge haben, daß der Erwerbszweig der Vermiethens der Sommerwohnungen sich aufhört, daß die Hausbesitzer ihrer Rente verlustig gehen und ihr Besitz, ihr Vermögen, werthlos wird. Denn der Wiener will im Sommer ‚auf's Land' ziehen, nicht aber von seinem Bezirk in einen anderen Bezirk näher der Linie, wobei er noch immer in Wien ist.* Ganz besonders fatal sei die Benennung des Hietzinger Bezirkes mit der Unglücksnummer 13, *denn so ist mit Sicherheit vorauszusehen, daß fast kein Wiener mehr in unseren Landgemeinden den Sommeraufenthalt nehmen wird.* Und Konsul Schedl schließt mit dem Appell: *Da es doch wohl nicht in der Absicht der maßgebenden Factoren liegen kann, … den größten Theile der Bewohner dieser elf Landgemeinden,* **welche man irrthümlich als Vororte bezeichnete,** *zugrunde zu richten, wäre es wohl gerecht und angemessen, aus dem politischen Bezirke Hietzing gar keine Gemeinde nach Wien einzubeziehen*[1172]. In der folgenden Nummer ließ man allerdings auch einen namentlich nicht deklarierten Unter St. Veiter Hausbesitzer zu Wort kommen, der die schlechte Verwaltung der Vororte anprangerte, ihre Freunderlwirtschaft und Dorfjustiz, und der Hoffnung Ausdruck verlieh, daß sich durch die Eingemeindung nach Wien diese Zustände bessern würden[1173]. Nach diesen zwei Artikeln endete die groß angekündigte Kampagne bereits wieder, denn der Wind hatte sich inzwischen gedreht.

Die den Antisemiten nahestehende Wochenzeitung *„Österreichischer Volksfreund"* führte von Ende Juli bis Ende November 1890 in nahezu wöchentlichen Fortsetzungen eine umfassende Kampagne gegen die Eingemeindung[1174].

Mitten in dieser durch Protestversammlungen, Presseagitation und die bevorstehenden Landtagswahlen erhitzten Phase der Auseinandersetzung lief am 15. September 1890 die Frist ab, die die Statthalterei den Gemeinden für ihre Stellungnahmen gesetzt hatte. Die Gemeinden Ober- und Unter St. Veit hielten beide die Frist pünktlich ein.

1171 Wiener Communal-Bezirks-Zeitung Nr. 12 (10.9.1890) S. 2 f.; der Artikel war gleichlautend bereits am 28.8.1890 im Wiener Tagblatt erschienen – es handelte sich also zweifellos um keine spontane Einsendung, sondern um eine vorbereitete Kampagne.
1172 Ebd. S. 3 f.
1173 Wiener Communal-Bezirks-Zeitung Nr. 13 (17.9.1890) S. 2 f.
1174 Österreichischer Volksfreund, insbes. Nr. 29 (20.7.1890) S. 1–3; Nr. 32 (10.8.1890) S. 1–3; Nr. 33 (17.8.1890) S. 4–6; Nr. 34 (24.8.1890) S. 1–3; Nr. 44 (2.11.1890) S. 7; Nr. 46 (16.11.1890) S. 1–4.

c) Die Stellungnahme von Ober St. Veit

Die offizielle Stellungnahme der Gemeinde Ober St. Veit bestand aus einem Übersendschreiben von Bürgermeister Hentschel vom 4. September 1890. Ihm war eine gesiegelte Reinschrift des Sitzungsprotokolles eines Unterausschusses vom 19. August d.J. beigelegt, auf den der Gemeindeausschuß in seiner Plenarsitzung am 16. August die Beantwortung des Fragebogens der Statthalterei delegiert hatte. Der Unterausschuß bestand aus den Gemeindevertretern Franz Kastner, Georg Schneider, Anton Trillsam, Alois Weidlich, Carl Premreiner und Peter Geiger unter Vorsitz des Bürgermeisters[1175]. Über 17 Seiten hinweg beantwortete der Ausschuß alle 29 Fragen, darunter so fernliegende wie die, ob die Kaisermühlen ebenfalls nach Wien einbezogen werden sollen oder so belanglose wie die, wie man mit den Ehrenbürgerwürden der Vorortegemeinden verfahren solle. Die Kernfrage war aber natürlich die Frage nach der Eingemeindung, die folgendermaßen bürokratisch verklausuliert war: *Soll das neue Gemeindegebiet mit dem neuen Verzehrungssteuergebiete zusammenfallen?* In Ober St. Veit entschied man sich für eine „Ja, aber"-Antwort. Die Frage wurde stimmeneinhellig dem Grundsatz nach bejaht, aber die Zustimmung zur Eingemeindung an folgende Bedingungen geknüpft:

- die Kommunalsteuer dürfe nicht erhöht werden
- bei der Hauszinssteuer müssen die bisherigen Absetzposten bleiben
- der Ort Ober St. Veit müsse in der neuen Hietzinger Bezirksvertretung ein bis zwei gewählte Vertreter garantiert haben
- der neue Bezirk Hietzing müsse in Sektionen geteilt werden, um die verschiedenartigen Ortsverhältnisse zur Geltung zu bringen
- der Ober St. Veiter Ortsfriedhof müsse erhalten bleiben
- die gegenwärtig gültige Bauordnung für die Landgemeinden müsse weiterhin gelten.

Wie wir heute wissen, wurde keine dieser Bedingungen erfüllt, ausgenommen nur die Erhaltung des Ortsfriedhofes. Dieser aber blieb nicht erhalten, weil es die Gemeinde Ober St. Veit bedungen hatte, sondern, weil er einfach weiterhin gebraucht wurde.

Die Motive der Gemeindevertreter für dieses gewundene „Ja, aber"-Votum sind nicht mehr wirklich zu ergründen. Da im Spätsommer 1890 jedem nüchternen Beobachter schon klar sein mußte, daß der Zug in Richtung Eingemeindung so gut wie abgefahren war, war es sicherlich im Hinblick auf die „Zeit danach" nicht unbedingt opportun, Fundamentalopposition zu betreiben, da man doch nur auf der Verliererseite stehen und das Vertrauen der Obrigkeit nicht (mehr) genießen würde. Führte also subtiler Opportunismus zur gewundenen „Ja, aber"-Stellungnahme der Ober St. Veiter Gemeindevertreter? Oder glaubten sie tatsächlich an eine bessere Zukunft durch die Eingemeindung? Vor

---

1175 Original der Stellungnahme von Ober St. Veit im NÖLA, Statthalterei, Stadterweiterungsakten Karton 2962 c, Aktenkonvolut 56.982 M 1 ad 27.131.

allem aber: glaubten sie allen Ernstes daran, daß man ihre „Bedingungen" für die Eingemeindung erfüllen werde? Nach der 29. Frage-Antwort enthält das Protokoll noch eine
aufschlußreiche Nachbemerkung: *Obwohl sich die Gemeinde Ober St. Veit bewußt ist,*
welche Opfer sie anläßlich der Einbeziehung zu Groß Wien bringen muß, macht sie es sich
doch zur Pflicht, aus Patriotismus für die hohe Regierung, dieses große Werk nach Tunlich-
keit zu fördern[1176]. Das sagt recht eindeutig: An die groß versprochenen Vorteile glaubte
man überhaupt nicht, die Zustimmung rang man sich schwer und ungern ab, aber man
tat es im Gehorsam der Obrigkeit gegenüber – und vielleicht auch, um nach dem eigenen
Untergang die Chance auf Teilhabe an den neuen Möglichkeiten zu wahren.

d) Die Stellungnahme von Unter St. Veit

Die offizielle Stellungnahme der Gemeinde Unter St. Veit schlug einen völlig anderen Weg
als die von Ober St. Veit ein. Um zu vermeiden, daß bei einer „Ja, aber"-Stellungnahme das
„Ja" abgehakt, das „Aber" hingegen ignoriert würde, ließ Bürgermeister Heinrich Schönich den Fragebogen der Statthalterei unbeantwortet. Gestützt auf einen Beschluß des
Gemeindeausschusses vom 12. August 1890 teilte er lediglich mit einem kurzen eigen-
händigen Schreiben vom 5. September d.J. mit, welche Bedingungen die Gemeinde Unter
St. Veit stelle, um überhaupt in Verhandlungen einzutreten[1177]: Sie *sei in die administra-*
tive Vereinigung mit Wien nur dann geneigt in Verhandlungen zu treten, wenn von Seite
der hohen Regierung die derzeit bestehenden Steuern sowohl Grund als Gebäudesteuer
für einen Zeitraum von mindestens 20 Jahren in ihrer derzeitigen Höhe belassen werden.
In eine weitere Erörterung des vorgelegten Fragebogens wurde vorläufig nicht einge-
gangen. Gezeichnet Schönich. Nun, auch dieser von Bürgermeister Schönich geschickt
ausgedachte Weg, nämlich zuerst über die Bedingungen zu verhandeln, um dann erst ja
oder nein zur Eingemeindung sagen zu können, führte ins Nichts. Auf der Gegenseite war
nämlich überhaupt keine Verhandlungsbereitschaft mehr vorhanden. Vier Tage später,
am 9. September 1890, begann im Wiener Gemeinderat bereits die Plenardebatte über
den Gesetzentwurf zur Eingemeindung[1178].

e) Die Haltung der Nachbargemeinden

Die Haltung der übrigen Gemeinden des heutigen 13. Bezirkes variierte innerhalb des
Spektrums der Möglichkeiten[1179].

1176 Alle zitierten Passagen der Stellungnahme der Gemeinde Ober St. Veit ebenda, Aktenseiten 180–189;
Delegierungsbeschluß s. GAO 16.8.1890 Pt. 1.
1177 Original der Stellungnahme von Unter St. Veit im NöLA, Statthalterei, Stadterweiterungsakten Karton 2962 c, Aktenkonvolut 56.982 M 1 ad 27.131, Aktenseite 190; zugrunde liegender Gemeindeausschuß-
Beschluß in GAU 12.8.1890 Pt. 1.
1178 Till, Geschichte der Wiener Stadtverwaltung (Anm. 1125) S. 96.
1179 Eine Kurzzusammenfassung aller Beschlüsse und Stellungnahmen der einzelnen Gemeinden des Bezirkes Hietzing findet sich bei Ingeborg Mayer, Hietzing – vom Vorort zum Großstadtbezirk (Dipl.Arbeit Wien
1982) 17 ff.

Lainz entschied sich für die Fundamentalopposition: In seiner Stellungnahme vom 22. August 1890 erhob es scharfen Protest gegen die Eingemeindung; Bürgermeister Karl Wambacher erklärte sogar ausdrücklich, daß Lainz die Durchführung der Eingemeindung verweigern werde[1180]. Daraus wurde natürlich nichts – Lainz übergab genauso sein Vermögen an die Stadt Wien und löste sich ebenso geräuschlos auf wie alle anderen betroffenen Gemeinden.

Speising erklärte sich – ohne Angabe von Gründen – *ausdrücklich gegen eine administrative Einverleibung an die Groß-Commune Wien und beauftragt[e] den Bürgermeister im Hinblick auf die der Gemeinde durch Staatsgrundgesetz gewährleisteten Rechte mit allen gesetzlichen Mitteln gegen eine etwa versuchte zwangsweise Einverleibung zu protestieren*[1181]. Speising wurde zwangsweise einverleibt, es protestierte nicht. Bürgermeister Ferdinand Weinrother, ein scharfer Gegner der Eingemeindung, hielt in der letzten Plenarsitzung des Gemeindeausschusses am 7. Mai 1891 eine bewegende Abschiedsrede, in der er seine 24-jährige Tätigkeit für die Gemeinde und seine 18 Bürgermeisterjahre nochmals Revue passieren ließ, dankte allen Gemeinderäten und Ausschußmitgliedern für die langjährige Treue und kündigte an, sein kommunales Wirken in der neu gewählten Bezirksvertretung fortsetzen zu wollen[1182].

Hacking hatte sich noch am 28. August 1890 in Dornbach an der Protestversammlung der Landgemeindevertreter beteiligt (dazu oben XI.3.a) und für eine Resolution gestimmt, die sich gegen den Anschluß aussprach und allen betroffenen Gemeindevertretungen empfahl, in dieser Sache ablehnende Beschlüsse zu fassen[1183]. Doch schon ein paar Tage später, am 6. September 1890, nahmen Hackinger Abgesandte an einer Versammlung von Gemeindevertretern im Hütteldorfer Brauhaus teil, auf welcher mehrere Wientalgemeinden über die zu gebenden Antworten im Fragebogen der Statthalterei berieten. Dort ließ es sich umstimmen und stimmte für eine „Ja, aber"-Stellungnahme: Einverständnis mit der Eingemeindung, aber unter der Bedingung, daß die Grund- und Gebäudesteuer 20 Jahre lang nicht erhöht wird[1184]. In diesem Sinne gab es dann auch seine eigene Stellungnahme an die Statthalterei ab[1185]. Das „Ja" wurde für die Liste der zustimmenden Gemeinden abgehakt, das „Aber" ging in der Gesetzesmaschinerie des niederösterreichischen Landtages unter.

f) Der Widerstand verpufft

Am Montag, den 8. September 1890 war das politische Wien einschließlich Kaiser und Statthalter wieder aus dem Urlaub zurück. *Um 1 Uhr hatte eine Deputation der Stadt*

1180 Ebd. S. 96.
1181 NöLA, Statthalterei, Stadterweiterungsakten Karton 2962 c, Aktenkonvolut 56.982 M 1 ad 27.131, Aktenseiten 178–179.
1182 Ausführlicher Bericht über die Sitzung und die Rede in der Wiener Bezirkspost Nr. 666 (20.5.1891) S. 4.
1183 Wiener Tagblatt Nr. 239 (30.8.1890) S . 2.
1184 Deutsche Zeitung Nr. 6716 (9.9.1890) S. 2.
1185 Till, Geschichte der Wiener Stadtverwaltung (Anm. 1125) S. 96.

Wien, bestehend aus dem Bürgermeister Dr. Prix und [folgt komplette Aufzählung] die Ehre, von Se. Majestät dem Kaiser in besonderer Audienz empfangen zu werden. Se. Majestät berührten mehrere Tagesfragen, darunter insbesondere die Frage der Vereinigung der Vororte mit Wien. Se. Majestät bemerkte, daß diese Frage durchgeführt werden müsse; das Matherial hiezu sei gründlich durchberathen, und unter allen Umständen werde die Einverleibung der Vororte ein großer Fortschritt sein, den alle Gemeinden fühlen werden. ... Die Deputation wurde hierauf in gnädigster Weise entlassen[1186]. Die Liberalen hatten ihre Wünsche also in die richtigen Hofkanäle eingespeist und mit dieser huldvollen Pro-Äußerung des Kaisers den Höchsten Segen für ihre Pläne erhalten. Für denselben 8. September hatte auch eine Abordnung des gerade versammelten christlichsozialen Gewerbetages eine kaiserliche Audienz begehrt, um gegen die Eingemeindungspläne zu protestieren; dieser Audienzwunsch wurde abgelehnt. Die liberale Presse jubelte – es war nun völlig klar, wohin der Zug abgefahren war[1187].

Ab nun war auch die Widerstandsbewegung der Landgemeinden gegen ihre Eingemeindung zur **Aussichtslosigkeit** verurteilt. Die von den Landgemeindeversammlungen unter Vorsitz des Hietzinger Bürgermeisters Hanselmayer zwei Mal beschlossene Deputation zum Kaiser kam nie zustande[1188]. Die vom Advokaten Dr. Heinrich Steger vor 400 Vorortevertretern in Dornbach angekündigte Beschwerde vor dem Reichsgericht wurde niemals eingebracht[1189].

Auch die einst recht großtönenden Unterstützer des Widerstandes brachen weg. Dr. Emil Fries, der Inzersdorfer Bürgermeister und Wahlkandidat, schaffte bei den Landtagswahlen Mitte September 1890 den Einzug in den Landtag nicht und fiel als Fürsprecher aus. Josef Maresch, sein Liesinger Amtskollege, wurde für den politischen Bezirk Hietzing tatsächlich gewählt – als liberaler Kandidat, dessen Gesinnungsfreunde eigentlich <u>für</u> die Eingemeindung eintraten. Prompt fiel er bei der ersten sich bietenden Gelegenheit um. In der Landtagsdebatte über das Eingemeindungsgesetz erklärte er in seiner einzigen Wortmeldung lange und gewunden, daß alle seine früheren Einwände gegen die Eingemeindung *von verschiedenen Seiten widerlegt wurden und [er] habe dem nichts hinzuzufügen.* Zum Beweis für den bereits eintretenden Stimmungsumschwung seiner Wählerschaft verlas er den Brief einer Gemeindevertretung, die *als echte Patrioten Österreichs die Schaffung von Groß-Wien mit Freude begrüßt.* Als er auf Nachfrage zugeben mußte, daß dieser Brief aus Maria Enzersdorf stammte, das für die Eingemeindung nicht im entferntesten in Betracht kam, erntete er von den christlich-sozialen Oppositionsbänken Hohngelächter und beendete schnellstens seine Rede[1190]. Bei der Landtagsabstimmung über

---

1186 Hofbericht in der Wiener Zeitung, Beilage „Wiener Abendpost" Nr. 207 (9.9.1890) S. 2.
1187 stellvertretend für mehrere ähnliche Berichte sei genannt: Wiener Tagblatt Nr. 228 (9.9.1890) S. 2.
1188 Durchsicht der Hofberichte über Audienzen in der Wiener Zeitung September bis November 1890.
1189 Durchsicht der „Sammlung der Erkenntnisse des kk. Reichsgerichtes" Bd. IX. Judikate 1889–1892 und Bd. X. Judikate 1893–1897.
1190 Stenographische Protokolle des nö. Landtages, VII. Wahlperiode, Sitzung vom 27.11.1890, S. 446 f. – von dort auch die wörtlichen Zitate.

das Eingemeindungsgesetz am 9. Dezember 1890 fehlte er dann überhaupt[1191].

Die Haltung, oder vielmehr ihre nachträgliche Änderung, des Hietzinger Bürgermeisters *Franz Hanselmayer*, entbehrt nicht einer gewissen Pikanterie. Hanselmayer gehörte politisch in das liberale Lager. Er war Mitglied des „Deutsch-Liberalen Vereines des Bezirkes Sechshaus". Bei dessen Veranstaltung „40 Jahre Erwachen des Vaterlandes" am 13. März 1888 (genau am 40. Jahrestag des Ausbruches der Wiener 48er-Revolution) war er gemeinsam mit den Bürgermeistern Georg Gusenleithner (Penzing) und Eduard Sauermann (Baumgarten) aufgetreten, womit sich alle drei Herren für später politisch empfohlen hatten[1192]. Während Gusenleithner und Sauermann ihre Gemeinden schon frühzeitig auf Zustimmungskurs führten und damit ganz auf der liberalen Linie lagen, hielt Hanselmayer, den *mehr wienerische Geradheit als diplomatische Gefälligkeit auszeichnete*[1193], bis zuletzt am Widerstandskurs fest. Um ihn als Anführer der bezirksweiten Widerstandsbewegung gegen die Eingemeindung unschädlich zu machen, dürften ihm seine liberalen Gesinnungsfreunde den ersten Bezirksvorsteher versprochen haben und lancierten ihn als solchen schon frühzeitig in der Öffentlichkeit[1194]. Er wurde dann tatsächlich erster Bezirksvorsteher des neuen Gemeindebezirkes Hietzing (1891–1897). Seine liberalen Bürgermeisterfreunde kamen auch nicht zu kurz: Eduard Sauermann von Baumgarten wurde sein Stellvertreter (1891–95), Georg Gusenleithner von Penzing sein Nachfolger (1897–1907)[1195].

Nur nebenbei sei bemerkt, daß die Bürgermeister von Lainz und Speising, Karl Wambacher und Ferdinand Weinrother ihre öffentliche Ankündigung, die Durchführung der Eingemeindung zu verweigern (Wambacher) bzw. Widerstand mit allen gesetzlichen Mitteln zu leisten (Weinrother), nicht wahr machten: Sie erschienen beide persönlich zu ihrem Geschäftsübergabetermin am 15. Juni 1891 und unterschrieben ohne alle Einwendungen die ihnen vorgelegten Übergabeprotokolle[1196].

Zusammenfassend kann man sagen, daß die Eingemeindung das Werk liberaler Eliten in Politik, Wirtschaft und Verwaltung war. Dagegen gab es gleichermaßen Zustimmung und Widerstand. Der Widerstand in den an Wien nicht angrenzenden Landgemeinden war breit, aber er kam von den Machtlosen – und hatte daher keinen Erfolg.

4. Eine politische Kleinwelt geht unter

Die legistischen Prozeduren zur Schaffung der Gesetzesgrundlagen für Groß-Wien wurden im Spätherbst 1890 in straffem Tempo durchlaufen. Jede Verzögerung hätte dem Widerstand dagegen nur neuerlich Auftrieb geben können. Am 19. Dezember 1890

1191 Ebenda, Sitzung vom 9.12.1890, S. 804.
1192 Nö. Gemeinderevue Nr. 118 (18.3.1888) S. 2.
1193 Nö. Gemeinderevue Nr. 206 (15.11.1891) S. 3.
1194 Ebenda.
1195 FS 100 Jahre Hietzing, hgg. von der Bezirksvorstehung Hietzing (o.J., 1991), Liste der Bezirksvorsteher im Anhang.
1196 Protokolle über die Vermögensübergabe, wie Anm. 1210.

beschloß der niederösterreichische Landtag das Eingemeindungsgesetz[1197]. Gemäß Art. I dieses Gesetzes wurden 40 Gemeinden, darunter Ober St. Veit und Unter St. Veit, mit der Reichshaupt- und Residenzstadt Wien zu einer einzigen Ortsgemeinde vereinigt. Art. II enthielt dann die, je nach Standpunkt lange ersehnte oder erbangte, Kernbestimmung: *Infolge dieser Vereinigung hören die im Art. I angeführten Ortsgemeinden **als eigene Ortsgemeinden zu bestehen auf**.* Das Gesetz trat mit sofortiger Wirkung in Kraft, jedoch hatte *die Amtswirksamkeit der Gemeindevorstände ... zur Besorgung der Geschäfte bis zur Errichtung der neuen magistratischen Bezirksämter fortzudauern* (Art. XIV), bis zu welchem Zeitpunkt übrigens auch der Verwaltungsapparat der aufgelösten Gemeinden noch aufrecht zu erhalten war.

Nun war man also aufgelöst und hatte nur noch bis zur faktischen Durchführung der Liquidierung die Geschäfte weiterzubesorgen. Leider ist uns kein Bericht über die Stimmung der St. Veiter Gemeindevertreter in jenen Tagen erhalten geblieben, einige werden vermutlich fassungslos vor den – vermeintlichen? – Trümmern ihres Lebenswerkes gestanden sein, andere wiederum werden erwartungsvoll in die Zukunft geblickt haben. Ein allgemeiner, nicht auf St. Veit bezogener, Stimmungsbericht jener Tage besagt, daß in den Vororten teilweise heftige Ablehnung herrschte, da man über die *erlittene, äußerst brutale Behandlung erbittert war*[1198]. Verständlicherweise gab es für die Gemeindeausschüsse von Ober- und Unter St. Veit ab sofort keinen Grund mehr, auf irgendeinem Gebiet noch Engagement zu entwickeln – für die paar Monate, bis man ganz auseinanderging. Die Gemeindeausschüsse traten kaum noch zu Arbeitssitzungen zusammen, die zuletzt in beiden Gemeinden üblicherweise im Monatsabstand stattgefunden hatten.

a) Abschied und Ehrungen

In dieser Phase konzentrierte sich die Energie der Gemeindeausschüsse nur noch auf die würdige Gestaltung des Abschiedes durch Ehrungen aller Art. Gleich am ersten Arbeitstag nach Weihnachten 1890 trat der Unter St. Veiter Gemeindeausschuß unter Vorsitz von Bürgermeister-Stellvertreter Karl Drechsler zusammen. Einziger Tagesordnungspunkt war die Verleihung der **Ehrenbürgerwürde** an und die Benennung einer Gasse nach dem abtretenden Bürgermeister Heinrich Schönich. Beides wurde einhellig beschlossen. Die Ehrenbürgerwürde nahm Bürgermeister Schönich an, die (Um-) Benennung der Kirchengasse nach ihm lehnte er hingegen aus persönlicher Bescheidenheit ab[1199]. In Ober St. Veit war Bürgermeister Karl Hentschel längst mit Ehrenbürgerwürde und Gasse versehen, also ließen hier seine langjährigen Getreuen beim Unter St. Veiter Galanteriewarenerzeuger Josef Weidman eine gedruckte **Dankesadresse** prachtvoll ausstatten und darauf

---

1197 Gesetz vom 19.12.1890 betreffend die Vereinigung mehrerer Gemeinden und Gemeindetheile mit der Reichshaupt- und Residenzstadt Wien und die Erlassung eines neuen Statutes, sowie einer neuen Gemeindewahlordnung für diese, LGBl. 45/1890.
1198 zitiert bei Mayer, Gebietsänderungen (Anm. 1125) S. 190 Fn. 341.
1199 GAU 27.12.1890 Pt. 1; s. auch Anm. 861.

Unterschriften sammeln[1200]. Für den über 30 Jahre im Dienst gestandenen Ober St. Veiter Gemeindediener und Wachmann Josef Schnabel beantragte der Gemeindeausschuß die Verleihung des **kaiserlichen Verdienstkreuzes**[1201]. Der alte und bereits kränkliche Gemeindesekretär Michael Friedl, der sich mit Bürgermeister Hentschel nicht vertragen hatte, ging ohne Ehrung leer aus.

Im Februar 1891 ließ Bürgermeister Hentschel, wie üblich, die Gemeinderechnung über das vorangegangene Verwaltungsjahr 1890 in Druck legen und veröffentlichen. Da es diesmal die letzte Rechnung war, fügte er ihr ausführliche **Abschiedsworte** an: *Geehrte Gemeinde-Genossen!* hieß es da, *Nachdem nun infolge der Einbeziehung der Gemeinde Ober St. Veit zu Wien meine Amtsthätigkeit, welche mehr als meine halbe Lebenszeit, und zwar durch 36 Jahre in Anspruch nahm, zu Ende geht, will ich nur noch hervorheben, daß ich während meines Wirkens als Bürgermeister stets bestrebt und bemüht war, für das Wohl der Gemeinde, sowie der einzelnen Gemeindemitglieder zu sorgen. Es war gewiß keine leichte Aufgabe, den immer steigenden Anforderungen der Bevölkerung nach Möglichkeit nachzukommen, ohne den Gemeindesäckel zu belasten. Es war ein schwerer Kampf, welcher mir viele schlaflose Nächte kostete, und doch brachte ich es zu Wege, so viel als möglich die Steuerträger zu entlasten. Ich glaube sohin mein Möglichstes und was in meinen Kräften stand, zum Wohle der Gemeinde gethan zu haben. Zugleich spreche ich den P.T. Gemeinde-Genossen für das mir stets entgegengebrachte Vertrauen meinen wärmsten Dank aus*[1202]. Hentschel hielt sein unkritisches Selbstbewußtsein also bis zuletzt durch – die stattgefundenen Amtskrisen und Fehler, seine zeitweilige Abwahl wegen eines Veruntreuungsskandals, all das kam in der offiziellen Erinnerung nicht mehr vor.

Anfang April 1891 fanden die Gemeinderats- und Bezirksausschußwahlen für Groß-Wien statt[1203]. Die **Stunde des Abschiednehmens** voneinander war nun gekommen. Zu diesem Zwecke traten die Gemeindeausschüsse von Unter- und Ober St. Veit nach langer Pause noch einmal zusammen. Die sehr unterschiedlichen Bürgermeisterpersönlichkeiten Schönich und Hentschel gaben der Abschiedssitzung jeweils ein sehr unterschiedliches Gepräge.

Der **Unter St. Veiter Gemeindeausschuß** versammelte sich am 20. April 1891 zum letzten Mal. Bürgermeister Schönich wickelte diese Sitzung geschäftsmäßig und nüchtern wie immer ab. Er hatte schon im Vorfeld dafür gesorgt, daß die Jahresrechnung des Vorjahres pünktlich vorlag, um die Finanzen der Gemeinde geordnet abschließen zu können.

1200 Wiener Communal-Bezirks-Zeitung Nr. 15 (31.10.1891) S. 4.
1201 GAO 17.2.1891, Beilage.
1202 (gedruckte) Jahresrechnung der Gemeinde Ober St. Veit für das Verwaltungsjahr 1890, WStLA Hauptregistratur A 38/48, Vororte-Einverleibung, Umschlag „Ober St. Veit", letztes Blatt – wiedergegeben sind hier nur die Kernpassagen gegen Ende des Abschiedsschreibens, dessen vorderer Teil noch einen längeren Kommentar zur Gebarung des Jahres 1890 enthält.
1203 In jeder Gemeinde und für jede Kurie wurden die Wahltage individuell festgesetzt. Lt. Pfarrchronik Ober St. Veit Band 1875–1857, pag. 101 fanden die Wahlen in Ober St. Veit am 2. April für den III. Wahlkörper, und am 11. April 1891 für den II. Wahlkörper statt; sonstige amtliche Angaben über das Wahldatum sind nicht erhalten. Vgl. auch die einzige Publikation über die 1891er-Wahlen: Gerhard Jagschitz, Die Wahlen des Wiener Gemeinderates vom Jahre 1891 im 18. Bezirk, in: Unser Währing, 3. Jg. 1968, 22–31.

Danach berichtete er über den Stand des Schulbauprojektes und ließ „vorbehaltlich der Zustimmung der Kommune Wien" die Beauftragung des Baumeisters Josef Kopf mit dem Schulneubau absegnen. Schließlich erledigte der Gemeindeausschuß noch zwei eingelangte, offene Ansuchen um Einbürgerungen und beendete dann die Sitzung[1204]. Es gab keine Abschiedsrede (wie von Bürgermeister Weinrother in Speising) und keine weiteren Ehrungen oder Dankesreden. Auch wenn dies nicht im Protokoll verzeichnet ist, wird man naheliegender Weise annehmen können, daß sich die Ausschußmitglieder am Ende etwas bewegt voneinander verabschiedeten.

Der **Ober St. Veiter Gemeindeausschuß** versammelte sich am 28. April 1891 zum letzten Mal. Hier führte Bürgermeister Hentschel eine ganz andere Regie und zelebrierte einen von Sentimentalität triefenden Abschied. Für ihn persönlich war es ja tatsächlich auch der endgültige Abschied aus der Kommunalpolitik, während einige jüngere Ausschußmitglieder noch im Rahmen der neuen Bezirksvertretung weiterzumachen gedachten. Vorweg wurde noch ein einziger Routinepunkt abgehandelt, nämlich die Weiterleitung des Gesuches von Ludwig Dummel um örtliche Verlegung seiner Gasthauskonzession an die Bezirkshauptmannschaft. Dann ging's zum Abschiednehmen: *Nachdem nun die bei der heutigen Sitzung auf der Tagesordnung zur Beratung gelangten Punkte erschöpft sind, ergreift Vorsitzender [=Hentschel] das Wort und betont, daß er bereits durch volle 36 Jahre in die Gemeindevertretung gewählt sei und durch 24 Jahre die Stelle als Bürgermeister bekleidet. Zugleich bittet er die anwesenden Herren Ausschußmitglieder, ihm auch fernerhin, wie bisher, mit derselben Sympathie entgegenzukommen. Auch bittet er die anwesenden Herren Ausschußmitglieder, dem Herrn Franz Kastner, Bürgermeister-Stellvertreter und Cassier, welcher ihm stets hilfreich beiseite stand und in allen Arbeiten wesentlich unterstützte, für diese zum Wohle der Gemeinde Ober St. Veit geleisteten Arbeiten den Dank auszusprechen[1205]. Daraufhin beschloß der versammelte Ausschuß einhellig, Franz Kastner ein – offenbar schon vorbereitetes – Anerkennungsschreiben für sein uneigennütziges Wirken auszuhändigen, welches alle Ausschußmitglieder feierlich unterschrieben.

Die rechtliche Existenz der Gemeindeausschüsse endete mit dem Tag der feierlichen Beeidigung des neugewählten Bürgermeisters von Groß-Wien, Dr. Johann Prix, welche Statthalter Kielmansegg am 5. Mai 1891 im Wiener Rathaus vornahm[1206]. Der Gemeindevorstand (Bürgermeister und Gemeinderäte) blieb einstweilen noch im Amt.

1204 GAU 20.4.1891 Pt. 1.–5.
1205 GAO 28.4.1891, nach TO.
1206 Art. XIII des Eingemeindungsgesetzes (Anm.1197); Wahl von Dr. Prix zum Bürgermeister von Groß-Wien im Gemeinderat am 23.4.1891, Bestätigung der Wahl durch den Kaiser am 28.4.1891, Beeidigung durch den Statthalter am 5.5.1891. Erst die Beeidigung kreierte rechtlich den neuen Bürgermeister mit Amtswirksamkeit auch für die neuen Gebietsteile und brachte alle 40 Vororte-Gemeindeausschüsse taggleich zum Erlöschen. Quellen: Wiener Zeitung Nr. 98 (30.4.1890) S. 1, Nr. 101 (3.5.1891) S. 6, Nr. 103 (6.5.1891) S. 5; Protokolle der öffentlichen Sitzungen des Gemeinderathes der k.k. Reichshaupt- und Residenzstadt Wien vom 23. April bis Ende Dezember 1891, Prot. Nr. 1, S. 1–3 und Prot. Nr. 2, S. 5–7. Der Verfasser kann nicht umhin zu bemerken, daß auch die dicksten Wiener Stadtgeschichte- und Bürgermeisterhandbücher präzise Recherchen in dieser Hinsicht vollständig vermissen lassen.

Die schriftliche Dankadresse für Bürgermeister Hentschel, welche beim Galanterie-warenerzeuger Josef Weidman schon bestellt war, wurde erst am 27. Oktober 1891 in einer gesonderten, feierlichen Zeremonie überreicht, zu welcher die ehemaligen Mitglieder des Gemeindeausschusses noch einmal zusammen kamen. Auch Vertreter der Lokalpresse lud man ein. Vor der Überreichung hielt nun Franz Kastner seinerseits eine **Lobes- und Abschiedsrede**, aus welcher wegen ihrer Länge hier nur Auszüge wiedergegeben werden können: *Die Bewohner von Ober St. Veit widmen Ihnen hiemit eine Adresse mit dem Wunsche, es möge dieser Akt der Dankbarkeit beitragen, den Abend Ihrer Tage zu verschönern. Sie haben während Ihres mehr als 36-jährigen öffentlichen Wirkens viele schöne, aber auch viele trübe Tage gesehen und besonders die letzten Jahre Ihrer Thätig-keit als Bürgermeister wurden Ihnen sehr verbittert. Jedoch trösten Sie sich. ‚Viel Feind, viel Ehr‘ und ‚je heißer der Kampf, desto glänzender der Sieg‘. Sie sind aus den Kämpfen, welche jahrelang Ihr Haupt umtost haben, als Sieger hervorgegangen. Seien Sie von dem Bewußtsein getragen, Ihre Pflichten als Vertreter von Ober St. Veit jederzeit treu und red-lich erfüllt und die Interessen des Ortes stets gewahrt zu haben. Sie haben in diesem Orte Vieles geschaffen, was zu Nutz und Frommen der Bewohner und zur Zierde des Ortes beiträgt; und wenn in Ober St. Veit noch Manches zu wünschen übrig bleibt, so hat dies seinen Grund darin, daß die Geldmittel zu knapp bemessen waren. ... Wir alle wünschen aufrichtig, der Allmächtige möge Sie noch recht viele Jahre im besten Wohlsein leben las-sen, damit Sie noch Vielen mit Rath und That beistehen und zum Wohle unserer schö-nen Ortschaft Ihr Scherflein beitragen können*[1207]. Danach erfolgte die Überreichung der Dankesadresse mit 191 Unterschriften von Gemeindebürgern, worin die Unterzeichner ihre besondere Dankbarkeit und Hochachtung für Karl Hentschel als letzten Bürgermeis-ter dieses Ortes zum Ausdruck brachten. Davon war Bürgermeister Hentschel zu Tränen gerührt und er sprach nur einige kurze Dankesworte, in denen er versicherte, auch als künftiger Privatmann alles aufbieten zu wollen, um der Gemeinde nützlich zu sein[1208]. Tatsächlich betätigte er sich noch einige Jahre lang als Hietzinger Bezirksarmenrat – und als Gebäudeaufseher des leerstehenden Gemeindeamtes, doch dazu später. Die Dankes-zeremonie war gleichzeitig der allerletzte Akt der Gemeindevertretung, die es zu diesem Zeitpunkt offiziell gar nicht mehr gab.

b) Geschäfts- und Vermögensübergabe

Die Übergabe der Verwaltungsgeschäfte und des Vermögens aller eingemeindeten Vor-orte an die Stadt Wien erfolgten zwischen dem 6. Juni und dem 3. August 1891[1209]. In Ober St. Veit versammelte sich am 30. Juni 1891 eine Kommission in der Gemeindekanz-lei und nahm die förmliche Übergabe-Übernahme vor, in Unter St. Veit passierte dasselbe

---

1207 voller Wortlaut der Rede in: Nö. Gemeinderevue Nr. 205 (1.11.1891) S. 3.
1208 Wiener Communal-Bezirks-Zeitung Nr. 15 (31.10.1891) S. 4, wo auch der volle Text der Dankesurkunde wiedergegeben ist; die Urkunde selbst ist leider nicht erhalten geblieben.
1209 Till, Geschichte der Wiener Stadtverwaltung (Anm. 1125) S. 100.

am 6. Juli 1891[1210]. Gleichzeitig wurde der Großteil des vorhandenen ***Gemeindepersonals*** in den Personalstand der Stadt Wien übernommen und verblieb vorläufig an seinem alten Dienstort. In Ober St. Veit wurden übernommen: der alte Gemeindesekretär Michael Friedl und sein junger Gehilfe Karl Sommerer, Sohn des inzwischen verstorbenen Oberlehrers Leopold Sommerer, ferner die Gemeindediener (Wachmänner) Josef Schnabel und Johann Zimmermann, der Schuldiener Leopold Rucker sowie der Nachtwächter Martin Huber[1211]. In Unter St. Veit wurden übernommen: der langjährige Gemeindesekretär Franz Mittermüller und der Gemeindewachmann Josef Böck[1212]. Was aus den nicht übernommenen Gemeindedienern Josef Wodraschka (Unter St. Veit) und Heinrich Föhrmann (Ober St. Veit) und aus dem Unter St. Veiter Nachtwächter Anton Puraner wurde, ist nirgends verzeichnet; bis Jahresende 1891 versahen die zuletzt Genannten ihren Dienst jedenfalls noch provisorisch weiter[1213].

c) Auslaufprovisorium und Ende

Die Übergabe der Geschäfte im Sommer 1891 war formaler Natur, faktisch änderte sich noch über ein halbes Jahr lang nicht viel. Die Gemeindeämter arbeiteten bis Ende 1891 mit dem bisherigen Personal am Ort weiter, dies allerdings jetzt namens der Stadt Wien, wobei sie einige neue oder geänderte Rechtsvorschriften zu vollziehen hatten. Der Gemeindevorstand, bestehend aus Bürgermeister und Gemeinderäten, blieb nominell im Amt, wenngleich rechtlich nunmehr bereits dem Wiener Bürgermeister als weisungsgebundenes Hilfsorgan unterstellt[1214]. Die Gemeindeausschüsse gab es, wie bereits beschrieben, seit 5. Mai 1891 nicht mehr.

Ganz ähnlich wie die vor der Abschaffung stehenden Grundherrschaften im ersten Halbjahr 1850 keine brauchbare Verwaltungsleistung mehr geboten hatten (dazu oben III.3), ließ auch der Elan in den auslaufend zu Ende amtierenden alten Gemeindeämtern in den letzten Monaten ihres Wirkens sehr nach. Auch in Ober St. Veit dürften in diesen Monaten eher mühsame Zustände geherrscht haben. Der alte Gemeindesekretär Friedl war kränklich, näherte sich mit seinen 59 Jahren bereits der Pensionierung und hatte offenbar keinen Ehrgeiz mehr, sich noch in die neuen Verhältnisse einzuarbeiten. Sein junger Adlatus Karl Sommerer war eigentlich ein geprüfter Schullehrer, der mit dem Kanzleidienst nur die Zeit bis zur Erlangung einer geeigneten Lehrerstelle überbrückte – er war in Verwaltungsdingen zweifellos unerfahren und wohl auch nicht ambitioniert[1215].

1210 WStLA Handschriften A 293/1, Vororte-Gemeinden, Protokolle über die Vermögensübergabe an die Stadt Wien, 1. Exemplar nach Bezirken, fol. 123 ff. (Ober St. Veit), fol. 129 ff. (Unter St. Veit); das in diesen Protokollen enthaltene, genaue Verzeichnis des Liegenschaftsvermögens beider Gemeinden wurde bei der Darstellung der Gemeindehäuser in dieser Arbeit bereits an den betreffenden Stellen verwertet.
1211 Wiener Communal-Kalender 1892, S. 203.
1212 Ebd. S. 204.
1213 Wiener Communal-Kalender 1892, Verzeichnis der vom Staate und den ehemaligen Vorortgemeinden übernommenen Beamten und Diener, S. 369–374.
1214 Art. XIV des Eingemeindungsgesetzes (Anm. 1197).
1215 WStLA Hauptregistratur A 38/48, Vororte-Einverleibung, Umschlag „Ober St. Veit", Personalstandesaus-

„Ein Notschrei aus den Vororten" titelte am 9. Juli 1891 die „Wiener Bezirkspost" und schrieb: *Bekanntlich hat die selbständige Verwaltung der Vororte-Gemeinden zu existieren aufgehört, ohne daß an ihre Stelle eine andere definitive Verwaltung getreten wäre. ... In den Vororten weiß kein Mensch, wohin und an wen er sich in wichtigen Angelegenheiten zu wenden habe. Meistens wird man auf spätere Zeit vertröstet und zwar bis auf die Zeit, wenn die neuen Bezirksämter in Action treten werden. Wann dies sein wird, weiß aber bislang kein Mensch. Es ist das ein sehr unhaltbarer Zustand, in welchem die alte Vertretung, die nichts mehr tut, noch nicht begraben, die neue Bezirksvertretung noch nicht in ihr Amt eingesetzt, ja noch nicht einmal constituiert ist. Es wäre im Interesse der Bevölkerung, wenn diesem Provisorium ein baldiges Ende bereitet werde*[1216]. Von Gesetzes wegen war vorgesehen, daß dieses Provisorium zu Ende geht, sobald der Statthalter von Niederösterreich die Amtswirksamkeit der neu zu errichtenden magistratischen Bezirksämter kundmacht, was er schließlich per 31. Dezember 1891 tat[1217].

Bis 18. Dezember 1891 mußten die Bewohner von Ober- und Unter St. Veit mittels aufwendiger Formulare einbekennen, was sie an Pferden, Kühen, Wein und sonstigen Lebensmittelvorräten besitzen[1218]. Die Orte lagen ja jetzt innerhalb der neuen Verzehrungssteuerlinie und wurden steuerlich so behandelt, als ob ihre Bewohner alle ihre Vorräte „importiert" hätten. In den letzten Tagen vor Weihnachten 1891 erschien ein Linienamtsoffizier mit einem Oberaufseher und durchkämmte alle St. Veiter Vorratskammern, um die Richtigkeit der Meldungen zu kontrollieren und jedermann die nachzuentrichtende Verzehrungssteuer vorzuschreiben. Der Ober St. Veiter Pfarrer mußte für seine 292 Liter (!) Weinvorrat 15 fl 18 kr nachzahlen[1219].

Am 1.1.1892 nahm das *magistratische Bezirksamt Hietzing* seine tatsächliche Tätigkeit auf, gleichzeitig endete der provisorische Auslaufbetrieb in den Gemeindeämtern von Ober- und Unter St. Veit[1220]. Die Gemeindekanzleien in Ober- und Unter St. Veit wurden versperrt und stillgelegt. Die drei ehemaligen Gemeindesekretäre Friedl, Sommerer und Mittermüller verschwanden als „zugewiesene städtische Akzessisten" irgendwo in der Magistratsverwaltung[1221].

Damit war der Untergang der politischen Kleinwelt dieser Gemeinden auch administrativ vollendet.

Nun galt es noch, die *stillgelegten Gemeindeämter* bis zu einer eventuellen anderen Verwendung oder Verwertung der Häuser eine Zeit lang weiterzubetreuen. Zu diesem

---

weis 1891; Karl Sommerer wurde später Lehrer, zuletzt Oberlehrer an der Ober St. Veiter Volksschule, hatte sechs Kinder und verstarb am 7.11.1914 im Alter von 56 Jahren: Hietzinger Bezirksblatt Nr. 26 (15.11.1914) S. 2; Auskunft seiner Enkelin Marie Richter am 26.4.1990.
1216 Wiener Bezirkspost Nr. 672 (9.7.1891) S. 1 f.
1217 Kundmachung des Statthalters von Niederösterreich vom 9.12.1891, LGBl. 60/1891.
1218 Rechtsgrundlage hiefür war § 78 der Verordnung der Finanzlandesdirektion in Wien vom 13.7.1891, LGBl. 41/1891, die die Nachversteuerung aller im erweiterten Verzehrungssteuergebiet bereits vorhandenen Vorräte regelte.
1219 Pfarrchronik Ober St. Veit, Band 1875–1957, pag. 85.
1220 wie Anm. 1217.
1221 Wiener Communal-Kalender 1894, S. 149.

Zwecke stellte der Wiener Magistrat in den letzten Wochen vor Weihnachten 1891 hektische Erhebungen an, welche Gebäude überhaupt von der Stillegung betroffen sind und welche Personen als provisorische Weiterbetreuer in Betracht kämen. In den meisten Fällen fanden sich Hausmeister oder sonstige Bewohner von Dienstwohnungen in den betroffenen Gemeindeämtern, denen man die Dienstanweisung erteilte, *die Weiterbewachung des Gemeindehauses wahrzunehmen und die Geräthschaften sowie das Inventar der Kanzlei keinesfalls an Unbefugte auszugeben*[1222]. Zur Abholung befugt war einzig und allein der städtische Ingenieur Ernst Matzke, der in den folgenden Wochen der Reihe nach alle ehemaligen Gemeindeämter ausräumte und alle Schlüssel einsammelte, soweit nicht das eine oder andere Gebäude unmittelbar weiter benützt wurde; dies war etwa in Hietzing der Fall, dessen Gemeindekanzlei bis zur Erbauung des Amtshauses am Hietzinger Kai Sitz der neuen Bezirksvertretung wurde.

In Unter St. Veit wurde über Empfehlung von Bürgermeister Schönich der Nachtwächter Anton Puraner als Gebäudebetreuer bestellt, da er im Gemeindehaus eine Dienstwohnung hatte.

In Ober St. Veit hingegen kam es zu einem ortsspezifischen Kuriosum. Bisher hatten die beiden Gemeindesekretäre Friedl und Sommerer die Gebäudeaufsicht besorgt. Als frischgebackenen städtischen Akzessisten konnte ihnen aber diese mindere Tätigkeit dienstrechtlich nicht mehr abverlangt werden, obwohl sie beide ihre Ober St. Veiter Dienstwohnung behielten. Da es im Gemeindeamt in der Hietzinger Hauptstraße 164 keinen Hausmeister gab, trug sich Bürgermeister Hentschel an, selbst und unentgeltlich bis auf weiteres die Beaufsichtigung des stillgelegten Gemeindehauses samt der Kanzlei zu übernehmen. Dieses Anerbieten nahm der Magistrat, sichtlich erleichtert, an. Am 30. Dezember 1891, bereits in höchster Zeitnot, stellte man Karl Hentschel per Eilboten sein Bestellungsschreiben zum provisorischen Gemeindeamts-Hausbeaufsichtiger zu[1223]. Karl Hentschel war damit der einzige unter allen 40 abgetretenen Wiener Vororte-Bürgermeistern, der per Magistratsdekret die Schlüssel zu seiner ehemaligen Wirkungsstätte weiter behalten und sie betreten durfte, wann es ihm beliebte. Wir dürfen es als sicher ansehen, daß das seinen emotionalen Bedürfnissen nach dem Ende seiner 24 Bürgermeisterjahre gut getan hat.

1222 WStLA Hauptregistratur, A 38/49 Allgemeine Dienstsachen der Vororte, Akt Zl. 495.081/1891.
1223 Ebenda, der zit. Akt Zl. 495.081/1891 ist ein umfangreicher Sammelakt für insgesamt 17 weiterzubewachende leere Gemeindeämter, der auch sämtliche Dienstschreiben an die Hausmeister enthält.

XII.
Epilog: Das Nachleben

Mit der endgültigen Auflösung aller gemeindlichen Strukturen am Ort fielen die wesentlichsten Anknüpfungspunkte für eine örtliche Gemeinschaftsbildung dahin. Es gab keinen Gemeindeausschuß mehr, dessen Mitglieder jeder kannte, mit denen man sich „gut stellen" konnte, wenn man etwas wollte, oder mit denen man auch streiten konnte, wenn einem die Richtung nicht paßte. Es gab keinen patriarchalisch agierenden Bürgermeister mehr, der wie kein anderer die örtliche Identität verkörperte. Wer sich ab 1891 einen Heimatschein ausstellen ließ, fand sich darin nur mehr als heimatberechtigter Wiener Bürger, und nicht mehr als Ober- oder Unter St. Veiter bezeichnet. Dennoch riß der Faden einer gewissen Gemeinschaftlichkeit nicht völlig ab, wenngleich die neuen Strukturen dafür nur noch beschränkte Möglichkeiten boten.

Die neue Bezirksvertretung Hietzing, damals noch **Bezirksausschuß** genannt, bestand aus 18 Mandataren. Genau dieselbe Anzahl Mitglieder hatte der letzte Gemeindeausschuß von Ober St. Veit gehabt, in Unter St. Veit waren es immerhin auch 14 gewesen. Da der Bezirk Hietzing bis 1938 auch die ehemaligen Gemeinden Hütteldorf, Baumgarten, Breitensee und Penzing umfaßte, war nicht einmal jedem Ort ein Vertreter in diesem Gremium garantiert. Außerdem hatte der Bezirksausschuß weit weniger Rechte, als es der alte Gemeindeausschuß zuvor gehabt hatte. Die von ihm per Mitsprache eventuell zu beeinflussenden Exekutivorgane waren der Wiener Bürgermeister und irgendwelche Magistratsbeamte. Von „Selbst"-Verwaltung konnte keine Rede mehr sein. Diese Verhältnisse haben sich übrigens bis heute juristisch nicht wesentlich geändert.

Ober St. Veit war im ersten Bezirksausschuß durch den ehemaligen Gemeindeausschuß Johann Glasauer und den neu dazugestoßenen Karl Rohrbacher vertreten. Die beiden blieben durch alle Wahlen hindurch bis 1919 Bezirksmandatare. Bei den Wahlen 1903 kam noch der Ober St. Veiter Wirtschaftsbesitzer und Feuerwehrhauptmann Johann Wimpissinger hinzu, der ebenfalls bis 1919 blieb. Alle drei sind übrigens auf einer Marmortafel im Foyer des Hietzinger Amtshauses (Hietzinger Kai 1) verewigt, an dessen Neubau im Jahre 1911 sie beschließenderweise Anteil hatten. Unter St. Veit war durch keinen gestandenen „Alteingesessenen" mehr im neuen Bezirksausschuß vertreten, wenn man davon absieht, daß bei der Bezirksvertretungswahl von 1909 der Unter St. Veiter Volksschullehrer Anton Reischer für eine Periode dazustieß[1224]. Die weiteren ehemaligen Gemeinden des Bezirkes Hietzing waren durchwegs durch „Alteingesessene" vertreten, von denen ein Teil schon in den früheren Gemeindeausschüssen tätig gewesen war. Mit den ersten Bezirksvertretungswahlen nach dem Ersten Weltkrieg im Jahr 1919 endete diese Kontinuität. Nun hielten die politisch ausgewählten Parteienkandidaten Einzug, deren Bindung an einen Bezirksteil nur mehr sehr relativ zu sehen war.

1224 Wiener Communal-Kalender 1892, S. 149 f.; 1898, S. 211; 1904, S. 352; 1910, S. 119.

Die gemeindeweise organisierten, sonstigen öffentlichen Institutionen wurden nun bezirksweise zentralisiert: Der Ober- bzw. Unter St. Veiter Ortsschulrat ging in einem (Gesamt-) *Hietzinger Bezirksschulrat* auf. In ihm wirkte als einziger Vertreter aus beiden Gemeinden der letzte Unter St. Veiter Bürgermeister-Stellvertreter Karl Drechsler, von Beruf Seidenfärber, weiter[1225]. Die Armenfonds der einzelnen Gemeinden wurden zum *Hietzinger Armeninstitut* zusammengelegt. In dessen Vorstehung betätigte sich der Unter St. Veiter Ex- Bürgermeister Heinrich Schönich weiter; unter den beigeordneten Armenräten finden wir Ober St. Veit gleich mehrfach prominent vertreten, und zwar durch die ehemaligen Gemeindeausschüsse Peter Geiger und Karl Premreiner sowie durch Ex-Bürgermeister Karl Hentschel[1226].

In einer beispiellosen Umbenennungswelle verschwand bis 1894 ein großer Teil der gewohnten **Straßennamen**. Im neuen Groß-Wien durfte es jede Gassenbezeichnung nur einmal geben, und da mußten die vielfach vorhandenen „Sackgassen", „Gartengassen", „Lange Gassen", „Feldgassen" und wie sie alle hießen, eben weichen. Die Ober- und die Unter St. Veiter Gemeindeväter hatten bei der Benennung von Gassen nach verdienten Leuten aus ihrer Mitte immer Zurückhaltung geübt und waren großteils bei landläufigen Standardbenennungen geblieben – das rächte sich nun auf ganz paradoxe Weise. Denn wenn Gemeinden ohne Hemmungen viele Gassen nach eitlen Ortsfunktionären benannt hatten, behielten diese ihre Namen – es gab diese Eigennamen ja sonst nirgends in Groß-Wien. Ein Beispiel dafür ist Rudolfsheim und Fünfhaus: wer heute mit der Straßenbahnlinie 58 von Unter St. Veit zum Westbahnhof fährt, kommt an vielen Seitengäßchen der äußeren Mariahilfer Straße vorbei, die immer noch von (völlig unbedeutenden) einstigen Ortsgrößen künden: Dadlergasse, Haidmannsgasse, Jadengasse, Rosinagasse, Clementinengasse, Friedrichplatz, und einige andere. Die St. Veiter aber büßten für ihre relative Bescheidenheit. Ihr Gassennetz mußte nun für allerlei mittelmäßig bedeutsame, auswärtige Größen herhalten, für die man irgendwo freie Gassen zur Neubenennung brauchte.

Die *soziale Umwälzung* der Ortsbewohnerschaft, die schon lange vor deren Eingemeindung begonnen hatte, ging in schnellem Tempo weiter. Dies hing vor allem mit dem unentwegten Bau neuer Häuser zusammen, in denen sich Zuzügler niederließen, die kein so starkes örtliches Zugehörigkeitsgefühl mehr entwickelten. Oder auch gar nicht entwickeln wollten, wie die „besseren Herrschaften", die sich im bergseitigen Teil von Ober St. Veit reihenweise teure Villen bauten. Mit der Arbeiterschaft in den neu entstehenden, wienflußnahen Mietskasernen, die die Arbeiter der Fabriken Rohrbacher, Winkler & Schindler, Bossi, Flesch und weiterer kleinerer Fabriken beherbergten, gab es schon wegen der sozialen Kluft gar kein Miteinander mehr[1227]. Die Schicht der alteingesessenen Wirtschaftsbesitzer und Gewerbetreibenden wurde durch die Zuwandererströme zahlenmäßig immer mehr zur Minderheit, heute ist sie bis auf einen verschwindenden Kreis von zuordenbaren Nachkommen ausgestorben. Exakte Zahlen dazu gibt es nicht, denn alle

---

1225 Wiener Communal-Kalender 1893, S. 364.
1226 Wiener Communal-Kalender 1893, S. 386.
1227 Dazu näher Klötzl, Fabriken des Wientales (Anm. 340) S. 2 f.

bevölkerungsstatistischen Erhebungen erfolgten ab 1892 nur noch für den Bezirk als ganzen. Jede ländliche Gemeinde in Österreich kann ihre Geschichte von den Anfängen bis zur Gegenwart schreiben (lassen), was ja immer wieder gerne geschieht. Die Orte Ober St. Veit und Unter St. Veit können das nicht. Ihre Geschichte endet mit dem Jahr 1891, danach haben sie keine eigene mehr.

Ober- und Unter St. Veit gerieten voll in den Sog der **Verstädterung**. MEYER's Enzyklopädie beschreibt Verstädterung (Urbanisierung) als *Prozeß zunehmender Bevölkerungsverdichtung in städtischen Gebieten, Ausdehnung städtischer Kultur und Lebensformen (Urbanität) auf die bisher ländlichen Bevölkerungsgruppen. Führt zu Anonymität und einem rationalen Lebenszuschnitt*[1228]. Diese Beschreibung charakterisiert perfekt auch die hiesige Entwicklung, die sich bis weit nach dem Zweiten Weltkrieg fortsetzte und St. Veit zu einem – schönen und begehrten – Wohnbezirk der Großstadt Wien machte. Seine Bewohnerschaft steht in keiner sozialen Kontinuität mit den alten Dörflern mehr. Der ehemalige Unter St. Veiter Ortskern entlang der St.-Veit-Gasse und der Feldmühlgasse ist inzwischen bis auf Reste zerstört, sogar die alte Ortskirche fiel 1967 der Spitzhacke zum Opfer. Der historische Ober St. Veiter Ortskern ist als Schutzzone erhalten geblieben, er ist noch eine liebenswerte bauliche Kulisse, wenn auch kein echtes Dorf mehr.

Viel **örtliches Zusammengehörigkeitsgefühl** lebt noch im Bereich der beiden Pfarren von Ober- bzw. Unter St. Veit fort. Von 1985 bis zu dessen Schließung 2014 traf sich die „Ober St. Veiter Heimatrunde" regelmäßig im Gasthaus Haslinger (Rohrbacherstraße 21), jetzt trifft sie sich im Heurigenrestaurant Schneider-Gössl (Firmiangasse 11). Die Runde trägt lokalhistorisches Material zusammen und schwelgt ein bißchen in Nostalgie. Ihr ist es zu verdanken, daß Ober St. Veit heute von allen ehemaligen Gemeinden des 13. Bezirkes die mit Abstand am besten dokumentierte ist[1229]. Auch der 1996 gegründete Verein der Ober St. Veiter Kaufleute pflegt die örtliche Identität mit dem in seinen Reihen kreierten Slogan „Ober St. Veit – das Dorf in der Stadt". Emma Zorga, heute Ministerpräsidentin des Narrenzentrums Ober St. Veit, hatte vor ihrer einstigen „Alten Weinhütte" (Hietzinger Hauptstraße 162) eine echte Ortstafel mit der Aufschrift „Ober St. Veit" angebracht. So zehrt jeder, der das möchte, auf seine Art noch ein wenig von der Vergangenheit.

1228 MEYER's Enzyklopädisches Lexikon Band 24 (Mannheim/Wien/Zürich⁹ 1979) 222.
1229 Zur Tätigkeit und den Personen der Ober St. Veiter Heimatrunde ausführlich: http://www.1133.at (Stichwort „Heimatrunde").

Anhang I:
Liste der Bürgermeister, Gemeinderäte und Gemeindeausschüsse 1850 – 1891[1230]

1. St. Veit an der Wien

Wahlperiode 1850–61:

Bürgermeister:	Michael Schmid (Kaufmann, bis 1857), Michael Premreiner (Landwirt, ab 1857)
Gemeinderäte:	Michael Premreiner (Landwirt, bis 1857), Andreas Stangelmayer (Krämer und Milchmeier), Georg Schimek (Maurermeister), Michael Raschbichler (ab 1857)
Ausschüsse:	Georg von Gregurich (kk. Hofkonzipist), Michael Kratzbichler, Josef Fellner (Stellfuhrinhaber, † 1857), Michael Geiger (Weinhauer), Michael Glasauer (Landwirt, † 1857), Andreas Seifert (Gastwirt), Josef Donner (Krämer, † 1857), Ignaz Kutzenberger (Gastwirt), Jakob Reigl (Weinhauer), Josef Riener (Gastwirt, vor 1857 fortgezogen), Franz Faseth (Gastwirt), Norbert Bräuer (Bindermeister), Valentin Trablé (Magistratsbeamter, ab 1859), Johann Malluschek (Glaser, ab 1857), Georg Pichler (Haarwäscher, ab 1857), Johann Brummer (ab 1857), Georg Fuchs (ab 1857), Johann Kaiser (Fleischhauer, ab 1857)

Wahlperiode 1861–64:

Bürgermeister:	Paul von Köhler (Privatier)
Gemeinderäte:	Leo von Klemenchich (pens. kk. Hauptmann), Anton Kremser (Gastwirt), Karl Glasauer (Landwirt)
Ausschüsse:	Georg von Gregurich (kk. Hofkonzipist), Franz Jauner (Hofgraveur)[1231], Anton Kemptner (kk. Beamter), Josef Rohrbacher (Wagenfabrikant), Dr. Franz Klager (Arzt), Ignaz Kutzenberger (Gastwirt), Michael Menzel (Metallwarenfabrikant), Sigmund Flesch (Lederfabrikant), Johann Maluschek (Glaser), Johann

---

1230 Diese Liste ist zusammengestellt nach dem nö. Amtskalender für die Jahre 1865 bis 1891, nach dem Wiener Vororte-Gemeindekalender 1884 und 1885, nach Eduard Matzenauer, Niederösterreichischer Gemeindeschematismus für die Wahlperiode 1861–63 und nach den (teilweise rudimentären) Aufzeichnungen der Gemeindeausschuß-Sitzungsprotokolle. In einigen Fällen sind die Vornamen nicht mehr feststellbar. Wo eruierbar, wurde auch die Berufsbezeichnung beigefügt. Grundsätzlich ist der Stand am Beginn einer Wahlperiode erfaßt, nachträgliche Ausfälle von Mitgliedern und das Nachrücken von Ersatzmitgliedern können wegen der Unsicherheit der Quellenlage nicht geschlossen dokumentiert werden.
1231 Es handelt sich um Franz Jauner senior, den Erbauer der Meierei Himmelhof und Vater des berühmten Theaterdirektors: Hans Pemmer, Die Familie Jauner. In: Unsere Heimat 39 (1968) 155.

Blickhan (Wundarzt), Josef Peitl (Gastwirt), Karl Glasauer (Landwirt), Michael Premreiner (Landwirt), Andreas Stangelmayer (Krämer und Milchmeier), Gottfried Moritz (Lederfabrikant)

Wahlperiode 1864–68:

(Die Zugehörigkeit zur Ober- oder Unter St. Veiter „Fraktion" dieser schon tief gespaltenen Gemeindevertretung wird mit OV bzw. UV angegeben[1232])

Bürgermeister:	Josef Hauer (Beamter) OV
Gemeinderäte:	Carl Schmid OV, Anton Kremser (Gastwirt) UV, Josef Rohrbacher OV
Ausschüsse:	Karl Hentschel (Schuster) OV, Lorenz Trillsam (Realitätenbesitzer) OV, Karl Glasauer (Landwirt) OV, Ludwig Dummel (Gastwirt) OV, Johann C. Kümmerle (Wirtschafts- und Fuhrwerksbesitzer) OV, Franz Lediger (Bäckermeister) OV, Anton Stelzer (Fleischhauer) UV, Gustav Ritter von Heine (Zeitungsherausgeber) UV, Johann Blickhan (Wundarzt) UV

2. Ober St. Veit

Wahlperiode 1868–70:

Bürgermeister:	Karl Hentschel
Gemeinderäte:	Ludwig Dummel (Gastwirt), Leopold Sommerer (Oberlehrer), Johann C. Kümmerle (Wirtschafts- und Fuhrwerksbesitzer), Josef Gaubmann (Hausbesitzer und Baumeister)
Ausschüsse:	Constantin von Wurzbach (Ministerialbeamter), Franz Jauner sen. (Hofgraveur), Franz Stöckl (Lottokollektant, 1870 vorzeitig ausgetreten), Leopold Döltl (Milchmeier), Dr. Franz Kopetzky (Chirurg und Gemeindearzt), Heinrich Stoppe (Tischler), Carl Schmid

Wahlperiode 1870–73:

Bürgermeister:	Karl Hentschel
Gemeinderäte:	Lorenz Trillsam (Realitätenbesitzer), Dr. Franz Kopetzky (Chirurg, Gemeindearzt), Leopold Sommerer (Oberlehrer),

1232 Die Zuordnung nach Ober- oder Unter St. Veit ist den Protokollaufzeichnungen des nö. Landesausschußmitgliedes Dr. Felder entnommen, der in der Angelegenheit der Trennung von St. Veit an der Wien in zwei selbständige Gemeinden Referent des Landesausschusses war und anläßlich einer Zusammenkunft mit allen Gemeindefunktionären die Zuordnung festgehalten hat: NöLA, Landesausschuß, Fasz. 64/8 Nr. 32/16018.
Die Gemeindeausschußwahl 1864 ist die einzige, zu der die kompletten Wählerlisten aller drei Wahlkörper (Kurien) noch auffindbar sind: NöLA, Landesausschuß, Fasz. 64/6 Nr.10.578/1050

Heinrich Stoppe (Tischler)

Ausschüsse: Dr. Burghart Barth (Advokat), Adolf Zeeh (Oberleutnant a.D. und Postmeister), Constantin von Wurzbach (Ministerialbeamter), Ludwig Dummel (Gastwirt), Josef Gaubmann (Hausbesitzer und Baumeister), Leopold Döltl (Milchmeier – 1872 ausgeschlossen), Lorenz Jamek, Franz Schmidt, Karl Glasauer (Landwirt), Georg Reithofer (Drucker), Johann Herzig (Schmied), Josef Hauer (Hausbesitzer), Johann Caspar Kümmerle (Wirtschafts- und Fuhrwerksbesitzer), Ing. Alexander Strecker (Eisenbahningenieur)

Wahlperiode 1873–76:

Bürgermeister: Karl Hentschel

Gemeinderäte: Josef Gaubmann (Hausbesitzer und Baumeister), Ludwig Dummel (Gastwirt), Adolf Zeeh (Oberleutnant a.D. und Postmeister), Dr. Franz Kopetzky (Chirurg, Gemeindearzt), Leopold Sommerer (Oberlehrer)

Ausschüsse: Karl Glasauer sen. († 1874, durch David Klimesch, Kotzenmacher, ersetzt), Franz Dangl (Realitätenbesitzer), Karl Glasauer jun. (Wirtschaftsbesitzer), Josef Hauer (Hausbesitzer), Ignaz Jokorsch, Johann Herzig (Schmied), Franz Ressel (Tischler), Friedrich Stach (Schlosser), Lorenz Trillsam (Realitätenbesitzer), Alexander Mikloska (Spengler), Johann Kümmerle (Fuhrwerksbesitzer), Georg Reithofer (Drucker)

Wahlperiode 1876–79:

Bürgermeister: Ing. Alexander Strecker

Gemeinderäte: Karl Glasauer jun. (Wirtschaftsbesitzer), Joseph Holly (Gastwirt), Alfred Krammer (Kaufmann), Josef Rohrbacher (Wagenfabrikant)

Ausschüsse: Emil von Rabenalt, Karl Premreiner (Landwirt), Franz Kastner (Gastwirt), Franz Jauner sen. (Hofgraveur), Dr. Franz Kopetzky (Chirurg, Gemeindearzt), Alexander von Köhler (k.k. Rittmeister i.R.), Heinrich Stoppe (Tischler, † 1878, durch Adolf Welcker, Dürrkräutler, ersetzt), Josef Leithner, Ludwig Dummel (Gastwirt), Laurenz Trillsam, (Realitätenbesitzer), Simon Schindler (Fabrikant), Dr. Moriz Baumann (Advokat)

Wahlperiode 1879–82:

Bürgermeister: Karl Hentschel

Gemeinderäte: Laurenz Trillsam (Baumeister), Dr. Franz Kopetzky (Chirurg, Gemeindearzt), Johann C. Kümmerle (Wirtschafts- und Fuhrwerksbesitzer), Franz Ressel (Tischler)

Ausschüsse:	Karl Premreiner (Landwirt), Franz Kastner (Gastwirt), Josef Rohrbacher (Wagenfabrikant), Johann Pelleter (Oberlehrer), Carl Glasauer (Wirtschaftsbesitzer), Heinrich Hofer (Kaufmann), Alfred Krammer (Kaufmann), Simon Schindler (Färber, nachträglich zum 5. Gemeinderat gewählt), Dr. Rudolf Riedl (Advokat), Lorenz Kuster (Weinhauer), Dr. Moriz Baumann (Advokat)

Wahlperiode 1882–85:

Bürgermeister:	Karl Hentschel
Gemeinderäte:	Laurenz Trillsam (Baumeister), Dr. Franz Kopetzky (Chirurg, Gemeindearzt), Johann C. Kümmerle (Wirtschafts- und Fuhrwerksbesitzer), Franz Ressel (Tischler), Franz Kastner (Gastwirt), Karl Hübsch (Gastwirt)
Ausschüsse:	Pfarrer Wilhelm Pokorny, Karl Birner (Gastwirt), Anton Trillsam (Hausbesitzer), Josef Rohrbacher (Wagenfabrikant, † 1883), Karl Premreiner (Landwirt), Jakob Böck (Wirtschaftsbesitzer), Simon Schindler (Färber), Johann Pelleter (Oberlehrer), Franz Schimek (Haarwäscher), Georg Schneider (Hausbesitzer), Anton Trillsam (Hausbesitzer), Karl Glasauer (Wirtschaftsbesitzer)

Wahlperiode 1885–88:

Bürgermeister:	Karl Hentschel
Gemeinderäte:	Laurenz Trillsam (Baumeister), Franz Kastner (Gastwirt), Johann Pelleter (Oberlehrer), Georg Schneider (Hausbesitzer), Jakob Böck (Wirtschaftsbesitzer, †1886, durch Josef Geiger ersetzt), Karl Premreiner (Landwirt)
Ausschüsse:	Pfarrer Wilhelm Pokorny, Heinrich Merkl, Josef Zirg (Fuhrwerksbesitzer), Carl Birner (Gastwirt), Peter Geiger (Zimmereibesitzer), Anton Hartweger, Johann C. Kümmerle (Wirtschafts- und Fuhrwerksbesitzer), Franz Lauer (Lehrer), Johann Melan (Kaufmann und Realitätenvermittler), Martin Puraner (Weinhauer), Franz Rainer (Gastwirt), Franz Schimek (Haarwäscher), Anton Trillsam (Hausbesitzer), Alexander Wagner (Druckfabrikant)

Wahlperiode 1888–91:

Bürgermeister:	Karl Hentschel
Gemeinderäte:	Franz Kastner (Gastwirt), Georg Schneider (Hausbesitzer), Laurenz Trillsam (Baumeister), Johann Pelleter (Oberlehrer), Karl Premreiner (Landwirt), Franz Rainer (Gastwirt)
Ausschüsse:	Josef Brückner (Kaufmann), Josef Eckert, Sebastian

Mayerhofer, Anton Hartweger, Dr. Franz Kopetzky (Chirurg, Gemeindearzt), Julius Rohrbacher (Wagenfabrikant), Johann Glasauer (Wirtschaftsbesitzer), Heinrich Merkl, Peter Geiger (Zimmereibesitzer), Josef Geiger, Martin Puraner (Weinhauer), Alois Weidlich.

3. Unter St. Veit

<u>Wahlperiode 1868–70:</u>

Bürgermeister:	Berthold Flesch
Gemeinderäte:	Anton Kremser (Gastwirt), Johann Blickhan (Wundarzt)
Ausschüsse:	Constantin Mück (Beamter), Karl Groissinger (Gastwirt), Anton Zehngraf, Anton Stelzer (Fleischhauer), Ignaz Kutzenberger (Gastwirt), Stephan Wiesner (Bäcker), Paul Eckhart (Gastwirt), Karl Hofbauer (Gastwirt), Josef Leiß, Johann Goldmann (Hausbesitzer), Wilhelm Glocker

<u>Wahlperiode 1870–73:</u>

Bürgermeister:	Anton Kremser
Gemeinderäte:	Stephan Wiesner (Bäcker), Karl Groissinger (Gastwirt), Benedikt Menzel (Metallwarenfabrikant)
Ausschüsse:	Ernst Ehrlich (Schuhmachermeister), Franz Peter (Schneider), Karl Hofbauer (Gastwirt), Josef Jarosch, Johann Maluschek (Glaser), Johann Böddecker (Schmied) – 20.12.1871 zurückgetreten, Josef Vinier, Lorenz Haselberger, Johann Goldmann (Hausbesitzer), Josef Seewald, Wenzel Lerach (Tischlermeister), Johann Zens (Wagner)

<u>Wahlperiode 1873–76:</u>

Bürgermeister:	Anton Kremser
Gemeinderäte:	Karl Groissinger (Gastwirt), Anton Stelzer (Fleischhauer), Stephan Wiesner (Bäcker)
Ausschüsse:	Karl Hofbauer, Flesch[1233], Johann Blickhan (Wundarzt), Johann Böddecker (Schmied), Josef Bauditsch (Hausbesitzer), Josef Franzis (Hausbesitzer), Heinrich Schönich (Schlosser), Paul Eckhart (Hausbesitzer), Johann Maluschek (Glaser), Johann Stindl, Johann Zens (Wagner), Johann Goldmann (Hausbesitzer)

1233 Da in den Sitzungsprotokollen des Gemeindeausschusses nie der Vorname genannt ist, ist es unmöglich festzustellen, wer von den mehreren Söhnen des Sigmund Flesch, die alle Mitbesitzer der Unter St. Veiter Fabrik waren, das Mandat im Gemeindeausschuß ausübte.

Wahlperiode 1876–79:

Bürgermeister:	Anton Stelzer
Gemeinderäte:	Josef Bauditsch (Privatier), Ludwig Strobl (Fruchthändler), Johann Maluschek (Glaser)
Ausschüsse:	Wilhelm Fuhrmann (Fuhrwerksbesitzer), Josef Oberrenzer, Johann Goldmann (Hausbesitzer), Jakob Schweitzer (Handelsgärtner), Josef Kopf (Baumeister), Karl Glasauer (Wirtschaftsbesitzer), Anton Kutzenberger (Hausbesitzer), Heinrich Schönig (Schlosser), Matthias Wildfellner (Hausbesitzer), Wilhelm Groissinger (Haus- und Wirtschaftsbesitzer), Ignaz Wessely (Hausbesitzer), Josef Nawratil

Wahlperiode 1879–82:

Bürgermeister:	Anton Stelzer
Gemeinderäte:	Matthias Wildfellner (Hausbesitzer), Josef Franzis (Hausbesitzer), Heinrich Schönich (Schlosser)
Ausschüsse:	Wilhelm Groissinger (Haus- und Wirtschaftsbesitzer), Karl Glasauer (Wirtschaftsbesitzer), Johann Goldmann (Hausbesitzer), Josef Oberrenzer, Johann Maluschek (Glaser), Wilhelm Fuhrmann (Fuhrwerksbesitzer), Josef Mantler (Oberlehrer), Ignaz Wessely (Hausbesitzer), Josef Kopf (Baumeister), Johann Zens (Wagner), Anton Kutzenberger (Hausbesitzer)

Wahlperiode 1882–85:

Bürgermeister:	Anton Stelzer
Gemeinderäte:	Matthias Wildfellner (Hausbesitzer), Josef Franzis (Hausbesitzer), Heinrich Schönich (Schlosser)
Ausschüsse:	Johann Goldmann (Hausbesitzer), Wilhelm Groissinger (Gastwirt), Josef Kopf (Baumeister), Anton Kutzenberger (Hausbesitzer), Josef Mantler (Oberlehrer), Johann Maluschek (Glaser), Franz Peter (Schneider), Georg Pöhlmann (Gastwirt), Ignaz Schaden, Ignaz Wessely (Hausbesitzer, nach Austritt 21.3.1884 durch Franz Wiesner ersetzt), Johann Zens (Wagner)

Wahlperiode 1885–88:

Bürgermeister:	Anton Stelzer
Gemeinderäte:	Matthias Wildfellner (Hausbesitzer), Josef Franzis (Hausbesitzer), Heinrich Schönich (Schlosser)
Ausschüsse:	Johann Böddecker (Schmied) Friedrich Flesch (Lederfabrikant), Anton Kutzenberger (Hausbesitzer), Johann Maluschek (Glaser), Josef Mantler (Oberlehrer), Georg Pöhlmann

(Gastwirt), Ernst Ritter, Ignaz Schaden, Josef Weidman (Ledergalanteriewarenfabrikant) – 19.3.1886 ausgetreten, Ignaz Wessely (Hausbesitzer), Franz Wiesner

<u>Wahlperiode 1888–91:</u>

Bürgermeister:	Heinrich Schönich
Gemeinderäte:	Karl Drechsler (Seidenfärber), Matthias Wildfellner, Ignaz Wessely (Hausbesitzer)
Ausschüsse:	Wilhelm Groissinger (Gastwirt), Lorenz Haselberger, Johann Herberth, Dr. Karl Jansch (Arzt), Josef Kopf (Baumeister), Johann Maluschek (Glaser), Gottfried Moritz (Fabrikant), Georg Pöhlmann (Gastwirt), Ernst Ritter, Ignaz Schaden, Franz Wiesner

Anhang II:
Armenväter

Ober St. Veit		Unter St. Veit	
? – 1861	Norbert Bräuer		
1861 – 1862	Georg Rohrbacher	? – 1858	Anton Stelzer
1862 – 1864	Anton Kemptner	1858 – 1861	Gottfried Moritz
1864 – 1868	Leopold Sommerer	1861 – 1868	Anton Stelzer
1868 – 1873	Karl Glasauer sen.	1868 – 1879	Stefan Witte
1873 – 1876	Armenausschuß aus: Ludwig Dummel Johann Herzig Ludwig Stach	1879 – ?	Wilhelm Groissinger
1876 – 1879	Josef Rohrbacher		
1879 – 1888	Pfr. Wilhelm Pokorny		
1888 – 1891	?		

Anhang III:
Historische Standorte der öffentlichen Einrichtungen

Ober St. Veit[1234]

Einrichtung	Bestanddauer von – bis	Adresse (nach heutiger Bezeichnung)	Haus steht noch ?
Patrimonialgemeinde - Geschworenenzimmer	1648–1832	Firmiangasse 13	teilweise
	1832–1850	Vitusgasse 2	nein
Herrschaftsverwaltung	16. Jh.–1850	Firmiangasse 1	teilweise
Pfarrhof	16. Jh.–1851	Vitusgasse 2	nein
	1851–jetzt	Wolfrathplatz 1	Neubau 1962
Gemeindeamt	1850–1876	Vitusgasse 2	nein
	1876–1891	Hietzinger Hauptstraße 164	nein
Halterhaus	1832–1872	Glasauergasse 13	ja
Gemeindearrest	? – ?	Firmiangasse 1, im Hof	nein
	1857–1891	Vitusgasse 2	nein
Armenhaus Armenhaus	? – 1857	Vitusgasse 2	nein
	1857–1879	Glasauergasse 2	nein
	1879–1891	Glasauergasse 4	nein
Notspital	1873–1915[1235]	Firmiangasse 63	nein
Volksschule	1779–1859	Vitusgasse 2	nein
	1859–1873	Hietzinger Hauptstraße 164	nein
	1873–jetzt 1904 Zubau	Hietzinger Hauptstraße 166 Hietzinger Hauptstraße 168	jaja
Feuerwehr (Depot) Feuerwehr (Sitz)	1870–1891 1881–1928	Glasauergasse 2 Hietzinger Hauptstraße 164	nein
Friedhof– Totengräberhaus	1751–1876 (1908 Abbruch)	Auhofstraße 139	nein
	1876–jetzt	Gemeindeberggasse 72	teilweise
Apotheke	1876–1912	Auhofstraße 157	ja
	1912– jetzt	Auhofstraße 141	ja

1234 Die Tabelle stellt lediglich eine Zusammenstellung von Angaben dar, die im Text der Arbeit enthalten sind – die Quellennachweise sind bei den jeweiligen Textstellen zu finden.

Einrichtung	Bestanddauer von – bis	Adresse (nach heutiger Bezeichnung)	Haus steht noch ?
Postamt	(vor)1796 – 1868	unbekannt	
	1869 – 1876	Firmiangasse 3	ja
	1876 – 1883	Hietzinger Hauptstraße 164	nein
	1883 – 1890	Hietzinger Hauptstraße 170	ja
	1890 – 1900	Vitusgasse 1	ja
	1900 – 1914	Hietzinger Hauptstraße 148	ja
	1914 – 2013	Einsiedeleigasse 5	ja

Unter St. Veit[1236]

Einrichtung	Bestanddauer von – bis	Adresse (nach heutiger Bezeichnung)	Haus steht noch ?
Patrimonialgemeinde	1803 – 1850	unbekannt	
Filialkirche „Zur Verklä-rung Christi"	1867 – jetzt	St.-Veit-Gasse 48	Neubau 1966/67
Gemeindeamt	1867 – 1876	unbekannt	
	1876 – 1886	St.-Veit-Gasse 47	ja
	1886 – 1891	Auhofstraße 47	nein
Gemeindearrest	1872 – 1891	Feldmühlgasse 24	nein
Armenhaus	1876 – 1891	Feldmühlgasse 24, Zubau	nein
Notspital	1885 – ?	Hietzinger Kai 107	nein
Volksschule	?- 1872	Wittegasse 10	nein
	1872 – jetzt	Feldmühlgasse 26	Neubau 1893/94
Rettungsgesellschaft	1887 – 1937(?)	Auhofstraße 72	ja
Feuerwehr (nur Depot)	vor 1850 – 1875	Hügelgasse[1237]	nein
	1875 – 1897	Auhofstraße 37	nein
Postamt[1238]	1877 – 1888	Hietzinger Hauptstraße (Nr. 30 alt, neu ?)	?
	1888 – 1892	Wittegasse 8	nein
	1892 – 1914	Kremsergasse 11	ja
	1914 ff.	Hietzinger Hauptstraße 56	nein

1235 Laut BG Hietzing, Grundbuch EZ. 264 KG Ober St. Veit, A2-1 wurde das Gebäude 1915 abgebrochen, der Zeitpunkt der Auflassung als Notspital ist nicht mehr feststellbar, ist jedoch sicher etliche Jahre früher anzusetzen.
1236 wie Anm. 1234.
1237 Holzhütte, die gegen Revers auf dem Grund der Metallwarenfabrik Menzel aufgestellt war.
1238 Bis 1886 nur Postexpedition zur Briefannahme, Briefzustellung in die Häuser durch Postamt Hietzing.

Einrichtung	Bestanddauer von – bis	Adresse (nach heutiger Bezeichnung)	Haus steht noch ?
Landgericht St. Veit	16.Jh.–1850	Firmiangasse 1	teilweise
Bezirksgericht Hietzing	1.6.1850–1854 31.8.1868–1978[1240]	Hietzing, Am Platz 3 Trauttmansdorffgasse 18	nein ja
Bezirkshauptmannschaft Hietzing	1.1.1850–1854	Wattmanngasse 16, 18	ja
„Gemischtes" Bezirksamt Hietzing (besorgte auch Gerichtsagenden)	30.9.1854–1868	Trauttmansdorffgasse 18 (+Nebenadresse Wattmanngasse 16, 18)	ja
Bezirkshauptmannschaft Sechshaus	31.8.1868 – 31.12.1889	Mariahilfer Gürtel 39 / Ecke Mariahilfer Straße	ja
Bezirkshauptmannschaft Hietzing	1.1.1890–31.12.1891	Wattmanngasse 12	ja
Bezirksvorstehung und Bezirksausschuß Hietzing	1.1.1892–1911	Fasholdgasse 8	ja
Magistratisches Bezirksamt Hietzing	1.1.1892–1911	Wattmanngasse 12	ja

Anhang IV:
Entwicklung der Häuser- und Bewohnerzahlen

Ober St. Veit

Jahr	Häuser	Bewohner	Quelle
1857	220	1902	Stenogr. LT-Protokoll vom 16.2.1866
1869	274	2773	nö. Ortsrepertorium 1871
1880	329	3456	nö. Ortsrepertorium 1883
1890	362[1241]	4077	Stenogr. LT-Protokolle[1242]

1239 Die Lokalisierung der in Hietzing ansässigen Gerichte und Behörden ist den justizgeschichtlichen Forschungen von Hofrat des VwGH Dr. Alfred Waldstätten zu verdanken, der entgegenkommender Weise Material zur Verfügung gestellt hat; s. Anm. 107 und 117.
1240 Übersiedlungen einiger Abteilungen bereits 1971 in das Gebäude des BG Fünfhaus zur Freimachung baufälliger und bereits gepölzter Räume, Übersiedlung und Zusammenführung aller Abteilungen in den Amtshauszubau am Hietzinger Kai 3 am 4.7.1978.
1241 Quelle für diese Zahl ist die Festschrift von 1887 zur Eröffnung des Dampftramwaybetriebes (Karl Hentschel, Ober St. Veit in seiner Entwicklung und in seinem Bestande, 1887).
1242 Beilagen zu den stenographischen Protokollen des nö. Landtages VII. Wahlperiode, 1. Session (Wien 1891) LXXV der Beilagen, Seite 19 (Tabelle 1: Civilbevölkerungszahl der Vororte am 31.12.1890).

Jahr	Häuser	Bewohner	Quelle
1857	87	813	Stenogr. LT-Protokoll vom 16.2.1866
1869	101	1009	Nö. Ortsrepertorium 1871
1880	137	1443	Nö. Ortsrepertorium 1883
1890	159	1837	Stenogr. LT-Protokolle[1243]

Anhang V:
Historische Straßennamen

Ober St. Veit[1244]

Historischer Straßenname (mit Jahr der Benennung, wo bekannt)	Heutiger Straßenname (auf Grund der Benennungen 1892/94)
Amalienstraße (1878)[1245]	Amalienstraße
Auhofstraße	Auhofstraße
Bauernzeile → *Rudolfsgasse (1858)*	Glasauergasse
Belvederegasse	Girzenberggasse
Bergstraße	Adolfstorgasse
Bischofgasse	Erzbischofgasse
Bogengasse	Vitusgasse
Bowitschgasse (1881) ← *Sackgasse (1878)* ← *Gaubmanngasse (1870)*	Bergenstammgasse
Brunnengasse	Sommerergasse
Einsiedeleistraße	Einsiedeleigasse
Feldgasse	Trazerberggasse
Flurgasse	Flurgasse
Franz Carl-Straße (1878)	Cranachstraße
Friedhofstraße (1877)	Gemeindeberggasse
Gartengasse (1870)[1246]	Veitlissengasse
Gaubmanngasse (1870)[1247] → *Sackgasse (1878)*	Bergenstammgasse

---

1243 wie Anm. 1242.
1244 Die Schreibweise der historischen Straßennamen folgt einem von Bürgermeister Strecker angelegten, eigenhändig geschriebenen Gesamtverzeichnis „Straßennetz von Ober St. Veit mit Ausschluß der eigentlichen Feldwege i. J. 1878", GAO 8.5.1879 Beilage zu Pt. 2; die Schreibweisen in der heimatkundlichen Literatur differieren, zum Teil beträchtlich.

Historischer Straßenname (mit Jahr der Benennung, wo bekannt)	Heutiger Straßenname (auf Grund der Benennungen 1892/94)
Giskra-Straße (1869)[1248] → *Mayergasse (1870)*	Angermayergasse
Hentschelgasse (1883)[1249] ← *Schützenweg (1878)*	Hentschelgasse
Himmelhof-Straße[1250]	Himmelhofgasse
Josefstraße (1878)	Stock im Weg
Kaiser Franz Josef-Straße	Seifertstraße
Kirchenplatz	Wolfrathplatz
Krautgasselsteig → *Mariensteig (1878)*	Mariensteig
Kreuzstraße	Rohrbacherstraße
Lainzer Weg	Jagdschloßgasse (von der Einsiedeleigasse bis zur Gemeindegrenze)
Lange Gasse	Firmiangasse
Maria Theresien-Straße	Hietzinger Hauptstraße
Mariensteig (1878) ← *Krautgasselsteig*	Mariensteig
Mayergasse (1870)[1251] ← *Giskrastraße (1869)*	Angermayergasse
Mühlbachgasse (1874)[1252]	Preindlgasse
Neugasse	Neudörfelgasse (aufgelassen)[1253]
Neuhietzing, Hauptstraße (1870-1883)	Lainzerstraße 30 – 48
Neustiftgasse	(untere) Schweizertalstraße
Parkstraße (1878)	Ghelengasse
Plankengasse	Diabelligasse
Promenadeweg zum Gemeindewald	Ghelengasse zwischen Slatingasse und Lindwurmwiese
Quaistraße (1878)	Hietzinger Kai
Rudolfsgasse (1858) ← *Bauernzeile*	Glasauergasse
Sachsenstraße (ca. 1871)	Testarellogasse
Sackgasse (1878) → *Bowitschgasse (1881)*	Bergenstammgasse
Schützenweg (1878) → *Hentschelgasse (1883)*	Hentschelgasse
Schweizertal (1872)[1254]	(obere) Schweizertalstraße
Wasastraße	?[1255]
Wiengasse	Tuersgasse
Windmühlstraße	Schrutkagasse, teilweise (1935)

Historischer Straßenname (mit Jahr der Benennung, wo bekannt)	Heutiger Straßenname (auf Grund der Benennungen 1892/94)
Winzerstraße (1878)	Winzerstraße

Unter St. Veit

Historischer Straßenname (mit Jahr der Benennung, wo bekannt)	Heutiger Straßenname (auf Grund der Benennungen 1892/94)
Adlergasse → *Fleschgasse (1877)*	Fleschgasse
Auhofstraße	Auhofstraße
Bogengasse	Kremsergasse
Endlergasse (1870)[1256]	Elßlergasse
Feldgasse	Feldmühlgasse
Fleschgasse (1877)[1257] ← *Adlergasse*	Fleschgasse
Franzensgasse (1871) ← *Stallgasse*	aufgelassen (lag zwischen Lainzerstraße und Eitelbergergasse)
Grenzgasse (1871)[1258] ← *Schönbrunner Aussichtslinie* ↔ *Reichgasse (1868, 1871)*	Beckgasse
Hauptstraße	Hietzinger Hauptstraße
Karlgasse[1259] → *Kirchengasse (1871)*	St.-Veit-Gasse
Kirchengasse (1871) ← *Karlgasse*	St.-Veit-Gasse
Lainzerstraße mit Beisatz „Unter St. Veit" (1871-1883)	Lainzerstraße
Lainzergassel (bis 1878)	aufgelassen, an Anrainer verkauft[1260]
Malfattigasse (ungerade Nummern zu Unter St. Veit, gerade zu Hietzing)	Eitelbergergasse

---

1245 alle Umbenennungen des Jahres 1878 lt. GAO 25.4.1878 Pt. 2, s. Anm. 654.
1246 GAO 6.9.1870 Pt. 1a.
1247 GAO 18.3.1871 Pt. 4
1248 GAO 31.12.1869 Pt. 3: nach dem Minister des Innern Karl Giskra, unter dessen Amtszeit die Trennung von Unter St. Veit durchgeführt wurde.
1249 GAO 17.5.1883 nach Pt. 3.
1250 Bezeichnete nur das Teilstück zwischen der h. Erzbischofgasse und der Meierei Jauner an der Himmelhofwiese.
1251 GAO 6.9.1870 Pt. 1b; die Benennung erfolgte nach dem Unter-Meidlinger Baumwolldruckfabrikanten Josef Mayer wegen dessen Verdiensten um die Ortsverschönerung.
1252 GAO 6.8.1874 Pt. 4.
1253 führte als Sackgäßchen aus dem Besitz der Hackinger Dominikanerinnen quer über die Auhofstraße und den Hietzinger Kai zum inzwischen abgetragenen Bischofsteg, 1958 offiziell aufgelassen; als Rest dieser Straße ist der Fußgängerdurchgang zwischen den Häusern Auhofstraße 166 und 168 erhalten geblieben.
1254 Umbenennung eines Teiles der Ried Linsäcker, GAO 29.2.1872 Pt. 3.
1255 nicht ident mit der Hackinger Wasagasse (= Seuttergasse), wahrscheinlich, aber nicht sicher belegbar, handelte es sich um den hinteren Teil der h. Erzbischofgasse zwischen der Abzweigung von der Schloßberggasse und der Tiergartenmauer.

Historischer Straßenname (mit Jahr der Benennung, wo bekannt)	Heutiger Straßenname (auf Grund der Benennungen 1892/94)
Reichgasse (1868)[1261] ↔ *Grenzgasse* ← *Schönbrunner Aussichtslinie*	Beckgasse
Schönbrunner Aussichtslinie → *Reichgasse*	Beckgasse
Stallgasse → *Franzensgasse (1871)*	aufgelassen, s.oben
St. Veiter Alleestraße	Münichreiterstraße
Wienflußgasse	Hügelgasse (1903)
Wiengasse	Hietzinger Kai
Zwerchgasse	Wittegasse

Anhang VI:
Budgetentwicklung – Ausgaben

Ober St. Veit
Alle Beträge in Gulden (fl.)

Ausgabenrubrik	1851[1262]	1868[1263]	1880[1264]	1890[1265]
Besoldungen	516,96	2481,00	2736,00	3576,02
Wächtermonturen	66,40	64,50	399,85	397,16
Kanzleispesen	45,00	102,00	333,89	169,13
Gebäudeerhaltung (mit Beheizung, Beleuchtung)	437,45	143,51	324,18	800,20
Friedhoferhaltung	---	---	890,45	661,56
Gerichtskosten[1266]	8,00	237,69	31,14	---
Mietzins für angemietete Räume	52,30	37,67	40,35	---[1267]
Arrest- und Schubkosten	67,16	1,78	44,88	40,50
Steuern von Gemeindeliegenschaften	105,42	176,18	572,31	397,02
Schuldentilgung	408,29	8105,95	3510,68	4670,10

1256 GAO 7.5.1870 Pt. 2, nach dem reichen Haus- und Grundbesitzer Karl Endler, der das erste Haus in dieser Gasse erbaut hatte (mutmaßlich EZ. 170 KG Unter St. Veit, h. Elßlergasse 6); die Straßenbenennung wurde von ihm um 110 fl. erkauft.
1257 GAU 16.5.1877 Pt. 8.
1258 Umbenennung Reichgasse auf Grenzgasse und Rückbenennung auf Reichgasse im Jahr 1871 mit nur fünf Monaten Abstand.
1259 Nach dem Unter St. Veiter Ortsrichter Valentin KARL.
1260 GAU 26.8.1878 Pt. 1 und 1.10.1878 Pt. 1.
1261 GAO 2.6.1868 Pt. 3, nach den Villenbesitzern Moses und Benjamin Reich, die die Verwertung der „Neuen Welt"-Gründe durch Parzellierung durchgeführt hatten.

Ausgabenrubrik	1851[1262]	1868[1263]	1880[1264]	1890[1265]
Erhaltung von Straßen, Wasserleitung und Brunnen, Beleuchtung	100,00	2565,52	4107,36	4263,57
Kirchenfeierlichkeiten[1268]	54,00	109,36	---[1269]	---
Schulauslagen[1270]	66,30	233,25	972,81	1148,44
Armenversorgung, Krankenkosten[1271]	146,76	250,69	833,33	835,25
Rekrutenstellung	72,00	59,21	55,00	18,00
Katastralvermessung[1272]	---	344,96	972,81	---
Stege und Ufersicherung (Wienfluß)	800,00	80,85	1142,98	---
Erhaltung der 2 Gemeindestiere	160,00	---	---	---
Sonstige Ausgaben[1273]	370,00	347,09	1028,06	595,95
Jahressumme	3476,04	15341,21	17996,08	17572,90

Unter St. Veit
Alle Beträge in Gulden (fl.)

Ausgabenrubrik[1274]	1868[1275]	1880[1276]	1887[1277]
Besoldungen	954,44	2254,00	2440,00
Kanzleispesen	152,91	100,00	50,00
Zins für Anmietungen	?	360,00	350,00
Gebäude, Beheizung, Beleuchtung	44,24	450,00	200,00
Schuldentilgung	---	1000,00	3000,00

1262 Quelle: Praeliminare über Erträgnis und Erfordernis bei der Gemeinde St. Veit für das Verwaltungsjahr 1851, Ort Ober St. Veit, WStLA Gem. XIII/4, A 3/2 Rechnungen.

1263 Quelle: (gedruckte) Jahresrechnung der Gemeinde Ober St. Veit für das Verwaltungsjahr 1868, Beilage zu GAO 30.12.1871 Pt. 1.

1264 Quelle: (gedruckte) Jahresrechnung der Gemeinde Ober St. Veit für das Verwaltungsjahr 1880, Beilage zu GAO 15.12.1881 Pt. 1.

1265 Quelle: (gedruckte) Jahresrechnung der Gemeinde Ober St. Veit für das Verwaltungsjahr 1890, WStLA Hauptregistratur A 38/48, Vororte-Einverleibung, Umschlag „Ober St. Veit".

1266 Für 1851 erfolgt hier die Zusammenziehung „verschiedener Gebühren" – unklar wofür; für das Jahr 1868 stecken hier die Anwaltskosten für den Grenzstreit mit Unter St. Veit drinnen.

1267 Der im Haus Hietzinger Hauptstraße 147 angemietete Raum für das Wachlokal wurde per Mai 1882 gekündigt und das Wachlokal ins Gemeindehaus verlegt, deshalb keine „Anmietekosten" mehr im Bugdet, GAO 10.10.1881 Pt. 2.

1268 Hierunter sind vor allem die Spesen der Fronleichnamsprozession und des von der Gemeinde alljährlich bestellten Hochamtes am Festtag des Hl. Veit (15. Juni) zu verstehen.

1269 Ab 1870 waren Gemeindezuschüsse für reine Kultuszwecke untersagt.

1270 Nur der Sachaufwand – die Lehrergehälter stecken in den „Besoldungen" drinnen.

1271 Zuwendungen aus dem Gemeindebudget für den Armenfonds, der sich aus zahlreichen wohltätigen Spenden speiste, daher Gesamtaufwendungen für die Ortsarmen defacto weit höher.

1272 Hier stecken die Kosten des Geometers für die Grenzvermarkung zu Unter St. Veit drinnen.

1273 Zusammenziehung aller übrigen Kleinpositionen durch den Verfasser.

Ausgabenrubrik[1274]	1868[1275]	1880[1276]	1887[1277]
Straßenerhaltung, Kanalisierung, Straßenbespritzung	74,73	1640,00	1300,00
Gasbeleuchtung	---	1200,00	800,00
Schule und Kirche	78,90	12,00	380,00
Armenversorgung	55,78	---	350,00
Rekrutenstellung	15,00	---	
Sonstiges[1278]	461,11	415,00	1450,00
Jahressumme	1837,11	7431,00	10320,00

1274 Die Reihenfolge der Rubriken wurde zwecks besserer Vergleichbarkeit der von Ober St. Veit angepaßt; für den getrennt budgetierenden Ortsteil Unter St. Veit sind für die Zeit vor der Gemeindetrennung von 1867 keine Jahresrechnungen oder -voranschläge erhalten.
1275 Quelle: revidierte Jahresrechnung für das Rechnungsjahr 1868, handschriftliche Eintragung der Summarien in GAU 17.3.1870.
1276 Quelle: Präliminare für das Rechnungsjahr 1880, handschriftliche Eintragung in GAU 5.12.1879 Pt. 1 (für Unter St. Veit sind aus den Jahren ab 1869 keine Jahresrechnungen erhalten).
1277 Quelle: Präliminare für das Rechnungsjahr 1887, handschriftliche Eintragung der Summarien in GAU 3.12.1886 Pt. 6; spätere Voranschläge oder Jahresrechnungen sind nicht erhalten.
1278 Darin enthalten fl. 400 Abfindungsrate an Gemeinde Ober St. Veit für Häuserumgemeindungen.

Literatur- und Quellenverzeichnis

1. Allgemeine Literatur (Auswahl)

Gustav Barth, Der Gemeindesekretär. Ein nützliches, unentbehrliches Handbuch für Jedermann speziell aber für die Gemeinden (Rothau[4] 1908).

Günther Chaloupek, Peter Eigner, Michael Wagner, Wien Wirtschaftsgeschichte, 2 Bände (Wien 1991).

Josef Donner, „Dich zu erquicken mein geliebtes Wien". Geschichte der [Wiener, Anm.] Wasserversorgung von den Anfängen bis 1910 (Wien o.J., ca. 1988).

Wenzel Georg Dunder, Denkschrift über die Wiener Oktoberrevolution (Wien 1849).

Helmut Engelbrecht, Geschichte des österreichischen Bildungswesens, 5 Bände (Wien 1982–88).

Helmuth Feigl,

Die niederösterreichische Grundherrschaft (St. Pölten[2] 1998),

Die Grundentlastung in den Ländern der Monarchia Austriaca. In: Hans Kudlich und die Bauernbefreiung in Niederösterreich, Katalog des niederösterreichischen Landesmuseums NF 134 (Wien 1983) 77–85.

Pauline Friedjung, Die Geschichte der österreichischen Gemeindegesetzgebung von 1849–1859 (Diss. Wien 1926).

Heinrich Haemmerle, Handbuch für die Gemeinden, durch 208 Formularien erläutert (Wien, 6 Auflagen bis 1890).

Roman Häussl, Der Bürgermeister in Niederösterreich (=Wissenschaftliche Schriftenreihe Niederösterreich 66, St. Pölten 1983).

Lothar Höbelt, 1848. Österreich und die deutsche Revolution (Wien/München 1998).

Erich Graf Kielmansegg, Selbstverwaltung. In: Österreichische Rundschau 1917, 97–101, 145–156.

Jiří Klabouch, Die Gemeindeselbstverwaltung in Österreich 1848–1918 (=Schriftenreihe des Instituts für Österreichkunde, Wien 1968).

Gerald Kohl, Die Anfänge der modernen Gerichtsorganisation in Niederösterreich (=Studien und Forschungen aus dem Niederösterreichischen Institut für Landeskunde 33, St. Pölten 2000).

Josef Kraft, Die Nationalgarden in Niederösterreich im Jahre 1848. In: Arbeiterfreund Jg. 1938, S. 52–60.

Alfred Laula, Hans Sternhart, Dampftramway Krauss & Comp. in Wien (Wien 1974).

Wolfgang Mayer, Gebietsänderungen im Raume Wien 1850-1910 (Diss. Wien 1972).

Werner Ogris, Die Entwicklung des österreichischen Gemeinderechts im 19. Jahrhundert. In: Die Städte Mitteleuropas im 19. Jahrhundert, hgg. von Wilhelm Rausch (Linz 1983) 83–101.

Hans Pemmer, Die Familie Jauner. In: Unsere Heimat 39 (1968) 153–157.

Heinrich Reschauer, Das Jahr 1848. Geschichte der Wiener Revolution Bd. 1 (Wien 1872).

Adolf Schmidl, Wiens Umgebungen auf zwanzig Stunden im Umkreise, Bd. 1 (Wien 1837).

Günter Schneider, Die Entwicklung des niederösterreichischen Feuerwehrwesens bis 1870 (=Nö. Feuerwehrstudien 3, Wien 1991).

Maren Seliger, Karl Ucakar, Wien politische Geschichte 1740–1934. Entwicklung und Bestimmungskräfte großstädtischer Politik, Teil 1: 1740–1895 (Wien 1985).

Albert Starzer, Die Konstituierung der Ortsgemeinden Niederösterreichs (Wien 1904).

Willibald Tettinek, Die Briefpost in den Randgemeinden Wiens im 18. und der ersten Hälfte des 19. Jahrhunderts. In: Unsere Heimat, Zeitschrift des Vereines für Landeskunde von Niederösterreich 1994, 78–87.

Rudolf Till, Geschichte der Wiener Stadtverwaltung in den letzten zweihundert Jahren (Wien 1957).

Robert Waissenberger, Industrie und Gewerbe am Wienfluß. In: Der Wienfluß (= 65. Sonderausstellung des Historischen Museums der Stadt Wien 10.4.–1.6.1980) 17–19.

Alfred Waldstätten, Staatliche Gerichte in Wien seit Maria Theresia: Beiträge zu ihrer Geschichte (Innsbruck 2011) [behandelt auch das Bezirksgericht Hietzing].

Franz Carl Weidmann, Wiens Umgebungen historisch-malerisch geschildert, Bd. 5 (Wien 1827).

Thomas Winkelbauer, Herren und Holden. Die niederösterreichischen Adeligen und ihre Untertanen im 16. und 17. Jahrhundert. In: Adel im Wandel. Katalog der niederösterreichischen Landesausstellung auf der Rosenburg 12. Mai bis 28. Oktober 1990, 73–79.

Gustav Winter, Niederösterreichische Weistümer, ediert im Auftrag der kaiserlichen Akademie der Wissenschaften, 4 Teile (Wien 1886–1913).

2. Ortsbezogene Literatur Ober-, Unter St. Veit

Erscheinungsort aller Werke „Wien", in Einzelfällen „Ober St. Veit", daher nur Angabe des Erscheinungsjahres

Helmut Bouzek, Freiwillige Feuerwehren in Hietzing, Arbeitspapier I (Stand 9.12.1990) des Wiener Feuerwehrverbandes Zl. WLFV-FGM-FF I/A -XIII/3/90.

Felix Czeike, Die älteste Ringstraßenapotheke. In: Wiener Geschichtsblätter 1997, 188-192 [behandelt Gründung der 1. Ober St. Veiter Apotheke].

Robert Demmer,

Unser Himmelhof einst und jetzt (1994),

Die Gassen von Ober St. Veit und ihre „Geschichterln" (1996).

Festschrift: Hietzing – Vergangenheit und Gegenwart, hgg. von der Bezirksvorstehung Hietzing (o.J., ca. 1975).

Festschrift des Ober St. Veiter Männergesangvereines 1870–1930 (1930).

Festschrift 100 Jahre Ober-St.-Veiter Verein zum Besten armer Kinder und der für diese bestimmten Anstalten „Elisabethinum" (1967).

Helga Gibs, Hietzing zwischen gestern und morgen (1996).

Franz Haubner, Franz Stromer, August Puraner jun., Ober St. Veit. Eine lokalgeschichtliche Studie (1921).

Karl Hentschel, Ober St. Veit in seiner Entwicklung und in seinem Bestande. Festschrift anläßlich der Eröffnung des Dampftramwaybetriebes nach Ober St. Veit (1887).

Hietzing. Ein Heimatbuch des 13. Wiener Gemeindebezirkes, hgg. von der Arbeitsgemeinschaft für Heimatkunde in Hietzing Bd. 1 (1925), Bd. 2 (1932).

Julius Hirt, Chronik von Ober St. Veit (1955, Neudruck 1991).

Josef Holzapfel,

Historisches Ober St. Veit. Handwerks-, Gewerbe- und Vereinsgeschichte (2009),

Alltagsleben in Ober St. Veit (2010),

Die Wien. Vom Kaiserbrünndl bis zur Donau (2014),

[erstrangige Sammlungen von Fotomaterial und als Ergänzung zu diesem Buch unbedingt zur Benützung zu empfehlen].

Gebhard Klötzl,

700 Jahre Pfarre Ober St. Veit (1987),

Unter St. Veit – 125 Jahre Kirchengründung (1992),

Zur Geschichte des „Altstadterhaltungskomplexes Ober St. Veit". In: Wiener Geschichtsblätter 1997, 250–254,

Die Fabriken des Wientales (13. und 14. Bezirk). In: Penzinger Museumsblätter Heft 61 (2004) 1–24.

Franz Knispel, Zur Geschichte der Friedhöfe in Wien Bd. I (Wien 1992) [S. 194–199: Ober St. Veiter Friedhof].

Ewald Königstein, Einsteigen bitte! Vom Zeiselwagen zur U-Bahn. Die Entwicklung des öffentlichen Verkehrs in Wien unter besonderer Berücksichtigung von Ober St. Veit und Umgebung (1996).

Ingrid <u>Kosetschek</u>, Hietzing als Sommerfrische und Ausflugsziel im Vormärz (Hausarbeit am Institut für österreichische Geschichtsforschung, 1965).

Josef <u>Kraft</u>, Aus der Vergangenheit von Ober St. Veit (1952).

Alois <u>Maculan</u>, Die Filialkirche zur Verklärung Christi in Unter St. Veit (1928).

Emil <u>Mlejnek</u>,

Hacking – Versuch einer Darstellung (1991, selbstverlegter Druck im Besitz des Bezirksmuseums Hietzing),

gemeinsam mit Heinrich <u>Hartmann</u>, Aus der Chronik des Ober St. Veiter Männergesangvereins (maschingeschr. Manuskript, ca. 1965, im Bezirksmuseum Hietzing),

Hietzing im Wandel der Zeiten, Artikelfolge über zahlreiche Nummern der Hietzinger Zeitung Jg. 1975,

[OSR Dir. Emil Mlejnek, der ehemalige Direktor der Unter St. Veiter Volksschule, hat bereits ab 1945 systematisch ältere Einwohner nach ihren Erinnerungen befragt und in alteingesessenen Häusern historisch relevante Unterlagen zusammengetragen. Leider hat er sie nie mit wissenschaftlichem Anspruch publiziert. Seine gelegentlichen Artikel und unveröffentlichten Manuskripte, die er an Interessierte verteilte, besitzen jedoch, wie sich der Verfasser immer wieder überzeugen konnte, einen hohen und verläßlichen Informationsgehalt].

Theodor <u>Perhab</u>, Hietzing – Vergangenheit und Gegenwart (o.J. ca. 1975).

Emmerich <u>Schaffran</u>, Ober St. Veit (=Heimatkundliche Wanderungen NF 3, 1925).

Hermann <u>Seeland</u>, Pastor Joseph Schlaberg – ein echt niedersächsischer Priester. In: Unsere Diözese, Jahrbuch des Vereins für Heimatkunde im Bistum Hildesheim, Jg. 31 (1962) 68–79,

[Joseph Schlaberg war in Unter St. Veit einige Jahre Messeleser].

Marianne <u>Steinklammer</u>, Richterliste St. Veit an der Wien 1688–1835 (unveröffentlichtes Manuskript 2003, Exemplar im Bezirksmuseum Hietzing).

Felix <u>Steinwandtner</u>,

Die Büchsen-Resl, ein Ober St. Veiter Original. In: Das Ober St. Veiter Blatt'l, 7. Ausgabe Herbst 1999,

1. Ober St. Veiter Drahrer Klub, in: Das Ober St. Veiter Blatt'l Nr. 16, Ausgabe Winter 2002,

Die Straßen Hietzings (=Fenster in die Vergangenheit, Schriftenreihe des Bezirksmuseums Hietzing Heft 2/1999).

Wilhelm <u>Strecker</u>,

Stammbuch der Familie Strecker, nach den hinterlassenen Schriften des Dr.med. Karl Strecker bearbeitet (Wien 1896),

Erinnerungen 1. Teil (Stuttgart 1914).

J. <u>Vinzenz</u>, Erlebtes und Erlauschtes aus der Vorstadt (1956).

Gerhard <u>Weissenbacher</u>, In Hietzing gebaut Bd. 1 (1996), Bd. 2 (1998).

August <u>Wetschl</u>, Skizzen von Ober St. Veit an der Wien (1. Aufl. 1883, 2. Aufl. 1888).

3. Ausgewertete historische Zeitungen

Wiener Communal-Bezirks-Zeitung 1882 ff.

Wiener Communal-Presse 1883–1886.

Der Urwähler, Organ der Vororte Wiens 1866–1882, 1887 ff.

Niederösterreichische Gemeinderevue 1879 ff.

Wiener Vorortezeitung 1874 ff.

Hietzinger Bezirksbote 1878.

Hietzinger Bezirkszeitung 1890 ff.

Wochenblatt für den politischen Bezirk Sechshaus 1877.

Österreichische Gemeindepost 1883–1890, ab 1891 Wiener Bezirkspost.

Fremdenblatt 1868.

Neues Wiener Tagblatt 1890–91.

Österreichischer Volksfreund 1890.

Der Wiener Bote 1848–49.

Der österreichische Volksbote 1848–53.

Österreichische Volkszeitung 1849–50.

Ostdeutsche Post 1849–50.

Zeitungsausschnittesammlung „Zeitungsstimmen über die Vereinigung der Vororte mit Wien" (Wiener Stadt- und Landesbibliothek 24.277 C).

4. Gedruckte Quellen

Alphabetisches Verzeichnis der in Folge der Einbeziehung der Vororte in das Gemeindegebiet von Wien abgeänderten Straßen- und Gassennamen sowie deren frühere Bezeichnung, hgg. vom Wiener Magistrat (Wien 1894)

Niederösterreichischer Dominien-Schematismus für das Jahr 1847. Ein Handbuch des ganzen Personalstands von den sämtlichen Dominien in Oesterreich unter der Enns (Wien 1847).

Reichsgesetzblatt für das Kaiserthum Österreich (1849–1869) bzw. für die im Reichsrate vertretenen Königreiche und Länder (1870–1891).

Landesgesetz- und Verordnungsblatt für das Erzherzogthum Österreich unter der Enns 1849–1891.

Amtsblatt der k.k. Bezirkshauptmannschaft Sechshaus (Wiener Stadtbibliothek 209.430-B, nur Jg. 1882 erhalten geblieben).

Protokolle der öffentlichen Sitzungen des Gemeinderathes der k.k. Reichshaupt- und Residenzstadt Wien 1891.

Stenographische Protokolle des niederösterreichischen Landtages 1861 ff.

Stenographische Protokolle des Hauses der Abgeordneten des Reichsrathes 1862 ff.

Sammlung der Erkenntnisse des kk. Reichsgerichtes.

Das Gemeindegesetz vom 17. März 1849 samt allen dazu erflossenen Nachträgen, Erläuterungen und Instructionen (o.Verf., Wien 1861 Verlag Friedrich Manz).

Niederösterreichischer Gemeinde-Schematismus für die Wahlperiode 1861–63 [nö. Landesbibliothek D 158].

Rechenschaftsbericht des Unter St. Veiter Kirchenbauvereins über den Zeitraum 20.3.1862 bis 28.5.1864 (Bezirksmuseum Hietzing).

Niederösterreichischer Amtskalender 1865 ff.

Hof- und Staatshandbuch des Kaiserthumes Österreich, div. Jahrgänge.

Topographisches Post-Lexicon des Kronlandes / Erzherzogthumes Österreich unter der Enns für die Jahre 1851, 1864, 1885.

Bevölkerung und Viehstand der im Reichsrathe vertretenen Königreiche und Länder nach der Zählung vom 31. December 1869, hgg. von der k.k. Statistischen Central-Commission (Wien 1872).

Ortsrepertorium des Erzherzogthumes Oesterreich unter der Enns. Auf Grundlage der Volkszählung vom 31. Dezember 1869 bearbeitet von der k.k. statistischen Central-Commission (Wien 1871).

Special-Ortsrepertorium von Niederösterreich. auf Grund der Ergebnisse der Volkszählung vom 31. December 1880, hgg. von der k.k. statistischen Central-Commission (Wien 1883).

Wiener Vororte-Gemeindekalender (diverse Jahrgänge ab 1885).

Wiener Communal-Kalender und städtisches Jahrbuch (diverse Jahrgänge von 1892 bis 1919).

Statistisches Jahrbuch der Stadt Wien für das Jahr 1892 (Wien 1894).

(Gedruckte) Jahresrechnungen der Gemeinde Ober St. Veit für die Jahre 1886, 1887 und 1888 [UB Wien Sammelsignatur 35.484/Ober St. Veit].

Zusammenstellung der Activa und Passiva der Vororte-Gemeinden nach dem Stande am Schlusse des Jahres 1889 (Wiener Stadtbibliothek B 22.848).

5. Pläne

<u>Bezirksmuseum Hietzing</u>

K.k. Polizei-Bezirks-Kommissariat Hietzing (Hietzing und Penzing) 1853
(sog. „Zieglerplan").

Plan von Hütteldorf, Ober-, Unter-Baumgarten, Ober St. Veit 1 (Zoll) : 100 (Klafter), Artaria & Co. 1869.

Plan von Schönbrunn, Hietzing, Penzing und Unter St. Veit 1 (Zoll) : 100 (Klafter), Artaria & Co. 1872.

Plan des XIII. Bezirkes (Hietzing) der k.k. Reichshaupt- und Residenzstadt Wien 1:15.000, Hof- und Universitätsbuchhandlung R. Lechner [Stand: 1892].

<u>Bundesamt für Eich- und Vermessungswesen, Katastralmappenarchiv</u>

Grenzskizze zwischen Ober- und Unter St. Veit (ca. 1869/70).

6. Archivalien

<u>Wiener Stadt- und Landesarchiv</u>

Patrimoniale Verwaltung und Justiz, Herrschaft St. Veit an der Wien
- A 118/13 politische Akten 1808–17
- A 118/18 Kriminaluntersuchungen
- A 118/20 Kriminalurteile

Gemeinde XIII/4 Ober St. Veit
- B 1/1-5 Sitzungsprotokolle des Gemeindeausschusses 1850–52, 1861–91 (Jahr 1888 fehlt)
- A 3/1 Miszellen 1799–1844
- A 3/2 Gemeinderechnungen 1858–77 (lückenhaft)
- A 6/1 Volkszählungsbögen 1869
- A 7/1–3 Volkszählungsbögen 1880

Gemeinde XIII/5 Unter St. Veit
- B 1/1 Sitzungsprotokolle des Gemeindeausschusses 1868–91
- A 1/1–3 Gemeindeakten nach Aktenzahlen 1867–75, 1888, 1890
- A 2/1 Gemeindeakten chronologisch 1865–91

Bezirksamt Hietzing
- A 1/1–2 Sonderregistratur des Bezirksvorstehers 1856–68
- A 2/1–8 Allgemeine Akten 1856–68

Bezirkshauptmannschaft Hietzing
- A 1/1–2 Allgemeine Akten 1850–53 (nur Reste vorhanden)

Bezirkshauptmannschaft Sechshaus
- A 6/1–2 Diverse Akten 1880–88

Grundbücher
- 5/6 Dienstbuch der Herrschaft St. Veit 1761–1846
- 5/7a,b Dienstbuch der Herrschaft St. Veit 1845–80
- Diverse Gewährbücher

Bezirksgericht Hietzing
- A 3 Prozesse
- A 9 Testamente
- A 11 Grundbuchsanlegungsakten 1876–82
- A 15 Mixta 1875–95

Merkantilgericht Wien
- Merkantilakten 1. und 2. Reihe

Plansammlung
- B 12 Franziszeischer Kataster 1819 samt Parzellenprotokoll
- Gemeinde St. Veit an der Wien, Blatt 1–3

Handschriften
- A 111/1 Gräberbuch über die Friedhöfe Wiens und der Vororte
- A 293/1 Vermögensübergabeprotokolle 1891

H.A. Kleine Bestände
- Faszikel 35/4, Mappe 8/3 Ober St. Veiter Friedhof

Hauptregistratur
- A 38/47 Vororte-Einverleibung A–L
- A 38/48 Vororte-Einverleibung M–W [für jeden Vorort eigene Namensmappe in alphabetischer Reihenfolge]
- A 38/49 Allgemeine Dienstsachen der Vororte

Totenbeschauprotokolle 1891 ff.

Magistrat Wien, MA 37, Baupolizei

Baueinlagen diverser historischer Häuser (nach grundbücherlichen Einlagezahlen)

Diözesanarchiv Wien

Pfarrakten (Ober) St. Veit, Kassette 1800–1899

Index zu den Rentamtsakten 1845–94

Stiftsarchiv Klosterneuburg

Dekanatsakten Hietzing 1852–53, Karton 2391

Vermögensakten Fasz. 1 (1855)

Niederösterreichisches Landesarchiv

Neue ständische Registratur und nö. Landesausschuß
* Faszikel 64 Gemeindewesen 1861–99

Nö. Regierung/Statthalterei
* Faszikel M Gemeindewesen 1850, 1852–1904
* Präsidialakten 1850, 1885
* Vorortevereinigung Kartons 2962a und 2962 c (Stadterweiterung) [Darin u.a. die Stellungnahmen der Gemeinden des heutigen 13. Bezirks vom Jahre 1890 zu ihrer Eingemeindung]

Handschriften
* 68/32: Gemeindevertretungen von Niederösterreich 1850
* 68/33: Gemeindevertretungen von Niederösterreich 1850–54

Kreisamtszirkulare für das Viertel unter dem Wienerwald 1848, 1849

Nachlaß Anton Schachinger, Schachtel 2, Mappe „St. Veit".

Pfarre Ober St. Veit

Pfarrchronik, Bände 1784–1875 und 1875–1957

Taufbücher, verschiedene Bände ab 1785

Pfarre Unter St. Veit

Pfarrchronik [1920 angelegt unter teilweiser Nachschreibung der früheren Geschichte, enthält umfangreiche historische Beilagensammlung]

7. Sonstiges

Internetseite www.1133.at
[Diese von Dr. Josef Holzapfel betriebene und redigierte Internetseite bietet eine Fülle von historischen und aktuellen Informationen über Ober St. Veit und dessen Umgebung].

Abkürzungen und Kurzzitate

Anm.	Anmerkung
AOV	Akten Gemeinde Ober St. Veit (zit. Zahl/Jahr) ab 1868
ASV	Akten Gemeinde St. Veit (zit. Zahl/Jahr) 1850-1868
AUV	Akten Gemeinde Unter St. Veit (zit. Zahl/Jahr) ab 1868
BA	(gemischtes) Bezirksamt
BG	Bezirksgericht
BH	Bezirkshauptmannschaft
CNr.	Konskriptionsnummer (von Häusern)
dd(t)o.	de dato (=datiert vom)
ebd.	ebenda
EZ	Einlagezahl
Fasz.	Faszikel
fl.	Florin, Gulden
Fn.	Fußnote
fol.	folium (Blatt)
FS	Festschrift
GAS	Gemeindeausschuß St. Veit 1850–67, Sitzungsprotokoll
GAO	Gemeindeausschuß Ober St. Veit 1867–91, Sitzungsprotokoll
GAU	Gemeindeausschuß Unter St. Veit 1867–91, Sitzungsprotokoll
Gb	Grundbuch
h.	heutige
hgg.	herausgegeben
HLW	Felix Czeike, Historisches Lexikon Wien
Kdm	Kundmachung
KG	Katastralgemeinde
kr.	Kreuzer
LGBl.	(niederösterreichisches) Landesgesetzblatt
MA	Magistratsabteilung
nö.	niederösterreichisch
nö.GO	niederösterreichische Gemeindeordnung LGBl. 5/1864
NöLA	Niederösterreichisches Landesarchiv
o.D.	ohne Datum
o.J.	ohne Jahr
o.O.	ohne Ort
o.Zl.	ohne Zahl
ONr.	Ordnungsnummer (von Häusern)
ö.W.	österreichischer Währung
pag.	pagina (Seite)
Prot.	Protokoll

Pt.	Punkt
RGBl.	Reichsgesetzblatt
s.	siehe
S.	Seite
TO	Tagesordnung
VUWW	Viertel unter dem Wienerwald
WStLA	Wiener Stadt- und Landesarchiv

Bildnachweis

Bezirksmuseum Hietzing: Abb. 1, 3, 10, 12, 14, 24, 26, 31, 32, 33, 34, 36, 47, 48, 49, 50, 51, 56, 57, 58, 59, 60, 61, 62, 63, 64

Bildarchiv der ÖNB: Abb. 8, 11, 30, 41

Bundesamt für Eich- und Vermessungswesen: Abb. 18, 19, 20

Familie Glattauer: Abb. 2

Dr. Josef Holzapfel: Abb. 40, 53, 54

Univ.Prof. Dr. Gerhard Jagschitz: Abb. 55

Sammlung Dr. Gebhard Klötzl: Abb. 5, 6, 15, 16, 17, 22, 23, 25, 27, 28, 29, 35, 37, 38, 39, 41, 42, 43, 44, 45, 52

Parkhotel Schönbrunn: Abb. 13

Familie Pevetz: Abb. 46

Prof. Mag. Gerhard Weissenbacher, © Gerhard Koppe: Graphik Abb. 7

Wiener Stadt- und Landesarchiv: Abb. 9

Umschlag vorne: Planausschnitt Verband Wissenschaftlicher Gesellschaften Österreichs, Porträts Sammlung Dr. Gebhard Klötzl. Der Planausschnitt zeigt Ober- und Unter St. Veit in einer 1971 durch Dipl.-Ing. Robert Messner erfolgten Bearbeitung des Franziszeischen Katasterplans 1819. Darin sind die 1971 noch erhaltengebliebe-nen historischen Gebäude und folgende Neuerungen rot eingezeichnet: die 1860 errichtete Verbindungsbahn, der durch die Regulierung 1894–1902 begradigte Wienfluss, die gleichzeitig entstandene Stadtbahn und die neuen Brücken. Die Porträts zeigen von links nach rechts die Bürgermeister Karl Hentschel, Heinrich Schönich und Anton Stelzer.

Umschlag hinten: Porträt foto-prudlo

Personen-, Orts- und Sachregister

F

Fahnenband 197
Fahnenmutter 118
Fahnenpatin 118
Fahnenweihe 118, 197
Fahrpost 227
Faldi-Massini, Gaëtano 204
Fankhauser, Fleischerei 183
Färber 27, 180, 294
Faschingszug, Ober St. Veiter 163
Faseth, Franz 291
Fasholdgasse 8 300
Februarpatent 70
Fehlinger, Friedrich 64
Felder, Dr. Cajetan, Landesausschuß-Referent 60, 84–86, 91, 292
Feldgasse 91, 104, 170, 178
Feldmühle 24–25, 85, 88, 199, 209
Feldmühlgasse 25, 87, 91, 100–101, 172, 181, 188, 193, 257, 289
Feldmühlgasse 2 181
Feldmühlgasse 6–8 83
Feldmühlgasse 9 181
Feldmühlgasse 24 100, 170, 172, 174, 252, 299
Feldmühlgasse 25 181
Feldmühlgasse 26 170, 172, 174, 176, 186, 299
Fellner, Johann 132
Fellner, Josef 34, 291
Fellner, Rudolf 47
Ferro, Pascal von 204
Feuer 51, 53, 55, 74, 195
Feuerkommissär 173
Feuerpolizeiordnung 195–196, 199
Feuerwehr 56, 116–119, 128, 130, 132, 147, 158, 163, 184, 195–200, 215–216, 231, 264, 270, 298–299.
Siehe auch Freiwillige Feuerwehr
Feuerwehrdepot 114, 198, 216, 298–299
Feuerwehrhauptmann 132, 198, 214–217, 270, 287
Filialkirche Unter St. Veit 45, 74, 76–78, 224, 299
Findelhaus 251
Firmiangasse 133, 145

Firmiangasse 1 58–59, 298, 300
Firmiangasse 3 160, 215, 229, 299
Firmiangasse 11 136
Firmiangasse 13 18, 20, 298
Firmiangasse 19 67
Firmiangasse 47 257
Firmiangasse 63 132, 298
Fischer, Anton, Messeleser 226
Fischer, Ludwig Hans 166
Flebus, Jakob 26, 35
Fleischbeschauer 64, 75, 104
Fleischhauer 179, 182–183, 213, 222, 241, 243, 291–292, 295
Flesch, Berthold, Bürgermeister 76, 89–91, 93, 97–100, 103, 167, 169, 189, 192, 234–236, 238, 295
Fleschfabrik 74, 82, 98, 103, 208, 235, 237, 288
Flesch, Friedrich 187, 296
Fleschgasse 87, 91, 93, 101, 169, 185, 189
Fleschgasse 2 225
Fleschgasse 9 83
Flesch, Lederfabrik 83, 98, 180, 235, 243, 251
Flesch, Rudolf 157
Flesch, Sigmund 76, 98, 185, 291, 295
Flurhüter 33, 129
Flußwäscherei 181
Föhrmann 17, 283
Franz Carl Straße 146
Franzensgasse 169
Franzis, Josef 224, 295–296
Franz Joseph, Kaiser 51, 81, 142
Freiwillige Feuerwehr Ober St. Veit 196–197, 199, 215–216
Freiwillige Feuerwehr Unter St. Veit 200
Fremdenblatt 98–99, 189, 234–236
Fremdenverkehr 83, 149, 240
Frick, Johann Georg 34
Friedhof 9, 85, 112–113, 119, 123–124, 128–130, 132, 138–139, 144, 152, 184, 192, 201–208, 213, 224, 245, 274, 298, 304
Friedl, Michael 119, 125, 129, 221, 280, 283–285
Fries, Dr. Emil, Inzersdorfer Bürgermeister 270–271, 277
Frischholz, Johann 257, 259